Hear, O Israel: The LORD our GOD is one LORD:
And thou shalt love the LORD thy GOD with all thine heart.
and with all thy soul, and with all thy might.

汉译犹太文化名著丛书
编辑委员会

顾问
斯蒂芬·凯茨(Steven Katz, Boston University, USA)

主编
傅有德

编委(以姓氏笔画为序)
刘洪一(深圳职业技术学院)
肖宪(云南大学)
张平(Tel Aviv University)
张倩红(河南大学)
陈贻绎(北京大学)
钟志清(中国社会科学院)
徐新(南京大学)
殷罡(中国社会科学院)
爱里克(M. Avrum Ehrlich, 山东大学)
黄福武(山东大学)
傅有德(山东大学)
傅晓微(四川外国语学院)
游斌(中央民族大学)
潘光(上海社会科学院)

汉译犹太文化名著丛书

近现代犹太宗教运动

解放与调整的历史

Modern Jewish Religious Movements

［美］大卫·鲁达夫斯基 著
傅有德 李伟 刘平 译

山东大学出版社

汉译犹太文化名著丛书

序 一

犹太民族是人类大家庭中的伟大成员之一。她创造了以《圣经》和《塔木德》为代表的灿烂辉煌的希伯来文化，造就了一大批杰出的思想大师、科学巨匠、政界名流和工商业巨子，为人类的发展和进步作出了卓越的贡献。

犹太民族之有今天，实可谓不易。公元70年，耶路撒冷的圣殿被罗马军队付之一炬，从而翻开了犹太历史上漫长而充满辛酸和血泪的篇章。亡国之民被迫流落他乡，以求在异国的土地上谋得一块可供容身的生存空间。然而，除了仰仗个别国度的"宽容大度"而一度有过的"顺境"以外，他们大都长期处于孤立无助的逆境之中。尤其是在基督教占统治地位的国家，由于宗教习俗、民族意识、生活方式诸方面的与众不同，犹太人为基督徒所难容。结果，反犹主义大行其道，这些"上帝的选民"受尽了宗教迫害、种族歧视、人格污辱和人身侵害等种种苦难，而发生在本世纪40年代的纳粹大屠杀则是人类历史上最为惨绝人寰的一幕。然而，身处逆境乃至绝境的犹太人并没有被灭绝，反而在犹太复国主义的旗帜下，通过艰苦卓绝的奋斗于1948年重新建立了自己的国家，这不能不说是一个人间奇迹。犹太民族所表现出的顽强生命力、坚定的民族意识和强大的凝聚力是世所罕见的。

我国的现代文明建设除了要继承和发扬优秀的民族遗产以外，还需广泛借鉴和吸收包括犹太文明在内的其他各民族的宝贵精神财富。由于种种原因，对犹太民族及其文化的研究在我国长期没有得到足够的重视，这与其实际价值和对世界文化的伟大贡献颇不相称。近几年来，随着改革开放的不断深化和中以两国外交关系的建立，人们已经认识到认真研究这个伟大而奇特的民族的必要性和迫切性。正是为了适应这种需要，我们组织翻译了这套丛书。

所谓了解和研究一个民族，最主要的莫过于把握其民族精神。犹太民族的精神寓于其文明的各个方面，尤其寓于其宗教和哲学中。因此，翻译犹太教和犹太哲学方面的著作就自然成为我们的首要任务。当然，我们也考虑到了犹太历史、政治、风俗习惯诸方面，但由于丛书的规模所限，这方面的内容就相对少了一些。

此外，我们还注意了如下几点：

首先，选择的宗教著作乃是学者们关于犹太教的论著，而不是犹太教的原典——《圣经·旧约》和《塔木德》。因为《圣经》在国内已有几种版本；《塔木德》规模宏大，难以为本丛书所容纳，况且此典内容极其庞杂，语言难点甚多，翻译工作颇为繁难。

第二，我们认为，犹太学者对自己民族文化的理解往往比外族学者更为准确和深邃，其著作更具权威性。因此，所选译作的原作者皆为犹太著名学者。或许个别作者由于难以避免的民族性而在观点上有失之偏颇之处，但这种情况毕竟是少见的。

第三，虽然犹太研究在国内尚处于起步阶段，迫切需要一般知识性的著作，但我们还是考虑到了必要的学术性。选择的著作都是已在西方产生过重大影响，且能够代表某一领域的学术水平的优秀力作，因而具有较大的权威性。在这方面，英国伦敦利奥·拜克学院（Leo Baeck College）的图书馆馆长、著名学者海姆·马克比（Hyam Maccoby）曾给予了直接的指导。

英国利奥·拜克学院的院长约拿单·玛格内特（Jonathan Magonet）博士赞赏和支持编译这套丛书的计划，并为之付出了不少的精力；这家学院和阿时当勋爵慈善信托部（Lord Ashdown Charitable Trust）以及美国犹太文化纪念基金会（Memorial Foundation for Jewish Culture）还提供了部分出版资助；北京大学季羡林教授同意担任丛书顾问，为之增色不少；各卷书的译者克服种种困难，为保证作品的质量倾注了大量心血；山东大学出版社的领导和编辑也给予了热情的支持并付出了辛勤的劳动。在此，一并表示诚挚的谢意。

傅有德
1995 年 12 月于山东大学犹太文化研究所

汉译犹太文化名著丛书

序 二

1995 年，“汉译犹太文化名著丛书”启动。幸赖译者勉力，出版社推动，首批 9 部译作得以初版、再版；更承蒙读者抬爱，所译作品颇具“人气”，社会效益甚佳。知此，已经作古的丛书原顾问海姆 · 马克比(Hyam Maccoby)教授当含笑九泉，季羡林教授、玛格内特(Jonathan Magonet)院长，以及各位关心此项事业的师长、友人，也当心有所安了。

新年伊始，又有几部译作出版。值此之际，聊记数语，以为新序。

只要社会尚有需求，且翻译、出版条件具备，《汉译犹太文化名著丛书》将陆续推出新作，不作数量限制。

本丛书以了解和把握犹太民族精神为旨趣，所选译作主要为犹太宗教与哲学名篇。原序所言此宗旨不变。

后续译作拟包括适量犹太教原典，如拉比犹太教经典《密释纳》、犹太神秘主义典籍《佐哈尔》。此系对原序所谈选书原则所作的修订。

鉴于时过境迁，情势变化，丛书的编辑委员会作了较大调整。在此，对丛书的原顾问、编委表示诚挚的谢意，也衷心感谢新编委会成员的支持和帮助。

唯愿本丛书的陆续出版能够有助于国人认识历久弥新的犹太文化，有助于古老的华夏文明在新时代革故鼎新，再显生机。

傅有德

2008 年 1 月于山东大学犹太教与跨宗教研究中心

目 录

译者序

一般说来，宗教是人对超自然力量的信仰和崇拜。从远古时代起，人由于自身力量的有限性而不由自主地相信，自然的进程和人的命运是被某种超乎人类或自然的巨大力量驾驭和支配的。一旦这种力量被人神化为这样或那样的神灵，并受到虔诚的信仰和崇拜，宗教就应运而生了。因此，信仰乃是宗教的基础，与之相关联的礼拜仪式、道德规则、风俗习惯、教会组织等，则是宗教的不同层面。在历史和现实中，宗教起到了规范人的行为、调节人际关系、维系社会秩序的作用。

犹太教就是犹太人的信仰、习俗、礼拜仪式以及宗教组织诸方面的统一。有斯教方有斯民，有斯民乃有斯教。多少个世纪以来，犹太教作为精神支柱维系了犹太民族的生存；反过来，犹太民族的存在又使这一古老的宗教在历史的沧桑流变中得以传承和不断更新。

1

犹太教是最早的一神教。据传，大约在公元前 2000 年，犹太人的始祖亚伯拉罕破天荒第一次摈弃了多神崇拜，尊奉“耶和华”为唯一的神，并与之立下神圣的盟约，规定了人敬神、神佑人的相互的责任和义务，从而奠定了犹太一神教的雏形。约公元前 1250 年，犹太人的另一祖先摩西率领受奴役的犹太人逃出埃及，在西奈山接受上帝赐予的“十诫”，重申和巩固了与上帝的盟约。从此，犹太人便成为“上帝的选民”，并作为一个民族生存、延续下来，与之联为一体的犹太一神教也随之确定并流传下来了。

从此，犹太人作为一个与众不同的“神圣民族”展开了自己可歌可泣的历史画卷。

犹太教的学说体现在《托拉》之中。[①] 据说，《托拉》是上帝在西奈山启示给摩西，并通过摩西传授给犹太人的行为法规，即神启示给人的律法。根据拉比犹太教，《托拉》有“书面”和“口传”的区别。前者是摩西在西奈山接受神启并且明文记载下来的《摩西五经》，后者也是摩西在西奈山接受的神的启示，但没有见诸文字，而是通过口头代代相传给后人的。这就是到了后来为了防止失传由犹大·哈那西(Judah Ha-nasi)在公元200年编纂而成的《密释纳》。上帝、《托拉》、以色列人是相互关联三大要素。上帝赐予以色列人《托拉》，而永远信守、维护和传播神圣的律法乃是“上帝的选民”的义不容辞的使命。当然，随着时间的推移，具有自由派思想的犹太人日益增多，把《托拉》尤其是《摩西五经》当作真正的西奈神启的人是越来越少了。

《托拉》的核心也就是犹太教的本质。但是，对于这个核心或本质，犹太人向来众说纷纭。早在圣经时代，不同的先知就提出过不同的见解。例如，弥迦先知就曾这样概括：“行公道，好怜悯，谦恭地与上帝同行。”后来，著名犹太哲人希勒尔(Hillel，约公元前70年～公元10年)说：“‘己所不欲，勿施于人’乃是《托拉》的精义所在，其余的只不过是对它的注解。”[②]实际上，不尚教义、信条和学说，注重实际生活中的恭行践履和德行是犹太教的一个重要特征。有的地方甚至借上帝的口夸张地说：“只要犹太人照我的意志行事，他们不信仰我也行。”[③]在这一点上，犹太教和基督教大异其趣，而与中国的传统儒学颇为相似。

即便如此，犹太教仍然是有教义和信条的。中世纪的著名的犹太思想家迈蒙尼德(Maimonides，1138～1204)就提出过意义深远的13信条。它们是：(1)信仰上帝的存在；(2)信仰上帝的一体性；(3)相信上帝是非物质的；(4)相信上帝是永恒的；(5)相信唯一的上帝才是崇拜的对象；(6)相信预言；(7)相信摩西是最伟大的先知；(8)相信《托拉》是神性的；(9)相信《托拉》是不变的；(10)相信上帝知道人的思想和行为；(11)相信上帝奖善

---

① 《托拉》(Torah)意为《律法书》(Law)，狭义上指《圣经·旧约》的前五篇，即所谓《摩西五经》；广义上指整个《圣经·旧约》；在最广的意义上包括《圣经》和《塔木德》在内的所有犹太律法。

② 参见劳伦斯·霍夫曼(Lawrence A. Hoffman)拉比1993年修订的《犹太人是什么?》(What is a Jew?)，纽约1993年，第109～110页.

③ 参见劳伦斯·霍夫曼(Lawrence A. Hoffman)拉比1993年修订的《犹太人是什么?》(What is a Jew?)，纽约1993年，第108页。

惩恶；(12)信仰弥赛亚(救世主)的降临；(13)相信死者的复活。其后，阿尔伯(Joseph Albo，约 1360～1444)认为上述 13 信条主次不明，遂把它们归结为更根本的三条：信仰上帝，相信《托拉》神授，信仰善恶报应。[①] 当然，还有不少人另有主张。尽管在这个问题上犹太教内部莫衷一是，缺乏像基督教那样的统一、明确和公认的教义和信条，然而，信仰唯一的上帝，坚信《托拉》为神授的真理以及犹太人推行和传播上帝的意志的使命，相信人类的进步和理想的弥赛亚时代的实现，乃是大多数犹太教徒的共同信念。

犹太教的经典主要是《圣经》和《塔木德》。[②] 犹太人称自己的《圣经》为《塔那赫》(Tanach)，由"律法书"、"先知书"和"圣著"三大部分构成。共 39 卷，929 章。[③] 它们反映了《圣经》成书的三个阶段。

律法书即狭义的《托拉》(Torah)，指的是《圣经》的前 5 卷，由于相传为摩西所作，所以又叫《摩西五经》。《摩西五经》依次包括《创世记》、《出埃及记》、《利未记》、《民数记》和《申命记》。《创世记》讲述了上帝从虚无中创造天地万物以及人类的始祖亚当和夏娃的神话，诺亚在方舟中躲过洪水的故事，以色列始祖亚伯拉罕放弃偶像崇拜、尊耶和华为唯一的神并与之立约，其子孙以撒、雅各的生平故事，雅各的 12 个儿子的故事，尤其是幼子约瑟在埃及的奇特经历。《出埃及记》首先描述了摩西带领受奴役的以色列人逃离埃及的过程，然后讲述了摩西在西奈山接受上帝亲授的诫命，重申并强化了和上帝的盟约，进一步确立了犹太人的选民地位。《利未记》主要记述献祭的条例，祭司圣职的受任及其职责，饮食律法，圣日、节日和其他一些律例典章。《民数记》记叙以色列人在出埃及后转战西奈旷野的艰苦历程，以色列的两次人口统计，他们离开西奈准备去往"应许之地"迦南的旅程，以及到摩押平原的经过。《申命记》通过摩西的三次讲道，回顾了以色列人出埃及后的历程，重申了神授的诫律和典章，告诫以色列人要敬拜上帝，服从神命，遵守宗教律法和道德诫条。《摩西五经》是整个《圣经》的基础和核心，而《创世记》和《出埃及记》又是《五经》的核心。从《创世记》中我们可以发现古代以色列人的宇宙发生论，上帝

---

① 参见《犹太百科全书》英文版，第 10 卷，第 385～386 页。

② 《新旧约全书》是基督教的《圣经》。犹太人称自己的《圣经》为《塔那赫》(Tanach)，在内容上相当于《旧约》。犹太人不承认《新约》，也不喜欢用《旧约》称呼犹太教的《圣经》，因为犹太人否认基督教所谓耶稣是救世主，以及上帝与他立的"新约"超越或取代了和古代以色列人所立的"旧约"的说法。

③ 古代犹太人把某些经卷合并，所以有 24 或 22 卷本《圣经》。

和世界、人类的关系，犹太民族的起源和犹太教的发端。《出埃及记》则告诉人们以色列民族和犹太教的正式形成以及犹太教的基本律法。对于犹太人来说，《出埃及记》是最重要的经典。《摩西五经》是犹太教圣堂礼拜的必读篇目，每年通读一遍。

先知书(Nevi'im)21卷。因列入圣典的时间上的先后分为"早期先知书"和"晚期先知书"。前期先知书6卷：即《约书亚记》、《士师记》、《撒母耳记》上下卷和《列王纪》上下卷。后期先知书15卷。它们根据其篇幅长短而分为"大先知书"和"小先知书"。大先知书3卷，指的是《以赛亚书》、《耶利米书》、《以西结书》；其余12卷小先知书为《何西阿书》、《约珥书》、《阿摩司书》、《俄巴底亚书》、《约拿书》、《弥迦书》、《那鸿书》、《哈巴谷书》、《西番雅书》、《哈该书》、《撒迦利亚书》和《玛拉基书》。在犹太教中，先知是神在世上的代言人。他们关心社会，伸张正义，抨击时弊，谴责国王或警告以色列人，在古代以色列人的政治、宗教和道德生活中起过重要的作用。

圣著(Ketuvim)13卷。其中包括诗歌《诗篇》、《哀歌》、爱情诗《雅歌》，智慧书《箴言》、《约伯记》和《传道书》、史书《路得记》、《历代志》上下、《以斯帖记》、《以斯拉记》和《尼希米记》，还有融历史、预言和启示文学为一体的《但以理书》。圣著在《圣经》中成书最晚，是犹太诗歌、寓言、格言、谜语、比喻的汇集，具有很高的文学价值，对基督教的《新约》和《启示录》产生过不小的影响。

《塔木德》(Talmud)是继《圣经》之后最重要的犹太教法典。它由《密释纳》(Mishnah)和《革马拉》(Gemara)两大部分混合构成。如前所述，前者是犹太教的口传律法，由著名学者犹大·哈那西在公元200年编纂成书。后者则是其后公元200～300年间历代犹太贤哲对前者的诠释和评注。狭义上，仅后者也被称为"塔木德"。值得指出的是，有两种《塔木德》：一是巴勒斯坦《塔木德》(又叫作耶路撒冷《塔木德》)，约形成于公元450年的巴勒斯坦的犹太学园；另一为巴比伦《塔木德》，顾名思义乃成书于巴比伦，它在时间上比前者晚半个世纪。前者的篇幅仅为后者的三分之一，缺少关于《密释纳》最后两卷的"革马拉"。在相当长的历史时期内，巴勒斯坦《塔木德》被人忽略，巴比伦《塔木德》占据绝对主导地位；后者对犹太人的社会、宗教和道德生活产生过不可估量的影响。

《密释纳》分为6卷63篇，每篇下面再分章，共523章。第1卷"种子"，阐述和农业相关的祭典和律法；第2卷"节期"，论述安息日、逾越节、赎罪日等节日、斋日的律法和条例；第3卷"妇女"，讲述结婚、离婚以及婚姻行为等方面的律法;第4卷"损害",主要涉及民法、刑法和伦理法则,其中的《法庭篇》(Sanhedrin)集中阐述了犹太教的刑法,而《先贤篇》(Aboth)则是历代圣贤的道德教诲集粹,二者的地位尤其重要;第5卷"圣物",讲述祭祀、献祭方面的仪礼;第6卷"洁净",讲的是饮食律法和其他生活方面的禁忌。

一般说来,《塔木德》的每一章都以一段"密释纳"开始,接着展开"革马拉",即拉比们的解释和评注。几页"革马拉"之后,又引述一段"密释纳",然后接着给出相关的评论。在《塔木德》中,除了关于律法的严肃阐述和论争以外,还充满了数以千计的寓言故事、人物轶事、格言警句。故而我们可以从中领略到古代犹太人的生活的方方面面。《塔木德》不仅篇幅宏大,而且其中各种观点纷然杂陈。公元1世纪前后的希勒尔和沙迈代表了两个不同的思想派别。沙迈强调律法原则,态度较严格。希勒尔则更现实,态度也较灵活宽容。《塔木德》记载了他们的316次辩论,内容涉及宗教律法、礼仪和道德等诸方面。从争论的过程看,希勒尔派最后占了优势。《塔木德》可以说是犹太人生活智慧的结晶,时至今日,仍然能够给人以有益的启示。例如希勒尔有句名言,"我不为我谁为我?我只为己乃何物?此时不为,更待何时?"沙迈也说过:"少说多做,以微笑对待所有的人。"

犹太教在形成和发展过程中确立了一系列独特的圣日、节期、仪礼和宗教习俗。它们制约、规定着犹太人的日常行为,造就了这个民族的与众不同、独具特色的生活方式。

安息日(Shabbat)对犹太人来说是具有特别意义的圣日。安息日是一个星期的第七天,是休息日。但它不是一般的休息日,而是犹太教的最重要的表征。安息日根源于《圣经》中上帝的教诲:"你们要守安息日,把它看作神圣的一天。六天之内,你们要工作谋生,但到了第七天,你们就什么也不可做,唯独要向上帝守安息日。至于你的亲人、奴仆婢女、牲畜和一切在你们当中侨居的外族人,都要同样遵守。你们要遵守安息日是因为耶和华在六天之内造了天、地、海和其中所有的东西,第七天便安息了,所以,主赐福这一天,把它定为安息日。"[①]安息日既是工作后体力上的休整,更是一种精神上的净化和陶冶。犹太人的安息日不是星期天,而是从每个星期五的太阳落山开始,到次日的同一时刻截止。在这一天,犹

① 《出埃及记》20:8~11。

太人不允许做任何工作，专心休息和学习经文。一般地，星期五傍晚，由家庭主妇点燃蜡烛，这标志着安息日的开始。然后全家人围坐在一起愉快地享用丰盛的晚餐。星期六上午多数教徒到自己所属的圣堂做礼拜。这一天也是13岁的男孩或12岁的女孩举行成年礼的日子。守安息日是犹太教的重要组成部分，也是犹太人作为一个神圣民族而和别的民族相区别的重要标志。正因如此，著名犹太思想家阿哈德·哈阿姆才说："与其说犹太人遵守安息日，不如说安息日维系了犹太人。"

犹太教的另外两个主要圣日是新年(Rosh Hashanah)和赎罪日(Yom Kippur)。犹太新年指的是犹太历七月的第一、二两天(古代为七月初一)。在《圣经》中，它被规定为新一年的开始。这一天不是个欢快的日子，人们只是默默地休息，并吹羊角号以示纪念。后来，拉比在《密西那》中又称之为"审判日"和"纪念日"，认为在这一天所有的人都要在上帝面前经过，并接受其审判。《塔木德》把这种审判分成三种情况：最好的人当即被判决并被记入《生簿》；最坏的人则被载入《死簿》；其余的常人不定，而等到"赎罪日"时再作判决。这样，新年就成了犹太人根据犹太教的标准进行自我省察的日子。

赎罪日(Yom Kippur)是犹太人一年中最重要的圣日。在新年过后的第10天，犹太人彻底斋戒，停止所有工作，聚集在圣堂内祈祷上帝赦免他们在过去的一年中所犯的罪过。在圣经时代，犹太人这一天在圣殿举行献祭仪式，将一头公山羊杀死祭奠上帝，把另一头山羊放逐旷野，让它带走犹太人的一切罪孽。这就是所谓"替罪羊"的来历。

逾越节(Pesach)是犹太人为纪念历史上犹太人在摩西的领导下成功地逃离埃及节日，所以又叫作自由节。据《圣经》(《出埃及记》第12章)记载，当年以色列人在逃离埃及前夕，上帝命他们在正月十四晚家家杀羊食肉，把羊血涂在门框上作为以色列家庭的标记。晚上，上帝越过了以色列家庭而把埃及人家中头生的孩子和牲畜全部杀死。上帝吩咐犹太人："这一天将是你们的纪念日，要当作上主的节日来庆祝；你们要世世代代过这日子，作为永久的法规。"逾越节之夜是犹太家庭把盏欢宴的时刻。在宴会中，犹太人讲述出埃及、获自由的故事，孩子提问一些有关逾越节缘由的问题。宴会上备有嫩芫荽，象征春天万物成长的希望；烤鸡蛋表示古代圣殿中的祭品，硬鸡蛋提醒人们超越死亡的人生，咸水象征犹太人为奴时的泪水，苦菜代表受奴役的苦楚，无酵饼则是当年犹太人在走向自由的路途中的食品。现在，正统派过两夜，改革派只庆祝一夜，第二天到圣堂参加集体庆祝活动。

律法节(Shavuot),因是逾越节过后七周的那天(正统派过两天),故又称七旬节。本来这是一个农业收获节,以色列人在这一天把新收的小麦献给上帝。后来成了犹太人用以纪念上帝在西奈山授予十诫的日子。人们通常在这一天阅读包含十诫的《出埃及记》,举行成年礼或毕业典礼。

住棚节(Sukkot)开始于赎罪日后第五天,即犹太历的七月十五,整个节期持续 7 天(正统派过 8 天)。其原初意义是纪念农民在秋收时节住在野外的帐篷内以便及时收获成熟的庄稼,后来用以纪念以色列人在旷野漂泊 40 年中所住的帐篷。这是一个喜庆欢乐的节日。节日期间,有的犹太人吃住都在郊外的帐篷内,有的只是象征性地每天在其中短暂驻留,念诵有关的经文和祷文。犹太教的圣堂也建起帐篷,供会众使用。现今,这个节期具有依赖自然、回归自然和保护自然的意义。

犹太教还有其他一些节日,例如痛悼节(Tishah B'ab)、欢庆节(Purim)、光明节或献身节(Channukah)等,各有其宗教缘由和世俗意义。

在生活习俗方面,犹太教有自己的饮食法。它规定:可吃任何植物、禽类,只准吃分蹄并反刍的兽类。不吃无鳞、无鳍的水生动物。对于可吃的动物亦有一些规定:不准屠宰因老、病而死的牛羊和禽类出卖,不准食用非正常死亡的动物;不准吃生肉;不准吃血;不准同餐食用牛羊肉与牛羊奶;不准吃牛羊腹膜下的油脂;不准吃牛羊蹄筋。同时,犹太人有经过专门训练的屠宰师傅,虔诚的犹太人只吃经他屠宰而且经过检验为洁净的肉食。

犹太人区别于其他民族的重要习俗是"割礼"和成年礼。割礼就是在男孩出生后的第八天由专职人员割去阴茎包皮,借以表示犹太人是曾和上帝立约的亚伯拉罕的子孙。男女儿童分别在 13 岁或 12 岁时举行成年礼,以志成人,并从此承担成年人的责任和义务。

犹太教是一个进化、发展的宗教。在漫长而曲折的历程中,犹太教大致经历了圣经犹太教、拉比犹太教、中世纪犹太教和近现代犹太教几个历史阶段。其中值得特别重视的是两次历史性的大变革。第一次是从圣经犹太教向拉比犹太教的转变,第二次就是本书集中阐述的发生于 19 世纪的宗教改革,其结果是现代犹太教各个宗派的诞生。在第二圣殿毁灭前后,以色列民族中代表社会上层和保守势力的撒都该人逐渐失去民心,而以学识渊博、致力改革著称的法利赛人赢得了广大犹太人的支持。两派斗争的结果是代表广大民众利益的法利赛人取得了胜利。有学问的法利赛人被称为拉比,他们按照自己的理解,根据现实的需要解释圣经,解决新形势下各地犹太人面临的种种问题。原来在圣殿中的祭祀仪式被当地圣堂内的祈祷和《托拉》研究所取代，巴勒斯坦和巴比伦等地建立了专门从事《托拉》学习的学校，校长多为著名的拉比。到公元 500 年前后，犹太拉比们完成了《塔木德》的编纂，从而完成了从圣经犹太教向拉比犹太教的转变。《密西那》名为神授的口传律法，实际上是拉比意见的汇集，体现了那个时代的拉比的集体智慧。如果说圣经时代的权威是先知和祭司家族（柯亨和利未家族），那么，圣殿以后则是以拉比为核心的时代。拉比们成了犹太经典的权威解释者，是犹太人心目中的学问家和精神导师。尽管和拉比犹太教并存的还有卡拉派（Karaism）、神秘主义的卡巴拉（Kabalah）以及其他派别，但拉比犹太教始终是犹太教的主流派和正宗，这种局面直到近现代才被改革的浪潮所打破。

2

法国大革命和由此而开始的犹太人的解放是犹太人历史上的大事件，也是决定近现代犹太教发展方向、形式和命运的关键因素。

在中世纪，欧洲各国的犹太人被视为劣等民族，在宗教上受迫害，在政治上没有任何权利和自由，在经济上受到种种限制。与他们的身体被禁锢于隔都的高墙之内相适应，他们的精神和灵魂也只有沉醉在传统、陈腐的《塔木德》学问的框架中。那时，犹太人居住的隔都犹如“国中之国”，而犹太人则成了所在国人民心目中的“外国人”。然而，随着 1789 年法国大革命的胜利，犹太人的状况却发生了根本的变化。欧洲各国的犹太人先后获得了公民权，享有了和其他民族一样的平等地位，有了做人的自由和尊严。多少个世纪以来梦寐以求的愿望终于在此时得到了实现，这是令他们最振奋、最扬眉吐气的时刻。这就是犹太史上所称的“解放”。解放把犹太人一下子置于一个前所未有的新的社会和文化背景之下，使犹太人开始了一个崭新的时代。正是在这个意义上，著名的犹太学者族恩茨才说，对于犹太人，中世纪的结束是以法国大革命为标志的。

18～19 世纪的欧洲是一个理性主义主宰的时代，包括宗教在内的一切意识形态都要依据理性法庭的审判决定何去何从。犹太教当然也免不了这样的命运。同时，解放以后的犹太人首当其冲面临的是如何调整自己，使自己适应宗主国的社会、文化环境的问题。在这样的背景下，一场相对于欧洲来说是迟到了的犹太启蒙运动（哈斯卡拉）终于发生了。德国的摩西·门德尔松担当了启蒙的先驱。门德尔松开辟的启蒙运动所追求的目标有两个，一是冲破隔都的禁锢，把犹太人改造成真正的欧洲人；二是希望犹太人继续保持自己的民族特性。然而这是一个不易兼得的两难。正是适应启蒙运动的目标的需要，德国犹太教内部率先实行了宗教改革。

改革的直接后果是犹太教的分裂。原来统一的传统犹太教逐渐分化出改革派、保守派以及正统派[①]；在20世纪的美国还从保守派中分化出了重建派。这些不同的宗教派别把犹太人划分成不同的阵营，导致了犹太人在宗教观念和生活习俗等诸方面的差别。这种局面一直持续到现在。

正统派的最大特点是坚持"天不变道亦不变"的原则，拒绝犹太教的变革。他们认为，上帝是永恒的，《托拉》是西奈山的神启，因此，其中的律法一条也不能改变，否则就是异端。他们还相信将来弥赛亚的降临会恢复犹太国家，重建圣殿并恢复献祭礼拜。大致上说，正统派又可分出极端正统派（原教旨主义者）、新正统派和哈西德派。（1）极端正统派还停留在中世纪，只坚持传统犹太教的信仰，严格遵守教规和习俗，反对现代科学文化和任何现代事物，不承认以色列国（有的尽管居住在那里），不与其他教派合作。（2）新正统派或现代正统派承认《圣经》和《塔木德》的权威，遵守犹太教的圣日、节日、习俗以及传统道德，但具有一定的灵活性。在圣堂内做礼拜时，使用希伯来文祈祷，不用风琴伴奏，实行男女分坐。他们相信并参与科学文化活动，谋求和其他各派的共处和合作，支持以色列国并参加犹太复国主义组织。（3）哈西德派（虔敬派）是18世纪中叶诞生在东欧的神秘主义派别。他们贬低理性和知识，强调人的情感，目的是通过虔诚的祈祷达到和上帝的灵交。其祈祷形式直接指向上帝，形式简单，随时随地，不需圣堂。他们还提倡在祈祷时伴以歌舞和其他能够激发人的感情的动作。现在，正统派在美国是少数派，约占600万犹太人口的6%，但在许多欧洲国家，例如法国和英国仍然有相当大的影响力。

改革派犹太教的主导思想是带有明显理性主义因素的发展观，即认为犹太教和所有的意识形态一样，必须随着时代的变化而变化，应该在发展过程中摈弃那些过时的、不合理性的成分，以适应现代生活的需要。改革派把犹太教定义为完全与科学、理性和谐共存的伦理一神教，奉行在全世界范围内实现和平、公正和各民族和谐统一的大同主义。他们在改革中废弃了不少中世纪习俗。例如，在圣堂做礼拜时男女混坐，不用希伯来语而用所在国语言读经布道（现在多为希伯来语和当地语言并用），使用合唱队并引入管风琴伴奏；同时，实行男女平等原则，妇女获得了做拉比

---

① 一般而论，犹太教可以划分为正统派和自由派两大类。正统派指的是犹太教改革运动后的新正统派和源于东欧的哈西德派，自由派包括改革派、保守派和20世纪在美国出现的重建派。

的权利，并于1972年开始任命女拉比。古典改革派曾把大同主义和复国主义对立起来，强烈反对犹太复国主义。后古典的改革派改变了这一立场，成为支持复国主义和以色列国的建设的重要力量。第二次世界大战以前，改革派的中心在德国，战后则转移到了北美。现在，改革派在北美犹太人中约占42%，是成长最快、力量最壮大的犹太教派。

保守派犹太教是介于正统派和改革派之间的温和派。它的前身是德国的犹太教历史学派。19世纪宗教改革期间，一些德国犹太人认为正统派过分强调了的传统，忽视了现实生活的需要，而改革派又过分注重现实，没有给予传统以应有的地位，因而各自走向了极端。于是他们采取调和折衷的态度，主张在过去和现在之间建立起活生生的联系。历史学派认为，犹太教的成文《托拉》源于西奈神启，而口传的律法则是犹太人对前一种神启的扩展和延伸，是人类理性和经验的结晶。成文法是超时间的、神圣不变的，而口传法则处于时间的流变之中，可以根据时代的需要作修正和变更。但是，变更的权力不在于个别的拉比，而是学者的一致同意和犹太社区全体成员的普遍接受。对于犹太复国主义，他们持赞成、支持态度。这个学派于20世纪初期在美国发展成为保守派犹太教，而且曾经一度成为最大的教派。现在，保守派在美国占犹太人总数的40%。就保守派坚持犹太教律法和仪礼的重要性而言，它接近于正统派，而就其赞同律法的可变性、灵活性而言，它又很难和改革派划清界线。保守派圣堂的用语为希伯来语，礼拜时实行男女分坐，妇女逐渐取得了和男子平等的地位，1985年开始任命女拉比。

重建派是从美国保守派中分化出来的年轻犹太教派。这个教派的创始人摩迪凯·开普兰认为，超自然主义的正统派、改革派和保守派都不能适应现代性和当代犹太生活的需要，因此必须对之重建，将其改造成为自然主义的、民主型的宗教。他心目中的犹太教是一种进化的文明，上帝、《托拉》和犹太人是构成它的三大平等的要素。然而，上帝不是超自然的人格神，而是内在于宇宙万物中的“为了拯救的力”，《托拉》是犹太人经验的记录，其中的律令乃是犹太人的风俗习惯。而“拯救”不是来世的永生，而是现世的道德满足。重建派在仪礼上接近保守派，而在理论观点上甚至比改革派还要激进。这个派别主张自由地解释传统，以圣堂为犹太生活的中心，主张宗教生活的民主化，鼓励和支持以色列国的建设。重建派是犹太教最小的派别，约占北美犹太人的2%，它对犹太人影响主要体现在意识形态方面。[①]

正如自由的改革派和保守派所言,犹太教的确是一个不断进化和发展的宗教。在最近几十年内,犹太教虽然没有本质性的变革,但也发生了不少量的变化。其中,一个很值得注意的一点就是自由、世俗犹太人队伍的不断扩大。这种现象不仅存在于欧美,而且也发生在以色列。他们或者公开宣布不承认任何宗教,或者仅仅出于功利的考虑在名义上属于某个公会,而实际上不参加任何宗教活动,也不遵守犹太教的法规和习俗。这种现象给人一种犹太人宗教意识和民族意识日趋淡化的感觉,甚至可以被看作一种和欧美文化同化的趋向。历史地看,犹太人之所以在散居近 2000 年后仍然能够作为民族而存在,多半在于她的宗教和由此而产生的独特的文化和生活方式,而其宗教得以延续和维系的重要原因是欧洲反犹主义的流行和对犹太人的残酷迫害和屠杀。18～19 世纪,为数不少的犹太人在获得了公民权后放弃了自己的宗教而皈依了基督教,自觉自愿地被同化了。二次世界大战结束后,反犹主义和对犹太人的迫害在遭到普遍谴责后在很大程度上得以平息,有利于各民族相互理解、和睦相处的条件日渐稳固,这恐怕是犹太人世俗化的主要原因。令人担心的是,假如这种有利条件得以长期存在,犹太教到底还能维持多久?犹太人还能作为一个民族继续存在下去吗?

3

鲁达夫斯基的《近现代犹太宗教运动》是一部在西方颇有影响的犹太教史书,其主旨在于阐述近现代犹太教各派及其意识形态的“起源、演化和壮大过程”。正如本书的副标题所表示的那样,近现代犹太教产生和发展的历史也就是 18 世纪末“解放”后的犹太人为适应新的社会环境而进行自我调整的历史;从意识形态上看,也可以说是发生在当时犹太人内部的传统和现代化的冲突和较量。这段历史是一个相对弱小的民族在面临强大的西方社会和文化背景下如何自新、自立、自强的写照。本书所描述的既是一部宗教史,也是一部民族史,它为每一个遭遇到相似境况的民族提供了宝贵的历史经验和发人深省的启示。

在很长的历史期内(70～1948),犹太人是一个“无国可归”的民族。

---

① 上述犹太教各派在美国或北美犹太人中的比例数字皆引自劳伦斯·霍夫曼(Lawrence A. Hoffman)拉比 1993 年修订的《犹太人是什么?》。

对这样一个民族的宗教变迁进行阐述不能不结合双重的历史背景——犹太民族史和更广义的世界史。对此，本书作者具有深刻的认识，因而能够明智地把犹太教各派的产生和发展"置于一般历史和犹太历史的背景中论述"。应该说这是一个成功的方法。在本书中，外部反犹主义的肆虐，隔都内犹太人悲惨的生活景象，法国大革命后的"解放"赋予犹太人以公民权和平等地位，拿破仑的兴衰沉浮对欧洲犹太人的生活和宗教的积极和消极的影响，美国的宗教自由政策和有利环境，等等，都作为近现代犹太教变革的外部和内部条件在本书中得到了反映，这样就把犹太教的发展变化放到了一个大的社会和文化场景中，给人以较强的历史感，使人较容易看清楚近现代犹太教的变迁和犹太历史、欧洲历史之间的内在联系，同时也加强了所述内容的客观性和说服力。

犹太教各派的根系于欧洲，后来萌发、成长、壮大于美国；犹太教的分化缘于19世纪初的改革，而改革是在德国发端和展开的。因此，犹太教在德国和美国的历史就自然成为本书论述的重点。就改革派而言，德国早期改革人士雅各布逊、爱德华·克勒等从事的圣堂礼拜式的实用性革新，改革派与正统派之间就此展开的论战和斗争，著名改革家盖革对犹太教的精辟分析，他的犹太人使命学说和普世主义理论，侯德海姆的激进改革，改革在德国的衰落及其原因，美国19世纪中叶开始的改革，怀斯和豪恩对改革的贡献，《匹兹堡纲领》及其重大意义，《哥伦布纲领》在宗教礼仪和犹太复国主义问题上的修正和改进，改革派大学的建立，等等，都在本书中得到了充分、系统的阐述。保守派的前身是德国的历史学派。在本书中，历史学派的先驱族恩茨在改革派和正统派之间的折衷路线，弗兰克尔的温和改革和他的"实证的、历史的犹太教"概念，他们在教礼和习俗上与改革派的分歧，都得到了细致的描述；在美国，李瑟和莫里斯作为保守派之先驱的地位，谢希特对犹太学术和教育的杰出贡献，他对于保守派的成长和壮大所起的巨大作用，他关于传统的连续性和对犹太人集体意识的强调，对精神犹太复国主义的赞同，还有保守派的一般思想，对改革派的态度，等等，也都得到了有条有理的阐述。新正统派在德国的先驱是梭佛和伯内斯，但最著名的倡导者当是萨姆森·拉斐尔·赫尔施。他关于犹太教的本质、教义、教规、礼仪的系统见解，关于人的使命在于服从上帝，而犹太人的使命在于充当完成人的使命的工具的论述，对改革派的批评，对于民族主义和爱国主义的关系的看法，教育思想，以及正统派在德国的组织，都在本书中得到了完整的介绍。此外，1882年以前美国正统派的状况，1882年以后成员的扩大，公会的增多和壮大，拉比组织和高等学府的建立,正统派的思想和习俗,诸如此类,也被讲述得比较具体。

除了重点阐述犹太教的改革派、保守派和正统派在德国的产生和在美国的发展状况外,本书还在一定程度上兼顾到了其他派别和重要的思想家,例如,东欧的哈西德派,马丁·布伯的新哈西德主义,意大利卢扎托的新正统派,从美国保守派中分化出来的重建派,等等。大致说来,本书的论述基本上做到了既全面系统,又主次分明,使人很容易抓住主要的线索,对近现代犹太教的历史和现状有一个比较清楚的了解和认识。由此看来,本书出版后在西方得到普遍好评,并被作为权威的教科书,就不足为奇了。

然而,本书的全面系统是相对而言的。作者把阐述的范围限制于犹太人在欧洲的解放和在欧美先后展开的自我调整,但是,对于英国,尤其是法国犹太教发展变化的论述就比较薄弱;同时,相对于对改革派、保守派以及德国的正统派的论述而言,对于美国正统派的论述显得不那么充分。如果放眼更广的范围,在犹太教中举足轻重的印度、埃塞俄比亚和拉丁美洲的犹太教的变迁,1948 年建国后的以色列的宗教状况,乃至中国开封犹太人在现代的被同化,都消失在作者的视野之外。从某些种意义上讲,这不能不说是一个缺憾。

鉴于本书的重要学术价值和目前国内犹太文化研究的迫切需要,我们把它译成了中文。翻译的过程是首先由李伟(第 1 和第 2 部分)和刘平(第 3 部分)译出部分初稿,然后由傅有德进行修改加工和补遗,直至译文的全部完成。尽管这部译作耗费了我们一年的辛勤劳动,但其中仍有许多不能令人满意的地方。首先是某些名词、术语的翻译不一定妥当。例如,“阿古达·以色列”(Agudath Israel)、“普遍的以色列人”(Catholic Israel),等等。这里有一些是拉丁化的希伯来语,没有相应的英文。此外,本书有些地方涉及德语、意大利语、捷克语、波兰语,对此,我们曾请教过国外有关学者,但仍有个别地方没有得到令人满意的解决。还有,由于我们能力有限、背景知识不足,译文中一定还存在不少其他类型的错误。恳切希望同行、读者批评指正。

译　者
1996 年 8 月于山东大学

序　言

真正说来，我们可以把犹太教看作一个多样性的统一体。它不要求思想和信仰上的整齐划一，而强调对一些共同的基本原则的笃信和奉行。一般说来，这些原则包括：信守伦理一神教的教义，承认《托拉》为犹太教的源泉，保持与以色列先知和圣哲们所教导的道德和弥赛亚理想的同一性。犹太教的宽容精神集中体现在《塔木德》的箴言中，其大意是说希勒尔(Hillel)和沙迈(Shammai)两个对立派别的对立观点都被看作是"活生生的上帝之语"。这些不同意见之间既存在着连续不断的对话，也有为在犹太教主流中争地位而展开的争斗。某种见解所占有的地位最终是由犹太人民根据历史的传统和趋向而默默表示的认可来决定的。可以说，犹太教是从源于它的人民的历史经验的思想酵素中生长出来的。还有，犹太教的难题与其说是其内部的意识形态上的差别和论争，不如说是人们对于意识形态的冷漠。对犹太教的那些生死攸关的问题的冷淡症有可能导致它的停滞不前。此书可以视为一部对话录，记载着开始于两个世纪前且如今还在进行着的对话。对话产生于犹太人生活的变革，而这种变革又是由于犹太教所面临的一种挑战，即它在摆脱了隔都的思想藩篱并在 19 世纪获得自由和宽容后发生的危机。解放运动标志着犹太历史上的一个生死攸关的转折点，它要求犹太一方作出相当大的调整。

几种宗教意识形态的产生都是为了调整这个趋向的。时至今日，问题仍然没有解决。相信犹太教能够容纳数种不同的见解和思想，使其包含在一个大的统一体内。这部著作以一般历史和犹太历史为背景勾勒了现今犹太教中不同派别的演进，并分析了形成这些派别的社会力量和思想动力。了解犹太人围绕几种不同信念的争论和就如何修正他们的基本教义和原则而展开的论证,应是很有现实意义的。此书析理透彻、文笔流畅。它的学术成就当会引起犹太教专业学者的特别关注,同时对于更广泛的宗教领域也是有意义的。对于一般读者来说,这本书可作为犹太教的入门,使其了解它的性质、概念和原理。总而言之,此书乃是对该领域的文献做出的一个颇有价值的贡献。

亚伯拉罕·卡什
于纽约大学希伯来研究所

前　言

本书的主旨在于阐述当代犹太教各派，主要是正统派、改革派和保守派及其分支的意识形态的起源、演化和壮大过程。这些宗派不是凭空产生的，亦不是在真空中演进的，而是在欧洲犹太人所经历过的环境和事件中兴起和发展的。因此，我将它们置于一般历史和犹太历史的背景中论述。正如犹太教与犹太人的历史水乳交融一样，这些教派也与它们所处的历史背景密不可分。本书中的这两个方面是密切关联的，历史的方面为思想的讨论提供了框架。但是，在范围上，本书不只对犹太教从历史的角度作纯思想的研究，它还论及了与之相关的更为广泛的领域，涉及犹太教的基础、特征、原则、态度以及附属性的论题。因此，本书为读者洞悉犹太教之根本性和基础性的教义与价值提供了一个极好的机会。只消浏览一下本书的目录就会发现其主题的范围非常之广，所以，从各主要宗教团体的视角来看，它可被看作一部犹太教的教科书。

本书分成三部分。每一部分的开始有一个小序，用以勾勒该部分的主旨概貌。冠之以"背景"标题的第一部分主要论及中世纪犹太人所处的境况，他们遭受的痛苦和迫害；隔都的建立便是他们的悲惨遭遇的登峰造极。这一部分还阐述了形成犹太启蒙运动(Haskalah)以及最终导致"解放"即犹太人获得公民权的解放运动的诸要素。正如杰出的犹太历史学家利奥波德·族恩茨所指出的，对于欧洲犹太人来说，中世纪直到法国大革命才算结束。

本书的第二部分被称作"欧洲的根"。它是从阐述传统犹太教的本性入手的，在解放运动开始时，它是犹太教的唯一形式。犹太教那时所拥有的统一性被改革派旨在使犹太教适应新时代的企图所打破。如若揭示改革派与传统派之间的冲突,最为自然的办法莫过于将两大阵营的问题作一明晰的透视。另一种使犹太教适应变化了的环境的努力产生了犹太教的一个分支——新正统派以及处在核心的历史学派;前者是与改革派相对的另一极端。正当19世纪的德国和中欧陷于这样一种斗争之际,另一宗教对抗即正统派内部的哈西德派(Hassidim)及其敌对的米特纳歌德派(Mithnagdim)之间的冲突席卷了东欧的犹太人。在20世纪出现的马丁·布伯的新哈西德哲学,就是由东欧的哈西德派思潮孕育而生的。在本书中,哈西德派和新哈西德派都得到了阐述,前者是正统派的一个变种,后者则是哈西德派与西方宗教观念综合的产物。尽管新哈西德分子并不像哈西德派那样代表犹太教中的一个宗教派别,但从它对当今西方进步犹太教思想的影响看,却是很有意义的。

本书的最后部分叫作"在美国的萌发"。它把场景转到了新大陆,追寻各种宗教派别在美国土壤上的发展踪迹。除了正统派、改革派和保守派以外,这部分中设专章论述了重建派——保守派中激进的一翼。各宗教派系的原则、组织结构、活动、现状以及未来的前景都在本书的最后这一部分中作了分析。

一大批对犹太教诸派的理论和教义产生过直接或间接影响的犹太思想家在本书中得到了表现和阐述,包括早期的贝施特(Besht)、门德尔松(Mendelsshon)、科罗赫马尔(Krochmal)、盖戈(Geiger)、族恩茨(Zunz)、弗兰克尔(Frankel)、拉波鲍特(Rapoport)、赫尔施(Hirsch)、卢扎托(S. D. Luzzatto)、怀斯(I. M. Wise)、李瑟(Leeser)、谢希特(Shechter),以及近来的布伯(Buber)、开普兰(Kaplan)、所罗非奇克(Soloveitchik)。中世纪犹太思想巨匠,如迈蒙尼德(Maimonides)、哈列维(Halevi)和阿尔伯(Albo)的观点也得到了适当的阐述,至少在不同的场合作了注释。对于许多欧洲哲学家,不论他们对犹太教各派所产生的影响是正面的还是负面的,本书也都作了考察,他们中有斯宾诺莎、康德、黑格尔、莱辛、卢梭、孔狄亚克,等等。

纽约大学的华盛顿广场学院开设的"当代犹太教的趋向"和教育学院讲授的"美国犹太社区的趋势"两门课程使我深感需要一本合适的教科书,这是撰写此书的直接动机。我们,当然也包括其他院校的同行们,在讲授犹太教诸课程时都感到这一领域缺乏适当的教材,因而不得不借助于一些临时性的教学材料。我希望本书将有助于改善这种状况。我深信,本书也会满足这一研究领域中的成年人的需要。

尽管此书可以用作基础课的教程，然而，学识较渊博的学生和读者将会发现书中包含不少新东西。本书中有几章已在《犹太社会学杂志》、《传统杂志》、《赫茨尔年鉴》以及希伯来语的 Bitzaron 和 Perakim 等学术刊物上发表过。我相信，不论犹太人还是非犹太人，都会把这个教材看作是启发人的源泉。对前者来说，它是扩展其犹太文化遗产知识的手段；对于后者，它将帮助他们对其犹太邻人奉行的宗教有更一步的理解。

在论述主题时，我尽量避免宗派成见，力求保持客观的态度，尽管大家都知道这不可能完全做到。我所提供的主要是使读者从中得出自己结论的事实材料。我相信，本书将激励读者去进一步探索犹太教中丰富的精神宝藏。附录中关于全书和各章的参考书目应对此有所裨益。

请读者宽宥我在这里作一个纯属个人的解释。本书的撰写和出版得到过许多人的帮助，然而，我首先以深深的眷恋之情和敬意感谢亡故的爱妻，没有她，我就不会写成这部著作。她有一颗高贵、圣洁的灵魂；正是她的激发、鼓励和耐心才使我致力于此书的写作。她的去世对我来说是无法弥补的悲剧性的损失，而她未能亲眼看到我所努力的成果，尤其令我悲伤。我原想把本书献给她，以表示我对她的爱恋和敬意，然而现在它只能算作是对她就犹太教及其理想所表现出来的忠诚、理解和热情的缅怀和悼念了。

我也想对我的至交和同事亚伯拉罕·卡什(Abraham I. Katsh)教授表示诚挚的谢意。他对我多方面的帮助实在是不胜枚举。卡什教授是纽约大学希伯来文化课的主讲，同时也是希伯来研究所的创始人和所长，正是他极大地推动了美国高等院校内的现代希伯来语和犹太文明的教育活动。

我还要感谢赫达·卡拉西夫人(Mrs. Hilda Karash)，是她不辞辛劳打印了本书的原稿；舍利·弗而兹夫人(Mrs. Shirley Fields)在这方面也做了不少工作。

许多人读过这部书的手稿的各部分并提出过有益的建议。他们中有我的同事，也有学生，其中包括拉比吉尔伯(Michael Gelber)、赫兰德(Albert Hollander)、拉茨乌尼克(Grainom Lazewnik)。在此，我对他们表示诚挚的感激之情。

我尤其要感谢南希·佛斯伯格(Nancy Forsberg)女士，她通读了全部书稿，并提出了不少颇有见地的评论。我也同样感谢斐利普·巴内斯(Philip Paneth)博士的帮助。

大卫·鲁达夫斯基
于纽约大学

第 1 部分

背　景

小 序

当代犹太教的几大派系无不根植于作为西欧启蒙运动一个侧面的18世纪的犹太启蒙运动(Haskalah)。西欧的启蒙运动预示着犹太人的解放,即摆脱了隔都中与世隔绝的状态,结束了在所在国心目中的侨民地位。这个变化一下子把犹太人从中世纪的生活境况推进到了现代文明世界。从文化上说,这意味着被时代耽误了的犹太人将经历一场类似于400年前欧洲文艺复兴运动带来的思想振奋。因此,对犹太人来说,数世纪的缓慢变革进程被压缩成了一个相当短暂的改革时期。在这一时期,部分犹太教自由分子试图调整犹太教以适应新时代的要求,这样,现今犹太教的主要宗派的观念形态便由此而产生出来了。

犹太解放运动是诸多相互关联的因素综合作用的产物。这些因素可追溯到十字军东征之后业已拓展了的欧洲文化背景。已在欧洲盛行的新的科学方法、人文主义运动、经济、社会和宗教革命等所有这一切造成了知识界的怀疑主义风尚。弥漫于伦敦、巴黎和柏林的沙龙里的思想自由和宗教宽容气氛并不源于基督教和犹太教的教会,而是孕育于思想进步的卢梭和百科全书派,后者曾就教会作为全人类的教育机构的权威性和独裁地位提出过质疑。他们削弱了对组织性宗教的信念,然而却强化了人们对天赋人权即生命、自由和平等的信仰。

当像米拉波(Mirabeau)伯爵和孟德斯鸠这样一批鼓吹宗教自由和宗教宽容的基督徒从外部破坏隔都的围墙之际,以犹太思想家摩西·门德尔松为首的一批犹太人则从内部猛烈攻之。同时,他们还努力让隔都里的犹太同胞做好准备,迎接解放时代的来临。解放运动终于来了。它是紧接着一场剧烈的政治暴动之后降临的。巴黎的起义摧毁了巴士底狱的围墙，同时也摧毁了隔都这一障碍。结果，1791 年 9 月，法国成为欧洲第一个赋予犹太人以完全的公民权和平等地位的国家。法国既然开了先河，19 世纪欧洲的其他国家也随之竞相效仿。

然而，我们的阐述并不由此开始。犹太公民权的获得是犹太解放运动的一个高潮，而不是一个起点。为了把握这场革命对于犹太人生活的意义和影响，我们必须从犹太个人和社区两方面去考察生活于早期隔都里的犹太人的生活状况。尽管隔都生涯在中世纪犹太史上是一个高潮时期，但是它毕竟只是犹太人曾遭受的一系列严重迫害和压迫中的一个阶段而已。要恰如其分地理解和把握犹太解放运动的意义，对犹太人所经历的其他阶段的概述也是必不可少的。

这个导论性部分阐述的是中世纪犹太人的悲惨境遇，因其具有引导性的意图，故而称之为“背景”。

第1章　以上帝的名义

1. 恐怖和诽谤

犹太人的殉难

公元12世纪,欧洲犹太人的生活条件发生了显著的变化。在耶稣纪元的第一个千年期,犹太人所遭受的排斥和暴力是时断时续、零星发生的。由于这种迫害不像后来几个世纪那样有预谋性,因而还相对容易忍受。即便到了后来,当犹太人的处境变得更为艰难的时候,由于时间和地域上的差异,其结果是:当这种迫害在一个地方残酷起来的时候,在另一地方却相对缓和下来。情况若非如此,犹太人的命运会更加苦不堪言。[①]

中世纪的种种反犹暴行和恐怖,其深层原因在于:犹太人执著地坚持他们的信仰,并拒绝在基督教的洗礼盘中冲刷掉自身的民族性。然而,他们用以抵抗教会压力的勇气并不仅仅来自这种强烈的宗教信仰,也根源于这样一个事实:犹太人民极为珍视自己的良知自由和正当崇拜的人权。因此,犹太人民之勇于承受压迫,甚至为其宗教从容殉道,必须看作是在这样一种背景下为争取人类自由而斗争的一部分。这种热爱自由、反抗压迫的精神从法老时代就潜移默化到犹太人民心中,永远不会磨灭。

---

① 伟大的俄罗斯作家陀斯妥耶夫斯基(Dostoievski)曾经这样说过:假如耶稣在中世纪期间重返人间,亲眼目睹自己子民的悲惨境遇,他将会惊恐地退缩回去。

十字军

十字军东征给欧洲犹太人带来的是灾难和死亡。第一次东征期间(1096 年),数十万毫无军纪可言的军队横扫了莱茵河和多瑙河畔的犹太社区。许多十字军骑士这样问道:“为什么还要去理会撒拉逊(Saracen)的异教徒,既然犹太异教徒和杀害基督的凶手伸手可即?”军士们虚伪的虔诚常常是与掠夺犹太人财富的贪欲纠缠在一起的。这群野蛮成性的暴徒们所造成的巨大恐怖和惊吓,使数以千计的犹太男子、妇女和儿童宁可自杀或相互结束生命,也不愿落入十字军的魔爪。当然,更多的人是惨遭杀害的。这批十字军抵达耶路撒冷后,曾把城里所有犹太人召集到一所犹太圣堂,然后付之一炬。其性情之残暴,由此可见一斑。

这些暴行并非基督教士们所为;相反,他们中的一些人还试图保护犹太人。第二次东征期间(1145 年),克莱尔伍欧(Clairvaux)修道院的圣·伯纳德(St. Bernard)和皇帝康拉德三世(Conrad III)曾进行了干预,试图阻止对犹太人的大屠杀,但收效甚微。随后的几次东征,对犹太人民来说,也同样是灾难性的。

血祭诽谤

中世纪的犹太人长期生活在对暴乱和屠杀的恐惧中。以某种借口煽动迷信的民众对犹太人施以暴力,或诱使当局对犹太社区采取所谓的“合法”行动,都是轻而易举的事情。那些对犹太人的指控虽是荒谬不经、虚妄不实和令人发指的,但给犹太人带来的却是灾难和毁灭性的打击。有时,甚至不需要什么特殊的罪名,仅仅是复活节的来临以及与之相关的耶稣殉难,就足以引发一场对犹太居民区的袭击。

最为人们津津乐道的挑拨中伤即所谓血祭诽谤。第一例有案可查的事件发生于 1144 年的英国,起因是,在复活节那天,人们在诺里奇(Norwich)发现了一具名叫威廉(William)的儿童尸体。由于剑桥(Cambridge)的一名犹太变节者狄奥鲍德(Theobald)的作证,犹太人被指控把这名男童当作一年一度的逾越节祭品而杀害了。但是,由于缺乏这名男孩被谋杀的证据,因此,没有任何犹太人受到指控。尽管如此,谣言仍然像长了翅膀一样传遍了英国和欧洲。[①] 谣言的说法不一,大意却是一致

---

① 乔叟(Chaucer)的民歌《女修道院长的故事》讲述了林肯郡(Lincoln)一个名叫休(Hugh)的小孩“被可恶的犹太人杀害”的故事。在那个时期,有 18 名犹太人被以祭祀杀牲的罪名处死。

的，即：犹太人需用基督徒的血来制作他们逾越节食用的无酵饼（matzoth），或者是用于别的神秘仪式。根据这一指控，整个犹太社区被大火焚毁。1171年，法国的博伊西（Blois）也发生了类似的事件。一个世纪后，在德国几乎每年都要上演几例由于这种诽谤所导致的事件。饶有趣味的是，早些时候的基督徒们也曾是类似诬蔑中伤的牺牲品。

轻信的民众和他们的头人忽视了这样一个事实：和基督徒不同，犹太教徒被严禁以任何形式嗜血，而且在拉比文献中也找不到有关食血风俗的任何记载。此外，也没有能够支持这些谎言的合法证据。然而，通过严刑拷打得到的供词就已经够了。教皇和一些高级神职人员对这些莫须有的诽谤曾进行过谴责和拒斥，但几乎无济于事。这一虚构的神话在愚昧无知的民众中间是如此根深蒂固，以至于到现代仍深信不疑。1913年沙皇俄国的门德尔·拜利斯案件，甚至还是这一指控的故伎重演。①

亵渎圣饼的诽谤

另一个不可思议的诽谤是所谓亵渎圣饼（祭品）罪，它是1298年在弗兰克尼亚（Franconia）的罗庭根（Roettingen）被捏造出来的。据称，犹太人偷窃了献祭用的圣饼。按照拉特兰会议（Lateran Council，1215）通过的变体论，这种圣饼是耶稣身体的化身，犹太人因此被控告为以折磨或用针刺穿圣饼，引起他的痛苦的方式来嘲弄耶稣。

这个指控当然是荒谬不经、不合逻辑的，因为它假定犹太人认同了变体论的真理性。然而，根据这些不实之辞而引发的反犹暴乱的头领，即一位名叫伦德弗莱士（Rindflaisch）的德国贵族，他所醉心的只是杀戮和掠夺犹太人，而不会顾及思想上的连贯性。在随后的暴乱中，奥地利和弗兰克尼亚的40个犹太居民区被洗劫一空。

黑死病

对犹太人的敌视和残酷迫害在黑死病期间（1348～1351）达到了登峰造极的程度。很明显，这是一种淋巴腺鼠疫，大概是从印度传入欧洲的。在这场浩劫中，欧洲有三分之一乃至一半的人口死于非命。而这却被说成是由于犹太人在井里投毒而造成的。这个说法无视这样的事实——犹太人也和别人一样饮用井水，而且在犹太人早已被驱走的英国和法国，瘟

---

① 1928年，在纽约州的马西那（Massena），州警察根据这一指控传讯了一位拉比。幸运的是，人们发现这一事件涉及的那名男孩仍然活着。

疫不也照样肆虐成性吗？据《纽伦堡备忘录》(Nuremberg Memorbuch)的记载，有350个犹太社区被大火夷为平地，其中包括西班牙、瑞士尤其是德国的60个大型社区。这种灭绝犹太人的行径，其目的并不仅仅在于消灭杀害基督的凶手，事实上它还带来了巨大的物质收益，因为它也消灭了那些受人憎恨的债权人。这样做尽管会减少统治者的税收，但却有助于转移下层人民的注意力，使他们暂时遗忘自身的悲惨处境。

帝国的奴隶

当时的王室为了自己的私利而剥夺了犹太人的社会地位。这些统治者把自己装扮为提多(Titus，公元70年以色列的征服者)的继承人，自命为犹太人的主人。在他们看来，犹太人是依附于主人的宫廷奴仆，如同依附于耕地的农奴一般。实际上，国王把犹太人看作可供自己任意处置的财产，可以变换、馈赠、出售、租借或抵债。1242年，康拉德四世(Conrad IV)把他的犹太人抵押给债权人，以作为他所欠本息的抵偿。他们有时甚至宣布自己为某一犹太富翁的继承人。英国的亨利四世(Henry IV，1154～1189)就是这样做的。那名犹太人是林肯郡的艾伦(Aaeron)，当时最富裕的犹太人。四个世纪后，奥地利的鲁道夫二世(Rudolph II，1576～1612)又重演了这幕丑剧。这次的受害者是布拉格的摩迪凯·米塞尔(Mordecai Meisels)，他也是一位犹太富翁。

国王有时也在一些敌对氛围中保护犹太人，但要为此索取高昂的保护费。因此，中世纪的犹太人成了王室的重要财政来源，他们不得不靠放债和高利贷来筹措大量资金，以充塞王室的金库。这样，犹太人就沦为国王为满足自己的私欲而任意压榨的工具。1390年，德皇温塞斯劳四世(Wenceslaus IV，1361～1419)把德国各地欠犹太债权人的债务一笔勾销，转而把这些债务分派到各个省市，并让这些省市把其中四分之一的债款交付给他本人。

中世纪的犹太人是没有任何政治或其他人权保障的侨民。他们的定居权如同被随意许诺的那样，可以随时遭到剥夺。霸占犹太人财产的最简捷的方法就是驱逐他们，甚至成批驱走，然后再没收他们的财物。1306年，法王美男子菲利浦(Philip)把犹太人从他的王国逐走，但不久又感到需要犹太人的帮助，于是十年后又把他们请了回来。他们在法国断断续续地遭到过几次驱逐，其中最大的一次发生于1394年。英国和西班牙的犹太人分别于1290年和1492年被驱逐出境。

经济条件

在古巴勒斯坦，犹太人是农夫；然而，在中世纪欧洲，习惯和法律都严禁他们涉足这一行业。在自 10 世纪延续到 14 世纪的欧洲封建体系中，犹太人是毫无地位可言的。封建社会是一个奠立于一系列基督效忠誓言基础之上的宗教统治体系，犹太人无法涉足其中。当时还需要服兵役，而作为基督教世界的敌人——犹太人是被拒除在外的。

然而，封建经济需要犹太人充当中间人——商人、手工艺者、医生和放债者，因此，犹太人被鼓励定居于城镇。在那儿，他们偶尔也能享受到教友们之间的友好睦邻关系。然而，十字军东征结束了这一封建制度。先前的农奴现在摇身变为市民和手工艺人。他们组织了各种手工业行会，以保护自己的经济利益，维护共同的宗教组织。12 世纪后，这些行会的权力日益膨胀，他们自然把犹太人看作异教徒和基督社会的外来户而加以排斥。犹太人仅仅可以在裁缝业中保有一席之地。

尽管如此，在中世纪经济中，仍有一个职业是向犹太人敞开大门的，即放债业。这是一个基督徒被禁止涉足的行业(见《路加福音》6:35)。早些时候，犹太人就已活跃于这一领域，但是在 12 世纪他们开始扮演了一个日益重要的角色。对商业来说，放债是一种必不可少的行业，但却背上了非基督徒所为的污名，而犹太人由于被剥夺了进入其他职业的机会，不得不从事这一职业。然而，它不久就变成一项如此有利可图的投机业，以至于到 13、14 世纪，伦巴第人(Lombards)和其他基督教分子开始在大规模放债交易中取代了犹太人。诚然，按照第三次拉特兰会议(the Third Lateran Council, 1179)通过的法令，基督徒被严禁从事这一职业，违者死后将无资格享受基督教葬礼。然而，各种巧计却使这一禁令成为一纸空文。贷款利息被称为好处而非高利，驴打滚、利滚利以及其他巧立的名目，更是比比皆是。在被基督徒竞争者取代之后，大部分犹太放债者只能从事小额的信贷活动。

2. 中世纪的犹太社区

卡哈尔

从早期开始，散居各地的犹太定居点就已形成了社区组织，即卡哈尔[①]或卡希拉(Kahal or Kehillah)。卡哈尔的职能就是维护社区的宗教机构和公共设施:犹太圣堂、公共浴池、墓地、屠宰房、社区面包房,尤其是慈善业。除此之外,它还监督学校教育,为贫困儿童提供就学机会。卡哈尔调节社区的社会和宗教生活,通常还负责社区福利。它甚至制定重量和度量单位、工资标准,限定食品和其他商品的价格,并通过禁令(Herem)行使治安权。在整个中世纪,这种犹太自治体制一直发挥着作用,在犹太人聚居区隔都(ghetto)中也是如此。

卡哈尔作为一个行政管理机构是引人注目的。它的法律得到了严格的推行,其程度往往超过国家法律。一个典型的例证是它的租赁控制制度。由于隔都内住房稀少,住户拥挤不堪,卡哈尔便按照《塔木德》规定的保有期法则(Hazakkah),确保了住户的连续居住权。按照这一法规,只要一位犹太房客付清了房租,那么,他的基督徒房东就无权将他撵走,也不能未经他本人同意而擅自提高租金;如果这位房客由于上述原因而迁走,那么,任何其他犹太人都不得取而代之,违者将被革除教籍。犹太人还可以把这一称为居住权(Haza kkan)的珍贵权利馈赠、出售或转让给其后嗣或继承者。这一习俗被梅茵兹(Mayence)的令人敬畏的拉宾那·戈森姆(Rabbeau Gershom,960～1040)编成一条法令(Takkanah)[②],并被亲切地称为"流放中的光明"。

司法权

卡哈尔的一个主要职能是建立自己的法庭,并依据塔木德法(Talmudic Law)进行判决。它制定自己的治安条例,惩治犯罪,在大多数情况下实行内部监禁,或至少在公共监狱设立特殊的牢房。犹太法庭强制推行的处罚有鞭责、罚款、监禁,最严重的也许算是几种程度不同的革除教籍的惩罚,但很少使用。死刑是罕见的,仅有的一例发生在西班牙的一名告密者身上,他的罪行危及到整个社区的安全。死刑判决必须经由世俗当局批准,并由其执行处决。

缴税

中世纪犹太人作为国王的奴仆,是被排除在地方当局和法庭的司法

① "Kahal"一词通常指称社区的管理委员会。

② Takkanah是由拉比颁布制定的一项法规,其目的在于服务于公共福利,或促进宗教和道德的完善。

管辖之外的，而这又使他们和大多数居民隔绝开来。此外，统治者们还发现可以很方便地从犹太社区搜刮到巨额赋税，并把这一任务交给了犹太官员。实际上，这种财政权力和职责也构成了卡哈尔得以存在，以及行使社区自治权的一个重要基础。然而，这并非是一件能够轻易完成的任务。这笔应由犹太人缴纳的税金数额之巨大，以至在全部人口的税收中占据了一个极不相称的份额。有时，这种横征暴敛甚至会远远超出犹太人的支付能力，致使犹太居民区陷入破产的境地。[①] 在1648年大屠杀后的波兰，数个犹太自治城就遭此结局。

国中之国

由于犹太社区拥有法律自治权，以及社区自身事务的司法管制权，它实际上已成为一个国中之国。除非通过卡哈尔，否则，它的成员几乎不与行政当局发生任何联系。有时，当地的各犹太社区可能会结为一个联盟，正如统治波兰犹太人几乎长达两个世纪之久(1580～1764)的四省会议(Council of the Four Lands)所做的那样。卡哈尔的官员们，例如在兰堡(Lemberg)，把他们的自治社区视为一个独立自存的实体，并以保护“我们犹太人联邦”的名义宣誓就职。卡哈尔采纳的是“立法机构”制(Takkanah)，即一个经首席拉比认可建立的立法制度。它的行政会议以秘密选举方式产生，一般由七名堪称“城中精英”(Tovei ha-Ir，《塔木德》用语)的成员组成，并遵循《塔木德》中所确产的组织模式。它的行政官员包括领袖、财政官员以及其他执行人员。拉比和两个地方行政长官的职务是荣誉性的，直到13世纪后他们才领取薪水。

值得注意的是，学者的权利是不容忽视的。在犹太社区，学者个人拥有维护自身权利的力量。他可以争取公众舆论，以抵制卡哈尔对他采取的不利措施；还可以在犹太圣堂中以延误公众礼拜或朗读《托拉》(Torah)相威胁，直到有人应诺纠正过失或至少是举行一次听证会为止。因此，可以这样说，中世纪的卡哈尔是一个民主机构，它是一个生活在心怀敌意的大多数人中间的少数民族所发明创立的组织形式。

---

① 有人头税、保护费和社区评估费，以及为婚娶、丧事、租约延期、登基加冕和新教皇上任所征收的费用。某些法令令人啼笑皆非，如所谓过新年费、圣马丁购鹅费、酒店税、斋戒日牧师的买鱼钱和耶稣遇难周给大学校长的通行税。参见 Ismar Elbogen《犹太人的历史》(History of the Jews)，第141页。

3. 隔都

自我隔离

散居各国的犹太人，出于社会和宗教方面的原因，自愿聚居在与外界相隔绝的居住区内，这是合乎自然的事情。在今天的世界，他们以及其他少数民族团体也依然如此。只有生活在自己的人民中间，他们才会有回到家园的安定之感，才能免遭凌辱和袭击。在这些区域内，犹太人建立了自己的宗教、慈善和社会机构。他们在其中占了大多数，但绝非全部，他们中间混居着基督徒；同时，也有一些犹太人生活在犹太居民区以外。到11世纪末，犹太人已在威尼斯和撒勒诺(Salerno)占据了一个特殊的地段，这是犹太人的自愿选择。

强制性隔都

1179年，第三次拉特兰会议通过了一项决议，禁止犹太人和基督徒混居于同一地区。然而，这项法令似乎并未得到普遍实施。几十年之后的1215年，第四次拉特兰会议采纳了两项更为强硬的措施，但直到大半个世纪后，它们才获基督教会议的批准。这两项法令的目的是一致的，即根据教会于4世纪和5世纪制定的“犹太人奴役法”，把犹太人视为道德上的“麻风病患者”而加以羞辱和孤立。其中一条法令命令所有犹太人都必须佩戴一种醒目的黄色徽章，以标明他们作为劣等动物的身份；另一条则要求他们生活在指定的孤立城区，以将其排除在欧洲社会之外。

这些法令为强制性“隔都”的实施铺平了道路。在这种隔离区内，犹太人被依法圈限在城市中某一与世隔绝的区域，其目的是为阻止他们和基督徒的混居，以避免因此而削弱后者的宗教热忱。第一个强制的“隔都”出现于西西里岛(Silily)的巴勒莫市(Palermo)，是1312年由腓特烈二世(Frenderick II)下令创建的。早在1150年前后，德国科隆就建立了一个隔都，著名的法兰克福隔都则创建于1460年，法国是在14世纪开设隔都的。这种隔都逐渐扩展到中欧的每一座大城市。1496年，在靠近克拉克夫(Crocow)的卡茨梅尔兹(Kazimierz)新开了一个隔都，不久后又扩散到波兰的另外几座城市。到16世纪末，欧洲的绝大部分地区已无犹太人于隔都之外定居，也没有基督徒居住于隔都中了。[1]

ghetto（隔都）一词的起源是暧昧不清的。一般认为，它来自 gietto（铸炮厂）一词。其根据是 1156 年意大利威尼斯的第一个依法强制建立的犹太居民区坐落于一个被称为 Ghetto Nhovo[2]（新铸造厂）的城区内，因此有人提出它可能是从意大利语的 borghetto（小型定居区）演变而来的。在德语中，它被称为 Judengasse 或 Judenstrase；在波希米亚和布拉格，称为 Judenstadt；在法国，称为 Juiverie；在葡萄牙，称为 Carriere 和 Judiaria；在伊斯兰国家，则称为 Mellah。在希伯来语中，隔都一词有“道路”（Messilah）和“庭院”（Migrash）之意。

隔都的环境

15 世纪后，隔都大体是遵循同一模式建立的。它们通常位于一些肮脏不堪、地势低洼不平的地带。1156 年开设的罗马隔都即是一例。它位于台伯河畔的疫病滋生地，河水每年都要冲破堤岸，泛滥成灾，淹没一些低层建筑，迫使居民们逃到高层公寓避难。美因兹的犹太定居区污秽不堪，有“猪粪堆”的称号。这些隔都通常是由一条沉闷狭窄的胡同组成，两旁为高层建筑遮蔽，空气污浊，暗无天日，法兰克福和巴黎的隔都即是如此。在别的地方，如罗马和威尼斯，隔都的占地面积能稍大一些。在这些拥挤不堪的城区里，根本就没有花园和树木的空间，也无处种植灌木和鲜花，更谈不上供居民消遣娱乐的场所。

中世纪的这种强制性隔都被高墙环绕，在一端或两端设有沉重的大门。中世纪的城市大多如此，因此，这并不足为奇。守门人通常是犹太人聘用的一名基督徒。实际上，这种隔都既是对犹太人的贬斥，也给他们提供了某种形式上的保护；同时，也成为反犹分子所易于攻击的目标。和中世纪大多城市一样，这种封闭的犹太区从日出到日落，一直大门紧闭，即便是星期天和基督徒的节假日也不例外。凡可以俯瞰隔都墙外街道的高处窗户，一律被木板封住，以防止犹太人用无所事事的好奇眼光，玷污基督教堂和街上来往的善男信女。

---

① 在沙皇帝国，俄罗斯的移民定居区（Pale of Settlement）是一片拥挤不堪的区域；在那儿，犹太人被许以永久定居权。在波兰和俄罗斯，城乡间散居着犹太人的省份分别只有 10 个和 15 个。定居区的禁令可追溯到 1791 年女皇凯瑟琳所颁布的法令（Ukaze）。

② 有人认为，它是意大利语中表示 Judaica 的 Giudecca 一词的讹用，而另一些人则认为，它来自希伯来语的 get（分离或独立）——这是一种相当牵强附会的说法。

种种限制

隔都的面积一般是不能扩大的。为容纳不断膨胀的人口,隔都只能依靠加高现有建筑的办法,谋求空间高度上的扩展。但大多数房屋的地基过于脆弱,难以支撑这种加高建筑,因此,在集会或举行公众宗教仪式时,这些房屋可能会因过重的压力而倒塌。火灾更是犹太社区无法消除的隐患。1533 年,一场大火吞噬了波兰的卡茨梅尔兹隔都;兰堡的隔都于 1571 和 1616 年两度被大火焚毁;1619 年的布拉格,一场蔓延到整个隔都的大火夺去了大批人的生命,吞噬了数目可观的财物。法兰克福和尼克斯堡(Nikolsburg)的隔都则分别于 1711 年和 1719 年被大火夷为平地。

隔都过分拥挤的居住条件令人苦不堪言。法兰克福的隔都即是一例。在那儿,4000 名犹太人拥挤在 190 座房子里,沿街的高楼把一条仅 12 米宽的街面遮蔽得暗无天日。在罗马,隔都的街道更加残破不堪,几户人家不得不挤住在一间房屋里。为争取扩大边界,许多隔都和市政当局展开了不懈的斗争。经常出现这种情况,一些房子白天充当作坊,晚上则供人憩息。在这种条件下,各种瘟疫的肆虐是不足为怪的,婴儿死亡率达到了令人瞠目结舌的地步。为避免人口的过度膨胀,法国当局对结婚数制定了限额,通常是结婚数目不得超过死亡人数。在德国的犹太隔都(Judengassen),只有年龄最大者才允许论及婚嫁;在法兰克福,25 岁之前禁止结婚;而且,每 500 户人口中,一年只允许 12 对新人结婚。对于传统上极为珍重家庭生活的犹太人来说,这些被称为家庭律法(Famillienten-Gesetz)的限制是尤为难以忍受的。

为和基督徒区别开,犹太人被迫佩戴黄色徽章和尖顶帽,这实质上把犹太人贬斥为妓女一类的人,因为在某些地区,妓女就是佩戴类似标志的。这种做法使犹太人沦为恶棍和街头顽童肆意嘲弄和折磨的对象。15 世纪前,正规的隔都还没有普及开来,犹太人有时还可以用金钱赎回自己的自由,摆脱这种残酷可憎的法令桎梏。但 16 世纪之后,这些高压政策得以强硬推行。当时的天主教正忙于反宗教改革运动,而这些严酷的政策正来自这样一个信念:犹太人煽动燃起了新教改革之火。

隔都内的生活

由于基督教世界的排斥和欺压,隔都内的犹太人自然把眼光转向了自己的同胞,他们同甘共苦、风雨同舟,其结果是:犹太人形成了一种相互间的责任和互助之感。这种感情又进一步深化了他们的犹太意识和忠诚感，并成为其群体得以维系和生存的重要因素。此外，尽管他们被剥夺了公民资格和政治权利，并饱受宗教、社会和经济方面的欺压，隔都中的犹太人并没有因此丧失其民族精神。犹太人由这种高度的伦理水准而滋生出一种超出其迫害者的道德优越感，为他们带来了某种精神上的慰藉。尽管家庭境况一贫如洗，但毕竟是他们自己的生活之地。在沿街叫卖时，他们饱受群氓的恶意嘲弄；但在经受了这一天的难堪之后，他们回到了温暖、适舒的家庭，尽享天伦之乐。每周一次的安息日也为他们提供了一个从枯燥乏味的日常劳作中解脱出来的机会。在这一个日子，隔都里的犹太人抛却了平素的忧患和重负，成为一个自由人。为了向安息日女王表示敬意，他们穿上了节日的盛装；而且，也正是由于她的缘故，他们才克勤克俭地捱过了整整一周，以便在这个圣日能够吃上丰盛的一餐。在那一天，他们仿佛被赐予了一个“额外的灵魂”，最大限度地汲取了一种精神欢愉和感召力，这使他们能够更坚强地承受那个漫长而艰难的下一个星期。①

犹太圣堂和学校

圣堂是犹太人的另一处慰藉之地。这个宗教生活的中心通常位于一栋不加粉饰的建筑内，并不得高于镇上的基督教堂，以免引起那些基督徒邻居们的憎恨和嫉妒。犹太人的圣堂不仅是个礼拜之地(Bet Tefilah)，也是一处学习场所(Bet ha-Midrash)，即犹太学园。按照犹太教的说法，这种学习本身也是礼拜仪式的一部分。② 在这儿，犹太人摆脱了日常生活的艰辛，摘掉了辱没人格的徽章，在《塔木德》或《米德拉什》(Midrash)的辩证术和传奇故事中忘却了自身的悲惨遭遇。

在隔都里，除去作为成人教育中心的犹太圣堂之外，还有许多教师私人开设的初级学校，它们受社区不同程度的管理和监督。高级塔木德学校(Yeshivoth)则由社区建立并维持。直到14、15世纪的文艺复兴，犹太

① 安息日在犹太人生活中具有至关重要的意义，当代犹太思想家阿哈德·哈阿姆(Ahad Ha-am，1856～1927)评论道：“与其说犹太人保持了安息日，不如说安息日维系了犹太人。”

② 有一种意见认为，鉴于圣堂的教育职能，它在中世纪德国曾被称为“Shule”，来自德语中的“学校”。与此相仿，在意大利和法国南部，它分别被称为Scuola和eccolo。然而，另一些人却认为，这一术语来自拉丁语的Schola，意大利犹太人曾常用其指称他们的社区。这个术语被用来指“思想的学校”。按照摩利兹·盖德曼博士(Dr. Moritz Guideman)的说法，这个术语是从基督教借用而来的，为的是避免把圣堂混同为教堂。

人还扮演着欧洲知识界催化剂的角色。然而，随着15世纪后隔都生活的普及，除意大利外，欧洲犹太学校教育被限定于宗教知识这一狭隘领域，而从整体上看，此时的欧洲学术已得到了极大的解放和拓展。

经济生活

在经济活动中，隔都内的犹太人也是处处受限、举步维艰的。基督徒取代了他们在银行业和早期的商业活动中的地位之后，犹太人不得不转入一些小商品转手交易和典当业，而这些都是为人鄙夷的下等行业。为避免犹太人与基督徒竞争，严禁犹太人开设商店，甚至在他们自己的定居区内也不例外。他们唯一可以从事的手工艺行业是裁缝。他们被禁止涉足大规模商业活动或自由职业。尽管如此，仍有一小部分犹太人冲破了各种阻力，设法做了医生。在意大利，这种情况尤为普遍，那里的医学和拉比常常是密不可分的。令人惊奇的是，尽管有教会的严格禁令，犹太医生还是不时地被召到病情垂危的富有基督徒床前。由于这种经济上的无能无力，中世纪隔都里相当一部分犹太人不得不靠救济度日，大多数人也只能维护一种最低限度的生活水准。少数逃脱了这种赤贫命运的犹太人，对维持隔都内的机构，应付那些强加于社区头上的沉重赋税、罚金和处罚，作出了重大贡献。

隔都的后果

隔都内长达几个世纪与世隔绝的生活，给犹太人的个性烙上了深刻的印痕。在这种肮脏污秽的环境里，犹太人失去了与大地和自然界相接触的机会。由于缺少阳光、新鲜空气和适宜的饮食，犹太人在生理上萎缩了，成为发育不良、举止懦弱的人。在精神方面，犹太人也受到种种压抑和桎梏。在被禁锢于隔都高墙背后的同时，他们也被外面世界的自由的学术思潮所遗弃，失去了接触艺术、科学和地理探险的机会；而这一切却正在急剧地扩展着欧洲人的视野。隔都也给犹太人留下了感情上的深刻烙印。他们的朝不保夕的生活、不安全感和持久的恐怖感，以及那种危及到其生存的敌对氛围，造就出他们卑躬屈膝、畏葸不前、狐疑多虑的性情；一言概之，他们成为了精神上的变态者。隔都经济上的窘迫处境又迫使他们精打细算、克尽俭朴，以维护生计，而这是有悖于其伦理信条的。

在隔都闭关自守的文化氛围中，犹太人失去了与广大的外部世界接触的机会，因而无从获得思想上的激励和催化剂。敏锐的心灵迫切需要表达自己创造性的思想，但在这样一个停滞的环境中，几乎不可能为其找到一处宣泄之地。隔都里的犹太人把视野局限于自己的书本学问中，这种情况又导致了一种文化上的“近亲繁殖”。他们的《塔木德》研究也沦为一种拘泥于细枝末节的辨析而不关注实际应用的纯粹诡辩和抽象论证。在语言方面，由于隔都中所使用的希伯来语和少量外来语相混杂，衍生出一种独特的地区方言，诸如德国的犹太—德语(Judeo-German)或伊第绪语(Yiddish)，西班牙的拉第诺语(Ladino)；这两种方言都是用希伯来字母书写的。与此同时，还出现了一些特色发音和用法。在意大利和其他地区所产生的其他方言，成为犹太人和外部世界正常交流的障碍。

隔都的高墙既把犹太人与世隔绝开来，也使基督徒几乎失去了了解犹太人的机会，遑论理解他们的内在精神生活了。事实上，他们对犹太人的看法和态度所依据的是基督教圈子内所盛行的各种流言蜚语和陈词滥调，这一情形又进而加剧了对犹太人的普遍敌意和偏见。就连伏尔泰和歌德的作品也带有这种偏见色彩，把犹太人说成是吝啬自私、卑鄙可耻的动物。在他们看来，犹太人天生就是反动可恶的，对基督教社会怀有恶毒的敌意。

直到法国大革命，在包括犹太人在内的人人平等的口号下，隔都的高墙才被推倒。至1848年，欧洲大多数的隔都已被废弃。① 最后一个是罗马隔都，1875年被国王维克托·伊曼纽尔二世(Victor Emanuel II)下令关闭，十年后又拆除了它的高墙。然而，犹太人在隔都里所经受的那种扭曲人性的物质和文化生活，已长达数世纪之久，其恶果的消除谈何容易!

---

① 二战期间，希特勒在波兰和其他东欧国家恢复了隔都，然而，他仅仅将其作为把犹太人送往灭绝中心的中转站而已。

第2章　通往解放之路

1. 导言

原动力

中世纪犹太人的生活条件逐步得到改善，并最终走出了与世隔绝的隔都生活，这一过程历经了数世纪之久。在这一过渡时期，欧洲正处于生活和思想方面的剧变之中，其原动力或多或少可以追溯到十字军东征。历史不会忘记，这场所谓的圣战是以从穆斯林手中夺取圣地为目的的，它延续了两个世纪之久，有数以十万计的基督徒卷入其中。然而，和这场运动的宗教本性背道而驰的是，它导致了世俗主义的兴起，极大地强化了欧洲生活中的世俗价值观。

新前景

十字军东征缩小了几个世界的隔阂。从此以后，西欧居民之间，以及他们与拜占庭帝国的基督教同胞之间的联系日益紧密。基督徒和近东的穆斯林也开始了更为频繁的交流。在宏伟壮丽的拜占庭，穆斯林文明的迷人魅力展现在欧洲人面前。他们为君士坦丁堡(Constantinople)的夺目光彩惊叹不已，他们自己落后的乡村和城市则相形见绌。伊斯兰在艺术、医学、哲学和科学上的成就也使他们眼花缭乱、目不暇接。对于这种优美雅致、精雕细琢和奢侈豪华的东方生活，他们更是羡慕不已。当回到自己家园的时候，他们从东方带回来的不仅是新物品，也带回了新思想；而这一切又使他们再也不能安于现状。如果说文艺复兴以及中世纪其他一连串的思潮是以思想革命为特色的，那么，他们这种得以拓展了的视野正为此铺平了道路。文艺复兴把矛头指向了科学和宗教中的权威主义，掀起了一场人道主义运动和商业革命。这些发展为犹太人创造出一种更为宽容开明的氛围，并最终改变了犹太人的命运，使他们走出隔都，重获自由。

2. 思想反叛

哲学和神学

在中世纪欧洲，基督教神学垄断了知识的各个领域。哲学甚至沦为宗教的婢女，它只能采用经院哲学的形式，运用亚里士多德的逻辑对基督教信条进行理性解释。哲学的功用仅限于证明各种至高无上的信条。杰出的神学家托马斯·阿奎那(Thomas Aguinas，1226～1274)，在方法上受到犹太哲学家迈蒙尼德(Maimonides，1135～1204)的影响，力图把基督教和亚里士多德哲学调和起来，并在1273年的《神学大全》中完成了这一任务。

然而，对基督教信仰的合法性进行质疑的任何尝试，都是危险的，随时可能被斥为异端邪说。巴黎大学的创办者皮埃尔·阿伯拉尔(Peter Abelard，1079～1142)就受到了基督教领袖们这样的指责。在《是与否》(Sic et Non)一书中，他根据真理是可以通过怀疑和探究来确立的原则，编辑了一系列由基督教神父们制定的教义，揭示了其自相矛盾之处。他把决定信仰正当性这一任务留给了个人。在欧洲中世纪，正值教会取得绝对权威之时，以这种方式追求真理是需要付出巨大勇气的。

科学

11世纪，当阿拉伯的科学知识开始渗入欧洲时，中世纪学者们的兴趣从哲学和神学到科学的转向还是极其缓慢的。阿拉伯人保留了欧洲人在黑暗时代所遗弃的希腊哲学和科学。这种医学、哲学、教学和科学方面的知识体系，又从东方传回了西方。在这一过程中，犹太人扮演了一个重要角色。[①] 然而，正如这个时代的神学一样，这种科学就其本性而言，也是专制性的。医学方面的知识来自希波克拉底（Hippocrates）和盖伦（Galen），其他领域的知识也同样建立于希腊权威的基础之上。对于任何探究自然隐秘的尝试，教会都持有异议，因为，在这些试图揭穿大自然奥秘的人看来，上帝并没有把自然的奥秘隐藏起来。

经验方法

冲破这种教条束缚堪称一个壮举。中世纪那些勇于对自然界进行直接观察和实验的学者是英勇无畏的先行者。其中走在最前列的是英格兰经院哲学家、方济各会修士罗吉尔·培根（Roger Bacon，1214～1294），他把批判的矛头直接指向了中世纪把人类知识的源泉建立于权威之上的做法。

罗吉尔·培根预言了不用马拉的车辆、无桨无帆的船和飞行机器。在他的思想启发下，涌现出了大批杰出的科学家，新发现和发明更是层出不穷。现代天文学的奠基者哥白尼（1473～1543）即是一例。他经过长年的研究，得出了地球自转以及地球和太阳系其他行星共同围绕太阳公转这一论断。随后，伽利略（1564～1642）用天体望远镜证实了这一理论。开普勒（1571～1630）则提出行星运动的数学公式。牛顿则用数学计算的方法证明：行星围绕太阳，以及月亮围绕地球的转动是由于一种引力的作用，而且，正是这种引力作用使物体落向地面的。

如果说，促使人们向亚里士多德的传统科学思想提出挑战的是一种怀疑主义精神，那么，正是同样的精神最终导致了他们对人自身，以及那些曾被奉为神圣不可侵犯的社会制度进行质疑。为推动人类相互关系的改善，他们正准备用理性的方法来寻求新发明，形成新原理。英国哲学家约翰·洛克（1632～1704）在《人类理智论》一书中总结了这一新方法。他宣称：知识来自于感官经验，除此之外，我们并无天赋观念或外在于感觉经验的知识。洛克还在《论宽容的书简》（Letters on Toleration）中，倡导对所有宗教信仰和无神论采取宽容的态度。由于把理性置于人类事务的仲裁者的地位，洛克成为欧洲启蒙运动的先驱。

---

① 参见埃德温·贝文（Edwyn R. Bevan）编写的《以色列人的遗产》（The Legacy of Isreal）第 173 页以下，以及查尔斯·辛格（Charles Singer）的《犹太人思想的本质》一文。

3. 文艺复兴和希伯来学

人文学科

“文艺复兴”这个词的含义为“再生”(rebirth),指的是思想和文化界的一种与理智和文化的觉醒相关连的全新理性精神。这种觉醒肇始于14 世纪的意大利,在随后两个世纪中,又逐渐波及整个欧洲,给人类生活和历史带来了翻天覆地的变化。意大利的文艺复兴是以人们对古典文学、艺术、绘画、雕塑和建筑的兴趣的再生为特点的。意大利牧师彼得拉克(1304～1374)的作品激发了这种文学复兴。他是一位擅长拉丁文的韵文和散文作家,还是一位执著不懈地研究被遗忘已久的拉丁文经典的学者。他的亲密朋友薄伽丘(1313～1375),是一位诗人和小说家,他所创作的短小精悍的故事作品成为意大利散文写作的典范。他和彼得拉克以独特的风格并称为文艺复兴文学运动的先驱者。一个世纪之后,这种复兴拉丁文化的兴趣又扩散到希腊文化,其开创先河者是 1453 年君士坦丁堡陷落后从土耳其逃到意大利的希腊学者。不久之后,对古代拉丁文和希腊文作品的研究就蔚然成风了。

人文学科(来自拉丁文 humanitas,即世俗文化之意),作为这类文学作品的总称,很快就侵蚀甚至排挤了神学和思辨哲学,而后者曾一度风行于中世纪。在那个时代,人们对现实世界感到极度绝望,因而把注意力转向了对来世的企盼中。作为重返古典主义的倡导者,人文主义者持一种世俗人生观。他们相信人自身的可塑性,可以趋向一个日益完美的境地,相信可以把这个世界改造成一个更加美好的乐园。和神学相比,这种人文学科给人性的陶冶提供了一个更适宜的土壤和气候。它根基于心智和理性之上,促进了人类之间相互同情和理解的紧密关系。

一些人文主义者,如荷兰出生的埃拉斯摩(Erasmus,1469～1536),把精力主要集中于古希腊罗马的文学宝库;另外一些人则把毕生献给了古巴勒斯坦的文化宝藏,路希林(Johan van Rechlin, 1455～1522)就是一例。对他来说,希伯来语是一种神圣的语言,“上帝和人,人与天使都用这种语言进行了直接的交谈……如同朋友间面对面地交谈那样”。路希林写了一部希伯来语法书——《希伯来语入门》(Rudimenta Hebraica),以及其他几部有关希伯来语和希伯来神秘主义的著作。约翰·古登伯格(John Gutenburg)于 1450 年左右发明了活版印刷技术;25 年后,希伯来语出版物问世，并进一步推动了希伯来学问在犹太人和基督徒中的传播。不久之后，许多大学开了希伯来语课程，其中最引人注目的是1488年波伦亚(Bologna)和1514年罗马开设的讲座。

书本之争

一起意想不到的事件加强了德国基督徒对希伯来学问的兴趣。事件起因于科隆的一位名叫约翰·普菲费尔科恩(John Pfe fferkorn)的犹太屠夫，他曾犯过盗窃罪，并皈依了基督教。像经常出现的这类情况一样，这位改宗者出于对新宗教的狂热，抨击了他早先的信仰，指控《塔木德》敌视基督教义。1509年，在当地的多明我会修士的协助下，普菲费尔科恩成功地从马克西米利安皇帝(Emperor Maximilian)那儿争取到一条法令，授权他去没收并焚毁《圣经》之外的所有希伯来语书籍，其中主要是指《塔木德》。法兰克福的犹太人在一些友善的基督徒的支持下，对这项销毁他们宗教书籍的法案提出了强烈抗议。在他们的说服劝导下，皇帝任命了一个专门调查此项指控的委员会，路希林是成员之一。路希林和他那个时代的基督教领袖持有相同的看法：犹太人所遭受的苦难是他们拒斥基督教的理所当然的报应。尽管如此，他仍反对用暴力迫使犹太人改宗，而主张采用说服劝导的方式。1511年，他呈交了一份有利于犹太人的报告。路希林从未读过《塔木德》，但对它的内容略有所闻。他坚持说，尽管《塔木德》中包含了一些迷信，但也不乏高尚的说教。路希林承认，一些犹太著作也攻击了基督教，理应焚毁；然而，他断言那些后《圣经》时代的犹太著作并没有涉及基督教。他建议利用《塔木德》来澄清希伯来《圣经》中那些晦涩难解的段落。实际上，路希林持有这样一种见解：拉比文献，尤其犹太神秘主义，包含了关于耶稣神性的无可辩驳的证据，因而可以用于证明基督教的神学原理。路希林本着犹太人是"神圣罗马帝国的公民和帝国的自治城邦的自由民"这一名义，要求为犹太人提供保护。这种说法体现出对犹太人的一种友善态度，在那个时代的教士中，这是极为难得的。

在随后的十年间，围绕这一问题，在宗教法庭审问官雅各布·冯·豪西斯察顿(Jocob von Hochstraten)为首的蒙昧主义多明我会修士和路希林率领的开明分子之间，爆发了一场旷日持久的激烈对抗。马丁·路德(1483～1546)加入了路希林阵营。在这场教士之争中，犹太人基本上只能坐以观望。争论大大加强了基督教教士之间的分歧，并最终导致了宗教改革运动。因此可以这样说，这场争论所产生的间接意义远远超过了反普菲费尔科恩的斗争中所取得的直接胜利。它促使人们开始思考到这样一种可能性:以一种肯定的方式来研究后《圣经》时代的犹太经文,而不是视其为犹太人敌视基督教的根源所在。有人认识到,《塔木德》有助于澄清基督教早期所包含的犹太思想,正是这些思想影响了基督教的发展。因此,对于那些为基督教所认可并收入《圣经》中的希伯来经典来说,希伯来语著作可以成为鉴别这些经典的修正版和原文的手段。极具讽刺意味的是,普菲费尔科恩之争的后果适得其反,它导致了欧洲学者对拉比文献的全新兴趣。

基督徒希伯来语学者

对希伯来文化[①]的兴趣,发端于宗教改革的倡导者中间,后来又为反宗教改革的领袖们所承袭。在反教会的斗争中,新教徒们开创了对希伯来《圣经》和后期的希伯来著作的一种公正平和、不偏不倚的研究方法;而现在,宗教改革的反对者们也被迫采取了相同的立场。这一发展推动了一场研究希伯来语的热潮的兴起,来自基督教两方面阵营的学者们纷纷加入其中。16 和 17 世纪,从新旧基督教阵营中,涌现出一批灿若星辰的希伯来语学者。其中包括约翰斯·布克斯托夫父子(Johannes Buxtorfs,1564～1629,1599～1644),两人都是巴塞尔大学的希伯来语教授;法理学家和文物学者约翰·塞尔登(John Seldin,1584～1664);切斯特(Chester)的主教布赖恩·沃尔顿(Brian Walton,1600～1661),他是一本重要的《伦敦多语种圣经》(London Polyglot)的编者;杰出的东方学家埃蒙德·卡太尔(Edmond Cortell,1600～1685),《伦敦多语种圣经》的撰稿人之一;约翰·莱特福特(John Lightfoot,1602～1675),基督徒中的拉比教义权威;著名牛津学者托马斯·海德(Thomas Hyde,1636～1703),他在 1694 年出版的一部著作中,收录了三篇有关国际象棋的希伯来语论文。

---

① 在英国,希伯来文化之热起因于有关亨利八世(Henry VIII,1491～1547)与阿拉贡的凯瑟琳(Catherine of Aragon)的婚姻合法性的争论——后者曾是亨利亡兄的妻子。这场论辩是围绕《旧约》中的两条貌似矛盾的法令进行的:其中一节(《利未记》18:16)明确禁止寡妇与其亡夫的兄弟结婚,而另一节(《申命记》25:5)则宣称,假如这位亡夫是无后而终的,为"免得他的名在以色列中涂抹了",这一婚约是势在必行的。从《利未记》的律法来看,亨利与凯瑟琳的结合是完全不合法的,因而是无效的;而如果采取《申命记》的原则,这场婚约是有效的,并具有永久约束力,因为《新约》是禁止离婚和再婚的。由于自 1290 年的大驱逐后,英国犹太人即便有所残余,也所剩无几,亨利八世不得不求助海外的犹太学者,以获得一个有关《圣经》这些章节的权威解释。迫于这一局势,亨利于论辩最激烈的 1540 年在剑桥大学设立了一个希伯来语教席。

德国的东方语言教授约翰内·瓦根塞尔(Johann Wagenseil,1633～1705)出版了一本选自希伯来文献的作品汇编,并在其中搜罗了各种犹太人反基督教的作品,借以揭露犹太人"亵渎神明的言词"。然而,他在一部著作中称颂了他那个时代的伊地绪语道德说教作品,认为它们为基督教世界树立了一个典范。此外,瓦根塞尔还反对迫害犹太人以及强制犹太人洗礼的做法,并驳斥了那些诸如"杀人祭神"的诽谤,为犹太人作辩护。他同代的另一位德国东方学专家约翰内·安德瑞斯·艾森门格(Johann Andreas Eisenmenger,1654～1704),所走的是另一条截然不同的道路。他在耸人听闻的《犹太教揭秘》(Judaism Uncovered)一书中,给那些包括"祭神杀人"和"井中投毒"的阴险恶毒的反犹指控寻找借口。他还引用了拉比原文,并心怀叵测地对其进行了歪曲和曲解。这部著作成为后来几十年间,乃至几个世纪中的反犹分子们的第一手资料。然而,就总的方面来看,基督教学者们对这些原始文献的了解导致了他们对犹太教的更深层的认识,并增强了他们对犹太人的同情感。

4. 宗教反叛

宗教改革运动

至少对一部分基督徒来说,希伯来语为他们提供了一条重返《圣经》的捷径。而宗教改革运动以及反罗马教会的斗争恰恰是以《圣经》为象征的。实际上,这场改革并非是一场面目全新的运动。在此之前,一些个人和团体就已纷纷挺身而出,抨击了教会所造成的基督教世俗化的堕落以及教会和牧师们滥用特权的现象。然而,标志新教运动正式开端的却是马丁·路德(1483～1546)所迈出的决定性的一步。1517 年 10 月 31 日,他在维滕堡(Wittenburg)张贴出一张陈述了其 95 条论点的声明,痛斥教会兜售赎罪券的行径,指责它破坏了真正的赎罪精神。由于这一勇敢的举措,原本默默无闻的神学教授路德一夜之间成为世人瞩目的人物。1520 年 12 月 10 日,路德又当众烧毁了教皇以革除教籍相威胁的谕令,这一极具戏剧性的行为标志着他和罗马教会以及教皇的彻底决裂。

早期的新教并没有放弃基督教所持有的反犹偏见。路德对犹太人起初是心怀善意的,他解释说,我们不应指望犹太人接受罗马天主教,因为它已背离了《圣经》而沦为一种"纯粹的罗马天主教义"。然而,令他困惑不解的是,这种以重返《圣经》为名义并否定了罪孽深重的罗马教会的新教，并没有为犹太人所接受。对于犹太人所表现出来的这种拒不顺从、顽抗到底的态度，路德是永远不能原谅的。在后来的作品中，他极力煽动对这些所谓"顽固不化的渎神者"进行迫害和驱逐，并焚毁犹太圣堂。在这一态度的左右下，新教徒对犹太人的所作所为直到法国大革命才有所改变。

然而，如果把路德的反犹作法暂且撇到一边，那么，宗教自由的种子毕竟已经以打破陈规陋俗和倡导个人自由的名义散播到了新教叛逆者中间。在新教向罗马教会赖以维系的神权发起的挑战中，文艺复兴运动所洋溢的理性主义精神得到了充分体现。在新教徒断言自由选择是自己的天赋人权时，他们至少也默认了其他人同样享有这一权利。不言而喻，这意味着对犹太人和犹太教的一种较为宽容的态度。

反宗教改革

为抵制路德的反叛，教皇发起了一场反宗教改革运动。罗马教廷试图通过消除自身的种种腐化堕落和滥用职权的现象，洗清自己的污名。在特伦特会议上(Council of Trent，1545～1563)，教会着手采取了一系列旨在净化教会行为的举措。它废除了赎罪券，严禁牧师奢侈浮华的生活方式，并要求他们严守教会的清规诫命。然而，这次会议也重申了罗马教皇至高无上的原则和教会的绝对权威，严禁个人解读《圣经》，这实际上是教义统一性政策的老调重谈。教会还指责新教在犹太人问题上的异端邪说，然而，这些指控并非是毫无根据的：新教的分立运动实际上也是一个重返希伯来语《圣经》的过程。为防止犹太人进一步毒化和误导基督徒，罗马教会重申了犹太隔离政策。因此，在 16 世纪，我们可以观察到两种截然对立的倾向：一方面，我们可以看到一种预示新时代来临的自由主义精神的萌生；另一方面，我们又可以目睹到一种压制犹太人和犹太教的企图——一股试图退回到中世纪精神的复辟潮流。

宽容精神

第一个认同了这种新宽容精神的国家是新教的荷兰。这个国家在经历了一场代价惨重的血战之后，最终摆脱了西班牙的统治。在西班牙统治者手中，这个国家的人民曾饱尝宗教压迫之苦。因而，在 1580 年获得解放之后，他们很乐意和别人一道分享他们的喜悦之情。那些马里诺

(Marranos)[①]逃出了西班牙宗教法庭审判官的魔掌之后，在荷兰找到了避难所。1596年，阿姆斯特丹出现了一个犹太社区。在这个犹太团体中，汇集了一批出类拔萃的人物——他们在自己的家乡曾是政治、商业、技术性职业甚至教会中的佼佼者。

5. 商业革命

经济扩张

十字军东征开辟了欧洲新市场，极大地推动了贸易的发展。那些从东方输入的商品主要是欧洲所缺乏的原材料，包括蔗糖、香料和宝石。此外，东方还提供了一些高质量的工业产品，如皮革、纺织品和毛纺品。除了扩大贸易机会之外，十字军东征还在欧洲人中间激起了一种探索和认识他们周围世界的兴趣，从而推动了航海发现和探险的发展，其结果又转而丰富了欧洲人的地理知识。

仅在哥伦布发现了美洲新大陆五年之后，达·伽马又发现了一条绕过非洲好望角抵达印度的新航线。这些探险不仅开拓了新的殖民领地，而且进一步拓展了欧洲的商贸范围，这是一种朝东方和西方的双向扩展。这种贸易方向的重大的改变对欧洲的经济、政治和社会生活产生了决定性的影响。在这之后，随着市场的不断扩大，各种贸易竞争和摩擦也接踵而至。它一方面造就了欧洲大繁荣的局面，另一方面也引发了一连串的争夺商业霸权的战争。

起初，有能力购买这些从东西两条航线输入欧洲的新产品的，仅限于一些比较富裕的阶层。然而，随着贸易的不断增长，这些商品逐渐进入了寻常百姓家中。按照现在的标准来看，这些人的生活方式是过于原始简陋了，但跟这以前的时代相比，这已经算是相当奢侈的了。为了支付不断扩大的进口品，欧洲也要求出口比以前多得多的工业产品，其结果导致了这样一种情形：投入国外市场的产品量经常超出了当地的消费需求量。

为满足日益增长的海外市场的需要，对当时所盛行的行会制度进行改造已势在必行。在这种制度下，某一行业中的业主自行购买所需的原

---

① 即名义上改信基督教，而暗地里仍信仰犹太教的人。——译者注

材料，并直接把最后的制成品卖给消费者。这种过于简单化的运作方式，正在被一种更为复杂的家庭经济制度取代。在后一种形式下，产品制作是由许多工人和他们的家属在自己的家中，使用自己的工具来完成的，他们从中间商那儿领取工资。这种工业组织形式一直延续到18世纪后半叶，并最终被工厂体制所代替。

货币和资本

随着家庭经济制度在欧洲的迅速推行，中间商需要大量现金用以购买原料、支付工人工资，以及其他各种开支。因此，货币成为这一新型经济制度中的一个至关重要的因素，而13世纪中欧金属资源的发现，以及后来在墨西哥和秘鲁的海外矿山的开采，满足了这一需求。因此，货币开始发挥资本的功用——这一术语可以简单地界定为：一种用以创造更多财富的非消费性财富。在这样一种经济中，那些拥有一定现金积累的人，既可以自己直接投资，也可以把它们贷给别人，赚取利息。这一情形逐渐衍生出专门用于商业运行和其他目的的银行业和信贷业。为给百年战争筹措资金，英国的爱德华三世(Edward III，1312～1377)就曾经从意大利银行家那儿贷过款。

货币在欧洲经济中所发挥的这一作用，导致了重商主义的兴起。按照这一学说，一个国家的实力取决于它所拥有的货币财富量，而这种财富又是通过谋取贸易顺差，或其他手段而得到的。因此，政府的目标和商业是完全一致的。到17和18世纪，商业目标和问题已成为欧洲统治者和政治领袖们所关注的首要问题，而宗教问题则降到次要地位。这一局面也进一步助长了欧洲的宗教宽容精神。

资本主义和犹太人

在这种新货币经济中，犹太人发挥了重要的作用。那些在放债或其他经营活动中积聚了大笔财富的犹太人，现在终于可以放手投身于商业和金融业的广阔天地之中了。在这些领域，犹太人拥有一个得天独厚的有利条件：他们可以在别的城市和国家中雇用他们的教友充当委托代理人，而且他们之间还有一种通用语——希伯来语进行通信和联络。因此，信用代理商和合作组织在商业中的出现，应归功于犹太人。据说，犹太人之所以能作出这样一些发明，是由于他们受到了《塔木德》和其中的辩证术的训练。[①]

由于犹太人在各种商业和金融活动中积累了丰富的经验，因而他们中的一些人被任命为国王的财政顾问、军队的伙食供应商以及其他一些有影响力的重要职务。17 世纪的德国，一些城邦和公国的统治者们曾任命了一批宫廷犹太人（Hofjuden）。这些宫廷犹太人被许以特殊的身份和特权，诸如他们可以免纳那些强加于犹太人头上的额外赋税，拥有定居权以及其他类似的恩赐。这些宫廷犹太人中引人注目的有：布拉格的雅各布·巴斯维（Jacob Bassevi，1580～1634），维也纳的萨姆森·沃尔泰默（Samson Wertheimer，1658～1724）和塞缪尔·奥本海默（Samuel Oppenheimer，1635～1703）。[②] 这些地位显赫的犹太人经常为自己人民的利益同统治者交涉。

商业角色

犹太人在商业活动中所发挥的重要作用，为他们处境的最终改善奠定了基础，这是一个缓慢渐进但又确定无疑的过程。1549 年，西班牙人试图驱逐安特卫普（Antwerp）的犹太人，而当地的商人们考虑到这种行动可能会给他们的城市带来灾难性的后果，对此进行了抵制和请愿，并最终避免了这一恶性事件的发生。威尼斯以及后来的波尔多（Bordeaux）和汉堡都发生过类似事件。1623 年，丹麦国王克里斯蒂安四世（Christian IV）曾向葡萄牙的犹太人发出邀请，希望他们到格吕克斯达特（Glückstadt）新落成的商业中心定居，并保证赐予他们彻底的宗教自由。他希望这些葡萄牙犹太难民能像那些逃离西班牙宗教法庭而避难于荷兰的教友那样，促进该国的贸易繁荣。

1655 年，梅纳瑟·本·以色列（Menasseh ben Isreal）请求克伦威尔允许 1290 年被驱逐出境的犹太人重返英国。在这样做时，他着重强调了

---

① 德国杰出经济史学家、《犹太人和现代资本主义》（伦敦 1913 年）一书的作者萨姆巴特（Werner Sombart）对资本主义采取了一种马克思主义的分析方法，视其为犹太人的创造。无疑，犹太人曾在资本主义经济中扮演了重要角色，但萨姆巴特却以偏见和恶意的眼光看待它。他在犹太教的罪恶观和“生命的理性化”概念中发现了犹太教与资本主义的亲缘关系。他把资本主义的种种罪恶归诸犹太人对基督教的敌视和机会主义态度。无怪乎，他在 30 岁那年成为一名纳粹分子。

② 塞缪尔·奥本海默第一个在牛津大学的鲍德林图书馆收藏希伯来语作品，他也因此而闻名于世。

向犹太人重敞国门会给英国带来的巨大商业利益。[①] 出于经济和人道主义两方面考虑，克伦威尔本人也愿意让犹太人重返英国；然而，鉴于商人和牧师们的强烈反对，他又不可能让他们马上返回英国。尽管如此，克伦威尔还是同意让那些以天主教为外衣的马里诺分子继续留在伦敦，并给予他们从事贸易活动的权利。他还私下许可其他犹太人加入到这些马里诺中间，并保证他们在英国的生活不会受到任何惊扰。几十年后的1688年，英国犹太人终于获得法律的认可。

在正式接纳犹太人之前，不仅在英国，而且还可以在法国南部的几个海港城市发现这些马里诺定居群体，其中最著名的有波尔多和博约讷(Boyonne)。在这些城市，他们同时举行犹太教和天主教两种宗教仪式。直到1730年，他们才得到官方的正式认可，从此可以公开其犹太教徒的身份。而此时，犹太人已经成为商业经济中的一个必不可少的组成部分，并获得了极大的敬意。他们所效力的政府也感到应该对犹太人更宽容一些。在里窝那(Leghorn)、意大利、西印度群岛以及其他一些海外殖民地也有过类似犹太社团的存在。在这些地方，一些才干卓著、地位显赫的马里诺为犹太人的重返铺平了道路，犹太人最终回到了他们中间，并分享到他们的特权。

犹太金融家

资本主义的来临急剧扭转了19世纪前的犹太人的生活局面。中世纪曾备受鄙夷的放债业摇身一变，赢得了“金融业”这一颇有尊严的美誉。早些时候，犹太人由于种种限制不得不从事放债业；然而，从这种结局来看，这些限制反而成为经济上的恩惠。而同样令人感到不可思议的是，一个从肮脏破烂的隔都中脱胎成长起来的金融组织，竟赢得了罗斯谢尔德(Rothschild)[②]国际金融机构这一蜚声世界的称谓。这个由阿姆希尔·罗斯谢尔德(Amschel Rothschild)创办的金融组织也使法兰克福成为欧洲最大的金融中心之一。在欧洲17世纪著名的犹太金融公司中间，阿姆斯特丹的德·品脱斯(De Pintos)家族所创办的公司堪称其中的佼佼者。这个家族散居于世界各地的亲属当中，也涌现出一批出类拔萃的银行家，

---

① 这位阿姆斯特丹的拉比为犹太人的重返而提出的另一论据也颇有意义。他持有这样一个怪异而又强烈的信念：如果犹太人被分散在世界各地，救世主就会降临。他把犹太人被继续拒之于英国之外视为实现这一希望的一个障碍。

② 这一名门望族的名称得自它在法兰克福犹太隔都房屋上的盾形徽章。

尤其是在18世纪初期的巴西和荷兰殖民地圭亚那。这些犹太金融家和商业巨头们的巨额财富最终分流到了他们的教友中。此外,他们还以自己的社会和经济上的影响力,为犹太人民描绘出了一幅通往解放之路的新前景。

6. 18世纪的德国犹太人

受保护的犹太人

德国所谓的"受保护的犹太人"(Schutz Juden)实质上是把犹太人视为宫廷奴隶的一种残余,而统治者之所以要保护犹太人,仅仅是为收取一种特殊报偿而已。十字军东征之前,这种保护仅限于个人;在此之后,则是整个犹太社区集体享有这种权利。17世纪,许多德国王公又退回到了过去的模式,把自己辖区内的定居权和贸易特许权出售给个人,并直接从个人手中收取保护费(Schutzgeld)。

在腓特烈大帝(Frederick the Great,1740～1786)统治的普鲁士,有"正式受保护的犹太人"和"非正式受保护的犹太人"之分。前者可以把他们在隔都外的定居权传给子女,后者则不能。弗里德里克大帝素有"皇冠哲学家"和"开明君主"的美誉。据说,他还是一位"信奉一个人即使下地狱也是他自己的事"的宽容君主;然而,在犹太人问题上,他却表现得极为顽固偏执。1750年,这位普鲁士国王签署了一条法令,规定"受保护的犹太人"在隔都外的定居权只限于传给长子,而在此之前本来是可以有三个儿子继承这项权利的。此外,这些"享有特权的犹太人"的没有继承权的较小的儿子,还被剥夺了结婚成家的权利。在选择新职业上,他又给犹太人设置了种种限制,并把名目繁多的沉重赋税强加于犹太人头上。

然而,弗里德里克试图使其国家迅速实现工业化的热切愿望迫使他后来不得不有所收敛,因而这些严酷的政策最终得以缓解。他后来颁布了这样一条新规定:只要一名"受保护的犹太人"的次子开设了一家工厂,那么,他就可获得在隔都外的定居权。开办新工矿企业是需要大量资金的。为此,国王也必须求助于犹太人。由于上述各种举措,在30年间,按照1750年的法令应被限制在122户人家的柏林犹太人口猛增到了1000户,而当时的柏林总人口也不过14万。出于搜刮犹太人财富的热望,弗里德里克大帝还许以犹太银行家平等的权利,使他们能与非犹太人平起平坐、公平竞争。许多犹太人抓住时机,赚取了巨额财富。

世俗影响

隔都里所通行的是犹太德语(或意第绪语),然而,上层社会以及和非犹太人过从甚密、较有教养的犹太人普遍使用德语。这些犹太人中间,汇集了当时的一些杰出工业巨头和金融家,他们和基督教知识分子一样,受到了从柏林大型法国侨民区传播出来的法国文化的强烈影响。正是通过他们,那些席卷了整个中西欧洲的法国自由主义以及各种进步思潮,才渐渐为柏林犹太知识界所熟知。而出于功利、社会和思想方面的原因,犹太上层社会的年轻一代也开始研习法国语言和文学。伏尔泰(1694～1778)和卢梭(1712～1770)等思想家对现存社会制度的抨击和批判,深深震撼了他们。通过他们的介绍,这些思想最终进入了隔都,为广大犹太人所接受。

世俗教育

直到18世纪末,在德国犹太人中间,世俗知识依旧是相对贫乏的,然而也绝非一无所有。早在17世纪前期,几所德国大学的医学系就招收过少许犹太学生;到了这个世纪末期,犹太学生又获准进入其他系所。这些学生在进入大学之前,通常是由家庭老师教授学业的。到18世纪,在德国的一些公国里,基础性的世俗教育已成为一项不可缺少的学科。例如,在黑斯·卡塞尔(Hesse Cassel),1739年通过的一项法律要求所有的商业记录和事务都必须使用德语。当时汉堡的一所葡萄牙裔犹太社区学校已开设了法语课。而这所城市的犹太孤儿院则作出规定,允许那些年满13岁并表现出一定天资的受监护者学习德语和法语。此外,还出现了一些世俗文化方面的希伯来文作品。1721年,一位名叫阿舍·沃姆斯(Asher Worms)的法兰克福物理学家出版了一本代数学书。1755年,莱布尼兹(1646～1716)的学生拉斐尔·莱维(Raphael Levy)完成了一部天文学著作。随后,犹大·敏德林(Judah Mindlin)编写了一部希伯来—德语词典,并冠之以《上帝之声》(Milim Leloha)这一美称。这些著作的问世表明了18世纪犹太人对普通教育的关注。

拉比们对世俗文化在犹太年轻一代中的传播普遍持反对态度,他们担心这些东西会削弱年轻一代对犹太文化的学习兴趣。然而,也有一些,尤其是那些本人就兼有这种世俗知识的拉比,对此则大加支持。自18世纪开始,还出现了另一个激励犹太人投身于世俗知识的动因,即:他们希望这种知识有助于他们自身的解放,他们深信与德国文化的融合会最终消除他们和基督徒同胞之间的隔阂。在向这个目标的迈进过程中,摩西·门德尔松发挥了领导性的作用。

第3章　启蒙运动

1. 摩西·门德尔松

生平简介

米那希姆·门德尔(Menachem Mendel)是德国德绍(Dessau)的一名贫穷的托拉缮写员,他在1729年新添了一个儿子摩西,这就是后来人们所熟知的门德尔松。[①] 从早年开始,摩西就从《塔木德》以及其他拉比经典中接受了传统犹太教义的熏陶,并显示出过人的才华。在本地的一位博学的拉比大卫·弗兰克尔(David Frankel)的指导下,这位年仅13岁的少年又孜孜不倦地研读了迈蒙尼德的哲学著作《迷途指津》(The Guide for the Perplexed)。这种生活经历把摩西造就成了一名体质羸弱的年轻人;他在精神方面得到了极大的滋养和丰富,而在生理上却落下了驼背。晚年,他经常自嘲说,他的驼背是迈蒙尼德留给他的一份遗产。

1743年,弗兰克尔拉比离开德绍前往柏林就任首席拉比。几个月后,年仅14岁的摩西为了能在他的尊师门下继续学业,长途跋涉了70多英里,疲倦不堪地来到普鲁士首都。初到柏林时,门德尔松在一所商人住宅的阁楼里度过了几年贫困交加的艰难生活。由于无力偿付房租,他不得不为这位商人抄写信函。不过,在这所大城市中,他的学术兴趣却得到

---

① 他在希伯来语信函中,还以自己的家乡地名自称为摩西·德绍。

了极大的拓展。在他这种旺盛的求知欲的感染下，几位朋友把他引入了世俗知识的广阔领域。不久之后，他就精通了德语，开始广泛地涉猎德语文献，并出色地掌握了数学、哲学和拉丁文方面的知识，他还着手学习了法语和英语。他尽管无法受到系统的指导，但在几位热心的朋友和熟人们的帮助下，设法通晓了这些学科。

在柏林度过了五六个年头之后，门德尔松成为一位"受保护的富裕犹太人"、企业家以撒克·波恩哈特(Isaac Bernhard)的家庭教师。起初，他担任波恩哈特的书籍管理员，后来又成为他的代表。在波恩哈特去世后，他最终成为公司的合伙人。在取得了经济上的保障后，门德尔松终于可以把自己的全部闲暇时间献身于学术研究和写作。他的哲学和神学论著为他在文学和哲学界赢得了显赫的声望，其优雅明晰的文风也受到广泛的赞誉。

1763年，门德尔松在哲学界取得了一个辉煌的成就。在普鲁士科学院举办的一次征文竞赛中，他赢得了头奖，而著名哲学家伊曼努尔·康德也同是参赛者。这次比赛的论题是："形而上学是否可以用数学的方法加以证明?"在获奖论文中，门德尔松试图证明：不仅宗教，而且人类知识的其他任何分支，都必须经受理性的检验。鉴于门德尔松的巨大声望，他的一位宫廷朋友曾试图说服腓特烈二世授予门德尔松一个"彻底受保护的犹太人"的身份，但没有获得成功。尽管已是声名卓著，但直到那时，门德尔松之所以能在柏林定居，不过是因其受雇于一位"受保护的犹太人"而已。尽管如此，门德尔松还是被许以一种仅适用于其本人而家人无法承袭的定居权。直到他成为其雇主公司的合伙人之后，他才最终为其本人和家庭赢得了这项永久定居权。

1767年，门德尔松出版了他的《斐顿篇》(Phaedon)。这部著作因袭了柏拉图的古典对话体作品《斐多篇》(Phaedo)，专门论述了有关灵魂不朽的问题。在这本书中，他坚持认为：在人类自身中，存在着一种独一无二的实体；它是不可毁灭的，并超越于死亡之外。为支持这一论点，他援引了笛卡儿派的论证：如果不存在这种实体，那么，至善和公正的上帝就不可能把灵魂的观念安放于人的心灵中。门德尔松这一推论的基础并不是宗教权威，而是他所声称的理性和逻辑。这本书被一版再版，几乎被转译为各种欧洲语言，在思想界引起了强烈震撼。门德尔松也因此赢得了"德国的柏拉图"和"犹太人的苏格拉底"的称号。为此，他还被提名为柏林科学院院士。由于当时的候选人中间包括了俄国女皇凯瑟琳，而国王考虑到把她的名字与一位犹太人放在一起，会冒犯这位尊贵的皇室候选人，因此把门德尔松从候选人名单中勾掉了。门德尔松不甘忍受这种侮辱，他愤然对几位院士说道：

“你们选我，国王拒绝我，这要比国王选我，你们拒绝我好得多。”

门德尔松和康德

伊曼努尔·康德(Immanuel Kant，1724～1804)，是门德尔松的一位杰出的同代人和朋友，是德国唯心主义哲学流派的创始人。康德起初是一位唯理论者，坚信宗教必须经受纯粹理性的检验；然而，其思想后来发生了变化。在《纯粹理性批判》(Critique of Pure Reason)一书中，他提出：理性绝非宗教信念之真理性的唯一仲裁者；人类的心灵总是受到时间、空间和限定的尺度的制约，不可能超越于经验之外。我们感官所能把握的仅仅是现象，而非本体；用康德的话，这种本体也就是“物自体”。康德断言，终极的实在是超越于我们认识的范围之外的。

鉴于上述原因，宗教真理，诸如上帝存在、意志自由和灵魂不死，是超越于人类的知识和理智之外，无法得到确证的。然而，正是出于相同的原因，它们也不可能被否证，我们可以通过一种道德体验和实在发生关联。借助这种道德感，我们和一种精神上的或者说超验的自我，而非现象界的自我，进行了交流。这种存在于主体[①]之内的道德倾向，不言而喻地指明了一个道德主宰和宇宙权威的存在，并最终为上帝的信念提供了根据。

诚然，如果无所谓自由意志以及与之相关的自由选择的存在，那么，道德义务将是毫无意义的。此外，我们还必须设定灵魂不死；因为唯有如此，才可能奖善惩恶，在现实世界之外为道德律令的实现提供一个场所。在现实生活中，这种奖善惩恶往往是无法做到的，因而必须被推到来世生活中去。由此可见，尽管纯粹理性不能为这些宗教信仰之基本原理提供确证，但它也必须承认它们的可能性；然而，由于道德和这些基本原理的密不可分的关联，实践理性把它们视为其内在的不可或缺的精神信念。康德深信，道德律令之所以内在地或自然地展现出来，正是在于人的良知。因此，他坚持道德法则的自律性，认为它们只能从合乎理性的意志中流溢出来。

---

① 这里，我们可以引证康德《实践理性批判》中的一段结束语：“有两种东西，我们愈经常、愈不懈地加以思维，它们就愈使人心充满一种常新且与日俱增的赞叹和敬畏，这就是头上的星空和内心的道德法则……前者从我在外面的感官世界中所占的位置开始，把我在其中的联系扩大到重重世界、层层星系的无限范围中，还进到它们周期性运动、生成和延续的无限时间中。后者开始于我的无形的自我，我的人格，并把我呈现在一个具有真正无限性的世界中……前一个重要世界的景象好像消灭了作为一个动物看的我的重要性……在另一方面，第二个景象却借我的人格，把作为一个灵物看的我的价值无限提高了……这一层至少可以从这个法则为我规定的存在的目的推断出来，这个目的不受条件和今生今世的限制，是可以达到无限的。”

门德尔松与康德的分歧在于，他除了接受内在的或自然的展现，即良知之外，还坚信犹太诫命的神启性。他接受了《托拉》和犹太教原则的神统性说法，同时又坚持它们的他律性，也就是说，它们来自一个外在的本原，而非理性的意志。[①] 由此可以看出，门德尔松在这一问题上采取的是二元化的解决方式。

在对待宗教教义方面，门德尔松和康德取得了共识。康德反对基督教和教条，同时又鼓吹基督教的道德准则优越于犹太教；门德尔松则把宗教礼仪视为犹太诫命之不可分割的组成部分。然而，对康德而言，"任何抛开道德行为而取悦于上帝的做法，都是一种宗教狂和迷信的堕落"。此外，康德还把犹太教的上帝描绘为这样一位残暴的君王：他以来世报应相胁迫，要求他的信徒们无条件地盲从于他所制定的教规和宗教仪式。尽管门德尔松认为，恰恰是内在的真理、人性、公正和博爱才构成了犹太教的伦理内核，但他却无法使康德信服。康德似乎忽视了犹太先知们的高尚教理和普世思想，而这些东西无疑是与康德本人所倡导的道德理想相吻合的。

拉瓦特事件

1763年，一位名叫约翰·拉瓦特(John Casper Lavater)的瑞士牧师在访问柏林时，和门德尔松就一些共同感兴趣的宗教问题进行了探讨，两人一致同意这次会谈是纯私人性的。门德尔松给拉瓦特留下了深刻的印象，尤其是他的这样一番表白：他把耶稣视为一个值得尊崇的伟人伦理典范，但也只能限于如此。后来，拉瓦特突发奇想，认为自己应把门德尔松逼到一个进退两难的处境，以最终迫使他皈依基督教。在拉瓦特看来，门德尔松拒绝加入基督教会这一行为，无可争辩地表明他在其内心深处把犹太教置于基督教之上。这即便不能造成实际性的灾难性后果，也会给他带来诸多棘手的麻烦。1769年，拉瓦特把查尔斯·邦纳特(Charles Bonnet)的一部论述基督教义的法语著作译为德语出版，并题为《基督教证据之检验》(An Examination of the Evidences of Christianity)。拉瓦特相信这本书中包含了基督教真理性的权威论据。他把这部译著题献给门德尔松，并公开发表了一封致这位犹太哲学家的挑战信，声称门德尔松要么推翻这部书中的有关基督教真理性的论证，要么

① 参见亚历山大·卡尔巴哈(Alexander Carlbach)《自律、他律和神统性》，载《犹太生活》(Jewish Life)第4卷第1期，1963年。

接受洗礼。

对于这一蛮横的要求，门德尔松感到极为震惊。他从未料想到自己会被一名自由主义者以如此盛气凌人的方式指责为迷信和低劣信仰的盲从者。在他看来，宗教信仰的选择是一件纯粹的个人事务，是一个不应暴露于大庭广众之下的良知问题。尽管如此，他也不得不谨慎行事，小心翼翼地避免触怒舆论界、他的犹太同胞以及基督教徒。总而言之，他陷入了一个极其棘手的境地。

作为答复，门德尔松写了一本措词谨慎、语调温和的小册子。他首先指出，虽然拉瓦特不应把一次私人谈话公布于众，但并不能因此怀疑他的忠诚的品德。他接着宣称，作为一名理性主义者，他已从理性和哲学的角度对犹太教进行了考察。如果能发现犹太教有什么有悖于哲学准则的地方，他将马上将之公布于世。"假如我本人根本不信奉其真理性，那么，又有什么东西能够把我束缚于这样一个显然比其他任何一类宗教都更难履行而且备受鄙夷的宗教呢?"他这样反问道。"假如我仅仅是一位自然神论者，对这两种宗教的任何一个都持无所谓的立场，那我为什么不去接受基督教呢？是害怕我的教友的攻击吗？不，他们缺乏这种力量。是由于冥顽不化、墨守陈规，或仅仅是由于循规蹈矩所致？事实上，我已竭尽全力地投身于探究和剖析这些传统和习俗，而且从未仅仅因有先例可鉴而随声附和、贸然下结论。只有对我的信仰之真理性的内在信念，才驱使我追随祖先的宗教。在那位创造养育了拉瓦特和我并作为真理化身的上帝面前，我发誓：只要我的灵魂不迷失自己的本性，我将一如既往地保持对它的忠诚，永不反悔!"

门德尔松进而谈到了犹太教的宽容精神。按照犹太教原则，任何一个非犹太人，只要严守诺亚七诫[①]，那么，他就可以成为"非犹太各民族中的虔诚一员"，可以在来世生活中占有一席之地。犹太人没有传教士，因为它并不指望非犹太人遵守《托拉》律法。"我有一些基督徒朋友，他们都很善良。"门德尔松满怀激情地写道，"然而，我从没有为他们不是犹太教徒而感到惋惜，甚至连劝导他们加入犹太教的念头都未曾动过。"门德尔松也承认，他所信仰的宗教并非是毫无缺陷的，诸如他所提到的"过分强调了犹太教的核心原则，以致遮蔽了其富有魅力的光彩一面"。他又补充说："然而，谁敢断言他所信奉的宗教能免于人类的一切缺陷呢？在我看

---

① 适用于诺亚以前的人类以及非犹太人的七条律法为：(1)不崇拜偶像；(2)不亵渎神明；(3)不杀人；(4)不乱伦；(5)不抢劫；(6)不目无法纪；(7)不食活物肉。

来，我所信仰的宗教并不是建立在一系列与逻辑相抵触的教义之上的，这一点已足以令我自豪了。此外，它还有一个无可比拟的优点，即从不劝服别人改宗皈依……也不向印度或格陵兰派遣传教士。如果孔子或梭伦生活在我们这个时代，我将把他们视为伟人而爱戴和尊崇，但绝不敢劝导他们接受我的信仰。"

拉瓦特被门德尔松的上述表白深深打动，他开诚布公地为自己冒犯了这位"最高贵的人"作了真诚的道歉。然而，争论并未结束。门德尔松受到了来自犹太教和基督教两方面的攻击：拉比们无法容忍他对犹太教的批判，而基督徒们则把他继续留在犹太教阵营斥为执迷不悟、顽固不化。后者甚至诽谤说，门德尔松之所以固守犹太教，不过是出于经济利益方面的考虑而已。在这些污言秽语的打击下，门德尔松的健康状况日趋恶化，然而，这也增强了他对自己人民的认同和亲近之感。

戈特霍尔德·莱辛

门德尔松对自己祖先的信仰的执著信念，深深打动了他的朋友戈特霍尔·埃弗赖姆·莱辛(Gotthold Ephraim Lessing，1729～1781)，而后者正是启蒙时代为争取犹太人权利而斗争的最杰出的基督徒之一。1749年，莱辛创作了一部题为《犹太人》(The Jews)的剧本。在这部剧作中，他甘冒天下之大不韪，把犹太人刻画为一类禀有非凡精神力量且教养出众的人。这部戏剧在知识分子中间激起了广泛的争论。在杰出的基督徒中间，赋予犹太人如此光辉的形象，这大概堪称首例。《犹太人》这部戏剧上演后不久，门德尔松和莱辛就在他们的一位友人家里相识，并萌生出一种真挚的友情关系，终生不渝。

莱辛为他的这位犹太朋友的纯朴性情所感动。以他为原型，莱辛创作了自己的名剧《智者拿单》(Nathan the Wise)。这部剧作引用了《十日谈》(Decameron)中的一个寓言，讲述了一位对三个儿子都同样钟爱的父亲的故事。据说，这位父亲拥有一枚神奇的魔戒，能使其拥有者获得众人的喜爱；为避免偏袒某一个儿子，这位父亲又请人复制了两枚一模一样的戒指，并于临终时分送给三个儿子。父亲去世后，三个儿子都声称自己拥有那枚真正的魔戒，彼此争执不下，并最终闹到了法庭。而法官在理解了这位亡父的良苦用心之后，奉劝这三位失望的继承人说："现在根本就没有作结论的必要。如果你们当中的某一位能赢得众人的喜爱，那么，我们将知道他就是那枚真正魔戒的拥有者。"

这个故事的寓意是一目了然的。是否拥有那枚真正的魔戒，这是无关紧要的，重要的是三兄弟必须用自己的行动显示出那枚魔戒的力量。同样，一种正当的行为或举措的重要性，也是抽象真理所远远不能比拟的。三兄弟代表了三大宗派：基督教、犹太教和伊斯兰教。没有人能断言它们中的哪一个才是真正的信仰。更为重要的是，这些宗教的信奉者们应努力实践各自教义中所包含的道德和伦理准则，而不必纠缠于谁才是唯一正当的神学信仰这一形而上学问题。每一种宗教都有其自身的优点，而信徒们唯有通过一种正当而高尚的行为，才能证明自己的信仰的真理性。

当剧情发展到这一幕时，相同的主题再次呈现——一位男修士出于对拿单的高贵品行的钦佩，情不自禁地高呼："拿单呵，拿单，你才是一位真正的基督徒！从未有过比你更好的基督徒！"拿单对此的答复是："我们不谋而合，因为我在你眼中变成一位基督徒，而正是出于相同的原因，你在我眼里成为了一名犹太人！"值得注意的是，当时无论是天主教还是新教教徒，对犹太人都深怀敌意。在这种情况下，莱辛作出如此大胆的声明，并把犹太教和基督教置于平等的地位，是需要付出相当勇气的。即便在那个时代的开明人士中间，持有莱辛思想的人也寥寥无几。

多姆的影响

门德尔松的另一位杰出的朋友、普鲁士国家顾问克里斯蒂安·威廉·冯·多姆(Christian Wilhelm Von Dohm)，也曾挺身为犹太人的权利而辩护。在1781年出版的一本题为《论犹太人民权状况的改善》(On the Civic Improvement of the Conditions of the Jews)的匿名小册子中，他描述了当时德国犹太人悲惨困顿和无能为力的生活处境，呼吁改善犹太人的生活条件。他着重指出了这一事实：在德国许多城邦，犹太人被剥夺了定居权；在另外一些允许他们做短暂逗留的城邦，期限通常仅限于一天之内，如果要继续逗留，则须纳税。而在那些许可犹太人定居的地方，其人数又受到苛刻的限制，并必须缴纳异常繁重的苛捐杂税。此外，多姆还提到了对犹太人的职业限制所造成的种种恶果。农耕是被禁止的，信贷和贸易行会也把他们排斥在外，只有少数才干卓著的犹太人才受到王储们的特别恩惠，获准进入有限的几类职业中。这群不幸的人们所能进入的唯一职业是商业，即便如此，他们也被套上了沉重的税收枷锁，只能以小商品零售或沿街叫卖为业——这是那些别无选择余地的犹太人所能抓住的唯一救命稻草。[①]

多姆引证了苏格兰著名经济学家亚当·斯密(Adam Smith,1723～1790)的经济学原理,后者曾在1776年所著的《国富论》(Wealth of Nations)中强调了所谓"自然法"在经济领域内的功用。斯密指出:为生产财富,必须调动人口中一切可能的生产力要素;一个国家所投入的各种类型的产业工人的数目越庞大,其经济就越繁荣。多姆还以年轻的美利坚合众国作为例证。在他看来,美国的成功之处在于它在政治上联合了所有人民,不问伦理或宗教背景的差异,一律赋予他们平等的公民权,并鼓励他们在各自选择的职业领域中发挥最大限度的力量。因此,他的最终结论是:犹太人的解放是符合国家整体利益的。

多姆的建议

尽管多姆对犹太人的悲惨境遇深表同情,但他所提出的改善犹太人政治待遇的建议却相当暖昧。他提议许给犹太人一定的公民权利,但又非完全的公民权。他认为,犹太人应继续保留那种曾一度适用于隔都的社区自治,以及处理自身事务的司法权,并通过禁令惩治宗教犯罪。此外,犹太人不应在德国政府中担任公职,以免引起那些觊觎这些职务的基督徒的憎恶和怨恨。

门德尔松对这些建议提出了尖锐的批评。他一针见血地指出,这种许诺给犹太人公民权而同时又把他们排除在国家主体之外的做法是自相矛盾的。此外,他反对社区当局因为宗教罪而惩治或革除某人的教籍,并认为这种行为是有悖于良心自由的个人权利的。在梅纳瑟·本·以色列(Menasseh ben Israel)为犹太人重返英国向克伦威尔所递交的请愿书《维护犹太人权利》(Vindiciae Judeorum)的德文译本的导言中,门德尔松就多姆在赋予犹太人政治权利这一问题上半途而废的做法,提出了公开批评。

门德尔松的上述看法不仅触怒了犹太人,也触怒了非犹太人。拉比们谴责他试图剥夺他们行使禁令和革除教籍的权利。不久之后,出现了一本名为《寻求光明和权利》(Search for Light and Right)的匿名小册子,指控门德尔松企图动摇摩西律法,因为正是摩西律法中才制定了对违禁

---

① 据多姆的声明所统计出的数字,在当时德国的大约30万犹太总人口中,约有三分之一左右的人从事小商业零售和沿街叫卖,10%的人无业家居,8%的人是手工艺人,剩余的15%从事其他行业。

者的种种惩处。这本小册子的作者声称，当门德尔松向这种惩处的合法性提出了质疑，他实际上已站到了基督教一方；基督教伦理准则否认了来世报应说，因而也抛弃了与之相关的诫命。为答复这位匿名作者，门德尔松写了一本题为《耶路撒冷》(Jerusalem)的小册子，这本书后来成为他的代表作。1783年，即他去世的前三年，这部著作才得以正式出版。

2. 门德尔松的《耶路撒冷》

教会和国家

门德尔松的《耶路撒冷》一书的副标题是“论宗教权限和犹太教”，它暗示了整部书的主题框架。全书由两部分组成，第一部分探讨了教会和国家各自的司法权限。门德尔松认为，这两个机构虽然各司其职、截然分立，但都服务于同一目标，即改善人们的福利生活。国家主要处理世俗事务，涉及人与人之间的睦邻关系，这是一个为达其法制目标可以实施强制约束力的领域。另一方面，教会统辖的主要是精神和良知领域，以及人和其创造者的关系。在这一方面，无论是国家还是教会，都无权以强力干预，或用法令约束。国家虽然对思想和信仰这样一些精神领域的事务无能为力，但也应努力去清除对上帝、天命和灵魂不朽的亵渎和不敬，因为这些信仰对维护和保持现有的道德秩序是必不可少的。① 至于其他的宗教信仰或学说，教会只能采取说服劝导的方式，任何强制或高压手段都是不可取的。

此外，政教应彻底分离，一个公民的权利绝不应因信仰或崇拜方式的差异而受到影响。

在宗教事务中，一个人必须听从自己的心灵和良知的感召。虽然某一政府或社团可以把某人驱逐出去，但教会绝不应采取类似方式去行使禁令或革除教籍，因为这种做法是有悖于教会之根本旨趣的。教会的职责在于指导、教育和激励良好的的品行。教会把其教民排除在外，无异于

① 门德尔松对这三条信仰的阐释，表明了其思想所受的自然神论的影响。自然神论是一种曾盛行于17～18世纪英国的宗教思潮。自然神论普遍持有一种自然的而非超自然的或天启的宗教观，相信天命和灵魂不死，尽管后一思想并非为所有的自然神论所接受。后期，自然神论走向了这样一种上帝观，即他外在于世界并使之遵循自然法而运行。受到自然神论影响的有：伏尔泰、托马斯·潘恩、本杰明·富兰克林、托马斯·杰斐逊以及其他一些人。

一名药剂师拒绝给一位垂危病人服药。经常会出现这样的情况，教会排斥的对象可能恰恰是那些最注重于宗教礼仪者。而且，教会动辄就把一位持异见的虔诚信徒驱逐出去，这种做法在道义上也是站不住脚的。

在门德尔松看来，宗教是一件自愿性的事务，这一特点使教会无法涉足于掌管财产或支付工资这一类尘世事务。然而，他也认识到，教会又是由人构成的，如果不支付工资，它就无法有效运行。因此，他建议政府拨给教会一些必要的款项，以充当工资来源——在这里，门德尔松显然忽视了这一设想会打破他所倡导的政教分立。在国家应当压制对上帝、天命和灵魂不死的不敬方面，门德尔松也陷入了这种自相矛盾的境地，因为这一思想恰恰违背了他所信奉的宗教信仰的自由选择权。尽管存在上述的矛盾之处，从总的方面来看，门德尔松关于一个自由社会中的教会和国家应扮演好各自角色的思想，已远远走到了其时代的前列。

犹太教和理性

在《耶路撒冷》的第二部分，门德尔松阐述了自己的犹太宗教观。众所周知，启蒙运动把理性置于人类思想和行为的仲裁者的地位，而门德尔松本人恰恰受到了启蒙运动的强烈影响。正如先前的莱尼布兹一样，门德尔松坚持认为，犹太教的基本原理，诸如对上帝的存在和一体性、天命和灵魂不死的信仰，是被“理性、自然和事实”所确证了的，因而适用于所有的宗教。这些思想是不证自明的，不可能遭到任何异议。因此，它们绝非来自任何超自然的神启。作为例证，他特别提到，无论是伟大的圣哲约瑟·阿尔伯(Joseph Albo)还是自然神论者，几乎都完全认同了这些教义的至高无上性. 由此可见，门德尔松实际上把理性视为通向宗教真理的唯一指南，而萨阿底(Saadya，892～942) 以及后来的中世纪犹太哲学家则把理性看作通往神的知识的主要途径，因此，只能充当一种为宗教启示提供确证的手段而已。

门德尔松认为，犹太教没有任何可以超越于理性之外并必须为其信徒无条件信仰的教条。在神学和宗教领域，犹太教为思想、解释和判断的自由留下了余地，因此，它所要求的并非是教义的统一，而是行动上的一致性。它通过一系列诫命和法令，试图把神的意愿强加于人的心灵，并促使个人去寻求一条最终导向灵魂拯救的行动之路。

为证明自己的论点，门德尔松指出，在《托拉》的诫命和禁令中，从未出现过这样的语句——“你应当信奉”或“你不应信奉”，而是你应当或不应这样做。它所惩处的并非是那些持异见者，而是违反了宗教诫命的教徒。因此，希伯来《圣经》不能被称为启示宗教，而应该说是一部启示立法——它是超自然神灵通过摩西而赐予犹太人民的一部法典。就连摩西十诫中的第一条也不要求对上帝的信仰，它只是把那位引导犹太人走出埃及的人视为历史之神，并以他的权威为基础，给出了其他诫命。一言以蔽之，犹太教精神是教义的自由和行动的一致。①

对门德尔松来说，《托拉》中所制定的一系列宗教仪式和礼仪是"这样一种律令，即它们是活生生的、充满意蕴的，能够激发出心灵中的智慧和勇气，并和宗教知识发生一种最为密切的关联"。由于这些诫命的神性来源，我们作为凡人是无权更改的。它们把所有的犹太人联结起来，在他们之间形成了一种稳固、恒久的关系，并有助于在社区中营造出一种富于教益的宗教氛围。《托拉》中的诫命是为它的信奉者犹太人所创立的，其原因是这个民族和上帝之间的盟约关系。这些律法仅仅对犹太人有约束力，并不意味着唯有它们才是真正的信仰。门德尔松深信，只有那些不以信仰而以理性为基础的伦理真理，以及适用于全人类的行为和经验才是灵魂拯救所必不可少的。然而，这种说法并不适用于宗教团体的律法，因为对上帝而言，把来世拯救仅赐予某一民族是不公正的。只要遵循犹太教中所提到的诺亚七诫（Noabide Commands）这样的基本道德诫命，非犹太人也是可以获得拯救的。

教义的一致性

门德尔松注意到，古以色列是一个政教合一的神权国家。在那儿，渎神者被冠以触犯国法的罪名，而亵渎安息日则意味着违反了基本的民法。亡国之后，对这些行为的种种处罚随之失去效力，并从此未能死灰复燃。然而，既然这些诫命是上帝所赐予的，那么，只有上帝才有权废弃，因而它们本身是不可能被取消的。对每一位生为犹太人的人来说，它们都具有一种强制性的约束力，甚至耶稣也不例外。此外，早期的基督徒并无权把他们自己或别的犹太人从"诫命的管制"中解脱出来，这甚

① 阐述摩西十诫的第1节（《出埃及记》20:2节），即以"我是耶和华你的神"一句开始的那一节，究竟是一条有关上帝信仰的诫命，还是仅仅表明"十诫"的来源和权威的标志性依据，这是拉比文献中一个争执不下的问题。按照《塔木德》中的一个说法，论证"十诫"中的第1节包含了要人信仰的命令（Mak:23b,24a）。一些中世纪哲学家，包括迈蒙尼德在内（见《论诫条》上）赞成这种看法。另一方面，《塔木德》中的另一见解则认为，"十诫"是从第三句开始的，"除了我以外，你不可有别的神"。因此，第一句仅仅是导论性的，而不能算作一条诫命（Horayoth 8b）。克莱斯卡（Hasdai Crescras）在他的《上主之光》（Light of the Lord）第1章中接受了后一种说法。

至适用于那些皈依了基督教的犹太改宗者。可以注意到这样一个有趣的现象，门德尔松实际上强调了犹太教中的民族因素，而非教义因素，这显然是把犹太教看作一种民族宗教了。[①]

圣经和塔木德时代的犹太教没有制定任何教义。然而，门德尔松也承认，迈蒙尼德(Maimonides，1135～1204)确实提出过著名的“13信条”，并收入了宗教仪式的圣歌集中。但他又认为，虽然“13信条”最终被广为接受，但也受到许多学者的批判，而且从来没有任何人敢于把对迈蒙尼德的异议视为异端邪说。因此，我们应当听从拉比的这样一句箴言：对立两派哲人的论断都是“活生生的上帝之语”。[②]

门德尔松强烈地反对所谓的“信仰融合论”，因为它迎合了一种基督教思想：“一个牧羊人，一群羊”(《约翰福音》10:16)——它体现了基督教试图把全人类收拢到自己羽翼之下的理想。在门德尔松看来，宗教应是一个思想和意见自由的精神王国，它是不可能为宗教融合所必须达到的妥协和迁就找到立足之处的。因此，不同的宗教团体之间的和平共处和相互尊重，才是更为可取的做法。如果犹太人的民权解放必须以宗教同化为代价的话，那么，犹太人宁可放弃这种解放。即便只有少数人拒绝放弃他们的信仰，他们也应当联合起来维护自己的权利。

3. 对门德尔松思想的批判

犹太教义

和迈蒙尼德一样，门德尔松试图把犹太教与哲学调和起来。对前者而言，这种哲学即亚里士多德哲学；而后者所依据的则是康德及其时代的其他理性主义哲学。如前所述，门德尔松曾受到自然神论的影响，这种思潮倡导把自然宗教和超自然宗教区别开来。众所周知，尽管自然神论者在“自然宗教”这一概念的理解上说法不一，但他们都把批判的矛头指向了神启观。鉴于这一点，我们应当注意到，尽管这位柏林的犹太哲学家

---

① 参见本书第4章第2～3节。

② 《塔木德》(M Yevamoth 1:4 and Eduyot)中的两段话为这种思想和意见的自由提供了例证，其大意是尽管希勒尔(Hillel)派和沙迈(Shammai)派在对婚嫁和离婚律法的各个方面的解释存在分歧，但两派的成员却可以毫无顾虑地娶对方门派的女子为妻，其婚姻状况是由对方来决定的。

反对把犹太教建立于一种天启教义的体系之上，但他仍然坚持认为犹太教是启示立法的体现。这种启示观，不管是以立法还是别的永恒信仰的形式为外衣，其实质还是教义性的，因而也就游离于理性的或自然的宗教之外了。按照定义，一条教义即是由教会中心权威当局所颁定的，必须无条件地不经过理性和逻辑的检验而加以接受的神学原理，这是取得任何一个宗教教派的教籍资格的必要条件。[①] 由此可见，门德尔松对犹太教的这种理解是和他所谓的犹太教中宗教思想彻底自由的观点相抵触的。

有人指出，《圣经》中的下列经文所表达的一神论思想为犹太教的教义和仪式奠定了基调，即"以色列啊，你要听！耶和华是我们的上帝，唯一的主"(《申命记》6:4)。既然它要求所有的犹太人都无条件地信奉，那么，它实质上已成为一条教义。有人可能反驳说，一神论思想是属于自然的或理性的宗教范畴的，而且，还可以从伦理角度对之加以诠释。因此，在这一问题上，至少可以无保留地采取这一立场：在犹太教中，抛开了善行的信仰是空洞无物、毫无意义的。我们可以由此认为，犹太神学是一种道德学说体系。在这点上，正如先前所提到的，犹太教本质上不同于信奉《新约》的基督教，后者宣称，"当信主耶稣，你和你一家都必得救"(《使徒行传》16:31)。这一思想还体现于其他的经文，"信而受礼的必然得救，不信的必被定罪"(《马可福音》16:10)，"保佑那没有看见就信的"(《约翰福音》20:29)，"因而……人称义是因有着信，不在乎遵行律法"(《罗马人书》3:28)。

这条教义表明，基督教在信仰和善行的关系问题上采取的是一种二分法的处理方式。它集中体现于耶稣的这样一句言辞："凯撒的物应当归给凯撒，神的物应当归给神"(《马太福音》22:21)。这暗示出神学和生活、信仰和品行之间的裂隙。我们不能不认为，这种思想具有一种极端凶险的征兆，即一个最彻底的恶人，不管他的罪孽有多么深重，都有可能因此而指望在信仰之流[②]中冲洗掉自身的罪恶。在犹太教中，这是根本找不到立足之地的，犹太教的赎罪所要求的不是信仰，而是过失的实际改正。

---

① 开普兰(Mordecai M. Kaplan)教授在谈及教条的意义时曾指出："如果说传统的信仰与团体的权威相联系，并认为它们必须被接受作为忠诚和服从的标志，并因此而获得一种含义，那么现在和教条一词相联结的却是憎恨和厌恶。"

② 《天主教先锋报》曾就德·瓦勒拉(de Valera)总统为希特勒之死向德国政府所致的唁电辩解说："瓦勒拉先生不仅在逻辑和法律上是正确的，而且作为一位基督教国家的领袖，他的行为符合完美的基督徒的要求，甚至可以说像基督一样……希特勒是一个恶贯满盈、误入歧途者，但他并不反对基督。"参见 1945 年 6 月《天主教先锋报》。

这并不是说，因为《新约》把耶稣信仰视为通向来世拯救的唯一途径，它就完全无视正当品行的作用。事实上，《新约》也极力颂扬了美好的善行，尽管这对于灵魂的拯救来说是无济于事的（《马太福音》5:16，《歌罗西书》6:17）。保罗（Paul）在阐释这条教义时，显然是从这一前提出发的，即一种对信仰的虔诚态度会引导人们超越摩西律法，并最终走向一种更为神圣的律法体系和道德准则（《使徒行传》13:29）。就此而言，保罗无疑夸大了犹太教和他所倡导的新宗教之间的裂痕。然而，也有几位使徒在对待信仰和善行的关系问题上，采取了一种不那么极端的立场。一位使徒甚至宣称："信心若没有行为就是死的。"（《雅各书》2:17）

诫命和信仰

犹太教并非传统意义上作为信仰体系的宗教，这一事实可以从《圣经》中所使用的一些词汇的原本意义推导出来。希伯来语的 emunan 一词一般都译为"信仰"，实质上两者并不具相同的含义。如果用其指称信仰的话，也只能在"信赖"[①]或"信任"的意义上使用，而非神学教义的意义。而 Dat 这个用语，在中世纪[②]被理解为"宗教"，实际上原本是用以指称法令、律法或习俗的。上述事实显然为门德尔松的观点提供了根

---

① 作为例证，可以引用约沙法（Jehoshaphat）的劝导："相信耶和华你们的神就必立稳；相信他的先知，就必亨通。"（《历代志下》20:20）值得注意的是，动词"相信"和"立稳"使用了同一个词根（Amn）。这无疑表明：这一动词的基本含义并非教条意义上的信仰，而是"被确认"意义上的信仰。Amen 这一用语也来自相同的词根，暗含了真理之被确认和确立之意。在希伯来语《圣经》的其他章节，词根 Amn 及其派生的动词的用法与上述一致。

对上帝的信赖是基于对他的认识，还是仅仅来自从一代传到另一代的犹太秘传（Cabala）的信仰或信念。这是拉比文献中一个颇有争议的问题。一般来说，希伯来《圣经》鼓励对上帝的认识，没有提及信仰本身。摩西曾请求上帝，"将你的道路指示我，使我可以认识你"（《出埃及》33:13）或"今日你要知道，也要记在心上，天上地下唯有耶和华他是神，除他以外，再无别神"（《申命记》4:39）。以赛亚（Isaiah）宣称："认识耶和华的知识要充满遍地，好像水充满海洋一般。"（《以赛亚书》1:9）耶利米（Jeremiah）所设想的上帝曾这样说："夸口的却因他有聪明，认识我是耶和华。"（《耶利米书》9:23）由此可见，对上帝的认识或理解来自于一个理智或理性的过程，而非教条性的信仰。事实上，中世纪哲学家巴西亚（Bachya，约 1050 年）曾断言："在理智力量的限度之内，通过理性探究上帝的存在和统一性问题，是势在必然的。"（《心灵的职责》，见《统一性之门》第 3 章）。迈蒙尼德认为，那些无法通过一条理性之路而达到对上帝的理解的人，必须借助犹太秘传，即从早先年代流传下来的学说或教义（《迷途指津》1:33）。然而，一些中世纪哲人，如犹大·哈列维则坚持认为，在这一问题上，传统比理性更可取（Kuzari，5:21）。

② 参见阿尔伯：《论基本教义》（Sefer Ha-Ikkarim）第 1 章第 4 节以下。

据——犹太教缺乏稳固不变的教义。①

严格来说，从哈拉哈(Halachic)和律法的观点看，判定犹太人的首要标准是种族，也就是血统，而不是信仰(《订婚篇》68b)。无论任何人，只要其生母是犹太人，他就被视为一名犹太人。否则，他就必须经过改宗(Giyur)仪式，而后才能被接纳，取得和一位土生土长的犹太人平起平坐的资格。一个人的犹太性有赖于他对犹太教的律法、伦理、教义和戒规的信奉程度，他越能坚定不移地遵行教规，他的犹太性就越稳固；另一方面，即便一个人严重触犯了教规，他仍然被视为一名犹太人。因为一个犹太人"即使有罪，也仍是一个犹太人"(《法庭篇》44a)。

《圣经》和拉比经典中的诫命

要把握犹太教的精神内核，就必须考察以希伯来《圣经》为开端的犹太教渊源。在《摩西五经》(Pentateuch)中充斥了大量有关宗教礼仪和伦理方面的法令、条例和诫命，而相比之下，教义方面的记载却寥寥无几。这种现象表明，犹太教是高度实用主义的。此外，先知们所关注的并非是理论意义上的宗教信仰，而是道德品行。较为典型的是先知弥迦(Micah)的一段告诫："世人哪，耶和华已指示你何为善，他向你所要的是什么呢？只要你行正义、好怜悯、存谦卑之心，与你的神同行。"(《弥迦书》6:8)《诗篇》的作者也同样劝导说："谁能登耶和华的山？谁能站在他的圣所？就是手洁心清，不向虚妄，起誓不怀诡诈的人。"(《诗篇》24:3～4节)。由此可见，希伯来《圣经》贯穿体现了犹太教的一种实践本性，即对正当品行的珍视。

由于《塔木德》是基于希伯来《圣经》的，因此，它也自然体现出了同样的精神。《塔木德》提到了613条诫命，其中有365条是否定性的，另外的248条是肯定性的。所有的这些诫命都是有关行为规范方面的，而非教义性的。在塔木德时代，拉比们根本就没发现有必要借助于一系列教义来规范自己人民的思想，或要求教义的一致性，而且，在周围的民族当中，

---

① 一些学者，如利奥波德·娄(Leopold Low，1811～1875)、所罗门·谢希特(Solomon Schechter，1850～1915)和考夫曼·卡勒(Kaufman Kohler，1843～1920)反对门德尔松在犹太教义问题上的看法。在一篇有关这一问题的短文(《犹太教研究》第180～181页)中，谢希特认为："犹太教并不仅仅规范了我们行动，也制约着我们的思想。我们经常极力主张在犹太教中宗教即是生活，但我们却忘记了一种没有指导原则或思想的生活是不值得活的。"然而，谢希特承认，犹太教并没有赋予这些教义的信仰以救人的力量(147页)。那么，这些教义是否是基督教意义上的？答案似乎应该是否定的。

犹太人民也没有发现这种可供他们仿效的先例。恰恰相反的是,《塔木德》中流露出了一种怀疑主义的论调,诸如"以色列没有救世主"(《法庭篇》99a)。[①] 诚然,《塔木德》中的某些言论确实可以被理解为教义性的,例如《密释纳》(《法庭篇》10:1)中的这样一段话:"下述的人在来世生活[②]中没有位置:认为复活论不是从《托拉》[③]而来的,否认《托拉》来自天启的,和伊壁鸠鲁主义者。"然而,这些话也很难划归教义范畴,因为给这些不信仰者所设定的处罚既非革除教籍,也非某种世俗的惩罚。违反者只是被剥夺了"在来世生活中的地位"而已。

迈蒙尼德的教义

从公元1世纪开始,人们曾不止一次地企图把犹太教的基本原理汇编成书。这种对教义的系统化尝试来自一种外部力量的推动,即希腊文化或者说基督教和伊斯兰教教义的挑战。在尼西亚大会(Council of Nicea,325)之后,基督教会着手制定了一系列繁复的教义原理,并把其运用于教会的礼拜式中。在这方面,伊斯兰教尽管稍逊一筹,而且它和犹太教一样注重道德诫命和责任,但也强调了正当信仰的重要性。从那以后的犹太教各个发展时期里,拉比们一致认为,由于这种基督教和伊斯兰教的教义模式的冲击,民众们需要一套条理清晰的犹太教基本教理。然而,能像古代犹太法庭那样有权制定一套固定的信仰原则的教会组织,那时已不复存在,因此这一任务只能留待个人完成。那些挺身而出承担了这一系统化工作的有:斐洛(约卒于公元50年),萨阿底·高昂(Saadya Gaeon,892～942),犹大·哈列维(Judah Halevi,1085～1140),巴西亚·伊本·帕库达(Bachyaibn Pakuda,约1050年),以及其他一些人。我们应当看到,这些尝试是有悖于犹太教的真正旨趣的,因此,这些本质上只属于个人意识范畴的教规提案,自始自终都遭到了强烈的反对。

正如门德尔松所提及的,在这些教义汇编中,最广为流传的是迈蒙

---

① 参见本书第5章第1节。

② 犹太教的"来世"观念是相当含糊的。一般来说,它是与"今世"这一概念相对的。参见乔治·福特·摩尔(George Foote Moore)《犹太教》第2卷,第389页。

③ 有一种说法认为,"不是从《托拉》而来的"这一短语是后世的篡改,其用意是以此作为反对不信奉复活论的撒都该人的一个强有力的论据。那些坚持复活论源于《托拉》的拉比是以《申命记》第39:32的立论为根据的,在那里上帝说:"我使人死,我使人生。"然而,一般来说,这句话仅仅象征了上帝主宰其创造物生死的力量,而没有涉及复活论。实际上,《圣经》中唯一对此作过清晰表述的章节是被认为马加比时代的(公元前165年)《但以理书》12:2。

尼德33岁那年在他的《密释纳评注》(Commentary on the Mishna)中所提出的13条教义原则，它们最终在祈祷书中占据了一席之地。然而，这些教条也仅适用于私人场合，而不能公开诵读。把教义引入犹太教意味着：任何拒不接受教义者都将被视为自绝于犹太人民。因此，迈蒙尼德实质上创立了一种正统观，或者说正确信仰的标准，它也构成了区分异端邪说的标准。不过，无论是划分正统，还是区别异端，这种思想都是与犹太教格格不入的。这似乎不该是一名亚里士多德主义信徒和理性主义者所做的。然而，对迈蒙尼德、萨阿底以及其他一些犹太哲学家来说，理性主义和权威主义这两种方法都可以视为通向宗教认识和真理的有效途径。他的13信条[①]如下：

(1)上帝，即造物主存在。

(2)他是一个完美的统一体。

(3)他是无形体的。

(4)他是永恒的。

(5)他自身就是值得崇拜的。

(6)他向先知们启示自己。

(7)摩西的预言是真实可信的，摩西是至高无上的先知。

(8)《托拉》是上帝在西奈山赐予的。

(9)上帝的《托拉》是永恒不变的。

(10)上帝洞察每个人的行为和思想。

(11)上帝赐福于守诫者而惩罚违诫者。

(12)弥赛亚(救世主)将降临于世。

(13)死者都将复活。

教义的目的

迈蒙尼德为什么单单选定了这些教义呢？正如谢希特所提出的，迈蒙尼德汇集出这些原则，很可能是力图用它们和基督教、伊斯兰教的某些教义分庭抗礼。因此，这些犹太贤哲可能遵循了宗教会议的做法，把他

---

① 关于期望救世主降临的第12条最近几十年来特别流行，因为它曾经是纳粹灭绝营里犹太死难者的临终曲，他们在被领进毒气室和炼人炉时唱的就是它。这是犹太人不屈不挠精神的非凡注脚，这些残暴和野蛮主义的牺牲品颂扬着一个永久不变的信念和他们未被实现的改进人类的希望，并从中发觉了勇气；他们没有在迈蒙尼德的最后一个信条中，即在对更加幸福美满的来世的希望中寻求慰藉。

们认为在某一时期濒临危机的基本宗教原则收入他们的教义，借以引起世人的关注。例如，宣告上帝的一体性可能对于反对基督教的“三位一体”论是有必要的，而关于摩西的至高无上性的论断则与对穆罕默德或耶稣的信仰直接对立。

哈希代·克莱斯卡(Hasdai Crescas，1340～1410)在《上主之光》(Or Adonai)一书中对“13信条”作了批判，认为这些原则缺乏主次之分。克莱斯卡的学生约瑟·阿尔伯(Joseph Albo，1580～1440)在其《论基本教义》(Ha-Ikkarim)一书中则进一步提出了有关教义的几种等级划分。他认为，首先存在着一种基本教义(Ikkarim)，它由三条基本思想构成：上帝存在[①]、神启和来世报应；它构成了神圣宗教的支柱。它们并非是犹太教所特有的，正如由基本教义必然衍生出来的八条根本原理(Shorashim)一样。从这些根本原理又派生出六条分支教义(Anafim)。这些基本教义和根本原理对每个犹太人都具有强制约束力。任何犹太人，那怕仅仅对其中的一条产生了怀疑，都将被视为异端分子，而否认分支教义则不过被看作犯了过失而已。另外一些学者，如以撒克·鲁内亚(Issac Luria，1534～1572)和以撒克·阿伯拉巴内尔(Issac Abravanel，1437～1508)则认为，把犹太教中的某一条教义置于其他教义之上的做法是没有根据的。鉴于这一反对意见，以及在接受这些教义原则上的分歧，我们可以说它又进一步为门德尔松的论断——犹太教是一种没有教义的宗教——提供了根据。[②]

谢希特认为，阿尔伯在划分各种信条的等级的时候，可能与迈蒙尼德抱有相同的目的，因为在这样做时，他取消了关于救世主的思想，而这一关系到基督教存亡的教条在犹太教中却是无足轻重的。他可能试图以此来驳斥基督教的这一主张，即基督教代表了救世主理想的实现，而这种救世主思想又构成了犹太教的一个基本信念。这一主张曾一度盛行于西班牙托尔托萨(Tortosa)的宗教论战(1413～1414)。它在当时的西班牙导致了一场席卷思想界的改宗浪潮，而阿尔伯在其中扮演了一个引人注目的角色。此外，为驳斥基督教关于它才是真正的犹太教及其使命的论

---

① 从第一条基本原理“上帝存在”，派生出有关上帝的一体性、无形体性、永恒性和完美性的思想。第二条原理“神启”暗示了对上帝的全能全知，先知们之被选定为上帝启示的代言人以及他们的言论的真理性的信仰。而第三条“来世报应”说则是天命信仰的根据。从这些根本原理中衍生出六条分支教义，即无中创世论，摩西至高无上的先知地位，摩西律法的永恒不变性，对诫命的遵行，复活论和救世主降世的理想。

② 参见本书第5章第1节。

断，阿尔伯坚持认为，犹太教律法的任何变更都必须采取类似于《圣经》中的公开启示的方式，但拉比也有充分的权利去解释和调整这些律法，以适应环境不断变化的需要。[①] 为强调有关犹太教中德行远远高于教义的思想，阿尔伯宣称，即便置所有教义于不顾，但只要能在正当的目的下履行某一诫命，就足以使人获得永生。

4. 文化和教育的冲击

启蒙运动的先驱

在隔都里，犹太人的思想视野受到《塔木德》的禁锢和压抑。他们所用的伊地绪方言又加剧了他们与世隔绝的生活。为冲破这些障碍，把德国犹太人民引入世俗文化的广阔天地，门德尔松深刻地认识到了学习本国语言的必要性。他通过最为人熟知的希伯来《圣经》为中介，承担了教育他的德国犹太同胞的任务。因此，他使希伯来《圣经》成为他的人民接触世俗文化的语言通道。他深信，如果德国犹太人掌握了德语，那么，他们的同国公民就会向他们表示出更大的敬意，并更乐意让他们获得政治和公民权利的解放。

遵循这条道路，门德尔松又着手把希伯来《圣经》翻译为优美的德语。1780 年，《创世记》出版发行；在随后的三年中，《摩西五经》的其他卷册也相继问世。到 1783 年，这一工作已大功告成。这部印有希伯来原文并题为《和平之路》(Netivoth Shalom)的译著，寄托了门德尔松力图把犹太人引向《圣经》和德语的希望。它以传统守旧的面目出现，却映照出那个时代的知识之光。除了这部译著之外，门德尔松还汇编了一本希伯来语的《〈圣经〉注释》(Biur)，几位助手曾在他的指导下为此做了准备工作。

此外，门德尔松还把希伯来语《诗篇》译为散文体作品，并为《传道书》写了评注。1788 年，也就是他去世后两年，他的《雅歌》的德文译本问世，并附加了希伯来语注释。这些《圣经》译著遭到了拉比们的激烈攻击。这些拉比被门德尔松形容为一群“好斗的和平主义者”，“哪怕是最微不足道的点滴改革都会受到他们的反对、憎恨和迫害，无论这种改革是多么有益”。尽管如此，门德尔松的《圣经》译作还是得以广泛的流传，无论是私

① 《论基本教义》第 3 章第 20 节和第 23 节。

下里还是在公开场合，德国以及德国之外的犹太人都开始如饥似渴地阅读这些书籍。这些作品最终达到了门德尔松所预期的目的，为大批犹太人架设了一条通向德国文化的桥梁。随后的几十年间，犹太人开始投身于学习德语，抛弃了其独有的伊地绪方言，逐步融入世俗的文化、文学、哲学和科学的广阔天地——而这一切曾是他们在隔都漫长的封闭生活中所弃之不顾的。因此，门德尔松的《圣经》译著在犹太人民的生活中掀起了一场思想革命。

希伯来语的复兴

在门德尔松21岁，即初任家庭教师那一年，他和一位朋友创办了一份名为《道德说教者》(Koheleth Mussar)的希伯来语周刊，旨在借此把年轻的犹太知识分子从《塔木德》的禁锢中解放出来，唤起他们对周围世界，即美学、伦理学和当代思想的兴趣。刊登的材料洋溢着自然神论和莱布尼兹—沃尔夫式的乐观主义哲学的精神。这种精神和《塔木德》警言中所体现的某些思想存在着一种密切的内在关联，诸如“上帝的一切作为都是为了至善”(《祝福式》60b)，或“为了善恶，人都应当感谢上帝”(33b)。编辑们还流露出复兴希伯来语的兴趣。这份刊物的发行量寥寥无几，但毕竟是一个良好的开端。作为犹太启蒙运动的伟大哲学家的首次希伯来语文学尝试，这项工作是意义深远的。

在《道德说教者》创刊30年后，门德尔松在《〈圣经〉注释》一书中，对希伯来语和希伯来《圣经》中的句法结构、修辞手段、文体风格、比拟手法以及高超的文学品味作了极高的评价。门德尔松的两位弟子以撒克·犹歇尔(Issac Euchel)和门德尔·布莱斯劳(Mendel Breslau)由此受到激励，于1783年创办了一个名为希伯来语言研究会(Hevrat Dorshei L'shon Eber)的组织。一年后，这个组织又发行了一份名为《拾遗》(Ha-Meassef)的会刊。这份令人耳目一新的杂志，所及之处激起了强烈的反响，在柏林尤为强烈。

《拾遗》的成功开创了希伯来语杂志的先河。它原本计划以月刊形式出版，后来改为在柯尼斯堡(Konigsberg)、柏林和其他一些地区不定期发行。它选登了各种希伯来文学、诗歌和宗教问答方面的论文，以及一些通俗性的历史和科学方面的文章，旨在引导读者接触和学习欧洲文化。然而，这一目的是有悖于其复兴希伯来语的旨趣的，因为那些融身于世俗文化的人往往会放弃对希伯来语的兴趣。因此，《拾遗》这份杂志并没有取得文学上的非凡成就，然而，它吸引了德国以外，尤其是波兰的大批读者，并使他们成为他们国家中启蒙运动的热忱的倡导者。

教育思想

门德尔松的忠诚弟子,纳弗他利(Naphtali)的希伯来诗人赫兹·魏斯利(Herz Wessely,1125～1805),曾参加了门德尔松《〈圣经〉注释》一书的准备工作,并对门德尔松教育思想的传播做出了贡献。他是传统犹太教育纲领的一位尖锐的批评者,并致力于寻求一条变革之路。作为一位墨守传统的犹太人,他极为注重宗教教育。然而,他坚持认为:传统犹太学校的教育目标——为学员研究《塔木德》铺路——是不切实际的,因为最终能跻身于这一领域的毕竟寥寥无几。因此,他主张大多数人应接受的是职业教育。此外,还应当为他们的世俗教育打下良好的基础,并训练他们参入周围的生活。世俗方面的教育应包括基础科学、数学、历史、地理和德语。为迎合那些极端虔诚的宗教人士的口味,他把这些学科与一些宗教素材联系起来。例如,他解释说,本国语言的知识不仅有其自身的价值,而且对理解和鉴赏希伯来语言结构也大有裨益;地理知识可以帮助学生确定《圣经》所提到的地区、河流和国家的位置,并转而激发他们对《圣经》的兴趣;数学则有助于理解《圣经》和《塔木德》中的度量和计数方法。尽管有上述的种种辩解,魏斯利的进步思想还是受到了来自拉比和民众两方面的攻击,尤其是在加利西亚(Galicia)。然而,他的这些思想为启蒙运动的倡导者塑造出了基本的教育模式,并为其进一步的发展和完善奠定了基础。沿着他所开辟的道路,撒姆森·拉菲尔·赫尔施(Samson Raphael Hirsch)最终提出了一种把犹太教育和世俗教育融为一体的系统化教育思想。①

魏斯利深受1781年奥地利约瑟夫二世(Emperor Joseph II)颁布的《宽容敕令》中所体现的自由精神及其举措的鼓舞——后者曾受到门德尔松的朋友克里斯蒂安·冯·多姆的进步思想的影响。这项法令废除了某些当时依然有效的对犹太人的职业选择和定居权的限制,其中包括了一个由来已久的条款,即要求犹太人采用别名。② 犹太人虽然仍旧保有他

---

① 早在一个世纪以前,西班牙裔犹太人在他们于阿姆斯特丹建立并管理的学校中开设了宗教与世俗两类课程。

② 据说,当犹太人姓氏登记截止日期到来时,那些还未给自己选定名字的犹太人被冠以鸟类、矿物和鲜花等名称。这就是犹太人中之所以出现了一些稀奇古怪的姓氏的原因。犹太人被禁止采用基督徒的名字。

们的社区身份，但废除了令人深恶痛绝的人头税，以及有关宗教崇拜和佩戴识别性标志的种种限制。此外，政府还鼓励犹太人从事商业活动，开设工厂，接受职业教育，尽管他们无法成为技术熟练的手工业者。他们还可以把子女送到公共学校，或建立自己的学校，并在这些学校开设世俗文化方面的课程。各所大学也向他们敞开了大门。许多犹太人，包括门德尔松本人，对皇帝采取这些措施的诚意产生了疑虑，怀疑他的真实意图是借机削弱犹太传统教育的影响，扰乱他们的宗教生活，并使之分崩离析。无论如何，这项方案最终沦为一纸空文，因为在这一新法令付诸实施之前皇帝就去世了。

把魏斯利的教育理论付诸实现的首次尝试是在1788年的柏林。当时，门德尔松的另一位追随着大卫・弗里德兰德(David Friedlander)在那里建立了一所犹太免费学校(Juedische Freischule)。这所学校引入了全新的课程设置，把犹太教育以及一般性的学术研究和职业训练课程结合在一起。除了使用传统的希伯来课本外，犹太文化课还引入了一种全新的教学方法，即用德语教授犹太教基本原理。此外，德语还取代了伊地绪语成为这所新学校的正规教学语言。这所学校的管委会中的自由派人士要求不惜以牺牲宗教知识为代价，大力拓展世俗教育方面的内容，但门德尔松告诫他们在进行这种变革时要尽力采取一种忍耐、克制和谨慎的做法。此外，他们还倡导这样一种激进之举——接纳非犹太儿童学员，以便让犹太学生和他们教派之外的人进行接触。但门德尔松强烈主张在实施这一计划之前，必须对学校的课程设置作相应的变更。这所学校的种种进步举措为后人树立了典范。

5. 对门德尔松的评价

摧毁隔都

要对门德尔松的历史地位作出公正的评价，必须从他所致力的目标谈起。从某种意义来看，在这场犹太启蒙运动中，门德尔松所追求的目标本质上具有两极对立性，因而必然产生一种自相矛盾的结果：一方面，他试图冲破隔都的禁锢，把犹太人改造成真正的欧洲人；另一方面，他又希望犹太人继续保持自己的民族特性。因此，在犹太人融身于欧洲文化时，他们必须学会如何生活于两个世界——世俗世界和犹太世界，也就是说要肩负双重的文化重任。门德尔松的第一个目标在很短的时间内就顺利实现了,甚至可以说,这是他始料未及的。在他死后的短短的20年间,犹太人就已经与德国文化融为一体。然而,他的第二个目标却破灭了。尽管他曾孜孜不倦地教导德国犹太人民,尤其是知识分子,要保持他们的民族传统,但他的愿望和努力最终都付诸东流。

正当门德尔松在隔都的高墙内发起启蒙运动时,那个时代的进步思想家已经在着手批驳各种宗教偏见了;同时,统治者们也开始认识到隔都的残酷和不公正性。经历了一千年的漫漫长夜之后,一位欧洲国家的统治者——奥地利的约瑟夫二世破天荒地首次认清了这一事实:中世纪的种种限制不仅对犹太人,而且对国家也是有害无益的。尽管他的《宽容敕令》最终为他的继承人的敌对政策所取代[①],但他毕竟为其他的统治者树立了典范。1784年,法王路易十六(Louis XVI)废除了所谓的"偶蹄税"——一种牲畜和犹太人[②]越过省界时必须缴纳的人头税。几年后,普鲁士的弗里德里克·威廉二世也仿效了此举。法国大革命过后,法国和一些别的国家又进一步实行了改革。凡此种种,这些改革都可以说是和门德尔松、多姆以及他的弟子们的不懈努力息息相关的。

唯理主义及其过失

门德尔松主要是作为一名为他的人民寻求世俗文化之光的启蒙战士,而不是作为犹太民权的争取者对犹太人民的生活产生影响的。他深信,只要犹太人能够证明自身的价值及其美德,那么,基督教世界就会给予他们政治上的平等权利。实际上,犹太人的文化重塑引发了一系列意想不到的问题,而他却未能为此提供一套行之有效的解决方案或指导。在他对犹太教理论的阐述中,也不乏自相矛盾之处;在相当程度上只是其虔诚恭顺的宗教感的理念化而已——其中,感情和忠诚的因素远远超过了逻辑的力量。他本人的人格体现了犹太教和现代文化的一种混合体;他在现实生活中力求一种兼具欧洲人和犹太人于一身的生活方式,而没有为那些常常困扰现代犹太人的问题压倒。文化上的杰出地位以及经济上的独立使他可以在许多事情上如愿以偿。他可以继续坚守自己的宗教信仰,而很少或根本没有生活之虞,不妨碍自己的特权和安逸生活。然

---

① 直到1848年奥地利犹太人才被许以最基本的公民权,到了1866年,他们获得了法律上的平等地位。

② 门德尔松曾幽默地说道:作为一名犹太人,他在越境进入德累斯顿时必须缴纳人头税(Leibzou),这无异于"把一头波兰母牛和一位德国哲学家等量齐观"。

而，无论是在他生前还是死后的时代里，这对于他那些既缺乏他那样非凡的天赋，又没有他那样的性格力量和精神信念的不幸的同胞来说，是可望而不可即的。

许多受到启蒙思想影响的德国犹太人，在为自己和子女寻求解放时，走上了一条他们所信奉的捷径。为了把自己从那些强加于犹太人头上的法律限制中解脱出来，他们只要放弃犹太教，加入基督教会，就可以如愿以偿。和那个时代的大多数犹太人一样，他们相信，为体现对祖国的彻底忠诚，就必须和民众的大多数保持宗教和文化上的一致性。他们认为，为获得解放而背叛自己的宗教是值得的。

德国上层犹太人，出于远大的社会抱负，一般都屈从于这种观念。在柏林那群所谓的"沙龙犹太女人"中间，邀请德国和法国的社会名流到客厅中品尝美味佳肴，享受妙曼的陪伴，讨论政治和文化方面的热门话题，这种生活方式已蔚然成风。美貌动人、魅力四射、才智敏捷的亨里埃特·赫兹(Henriette Herz，1764～1847)是其中的佼佼者——她的丈夫马库斯·赫兹(Marcus Herz，1747～1803)兼医生和哲学家于一身，并在这两个领域发表了多部著作。[①] 比丈夫年轻许多的亨里埃特·赫兹招待过许多社会名流，诸如政治家米拉波伯爵(Count Mirabeau)，神学家施莱尔马赫(Schleiermacher，1768～1834)，诗人兼学者弗里德里希·冯·施里格尔(Friedrich von Schlegel，1772～1829)。1817 年她母亲去世后不久，她追随了自己的密友拉赫尔·莱文(Rahel Levin，1771～1833)的榜样，皈依了新教——后者是一位优雅谦和的客厅女主人，曾把歌德和莱恩克(Ranke)介绍给了文学界。情况似乎是这样的，这位拉赫尔在与她的尊贵的基督徒朋友的交往中，强烈地感受到自身的犹太特点，由此产生的一种极度的自卑感使她最终于 1814 年皈依了路德教派。在改宗的同一天，她嫁给了比自己小许多的普鲁士外交官瓦尔哈根·冯·恩斯(Varnhagen von Ense)。应当注意到，尽管拉赫尔改变了信仰，但她并没有因此淡化了自己对犹太人及其福利生活的关注。

门德尔松的女儿多罗特娅(Dorathea)抛弃了她的犹太银行家丈夫西蒙·怀特(Simon Veit)，和她所热恋的德国浪漫主义运动著名领袖弗里德里希·冯·施里格尔私奔并结婚。他们还各自创作了一部讴歌自由恋爱的小说。然而，婚后他们的思想发生了明显的变化，并双双加入天主教

---

① 他还曾把梅约瑟·本·以色列向克伦威尔递交的请愿书译为德文。

会。她的两个儿子也接受了洗礼,最终成为罗马的宗教画家。仅门德尔松的六个子女中,就有三个皈依了基督教。其结果是,在这位犹太哲学家去世不到一个世纪之内,他的所有直系后裔都相继接受了洗礼。[①] 然而,他们不过是那个迷茫时代的一个范例而已。

许多改宗者,包括伟大的德国诗人海因里希·海涅(Heinrich Henine,1797~1856),都为他们的所作所为后悔不已。1826 年,也就是改宗的一年后,海涅写道:“我现在既遭到基督徒的憎恶,又受到犹太人的怨恨;我后悔接受了洗礼,因为自那天起我并未看到命运的丝毫改善,反之,我所遭遇的只有不幸和灾难。”尽管海涅本身是变节者,但他还是挖苦说:“以色列先前的女儿啊,她们脖子上的十字架比她们的鼻子还要长。”出于悔罪的心理,他撰写了一本题为《希伯来之歌》的诗集,描绘了他在父母的住所里亲眼目睹到的那些令人难忘的宗教仪式,试图重新唤醒童年的回忆。此外,他还创作了其他一些犹太主题的作品。尽管他曾声称:“犹太教与其说是一种宗教,不如说是一种不幸。”然而,他在晚年时仍极力讴歌了祖先的信仰,颂扬了其伟大而美好的理想和愿望。“自出埃及以来,”他宣称,“自由这个字眼就一直出自希伯来语之口。”海涅在临终前卧床不起之际,认识到了自己的悲剧性的境遇:他既不是基督徒,也不是犹太人。因此,他写道:

没有人为我吟唱超度弥撒曲,
也无人为我诵读祝福的祷文[②],
没有赞歌,也没有颂词,
在我临终的床前。

数以千计的德国犹太人,和海涅一样不堪忍受身为犹太人的重负,纷纷加入了基督教会。这种做法不仅使犹太教走向了分崩离析的边缘,也夺走了它无数才干卓著的优秀儿女。

在门德尔松时代,那些定居于隔都之外的特权犹太人大多沉醉于一种新人道主义的氛围中。他们满怀解放的憧憬,迫不急待地盼望着它能为他们和全人类迎来共同自由和友善的新时代。然而,解放对于他们来

---

① 著名作曲家菲利克斯·门德尔松—巴塞尔德(Felix Mendelssohn-Bartholdy)是门德尔松的孙子之一。

② 送葬者在圣堂中所诵读祝愿“圣化”的祈祷文。

说毕竟过于遥远。既然他们的犹太性已大为减弱，何不索性再进一步呢？为什么要甘于忍受那些歧视和侮辱，既然只要加入教会就可以冲破所有的障碍，使这些问题迎刃而解？这种思想在德国的犹太贵族家庭中普遍流行，尤为那些年轻妇女所接受，因为和她们那些被禁锢于犹太传统基础教育的兄弟相比较，她们受到更深的世俗文化的熏陶。而且，那些犹太变节者还可以这样为自己辩护：所有的宗教都具有一些共同的基本信仰，不同宗派在道德诫命方面也差异甚微。[①] 这种辩解可以用以解释门德尔松的大批追随者竞相接受洗礼的原因，尽管这只是其中的一个缘由而已。

对门德尔松的批判

门德尔松思想的暧昧混乱以及前后不一致，致使犹太教中对立的思想团体都有可能把他视为自己学派的鼻祖和思想家。传统主义者，由于看到了他对宗教事业的虔诚恭顺，及其有关犹太律法的永恒不变性的思想，把他划入自己的行列。而改革者则鉴于他的理性主义观，视其为该运动的先驱，甚至是发起者。此外，由于门德尔松坚持认为，一种"盟约关系"使得犹太人而且仅仅是犹太人必须无条件遵行所有的犹太律法，他又被看成犹太教作为民族宗教的思想中所包含的犹太民族观的支持者——这使他和历史学派[②]发生了关联，而后者又奠定了美国犹太教中的保守主义运动的基础。

然而，正是上述派系的某些信徒们，却又把门德尔松视为他们思想的敌对者而加以攻击。一些极端传统主义分子谴责他的理性主义立场，并认为他之所以在看待《圣经》奇迹这一问题上含糊其辞、左右推诿，正是这种理性观所致。他宣称，这些奇迹是"可能发生过的"，但它们与犹太教本性并无任何特殊关联，因为犹太教基本上是一种立法宗教。正统派则反对他对世俗文化和教育的注重，他们认为这是有害于传统犹太教的。另一方面，一些改革者又抨击了他的正统观。民族主义者如斯摩任斯金(Peretz Smolenskin)，则以其过分强调犹太教的宗教方面为由，谴责他试图压制犹太民族主义思想。上述形形色色的反对意见，不仅反映出门德

---

① 柏林犹太富翁摩西·以撒克斯(Moses Issaacs，卒于1776年)的两个女儿即是典型的例证。这位父亲在遗嘱中说，假如她们与非犹太人结婚，他就与她们一刀两断。然而，父亲死后，她们相继嫁给了非犹太人，并以下述理由反驳父亲的遗嘱：她们在皈依基督教时并未否认上帝或亵渎宗教，基督教是一种伦理和道德信仰。因此，她们立遗嘱的父亲无法因为她们加入教会而剥夺她们的继承权。

② 参见本书第8章。

尔松本人思想的混乱，也表现了他所处的时代的迷茫和困惑。

应当注意到，门德尔松对犹太学术的发展产生了重大的现实影响。他的《耶路撒冷》和《圣经注释》为犹太教科学运动的兴起奠定了基础——这场运动是由法国的爱德华·盖斯（Eduard Gans，1798～1839）发起的，由意大利的塞缪尔·大卫·卢扎托（Samuel David Luzzatto，1800～1865）和加里西亚的那赫曼·克劳西梅尔（Nachman Krochmal，1785～1840）培育发展起来的。他们开创了一种对犹太教的全新的、历史的和客观性的研究方法，为犹太精神生活灌注了强大的生命力。在下面几个章节中，将提到他们以及其他一些人。

第4章　解放及其结局

1. 法国大革命

法国犹太人

门德尔松倡导犹太启蒙运动的初衷是引导犹太人走向政治解放的道路。1786年，即他去世的几年之后，这一理想就化为现实。然而，开创先河的并不是德国，而是法国——法国大革命以及随之而来的特权阶级的瓦解和民众的解放成为其解放的契机。虽然早在1394年法国就已颁布了犹太驱逐令，但估计大革命时代仍有四万左右的犹太人生活在这个国家。自15世纪开始，马里诺源源不断地从西班牙和葡萄牙涌入法国南部的城市——波尔多(Bordeaux)、马赛和博约讷(Bayonne)。他们虽然随时都面临着遭致驱逐的威胁，但仍设法在当地留了下来，这在很大程度上要归功于他们在商业上的重要地位。而且，也正是出于这种考虑，他们才于1729年被许以定居权；在那之后，许多人公开了他们的犹太教徒身份。而法国南方的阿维尼翁(Avignon)，在教皇统治期间从未发生过驱逐犹太人的事件。

在路易十四(Louis XIV)根据威斯特伐利亚条约(Treaty of Westphalia，1648)吞并了阿尔萨斯(Alsace)的大部分地区，以及他的继承者路易十五(Louis XV，1715～1774)攫取了洛林(Lorraine)之后，当地的"阿什肯那兹"(波德裔犹太人)居民获准继续享有他们的定居权。据估计，在法国大革命期间，阿尔萨斯—洛林地区的犹太人口达三万之多。此外，还有数百名犹太人从法国各地迁居巴黎。那些比较富裕的大多来自法国南部，巴黎当局对他们采取了一种默认许可的态度，而那些相对贫困的犹太人则受到百般刁难和排斥。

大革命之前，阿尔萨斯—洛林地区的农民还处于封建制度的束缚之下。他们虽然在法律上享有人身自由，相当一部分人还拥有自己的土地，然而，国王和主人们所强加的沉重的苛捐杂税，使他们过着奴隶般的生活。阿尔萨斯地区的犹太人充当了地主和佃户之间的中间人。他们有做小商贩的，有经营小旅店的，也有一部分佃农，除这些行业之外，他们别无选择。少数犹太人成为军队的伙食供应商，而更多的是从事放债业。由于这种放贷活动要承担巨大的风险，他们经常征收高额利息，这在当时已成为惯例。应当注意到，犹太人自身也饱受苛捐杂税的压榨，仅仅是为获得经商许可权，他们就必须向国王、公爵和各级乡村官员缴纳名目繁多的费用。犹太人的生活处境虽然要稍好于普通民众，但绝对谈不上富裕。事实上，即便在官方的报告中，他们也常常被描绘为一群贫困潦倒、衣衫褴褛的人。此外，他们还受到民众的蔑视和鄙夷，被讥为债权人、高利贷者和收税人。

在这种反犹情绪的煽动下，袭击犹太人的暴力事件时有发生，法庭和其他一些政府机构也经常对犹太人采取高压手段。1181 年，门德尔松受阿尔萨斯的犹太领袖塞弗·拜尔(Cerf Berr，1730～1793)之托，草拟了一份请愿书，呼吁路易十六(Louis XVI)纠正对犹太人种种偏执不公的做法，并赐予犹太人平等的公民权。门德尔松又把这一任务托付给朋友克里斯蒂安·冯·多姆——一位通晓犹太历史和问题的专家。正是以此为契机，多姆才写就了他的著名小册子《论犹太人民权状况的改善》。[1] 多姆的进步建议在法德两国的自由主义和启蒙主义思想界激起了强烈的反响。

解放的来临

在南部海港城市、阿维民翁以及巴黎居住的上万名“色法底”(西班牙和葡萄牙裔犹太人——译者)一般都精于世俗事务，在世俗文化方面的知识水准远高于阿尔萨斯—洛林的三万名操伊地绪语的犹太人。1787

---

① 参见本书第 3 章第 1 节。

年，也就是法国大革命的两年前，来自阿尔萨斯的德裔犹太人和来自南部城市的西葡裔犹太人代表进行了接触，共同探讨了如何改善犹太人的生活处境，以迎接法国一触即发的政治和社会动荡。然而，这次尝试除去加深了两个犹太团体之间的分歧之外，一无所获。[①] 西葡裔犹太人宣称他们才是犹太部落的正宗后裔，理应给予特别考虑。按照他们的说法，德裔犹太人是犹太十部落中的劣等人的后代。当法国国民议会决定推迟授予犹太人公民权利时，相对少数的西葡裔犹太人单独向国民议会提出公民权申诉，并于 1790 年如愿以偿，而占多数的德裔犹太人却被排除在外。

多姆为犹太公民权所作的申诉曾深深打动了法国国民议会的杰出领袖米拉波伯爵（Count Mirabeau，1749～1791）。他和阿贝·格雷戈里（Abbe Gregoire）等自由派领导人一道，极力主张国民议会授予阿尔萨斯和法国其他地区的德裔犹太人同样的公民权利。国民议会经过一番激烈的讨论，于 1791 年 9 月 27 日批准了这一提案。可以说，这是法国《人权宣言》思想的必然结果。

既然国民议会已赋予犹太人平等的公民权利，不言而喻，也就肯定了他们的自由和独立的权益；他们再也无须通过民间社团组织，而是直接向国家负责。因此，就个人而言，每个犹太人都具有法国公民的资格。克雷蒙·托尼埃及伯爵（Count Clermont Tornerres）曾在国民议会作过这样一个声明："对于作为个体的犹太人来说，他获得了一切；而作为一个民族的犹太人则一无所获。"——这番话准确地刻画出了犹太人的这种新处境。

实际上，这个决议虽然赋予犹太人完全的公民权，但犹太人并未因此获得与其他公民平起平坐的地位。为安抚那些心怀不满的阿尔萨斯居民，也可能只是作为权宜之计，国民议会通过了一项减免阿尔萨斯农民所拖欠的犹太债权人的债务的决定，以及一套具体的执行方案。此外，犹太人仍受到某些不利的限制，如歧视性的犹太人宣誓法一直保持到 1840 年。尽管如此，犹太人毕竟获得了完全的公民权，这可以说是在 1500 多年的历史中破天荒的第一次。

犹太人的反响

面对突如其来的公民权利，法国犹太人感激和喜悦之情难以言表。

① 参见本书第 5 章第 2 节以下。

南锡(Nancy)的贝尔·以撒克·贝尔(Berr Issac Berr),也就是那位曾于1789年代表阿尔萨斯犹太居民向国民议会递交了一份解放请愿书的犹太领袖,用下面的语言表达了他们的感激之情:

……我们又重新拾回了1800年前被剥夺的权利……在上帝的垂惠恩赐以及法国人民的帮助下,我们现在不仅成为人,成为公民,而且成为法国人……9月27日,我们还是这个伟大的国度里唯一似乎注定被永远束缚在奴役的链条当中的人。然而,到了第二天,一个值得我们永远庆祝的伟大的日子,上帝,您让法兰西这一万邦之骄的立法者垂恩于我们,恢复了我们的公民权,帮助我们重获新生……

一股诚挚的爱国热情如燎原之火,燃烧在法国犹太人中间。塞缪尔·莱维(Samuel Levy),是一位自成风格的犹太作家,在巴黎的一家杂志上写下了这样一段话:

法兰西,是您第一个把我们从犹太人的含羞蒙辱中解脱出来,您就是我们的以色列;这里的山峦,就是我们的锡安;这里的河流,就是我们的约旦河。让我们畅饮她的生命之水,这自由之源……让我们这个饱受奴役、苦难深重的民族为这个砸碎了她的奴隶脚镣的民族,为法兰西这个受压迫者的避风港祈祷吧!

法国犹太人不仅用语言,而且也用行动表达了对祖国的忠诚,他们踊跃报名参加了年轻共和国抵御普鲁士和奥地利的战斗(1792~1793)。一些更为激进的犹太爱国者,在高涨的热情的驱使之下,为战争捐献出了他们最珍贵的礼拜用品和装饰物。在他们强烈的要求下,一些犹太人加入了1793年12月发起的"理性崇拜"的行列。他们把自己的宗教斥为"迷信"而加以摒弃,并接受了一周十日制的革命历法。这是有悖于周六和周日为安息日的犹太诫命的。巴黎犹太小学的校长们还被要求带学生到理性圣殿,即先前的圣母院大教堂做礼拜。一些极端分子甚至建议废除割礼,他们还反对在逾越节烤制无酵饼。这些过激行为使犹太教不得不一度转入地下。幸运的是,这种宗教压制到1794年就缓解下来了。

2. 拿破仑·波拿巴

解放运动的蔓延

法国犹太人的解放是西欧、中欧和南欧犹太人的生活和前途的转折标志。随着拿破仑(1769～1821)横扫欧洲,法国大革命的平等思想也一道传播到他所占领或吞并的国家。全体民众,包括犹太人在内,因此受益匪浅。1795年,拿破仑在荷兰扶植了巴达维亚傀儡共和政体;1796年,在法国公使的干预下,这个国家的犹太人获得了完全平等的公民权。[①]在意大利,拿破仑废除了对犹太人的种种限制;1797年,威尼斯隔都的大门被拆除并付之一炬;1798年,罗马隔都也向外界敞开了大门。里窝那和其他一切城市纷纷效仿。在1808年这位勇猛的法国皇帝侵入了西班牙和葡萄牙后,他把自己的兄长约瑟夫(Joseph,1768～1844)扶上了西班牙的王位。后者所采取的第一个行动就是关闭宗教裁判所。然而,1814年法军被逐出这个国家后,宗教法庭又卷土重来,直到20年后才得以彻底废除。[②]

1806年,拿破仑在耶拿一役大败普鲁士,挥军占领了柏林。在随后的六年间,他迫使欧洲各国相继解放了自己的犹太居民。然而,1815年拿破仑在滑铁卢战败,德国和意大利境内的犹太人随之丧失了解放给他们赢来的所有权利。只有法国和荷兰的犹太人还可以继续保有公民资格,其他国家犹太人的状况则急转直下,再次退回到先前的境况。

拿破仑和法国犹太人

1795年以后,法国进入五人执政时期。此后的几年间,法国境内的犹太人的生活状况发生了一系列变化。本土的犹太人口猛增到6.5万多,仅巴黎一地就达数千名之多。法国的自由主义新精神深深触动了阿尔萨斯—洛林地区的德裔犹太人;与此同时,他们把眼光转向了自己那些操意第绪语的同胞,开始认真思考自身的问题所在。当时,他们仍处于强

---

① 值得注意的是,这位法国代表在为犹太人争取民权平等的过程中,不仅遇到来自荷兰方面的阻挠,也受到犹太领袖们的反对。后者担心彻底的解放会致使犹太人背弃自己的宗教。

② 在葡萄牙,宗教裁判所早在1820年就已关闭;同年,数千名马里诺公开了自己的犹太教徒身份。在此以前的三个世纪里,这些马里诺家庭一直是秘密奉行他们的犹太教的。

烈的反犹情绪的包围中,阿尔萨斯尤其严重。尽管如此,他们还是按照自己的意图着手调整自己的生活,以适应法国的文化环境。他们听从南锡的犹太领袖以撒克·贝尔的劝导,把自己的子女送进世俗学校,并用法语代替了意第绪语。贝尔指出,犹太儿童应当在普通学校中接受法国文化的熏陶,只有这样,才能在他们和他们所从属的法兰西民族之间培育出一条稳固的文化纽带。

然而,一场酝酿之中的风暴正向阿尔萨斯犹太人悄悄逼近。法国封建制度崩溃之初,这个省的农民竭尽所能地购进了教会和地主所交出的田产和其他财物。由于缺乏资金,这些农民向犹太人借了大笔款项。然而,拿破仑一经上台,便废除了政府当初没收教会地产时所发行的纸币。结果,阿尔萨斯农民陷入了难以为继的困境。他们无力用新币支付贷款,也因此拒还贷款。1806 年,阿尔萨斯省的一位官员向正值巅峰时期的拿破仑递交了一份报告,极力谴责了犹太债权人的所作所为,并含沙射影地指责他们逃避兵役。这样一来,它不仅给拿破仑造成犹太人没有尽到公民义务的错觉,甚至还有敲榨民众财物的嫌疑。这位对犹太人了解甚微的鲁莽皇帝,没有对这些指控进行调查,就贸然采取行动,把阿尔萨斯农夫欠犹太债权人的债务全部延期一年。许多阿尔萨斯犹太家庭因此倾家荡产。

犹太知名人士大会

正是以此为契机,这位好大喜功的皇帝又突发奇想。早在几年前,他就已成功地把天主教和新教统摄于自己的手掌,现在何不在犹太人身上故伎重演呢?由于犹太人没有代表性的核心机构,因此他决定创立一个。本着这一目的,他组建了"犹太知名人士大会"(the Assembly of Notables)。按照计划,这一组织应由法国本土的犹太教徒组成,人数不少于一百人;其成员由法国各行政区的官员们从拉比和犹太社区领袖中选举产生。大会服务于几个重要的目的:首先,它是作为拿破仑确保其犹太臣民对自己的忠诚的御用工具;其次,他希望通过这个大会进一步剥削犹太人,以满足其不断膨胀的政治野心和国家利益的需要。

在召集这次大会时,拿破仑以其特有的方式,不遗余力地大加粉饰和吹捧。既然本次大会的组建是以犹太人所犯下的高利贷罪为借口的,那么,他自然可以堂而皇之地宣称:这次犹太知名人士集会旨在"唤醒犹太人在漫长的数世纪之久的卑贱堕落的生活中所丧失的公民道德和良知"。这与其说是一种同情姿态,还不如说是对犹太人的恶毒羞辱和谩骂。这次大会被描绘为一个伟大的历史事件，甚至堪称公元 70 年犹太亡国后就不复存在的古犹太公会的复活。因此，拿破仑实际上是在一个冠冕堂皇的面具之下，对犹太人极尽挖苦、羞辱之能事。任何人只要洞察了他背后的真实意图，就不能不感到震惊和失望。

1806 年 7 月 29 日，这个举世瞩目的大会在巴黎市政厅举行了首次例会。这次大会场面浩大，汇集了 110 名由法国各省的地方行政官亲手选出的犹太知名人士——有商人、银行家，还包括 25 名拉比。会期特意安排在安息日，这显然是向与会代表发出了一个考验信号：他们是否能把国家的意志置于宗教信仰之上。一些代表也曾徒劳地要求推迟会期，但慑于皇帝的淫威，最后被迫参加了首次例会。波尔多的亚伯拉罕·菲尔塔多(Abraham Furtado)——一位葡萄牙裔马兰诺后代，当选为本次会议的主席。像大多数秘密犹太金融家一样，菲尔塔多是一位现代派人士，他所关注的是犹太教的伦理学说而非《塔木德》律法。同一天的第二次例会中，宣读了拿破仑提出的 12 个问题[①]，并要求与会代表直言不讳地作出答复。然而，拿破仑的顾问莫莱(Mole)一登场就作了一个傲慢狂妄、咄咄逼人的开场白，使代表们感到前景暗淡。他们清醒地意识到：违抗皇上的意愿是极其凶险的，他们可能会因此失去已经享有的公民权。

这次大会尽管门派林立、错综复杂，但就会上的大部分问题达成共识却是轻而易举的。会议主席菲尔塔多是自由派的代表。对立的极端主义者是若干保守顽固的拉比，在他们身上丝毫看不到启蒙主义的痕迹。中间派多半由温和主义分子组成，领导者是一位精通犹太学、德高望重的拉

---

① 这些问题如下：

(1)犹太人允许一夫多妻吗？

(2)犹太律法允许离婚吗？不经民法的批准，或只根据与法国法律相抵触的犹太律法判决的离婚能得到认可吗？

(3)犹太男子或女子是否可以和基督徒通婚，或犹太律法只允许犹太人之间结婚？

(4)犹太人把法国人视为自己的同胞，还是外国人？

(5)在上述情况之下，什么是犹太人对不同信仰的法国人应尽的义务？

(6)在法国土生土长，并被法国律法视为法国公民的犹太人是否把法国看作自己的祖国？他们是否认为有义务捍卫法国？他们是否自愿遵守法律以及民法的要求？

(7)拉比由谁任命？

(8)拉比对犹太人拥有哪些司法权？在这样做时，他们依据什么？

(9)他们是否依据成文法或传统？

(10)是否有一些职业是犹太教禁止从事的？

(11)他们的法律是否禁止他们向其他犹太人放高利贷？

(12)这条律法是否禁止他们向其非犹太同胞放高利贷？

比——斯特拉斯堡的大卫·辛茨海姆(David Sinzheim of Strassbourg)。有时,几个派系只有在经过了一番折衷和妥协之后,才对拿破仑的问题作出了最终答复。总之,大会成员达成了这样一个共识:在拉比法典和法国法律相冲突和矛盾时,他们应遵从拉比法典的这样一句教诲:“国家的法律高于一切。”(《离婚诉状》10b)

在答复大会的一个问题时,知名人士们曾作出这样的声明:犹太人不再实行一夫多妻制,因为早在公元11世纪的格森拉比(Rabbi Gershon)的法令就已否定了这一习俗。在婚配和离婚问题上,他们一致认为,犹太人应首先得到国家的认可,这使婚姻基本上是一件世俗的而非宗教的事务。应当注意到,按照先前的惯例,婚姻以及家庭关系是从属于犹太律法的管辖范围之内的。因而,代表们实际上向拉比提出了挑战,大大削弱了后者的权威性。此外,代表们还作出下列一系列的答复:犹太教应当恢复农业和手工业应有的地位;出于军事上的需要,犹太士兵在为国家服役期间可以免除一切宗教义务;无论是涉及犹太人还是基督徒,高利贷都是违背犹太律法的,理应加以摒弃。

民族性的犹太教

令出席大会的知名人士忍无可忍的是这样一个问题:犹太人是否把法国视为自己的祖国,并随时准备捍卫它?因为他们知道自己的同胞正在为法国流血作战。尽管如此,这个问题一经宣读,犹太代表们就自发地脱口而出:“直到死”。因此,这次大会充分表达出犹太人对法国的爱国热忱。此外,他们还宣称,法国犹太人和法国其他公民情同手足、亲如兄弟;而和其他国家的犹太人,除宗教信仰和习俗之处,毫无共同之外。因此,法国犹太人只不过是遵从摩西教诲的法国人而已,和其他国家的犹太人形同陌路。这样一来,犹太教就大为削弱,沦为一个宗教派系。

这个答复无疑迎合了拿破仑的口味。然而,它或多或少是言不副实的,因为它忽视了犹太教的种族因素——一种渗透于犹太教的结构、传统和文献之中的特征。犹太教只接受那些能够履行其义务者,它的成员一般都具有犹太血统。而且,正是由于犹太后裔们的不懈努力,犹太教才得以创立、滋养和发展,并延续至今。无论是基督徒,还是伊斯兰教,都不具有这种特色;和犹太教相比,它们更有资格称为皈依者宗教,因此能广泛吸收和容纳不同种族的信徒。相反,皈依犹太教的现象则极为罕见,因为自君士坦丁时代以来,这无异于一种殉道的邀请。

犹太教的原始文献为上述说法提供了证据。众所周知,希伯来《圣经》不仅是犹太教义的渊源，而且也是一部犹太史。希伯来先知们曾孜孜不倦地为全人类寻求正义、和平和友爱的普遍真谛；然而，犹太人民才是他们特别眷顾的对象。为此，他们曾苦口婆心地教导这个民族，试图引导它走上神圣之路。一些重大的犹太宗教节日也表现出这样双重性。如果只看节日的农耕意义，它们并没有什么特殊性，然而，每一个节日都是和犹太民族的历史紧密相联、不可分割的。①

犹太教的民族性因素还以另一种独特的方式表现了出来。它体现于这一事实：犹太教的一些组成要素可以统摄于“文化”这一概念之下。凡是和犹太民族相关联的，诸如语言和领土，都被赋予一种宗教含义；而对于其他民族来说，它们可能仅仅从属世俗文化的范畴。这样一来，希伯来语，作为《圣经》和犹太圣堂中使用的古代语言，就成为神圣的语言。同样，锡安——《托拉》的发源地——也成为犹太人民心中的圣地。由此可见，犹太教是一个与众不同的概念，它既是一种宗教，又包含了文化、历史和语言的意义。忽视了这些基本要素的任何一个，都意味着对它的曲解。

这种民族、文化和宗教的共同纽带，在全世界的犹太人中间创造出一种强烈的亲情感，使他们能够患难与共、同舟共济。② 然而，法国犹太知名人士大会缺乏向拿破仑直抒胸臆的勇气。他们仅仅向他表明：犹太人之间的这种团结互助的天性并不和他们忠贞不贰、至高无上的爱国热情相抵触。此外，他们可能还指出：犹太人在各地所组成的种族和宗教群体仅仅是民间性的，而非政治性的。③

在这些命运攸关的重大问题面前，知名人士大会采取了权宜之计，这种做法本身是无可厚非的。他们面临着犹太人漫长的散居生涯中前所未有的新局面——在欧洲历史上，犹太人第一次享受到彻底的政治权利，并成为一个主权国家的公民。他们有充分的理由担心：假如流露出民族感情的蛛丝马迹，那么，他们对法国的忠诚就会受到怀疑，他们通过艰难的斗争而赢得的公民权也可能因此失之交臂。因此，他们不得不采取了一

① “逾越节”(Pesach)是一个和古以色列人逃脱埃及的奴役相关的春天节日。“律法节”(Shavuoth)是纪念上帝赐予犹太人《托拉》的节日。“住棚节”(Succoth)被当作一个秋收节而加以庆贺，但它是为纪念希伯来驻留于旷野那一段生活的。一些较小的节日则主要来自一些历史事件，它们也反映出了犹太群体和宗教信仰的密不可分的关系。

② 在当今时代，只有以色列国境内的犹太团体才可以说是一个民族或政治团体。

③ 我们这一代的人或许要比一个多世纪以前的先人更能理解犹太人对他们生活在其他国家的犹太同胞的感情，因为我们今天的视野是国际化的，不再局限于一种狭隘的民族主义。

种广为接受的非犹太人立场，把犹太教以及犹太人民之间的关系仅仅说成一部宗教信仰或教友的关系。这样做的结果是为古典的改革派犹太宗教奠定了思想基础[①]——和现代改革派不同，它试图放弃散居各地的犹太人之间的种族联系。这种对犹太教的新阐释还导致了这样一个结果——古典改革者们最终放弃了重返锡安的传统救世理想。这成为改革者们和他们的反对者之间争论不休的焦点问题。

族外通婚

在涉及犹太人和基督徒通婚的问题上，知名人士大会所作的答复是暧昧不清、模棱两可的。由于族外通婚违背了犹太律法，并可能导致犹太人被同化的危险，代表们围绕这一问题展开了激烈的争论。拿破仑的建议是每三次犹太婚姻中应有一次族外通婚。由于犹太大会无权认可这一提议，只能闪烁其辞、含糊不清地作了答复。按照他们的说法，《圣经》所禁止的仅仅是以色列人和信奉多神教的迦南人通婚(《申命记》7:3，《出埃及》34:15 以下)，由于基督徒从属一神教之列，因此，犹太人和基督徒的婚姻应是正当的。然而，他们又补充说，由于这种场合无法举行传统宗教仪式，拉比们是不能主持这类婚事的。通婚的犹太一方不受宗教禁令(Herem)的约束，他(她)仍被视为犹太人。尽管后一种说法基本上是正确的，但实际上，在犹太教中，族外通婚是被视为违反犹太基本律法的；除非婚姻的非犹太一方皈依了犹太教，否则，它将遭到强烈的反对。[②]

最高法院

犹太知名人士大会闭幕数周后，拿破仑又着手组建了犹太最高法院，再次摆出一副冠冕堂皇、耸人听闻的姿态。这次犹太法院模仿了圣殿时代的模式，由 71 名成员组成，并尽可能承袭传统的做法。主持会议的官员们都冠以古代的称号，如 Nasi(主席)、Ab Bet Din(长老或会议首脑，即副主席)以及 Chacham(贤者，即助理副主席)。和古代的法院一样，与会代表呈半圆形围坐在主席的身旁(见《法庭篇》4:3)。在大会进行表决之

---

① 尽管如此，无论是先前的一个世纪还是当今，法国的改革派犹太教却几无进展；与此同时，传统犹太教也在土生土长的法国犹太人中失去了根基。这在一定程度上可归因于这样一个事实：宗教已在法国丧失了应有的地位。

② 可以注意到，大凡重要的宗教，在禁止教外通婚上大体是一致的。罗马皇帝自 4 世纪起，基督教宗教会议自 6 世纪到 13 世纪，也都三令五申地禁止族外或教外通婚。然而，从 19 世纪开始，大多数欧洲国家和美国各州正式认可了这种婚姻。

前，这个法国犹太法院首先宣布自己为合法组织，有权通过各项旨在改善犹太人福利并督促其奉行国法的法令。按照他们的说法，《塔木德》允许各代人制定自己的法令规则，以适应时代的变化。

许多犹太人为此激动不已，认为这是伟大的古犹太法院复活的先声。在1807年2月举行的首次例会上，斯特拉斯堡的拉比大卫·辛茨海姆当选为主席。他和许多会员一样，曾出席过犹太知名人士大会。辛茨海姆是一位保守主义者，但却能和激进自由主义分子菲尔塔多融洽共事。事实上，这次会议除了审批知名人士大会的决议，并赋予其宗教约束力之外，别无其他作用。实际上，拿破仑本人希望或满以为其他国家的犹太人会接受法国犹太法院的决议，但事实很快就证明这不过是一厢情愿而已。然而，德国犹太改革派在把宗教习俗与解放所赋予他们的新地位协调起来的呼声下，自愿接受了法国犹太法院的模式，尽管法院的某些决议是妥协让步，乃至强制推行的结果。显而易见，犹太人法院对法国之外的世界是产生过相当影响的。

臭名昭著的法令

法国犹太人曾对知名人士大会寄予厚望，认为它将为犹太人开创一个更加美好的崭新的时代；然而，这一愿望很快就化为泡影。1808年3月17日，拿破仑颁布了几条在犹太史上被称为“臭名昭著的法令”，把犹太人推入经济上举步维艰的困境，这对法国犹太人不啻是一声晴天霹雳。这些法令对犹太人的定居权作了种种限制，并在十年内禁止他们从事商贸、信贷和其他几类职业；除非得到法国各行政区的长官的特许，任何犹太人都不得例外。尽管两三年后法国大部分地区就废除了这些法令，然而为时已晚，成千上万个犹太家庭已倾家荡产、流离失所。这些歧视性法规给法国犹太人带来的不仅是经济上的打击，更为重要的是他们由此体验到了一种低人一等的强烈耻辱感。在他们看来，这是对他们公民平等权的侵害和剥夺，无异于把他们降为二等公民。

拿破仑皇帝试图限制犹太人权利的真实动机不久就大白于天下。1808年2月，他又颁行了另一条名为“摩西教的组织规则”的法令，宣布犹太教在法国为官方认可的宗教。按照这项法令，巴黎设立了一个由拉比和世俗代表组成的犹太中央会议，即犹太教管理机构。另外，在每个或几个人口超过1000名的犹太社区的行政区内，设置了分支机构。拉比的薪水由政府控制，但不像天主教和新教的神职人员那样，由国家支付。[①] 表面上看，这些犹太教管理机构的职责是规范犹太人民的宗教生活，但实际上只是皇帝的御用工具，召募犹太人服兵役是其首要任务。基督徒可以找人代服兵役，但犹太人却没有这个权利。他们对法国犹太人的爱国热情的关切，远甚于犹太人的自身福利。法国犹太人，由于缺乏强有力的正面指引和教导，走上了一条不仅是政治和文化上，也是宗教同化的道路。直至 1905 年，在法国彻底实现了政教分离后，这一受控于政府的犹太教组织才解体消亡，一个自发性的犹太教组织取而代之。[②]

3. 德国犹太人的解放

论战

多姆的小册子描绘了犹太人的悲惨处境，激起了公众的热烈争论。十年后，法国大革命的战斗口号唤醒了整个欧洲。虽然通过自由主义者之口，《人权宣言》的声音响彻欧洲大陆，但德国的情形却远不能让人乐观。

在德国涌现出大批小册子作者，他们以形形色色的理由加入了反犹太解放的文字战。这些喋喋不休的辩论者对德国犹太人的上层一般是没有异议的，但他们对操一口怪异的伊地绪方言的犹太民众感到极度绝望，认为这群卑躬屈膝、粗俗野蛮、食不果腹和疲于奔命的小商贩们无法融入德国社会。他们宣称，犹太人所信仰的宗教充斥了各种迷信思想和稀奇古怪的风俗，是一种盲目的宗教狂热。犹太律法要求死者早葬的风俗也是极其荒唐危险的。他们断言，犹太历法中的节假日过于繁多，使任何一个虔诚的犹太徒都无法和非犹太人进行职业竞争。此外，这些犹太解放

---

① 1831 年后，国家承担了这项开支。

② 这个自愿组成的犹太教中央教会在法国各地设立了地方性的分支机构，先前还一度存在于阿尔及利亚。它采纳了一种温和的传统立场——在圣堂内男女分坐，但普遍引入管风琴和男女合唱队。激进的传统主义分子被拒于门外，尽管这个组织也同他们建立了良好的关系。此外，改革派的势力微乎其微。然而，色法底的阿尔及利亚正统派和阿什肯那兹的法国犹太人之间存在着激烈的分歧，这主要起因于他们在文化背景和风俗习惯上的差异。随着 25 万名阿尔及利亚犹太人的拥入，法国现在大约有 50 万名犹太人，其中百分之六十是色法底犹太人，百分之四十是阿什肯那兹犹太人。参见《美国犹太年鉴》(American Jewish Year Book，1965)第 66 卷，第 374 页。

的反对者还抨击了上帝选民的思想和拉比的权威性。犹太人当然也有自己的支持者,但即便是他们也无法容忍犹太教在饮食上所作的限制以及族外通婚的禁令。此外,激进的德国民族主义者也不相信一名怀有救世主理想的犹太人会成为一名忠诚于国家的德国人。

有些辩论者支持基督教国家的学说,认为基督教国家的犹太人根本没有享受政治权利的资格。一些杰出的德国人也未能免于大众对犹太人的种种偏见。出生于法兰克福的歌德(1749～1832)了解这所城市中的犹太居民区的情形,把它说成一个"大监狱",其封闭、污秽和拥挤的程度"曾使青年时代的他感到极度的消沉沮丧",然而,他对这些饱受压迫的犹太人却毫无怜悯和同情之感。哲学家费希特(1762～1814)也曾宣称:"能使我们摆脱这些可恶的犹太人的唯一办法就是占领他们所企盼的土地并把他们送到那儿。"

在这些讨论犹太解放问题的作者中间,很少有人承认这一历史事实:犹太人民的贫困悲惨的生活,他们的不安全感,以及卑贱的社会地位,恰恰是隔都内长达数世纪之久的种族隔离政策的结果;这种情况不是犹太人自身而是基督教的统治者们造成的。在德国犹太人身上,难免存在种种缺陷和失误,但这并不足以成为剥夺他们人权的理由。很少有人提及犹太人身上种种值得称颂的品质——他们强烈的事业进取心,坚韧不拔的意志,清醒冷静的头脑,虔诚的宗教感,堪称典范的家庭生活,彼此患难与共的兄弟之情,以及身处逆境的豁达乐观。这些优秀的品质对社会和国家是大有裨益的,然而却常常被忽视和遗忘。腓特烈二世的财政部长德阿斯涅斯(d'Asniers)在呈递皇帝的一份备忘录中,抨击了犹太解放的反对者:"让人困惑不解的是,有些人一边千方百计地把犹太人推入无用的境地,一边却要为此刁难责怪他们。"在当时的情形下,像这样站出来为犹太人说话,是极其难得的。

犹太政治解放

德国人并不是心甘情愿地赋予犹太人平等的公民权的;他们之所以这样做,主要是迫于外界的压力——拿破仑坚决要求他的占领国接受法国的全体人民一律自由和平等的思想。正是出于这一形势,1808 年 3 月,耶利米·波拿巴(Jerome Bonaparte),即那位被扶持到新创立的威斯特伐利亚王国宝座上的拿破仑之弟,签署了一道犹太人彻底解放令。1811 年,在法国占领的莱茵河地区以及德国其他一些省份,犹太人获得了彻底的公民权。德国的几个地区,尤其是汉萨同盟的一些城市,犹太人的公民权仍受到种种限制。在普鲁士，拿破仑影响甚微，所以直到1812年那里的犹太人才获得了公民权，而且是以不得担任公职为条件的。

从表面来看，当时德国犹太人已经迎来了新生活的曙光。他们终于可以享受到和他们的邻人几乎等同的公民权，可以穿戴和他们一样的服饰，送子女到国立学校，并有权参加选举。他们不再是饱受排斥的外邦人或无国籍的流浪者，而成为一个国家的公民。他们先前的奴隶般生活中的种种额外的赋税，也正在一步步地废除。然而，反犹的偏见和敌意是根深蒂固、难以消除的。其结果是，1815年拿破仑战败后，这些政府相继收回了它们曾迫不得已才给予犹太人的政治权利。

第 2 部分

在欧洲的根

小 序

在隔都里，犹太人过着与世隔绝的生活。和周围的人们相比，无论在宗教、种族起源、历史和文化，还是在相貌和服饰方面，他们都是自成一体、与众不同的，而且他们本身也无意去模仿他们的邻人。前解放时代，无论在别人看来，还是在犹太人自己的眼中，他们都是一伙不合群的人——一个背井离乡、漂泊流浪，而又和其寄居国格格不入的民族。“这是独居的民，不列万民中。”(《民数记》23:9)可以这样说，巴兰(Balaam)这句晦涩难解的话在中世纪犹太人的隔都生活中得以应验。在隔都内，很少能感受到世俗文化的影响，也没有什么东西能触动其内部自生自长的思想观念。因此，传统犹太教的特色如磐石一般，在欧洲完整地保留了下来，直到启蒙和解放时代。

然而，犹太解放的来临改变了这一切。在隔都里，犹太人的活动空间只限于一街之宽，他们的文化生活也只能禁锢于宗教研究这一狭隘的领域。但在隔都外面的世俗世界，宗教已不再占据至高无上的统治地位。所有的宗教，包括犹太教，都必须经受理性的检验。那些宗教上漠然无谓者，在脱去他们的隔都装束的同时，纷纷抛弃了犹太教；而另一些忠诚信徒所结成的团体，出于对犹太人命运和前途的忧虑，则力图调整他们的思想观念和风俗习惯，以顺应新时代精神的要求。其结果是导致了对传统教义、习俗和教规的一场变革。

在对这场反传统运动中所涌现出的形形色色的思想流派进行评价之前，我们必须首先对传统形式的犹太基本教义作一番探索和考察，找出其立足的基本原理。此外，对犹太习俗的阐释也同样有助于揭示犹太教的本质特征。值得注意的是,和正统派相关的两个描述词——色法底(西葡裔犹太人)和阿什肯那兹(波德裔犹太人),指称的是犹太正统派的变种。作为名称,它们既有地理方面的含义,也是不同祖先起源的标志,在一定程度上还涉及宗教仪式方面的差异。在这一部分的开头章节(第5章),我们将探讨这些问题。

在正统犹太教范围,除上述分野之外,还可以辨析出种种不同的思想流派。其中最著名的是哈西德派(Hasidim),它兴起于犹太解放半世纪之前的波兰,是当时波兰犹太人民生活状况的写照。因此,我们很难在其中体会到那种曾震撼德国和西欧犹太人的轰轰烈烈的启蒙和解放精神。哈西德派创立不久之后,就发展出一套与众不同的思想体系,即哈西德主义。两个世纪后,马丁·布伯为把西方思想和哈西德主义相融合,提出了新哈西德主义学说。

19世纪早期的几十年间,德国犹太人中兴起了一股反正统思潮,犹太改革运动、历史学派和新正统派即是其中的三大主流。它们在许多问题上相持不下、意见不一,这些问题包括:希伯来语在礼拜式中的使用,救世主理想的阐释,以及如何在犹太人生活中保持传统习俗。此外,犹太圣堂中的男女混坐,管风琴的使用,混声合唱,妇女的作用和使用本国语布道等,也是争论的焦点。对于这些问题,改革者们倾向于一种激进的做法,而历史学派则采取了一种更为稳健温和的立场;墨守传统的新正统派(见第9章)尽管也可能妥协让步,但只能在世俗文化和传统文化相兼顾的限度之内。在论述德国新正统派时,还必须涉及到与之相关的其他两个正统派变种——反民族主义的以色列同盟(Agudath Israel)和倡导民族主义的米斯拉希派(Mizrachil)。意大利的塞缪尔·大卫·卢扎托(Samuel David Luzzatto)提出了对新正统派的修正方案,我们将在第10章对此加以单独论述。这些形形色色的思潮——正统派及其衍生的支流、改革运动、历史主义学派和新正统派[①]代表了欧洲的“根”或原型，它们最终生长出美国的“枝”或副本。

① 值得注意的是，除了这些宗教流派之外，在和它们差不多同代的犹太人生活中，还涌现出了一种非宗教性的文化思想，或者说世俗观念。摩西·赫斯（Moses Hess，1812～1878）在他的德语版《罗马和耶路撒冷》（Rome and Jerusalem）一书中，首次阐述了一种犹太世俗民族主义。值得一提的还有，正是在同一年，拉比卡利舍（Zevi Hirsch Kalisher，1795～1874）创作了他的 Derishat Zion，倡导一种可称为宗教民族主义的思想。

赫斯是一位社会主义者，并由于辩证唯物主义方面的理论分歧和卡尔·马克思决裂。赫兹提出了一种精神和伦理的社会主义理论取代辩证唯物主义，抛弃了马克思思想中占重要地位的阶级斗争学说。赫斯坚持认为，犹太人作为一个民族应当重返祖先的土地，并在那儿为全世界创立一个理想社会主义国家的典范。赫斯在犹太民族主义中看到了犹太民族的生存以及犹太国家复活的希望，只有故土才是犹太人逃避精神和肉体上压迫的庇护所。赫斯把犹太教看作一种文化而非宗教，因为犹太教拥有人道主义的价值观、伟大的伦理作品、语言、历史和民间传说——一言概之，即一种独特文化的所有要素。他把这种文化视为犹太人民的创造性天才的结晶，认为犹太人之间有一条牢不可破的纽带。

正如同代的斯摩任斯金一样，赫斯的民族主义思想也受到了其时代欧洲盛行的民族主义思潮的影响。斯摩林斯基曾远离自己的故乡立陶宛，迁居于民族主义团体云集的维也纳。他在自己的《永恒的民族》（Am Olam）一书中，具体阐述了他的思想；这部著作成为东欧犹太民族主义的经典。尽管这种犹太民族主义是世俗的，但它仍对不同的犹太教团体产生了影响。即使在今天，它仍为相当数量的犹太人所信奉。

第5章　传统犹太教

1. 传统犹太教之源

圣典《托拉》

传统犹太教，即通常所称的正统教派，是以《托拉》这部在西奈山上得到的神圣的超自然启示经典为根基的。据信，《托拉》是昭示于人的上帝之语，而非摩西或其他人所作，正是这一点才赋予了犹太教的教义和律令一种神圣性。一位杰出的正统派拉比曾说过这样的话：

> ……对神启以及《托拉》的神性起源的信仰，构成了犹太人生活的神学和形而上学的基础……除了这条原则之外，犹太教别无其他教义。当然，问题也不时地出现。对这些问题的提法或者解决方案，似乎触动了这一信仰的基础；而且，在某些特定时期里，犹太教对这些思想的看法和态度甚至被认为具有不亚于教义的重要性。然而，每当又有新问题出现时，它们的重要性就变得微乎其微了。
>
> 除了这条关于神启的教义外，犹太教可以说别无其他理论基础。如果从“教义”一词的通常含义来看，连这一条也不能被称为教义，因为它无须借助一种遵行《托拉》的生活方式来强化自身。在犹太教

中，它的权威性是毋庸置疑、不可辩驳的。[①]

正统派要求犹太人无条件地遵照犹太教规和律法行事。这些教规和律法是上帝在西奈山授予摩西，又经由犹太教的权威人士概括并解释的。各时代犹太教为指导犹太人生活而制定的各项教规和律法日积月累，形成了卷帙浩繁的律法文献，涉及犹太人日常生活的各个方面，诸如商业、家庭和社会关系。在犹太教中，世俗和神圣之间的界限是模糊不清的，因为人类生活的每一方面都可能被精神化和神圣化。饮食，作为一种生理活动，为饭前饭后的祝福所神圣化。而如果在一顿普通就餐过程中掺入有关《托拉》或精神、宗教事务的讨论，饭桌就成为向上帝献祭的圣坛。因此，犹太教与它的律法和诫命所规定的生活方式是息息相关、不可分割的。

成文《托拉》和口传《托拉》

狭义的《托拉》指的是 Pentateuch，即《摩西五经》(the Five Books of Moses)；而广义上，它则涵盖了犹太律法和学识的全部内容。《托拉》，尤其是狭义的《托拉》，具有一种固定不变的基础含义。人的律法必须不断加以修正，以适应特定的时代环境，而永恒的上帝律法却不必如此。实际上，按照正统派的观点，人类的律法是受上帝颁定的律法支配的。

希伯来《圣经》，尤其是其中的《摩西五经》，构成了成文律法(Torah Shebichtav)(《出埃及记》34:27)。这些神圣的，也因而是至高无上的犹太律法可以被解释或说明，但绝不可更改，因为"上帝是永恒的，他从不更改自己的律法"。事实上，犹太律法也经历了一个漫长的演变过程。与成文法并驾齐驱的是口传律法(Torah Shebal Peb)，后者主要是用于解释和澄清基本的成文法的。在长达数世纪的时间内，口传律法一直没有文字记载，仅依靠记忆通过口授代代相传。它之所以没有书面记载，是为防止它触动成文法的尊严和地位。传统犹太教认为口传法也源于西奈，因此，也把它划归广义上的"托拉"范畴。[②]《塔木德》中有这样一段文字，生动地表达了这种对成文法和口传法的共同神性来源的信仰："是上帝昭示

---

① 利奥·荣格(Leo Jung)的《犹太教的主要方面》，载荣格编《变化世界中的犹太教》(Judaism in a Changing World)，第3～4页。

② 有时"托拉"一词在最广泛的意义上使用，借以指称至今为止的所有犹太教文献。

给摩西《托拉》的秘义和录经员[①]的推论,并表明哪些是录经员们注定要修正的。"(《以斯帖古卷》19b)口传法和成文法之间的密切联系,由此可见一斑。

成文的和口传的《托拉》涵盖了所有的律法门类——伦理、民法、刑法和教礼法。其中,有关道德和宗教仪式的律法是相互关联的。《利未记》,即《摩西五经》的第3卷,主要涉及的是有关祭司和宗教仪式方面的习俗,但它同时也收编了大量伦理信条和道德学说。对正统犹太教徒而言,宗教礼仪具有一种不可或缺的价值,因为它们有助于引导他们走向一种神圣的生活;它们是一种符号和象征,时刻激励着他们去实现自己的宗教义务和责职。因此,盛放经训(Shema)[②]的铁制或木制盒子(Mezuzah)被固定在犹太人住所的门框上,以提醒所有进出此室的人们切勿遗忘自己对上帝和人类的神圣的宗教职责。

拉比的诠释

《圣经》中有这样一句话:"所吩咐你们的话,你们不可加添。"[③](《申命记》4:2)也就是说,它禁止任意增减、变动成文律法,从而限制了对律法的解释权。然而,令人惊奇的是,《申命记》中的另一处文字恰恰又成为这种解释权的根据所在——"去见祭司利未人,并当时的审判官,求问他们,他们必将判语指示你"(《申命记》17:9)。按照先贤们的说法,这句话暗示出根据时代的不同来解释律法的必要性,因为"你是否能设想一个人去见一位不属于他的时代的审判官"(《新年节》25b)。因此,拉比拥有为其同代人解释《托拉》的权利。然而,事实上拉比并非仅限于对律法的解释。他们为了增补律法中的漏洞,或适应不同时代的思想、需要和环境,有时也涉足于新立法的制定,尽管他们本人对此讳莫如深。对"总要凭两三个人的口作证才可定案"(《申命记》19:15)这一法令的解读即是一个例证。拉比阿奇巴(Rabbi Akiva,约卒于公元135年)从"两三个证人"这种说法,引申出这样一个推论:第三个证人作伪证的机会和另外两个一样大。此外,第三个证人可以免于作证宣誓,因为两个证人的证词就足以确

---

① 录经员是巴比伦之囚时代(公元前586~前536年)以及后来回到巴勒斯坦时的《托拉》的诠释者,是拉比的前身。

② 指《圣经》中的这句话:"以色列啊,你要听:耶和华我们的上帝是独一的主。"(《申命记》6:4)这句经文在当代被视为犹太教的精髓所在。

③ 据说,"所吩咐你们的"这一用语是对口传律法的一种暗示。

立一项罪名，因此，第三个的证词是多余、无必要的(《鞭笞》1:7)。一个更有力的类似例证是希勒尔(Hillel，卒于公元10年)的"在法庭上"(Prosbul)，它的出现使每隔七年减免所有债务的减免法(Shemitah)成为一纸空文(《申命记》15:1～3)。这种减免法适用于以色列早期的农业经济，当时信贷的作用是微乎其微的。然而，到了后来的商品经济阶段，情况已大不相同，信贷业的缺乏会导致商业活动的瘫痪，甚至崩溃。为避免在以色列出现这种金融危机，希勒尔借助法律巧妙地绕过了减免法。他声称，根据《圣经》，个人是无权收债的，但如果债方可以证明一桩交易，法庭是可以这样做的(《誓言》10:1)。

《密释纳》

经过长达数世纪之久的演变，口传律法得以极大的扩展和丰富，对之进行成文定型是势在必行的了。但由于圣哲众多，各种意见纷然杂陈，学者们越来越难以记清那些律法之争，或辨析出某一特定决议。犹大亲王(Judah the Prince，约卒于公元217年)承担了编纂哈拉哈(Halacha)，即口传法的艰巨任务。"哈拉哈"这一术语是从词根"Halach"(行走)演变而来的，因为它给犹太人民指定了一条遵行的道路。[①] 犹太亲王收编的这部哈拉哈著作成书于公元3世纪(约200年)，其书名《密释纳》(Mishna)是从动词"Shanah"(重复或学习)引申而来的。全书共分六大律法，或者说是六大部分，其取材之广泛、主题之宏大，由下述的标题及其解释可见一斑：

(1)Zeraim(种子)涉及的是农业方面的律法。此外，这一部分还包括了祝福式(Berakot)，因为农作物的收成是与对上帝的感恩和祈福密不可分的。

(2)Moed(节期)详尽地阐述了有关安息日、圣日、节假日和斋戒日的诫命，以及构成犹太历法的基本原则。

(3)Nashim(妇女)论述了犹太家庭法以及有关宣誓的种种规则。其中，家庭关系法尤为引人注目，因为在当今的以色列，它们仍是官方认可的律法。

(4)Nezikin(损害)收编了各种民法(民事伤害)和刑法。此外，还包括一篇先贤伦理学(Pirke Aboth)，囊括了犹太师长们从犹太宗教大会

---

① 据说这个提法来自这样一句经文："又要将律例和法度教训他们，指示他们当行的道、当作的事。"(《出埃及记》18:20)

(公元前 5 世纪)到密释纳时代(公元 3 世纪)所说的各种格言语录和行为准则。

(5)Kodashim(圣物)勾画了杀牲祭神的仪式过程,以及有关献祭用的洁净和不洁动物的诫命和宰杀它们的规则。

(6)Tohorot(洁净)对宗教仪式的洁与不洁作了规定。

《密释纳》一书包含了基本法以及辅助法或程序法两方面的内容:前者涉及律法的内容方面,而后者处理的是证词、起诉、答辩、法庭的组织形式,以及一切相关的细节问题。这部于巴勒斯坦编纂的著作是用一种明晰、简洁的希伯来语写成的。它搜集汇编了数世纪累积下来的各种习俗、律法和诠释,为后来拉比们的进一步探索和实践奠定了基础。①

革马拉

在《密释纳》(约 200 年)完稿之前以及随后的世纪里,巴勒斯坦的犹太人饱受罗马的奴役和压迫。公元 135 年,当巴尔·科赫巴(Bar Kochba)起义——一场争取自由的殊死搏斗——被镇压下去之后,大批学者从巴勒斯坦迁居到巴比伦。这些避难者的拥入,推动了这个国家的犹太学术的发展。在巴比伦和巴勒斯坦两地的学校中,拉比犹大所编著的《密释纳》被奉为研究和分析的基础性文献。学校里围绕着《密释纳》所展开的各种探讨和论辩被收入《革马拉》(Gemara)——一部对《密释纳》进行扩展和澄清的书籍。"革马拉"一词来自阿拉米语的"学习",还有一种说法认为它是从希伯来语词根"完成"演变而来的。

公元 350 年左右,耶路撒冷《革马拉》一书定稿问世,这部著作汇编了巴勒斯坦各宗教学校里所进行的律法论证和辩论。当时巴勒斯坦的社会环境是不利于思想上的创新和发展的,因此,这部著作比一个半世纪之后才问世的巴比伦《革马拉》要逊色一筹是不足为怪的。巴比伦《革马拉》一书收录了《密释纳》全书 66 篇或卷册中的 36 篇,比巴勒斯坦(耶路撒冷)的《革马拉》少 3 篇,但又远比后者详尽、完整和广泛。这两部汇编性著作反映出了它们各自国家中的生活和社会环境的差异。巴比伦《革马拉》展现出在其问世的早期几个世纪中那个国家犹太人民蓬勃向上的生

① 《密释纳》并不是收录巴勒斯坦学校(Yeshivot)中的律法争议的唯一律法文集,它们还散见于拉比犹大(约卒于 217 年)的一些更年轻的同事或同代人所编纂的各种著作中。拉比巴卡帕拉(Nathan Barkappara)和拉比亥亚(Hiyya)的律法汇编即是其中的三部,收录了拉比犹大所遗漏的律法,其中最出名的是《永恒的律法》(Braitha)和《附加律法》(Tosefta)。

活，而耶路撒冷《革马拉》则是同一时代巴勒斯坦犹太社区的生活条件日益恶化的写照。《密释纳》和《革马拉》合在一起，即构成了《塔木德》，其书名是从希伯来语动词 Lamed（研究或学习）衍化而来的。

在《塔木德》原文中，偏离其探讨的哈拉哈（律法）问题而转入不相干的题材的现象比比皆是。这些不相干的文献材料就是阿嘎达（Aggada），其词源学含义是 naged（告知）。它们是由各种非律法性的文献材料组成的，其中包括宗教比喻、寓言、格言、警句、说教、传奇故事、民间传说，甚至还有各时代所盛行的迷信。此外，它还记载了那个时代的天文学、生理学、医学，以及数学、哲学和其他学术分支方面的科学成就和知识。如果说，哈拉哈反映了拉比们作为法理学家所付出的艰辛劳作，那么，阿嘎达则进一步证实了他们在犹太圣堂作为教师和布道者所发挥的作用。因此，《塔木德》既是一部有关犹太宗教仪式、民法和刑法的律法大全，又是希伯来各种学问、知识的总汇。其取材之广博，篇幅之恢弘，堪称一部百科全书式的著作，反映出了犹太人在许多世纪中所取得的思想和文化成就。它的两个组成部分——《密释纳》和《革马拉》，自身即是不同发展阶段犹太律法的汇编或法典。

《米德拉什》

在口传法中拉比们的诠释采用的是所谓的“米德拉什”（Midrash，追求、推论），即一种立足于《圣经》，从《圣经》章句或原文中为拉比的解释或新法规寻找理由或根据的方法。米德拉什有两种功用：如果用于为一项律法寻找《圣经》中的根据，称为“米德拉什—哈拉哈”（Midrash Halacha）；如果涉及的是某一阿嘎达，则为“米德拉什—阿嘎达”（Midrash Aggada）。因此，这种方法把口传律法和成文律法紧密地联系了起来。可以拿《密释纳》的一篇（《法庭篇》3：7）作为例证：这个章节涉及有关禁止民事案件中的三名法官泄露他们的秘密审议的法令，为此，它援引了“你不可在众人间四处搬弄是非”（《利未记》19：16）和“往来传言的，泄露密事”（《箴言》11：3）作为法令的《圣经》依据。

在“米德拉什—阿嘎达”中，任何一个有感召力、能给公众留下深刻印象的，或能激发公众热情、安慰和有利于教民的道德观念或思想的，都是能用以解释原文的，或从原文抽引出来的。例如：

> “我也要使你的后裔如同地上的尘沙那样多”（《创世记》13：16）。正如从大地的这端到那端都撒满尘沙，你的子孙也将遍布大地……

> 如地上的尘沙被践踏那样，你的子孙也将被踢翻在地，饱受异族的践踏；如《圣经》所言："我也必将这杯递在苦待你的人手中"(《以赛亚书》51:23)。(《大创世记》41:9)

还可以用下面这段在死罪审判中对证人的告诫为例：

> 你知道吗？……死刑案件的后果是民事案远不能比拟的。在民事案中，证人可以赔偿补过，并由此得到赎罪的机会。然而，在死刑案中，证人欠下的不仅是被错告者的鲜血，也是死者可能会繁衍下去的所有(未来)子孙们的鲜血。因此，当该隐(Cain)杀害了他的兄弟，耶和华说："你兄弟们的血有声音从地里向我哀告"(《创世记》4:10)。这里用的不是"你兄弟的血"(blood)，而是"你兄弟们的血"(bloods)——也就是说，他的血和他的后裔的血……因此，人之被单独创造出来，只是要告诉你：那毁坏一个生命的人，《圣经》认为其罪行无异于毁坏了整个世界；而如果他拯救了一个生命，在《圣经》看来，他的功德不亚于拯救了整个世界。(《法庭篇》4:5)

有关阿嘎达的文字材料一般是散布在哈拉哈其间的，但也有些地方专门汇集了《米德拉什》。

《问答录》

没有一部法典是终极性的，任何法律体系都是如此。美国的法律是历经了不少的年代才逐渐发展起来的。为了应付不断出现的新情况，法官们不得不对各项法规进行反复的订正和增补。这是司法制度的一项必不可少的职能，因为我们毕竟无法断言在一个阶段出现的诸问题也会出现于另一阶段。拉比们所面临的局面同样如此。

《塔木德》问世之后，散布于各国的犹太社区为解决律法上的争端，通常是派信使把其律法问题递交给高昂(excellencies)，即巴比伦的苏拉(Sura)和蓬贝迪塔(Pompeditha)这两所最著名的神学院院长。不言而喻，高昂充当了犹太精神领袖的角色。所呈交的问题有一些是哈拉哈没有给出定论或表述不详的，也有一些是在律法上无先例可鉴的事例。高昂对这些问题的正式答复最后被收集成册，并题为《问答录》(Teshuvot)——它的出现构成了律法演变和发展的一个新环节。

然而，到了 11 世纪中叶，随着欧洲犹太中心的壮大，巴比伦的犹太社区日渐衰落。高昂的权威性也随之削弱，并最终丧失殆尽。从此，犹太人生活中的这种律法核心权威便土崩瓦解、一去不返。在这之后，一些各自为政的拉比取得了和早先的高昂相似的显赫声望。美因兹的拉比格朔姆·本·犹大(Rabbi Gershom ben Judah of Mayence，约940～1028)、特鲁瓦的拉比以撒克(Rabbi Issac of Troyes，1040～1105)——他以名字缩写Rashi著称于世、他的孙子塔姆(Rabbenu Tam，1100～1171)，以及迈蒙尼德，是其中的一些佼佼者。这些伟大的中世纪学者的问答录被载入史册，成为不朽的传世之作。

这种问答录体系一直延续下来。到今天为止，它们已成为约1300年间拉比们的贡献和成就的象征。这些问答录并不限于单纯的哈拉哈文献，也给我们描绘出了一幅不同时代的各国犹太人的社会、宗教、政治、经济和文化生活的生动画面。因此，它们为我们了解这段仍处于晨昏朦胧之中的中世纪犹太史提供了宝贵的原始资料。这些问答录展示了犹太社区生活以及各种习俗的不同发展阶段；同时，它们也向后世诉说了犹太人从邻人那里所遭受的种种苦难和不幸，以及在这些黑暗的世纪里犹太人民所表现出的不屈不挠的精神信念和勇气。[①]

我们这个时代的许多问题使正统派的拉比们感到迷茫困惑，围绕这些问题也引发了不少争论和分歧。例如，工业时代带来了有关机器在宗教仪式中的使用问题。19世纪后半叶爆发了一场关于机器烤制无酵饼问题的激烈论战，拉比们虽对此加以抵制，但收效甚微。此外，在宗教仪式中用电灯取代蜡烛的做法也引起了相当大的争议。对这些现代化工具的使用，一些正统派拉比站在了反对的立场，而另外一些则持赞成态度。

迈蒙尼德法典

在处理某一问题时，《塔木德》通常并不是简单地给出律法上的定论，而是把圣哲们的各种意见和看法一一列举出来。因此，我们往往只有在艰难地绕过各种论辩的迷宫之后，才能寻找出某条哈拉哈的最终结论。此外，在后《塔木德》时代，哈拉哈的学者们还面临这样一个难题：那些由

---

① 后高昂时代的问答录一般被划分为两个阶段。第一个阶段是从11世纪到14世纪末——大体上与印刷术的发明时代相当，被称为“前辈学者(Rishonim)时代”。第二个阶段是从15世纪直到我们这个时代，被称为“后世学者(Aharonim)时代”。在这漫长的数个世纪里，学者们已积累了数以万计的问答录。参见弗雷哈夫的《问答文献》(The Responsa Literature)，美国犹太出版学会，1955年。

连续几代的拉比所写就的、被编入专著或以论文形式出现的问答录并不总是普遍适用的。出于这个原因,他们开始尝试编纂一种哈拉哈法典或文集,把一些已有定论的律法以及后世的结论系统地划归于不同的标题之下,以便于为人们所理解和掌握。

这一工作是由伟大的西班牙裔犹太哲人迈蒙尼德[①](Maimonides,1135~1204)完成的。他的《密释纳托拉》(托拉的重复)即是这样一部律法的整理和汇编,其书名是从《圣经》中的一句成语借用而来的(《申命记》17:18),表达了这部著作的综合性特征。这部作品倾注了迈蒙尼德十年的精力,于1180年完稿。它的另一个更广为人知的名称是《大能的手》(Yad Hachazakah)——这是从《摩西五经》最后一节中引申而来的一个用语(《申命记》34:12)。后一个书名具有特殊的含义,它是yad一词的两个字母加上"14"这个数[②]组合而成的,而"14"恰恰是这部法典的卷数。早在《诫律书》(Sefer Hamitzvot)中,迈蒙尼德就曾为这部著作勾画了蓝图。他在其中列举了365条否定性的和248条肯定性的的诫命,据说这613条诫命是包含于《圣经》之中的。作为一位深受亚里士多德影响的理性主义者,迈蒙尼德在这部法典中彻底清除了《塔木德》中的迷信色彩。然而,他也收编了有关献祭和罪行的律法,尽管自从圣殿和犹太人国家陷落之后,这些诫命就失去了效力。他之所以这样做可能是来自于那个时代的这样一个信念:救世主不久就会降临人世,古代的以色列王国将得以重建,圣殿献祭仪式也将随之复兴。[③]

值得注意的是,迈蒙尼德把救世主时代看成一个合乎自然的展开过程。在他看来,对救世主的信仰是犹太教的一个本质要素,但他并不认为救世主是一个能施行神迹的超自然存在,救世主所能带来的仅仅是一场宗教的复兴。平凡时代和救世主时代的最重要的差别是,在后一时代:

---

① 他的希伯来名字是摩西·本·迈蒙(Moshe ben Maimon)。

② 希伯来字母表的字母有数的含义,如Aleph表示1,Bet表示2,Gimel表示3,Daled表示4,等等。字母Yud表示10,而Yud和Daled合起来即意指14。

③ 然而,迈蒙尼德曾在自己的哲学著作《迷途指津》(3:32)中指出:"古犹太教的献祭崇拜主要是向时代习俗的一种让步,目的是避免犹太人回到异教崇拜。"我们可以这样解释这种不一贯性:迈蒙尼德感到应把所有的托拉律法收入他的法典,既然他试图把《大能的手》写成一部适用于普通犹太民众的通俗读物,那么删去被民众视为犹太律法的组成部分的上述律法,他们将无法理解。在为知识精英所写的《迷途指津》中,迈蒙尼德就毫无保留地表露出自己的理性主义思想。

以色列将从异族的奴役和压迫中解放出来。此外，救世主时代将是一个没有饥馑和战乱，也没有猜忌和仇恨的时代……整个世界的注意力都将倾注于对主的认识……如《圣经》所言："因为认识耶和华的知识要充满遍地，好像水充满海洋一般"(《以赛亚书》11:9)。[①]

《便览》

《大能的手》问世后，世人对其众说纷纭、毁誉不一。反对者攻击这本书试图取代《塔木德》的地位，因为作者宣称：在读了本书之后就不需要再看其他参考书了。他们还认为，作者的一些声明刻意要给公众留下这样的印象，即：他的这部法典并不是对《塔木德》的简单增补，而是替代。因此，迈蒙尼德力图抹杀《塔木德》的权威性。一个世纪后，西班牙犹太学者雅各布·本·阿舍(Jacob ben Asher，1280～1340)撰写了一部类似的法典。他基本上仿效了迈蒙尼德，但删去了和圣殿有关的律法。这部法典被称为《四列》(Arbaah Turim)，其内容也恰好分为四卷。然而，这部著作并没有给出自己确定的结论，它仅仅是引用了迈蒙尼德和其他哲人的说法。

在接下去的两个世纪中，新的律法素材日积月累，已达到相当可观的数目，因此，一部新法典的编著已势在必行。约瑟夫·卡罗(Joseph Caro，1488～1575)利用极其丰富的《塔木德》资料和后世权威人士的引述，完成了一部对《四列》的评注，并取己之名，称之为《约瑟夫之家》(Bet Yosef)。卡罗还对这部评注作了缩写和改编，成为《便览》(Shulchan Aruch)一书。这部著作的写作意图是为日常生活提供一些实践性的指导和帮助，事实上，它最终也成为所有犹太律法汇编中最广为大众所喜爱的作品。卡罗是一位在 1492 年的大驱逐悲剧中被迫背井离乡 来到巴勒斯坦的萨费特(Safed)定居的西班牙流亡者。他能挺身而出，为司法事务或一些悬而未决的律法问题作出决断，这是需要付出相当勇气的。然而，在这些问题的处理上，他往往只考虑到西班牙权威的意见，而没有兼顾德法两国学者的看法，以及包括波兰的大型犹太社区在内的德裔犹太人社区中所通行的习俗。

克拉克夫的拉比摩西·以色列斯(Moses Isserles，1520～1572)曾批

---

① 参见《密释纳托拉》:《士师论》第 5 卷第 12 章第 5 节。

评卡罗法典的视野过于狭隘。为弥补这一缺陷，他编著了一部名为《全览》的《便览》评注，并增补了有关德裔犹太人的习俗和律法方面的内容。由此可以看出，《便览》一书的影响是极其深远而广泛的。它在犹太宗教事务中占据了主导性的地位，直到改革派犹太教兴起，并最终冲破了传统律法和教规的束缚。和迈蒙尼德的《大能的手》不同，《便览》在引证方面是极其丰富翔实的。这部著作问世后，出现了许多缩写本或简略性的介绍，其中最著名的是匈牙利的拉比斯罗姆·甘茨弗雷德（Shlomo Ganzfried，1804～1886）的版本——他精心搜集了一些最常用的律法。在正统犹太人中间，《便览》享有很高的声誉，被奉为一部可靠的《塔木德》律法简编，而正统犹太教也由此获得了一种高度的明晰性、整体性和齐一性。这是犹太教的其他支派所无法比拟的。

2. 犹太教正统派的含义

正统派犹太教：一个误用的称谓

随着19世纪早期宗教改革运动的兴起，人们越来越感到有必要为犹太教的主流派起一个专名，以标志出其墨守犹太传统和教规，反对任何改革尝试，并拒斥非宗派人士所提出的犹太教世俗理论的特征。改革者们选用了一个贬义名称“正统”来称谓这些传统主义者和哈西德信徒，然而，它却最终为后者所接受。它的首次出现可能是在1795年柏林的一份杂志上。事实上，这是一个使用不当的名称①，一个从基督教借用而来的但不适用于犹太教的标签。

“正统”一词来自希腊语，原指正当的信仰或意见。基督教可以被说成一种信仰，因为信条和教义在其中起着重要的作用。然而，犹太教本质上是一种实践，它所强调的是实用性的诫命而非和信仰相关的教义。正是由于犹太教把责任和品行置于教义之上，美国的一位传统犹太教的领袖才宣称：“正统犹太教从来都不屑于去辨析信仰的细枝末节，因此，从最

---

① 参见《柏林月刊》第25期，第530页，由施密特（H. D. Schmidt）转引自利奥·拜克学院1956年编著的年鉴第1卷“关于1781～1812年解放的术语”。然而，通常认为这一术语是由1806年知名人士大会主席菲尔塔多首次使用的。

偏激的理性主义者到最极端的神秘主义者，都可以在其中找到一席之地。"[①]

教条和教义

为澄清问题，我们有必要在此对先前的有关说法作一番概括。如前所述，门德尔松本人就是一位理性时代的产儿，正是他在《耶路撒冷》一书中提出了犹太教没有教条(dogma)这一看法，但这并不意味着犹太教也没有教义(doctrine)，因为教义可以作为一个理性的概念来使用，而教条却无须如此。在试图对犹太教基本教义进行界定和为犹太教创制正当信仰的规范时，门德尔松受到了一些著名拉比的挑战。天主教教义中的圣母玛丽亚升天说宣称："当她走完了尘世的生活时，她的肉体和灵魂升入了天堂。"这个信条一经教皇庇护七世提出并于 1950 年 11 月 1 日被教会采纳之后，任何人只要对其稍加异议，就会从此被排斥于虔诚信徒之外，或不得接受任何圣礼。然而，在犹太教或犹太教正统派中是没有类似教义的。[②] 这种教义跟《塔木德》中所表现出的理性主义精神有天壤之别——"摩西和以利亚没有升入天堂，因为天，是耶和华的天；地，他却给了世人"(《诗篇》115:16)。此外，我们还指出过，犹太教不像基督教那样把灵魂拯救仅限于本门派的信徒。[③] 迈蒙尼德和其他犹太思想家一致认为，犹太教的女儿，即基督教和伊斯兰教，也推动了人类道德的进步和完善，因而都有助于人类的得救。[④] 正是由于对信仰采取了这种宽容态度，异端审判的现象在犹太教中才鲜有发生。[⑤] 许多传统犹太教徒考虑到犹太教缺乏一套稳固的教义，宁可把自己称为"唯托拉派"而不是正统派犹太徒。尽管正统派犹太教这一说法并不妥当，但为了便利起见，我们在本篇著作中仍将沿用这一名词。

---

① 参见索拉・普尔(David de Sola Pool)《犹太教和圣堂》，载奥斯卡・雅那斯基(Oscar Janousky)主编《美国犹太人》(the American Jew)，第 35 页。

② 包括坎特伯雷大主教在内的许多新教宗派，以及代表其他宗派的自由基督教会议，都一致谴责了这一教条，认为它没有《圣经》的依据，或在全基督教教义中缺乏根据。

③ 《天主教百科全书》第 3 卷，纽约 1908 年，第 752 页。

④ 参见《密释纳托拉》：Hilkot Melachim11:4，耶路撒冷，1955 年。

⑤ 斯宾诺莎和考斯特(da Costa)是例外。当时的阿姆斯特丹犹太社区成立不过数十年，他们担心如果不采取明确措施制止那些不遵行犹太教信条的人，将会因此被怀疑为包庇无神论者。他们相信，这一指控可能会危及到他们所享有的宽容待遇。

基本教义

如前所述,犹太教是有其基本教义的。犹太一神教思想本质上是伦理学范畴的,它包含着一种对人类道德性的信仰。此外,犹太伦理学说是理性的、合乎逻辑的,不属于教条范畴。当然,一个犹太人可以就神的一体性的形而上学方面,拥有自己的看法。然而,这一神的统一体的伦理含义具有更为重大的意义。在犹太教中,作为全人类之父的唯一的上帝概念所起的决定作用,是其理论意义所不可比拟的,其他和一神论相关的概念也同样如此。由此可见,在犹太教中,思想观念和功德品行是合而为一、密不可分的。

公元 3 世纪的一位巴勒斯坦圣哲曾对犹太基本教义作过下述概括:

> ……《托拉》包含了 613 条诫命和禁令:其中 365 条是否定性的——正相应于一年的天数,248 条是肯定性的——代表了人体器官的总数。后来,大卫称王,把这些诫命缩编为 11 条(《诗篇》15)。以赛亚紧随其后,进一步减缩为六条(《以赛亚书》33:15)。而到了弥迦那儿,只剩下三条(《弥迦书》6:8)。以后,以赛亚又把它们压缩为两条(《以赛亚书》6:8)。随后的阿摩司把它们精简为一条:"你们要寻找我,就必存活"(《阿摩司书》5:4)。在他们所有人之后的是哈巴库(Habakkuk),他用一句话作了概括:"义人应当按照自己的信仰生活"(《鞭笞》23b)……

犹太教的重点

一些犹太哲人不仅对迈蒙尼德所说的教义提出异议,也抨击了他的某些理性主义言论。迈蒙尼德及其学派坚持认为:上帝是非物质的,因为唯有无形体性才能保证上帝的统一性。然而,一些对此有异议的学者却遵循了当时最杰出的拉比和学者亚伯拉罕·本·大卫(Abraham Ben David,卒于 1198 年)的看法,即:《圣经》本身所采取的是神人同形论,据此可以推断上帝是有形体的存在。尽管如此,他们也感到:这位不谙世故的拉比虽然无法给出有关上帝非形体性的哲学概念,但仍算是虔诚的,因为犹太教所关注的并不是逻辑或神学的抽象,而是实际行动。或许,正是犹太教这一思想倾向才使其在律法和伦理学方面结出累累硕果,犹太人也由此塑造出一种思想上的特质,使其没有沉湎于对神秘事物或超自然现象的探究和钻研。《密释纳》中的一句话无疑准确表达了这一思想特征——“无论是谁,只要他沉湎于对下述四种事物的思辨——天堂、地狱、前生和来世,那么,他就如同还没有来到这个世界一样”(《喜庆祭》2:1)。《革马拉》一书在引述《便西拉》(Ecclesiasticus)时,也重复了这种说法。它还宣称:“不要追求你无能为力的事物,也不要探究那些对你隐而不露的东西。如果是你力所能及的,那么就专心思索它们吧;不要理会那些隐秘的事物。”这是一个极为明确的建议,也就是说,犹太人民所关注的并不是彼岸的世界,而是此岸世界和现实生活(《喜庆祭》13a)。

诫命和习俗

在正统派看来,《圣经》所颁定的律法是确定不移、神圣不可更改的,因此,他们经常会表现得强硬固执,拒绝向现代主义妥协让步。这种做法的结果是,一部分相当恭顺的犹太人也放弃遵行某些《圣经》诫命。在这些诫命中,受冲击程度最大的有剃须诫命(《利未记》19:27),不得穿羊毛和细麻混纺衣物(《申命记》22:11),宗教仪式的洁净法,以及安息日休息的法规。对许多犹太人而言,《圣经》中所谓点火就是劳作的观念显然是和我们所处的机械时代格格不入的。此外,传统犹太教中妇女无宗教地位和祭司血统的男性(Cohanim)的优先权这样一些做法也被斥为与这个平等主义时代不相符的陈规陋俗。

面对这种局面,正统派拉比陷入了一种无能为力的困境,甚至连拉比所提出的法规都无权修改,更不用说《圣经》律法了。作为补救措施,他们遵循了《密释纳》的教诲:“你们应当在《托拉》周围筑起一道藩篱”(《先贤篇》1:1),不时地借助增添新法规的方法来加强其严苛性,力图用这些藩篱来保护一些更重要的律法免受侵害。拉比们的这种做法致使各种律法限制数目激增,大大超过先前。[①] 能够严守《便览》中那些名目繁多的法令条例的只有一小批与世隔绝并常常表现出狭隘偏执特点的极端虔诚分

---

① 著名的保守派拉比、杰出的布道士列文塔尔(Israel H. Levinthal)博士强调指出:初期的学者使用的是 Syag 或“藩篱”,而不是意指“栅栏”(Fence)的“Geder”。他解释说,环绕花园的栅栏虽保护了花园,但也遮蔽了风景。然而,藩篱不仅可以保护花园,还能起装饰作用。列文塔尔指责改革派推倒了所有“藩篱”,并“随心所欲地践踏犹太人民生活的范围”,从而将之毁坏殆尽。他又指出,另一方面,正统派试图加高栅栏,而没有认识到这种做法会“使观光者无法欣赏到花园的美景”。此外,高耸的栅栏还可能适得其反、弄巧成拙,因为一位先哲曾警告说:它可能“倒塌,并压坏它所保护的花木”(见列文塔尔的《观点》,载《美国犹太教分析》(An analysis of American Judaism),纽约 1958 年,第 53～54 页)。

子。因此，在他们和犹太人中较为开放的多数派之间出现了隔阂和分歧，并直接危及到犹太民族的统一性。例如，在以色列，这种局面曾导致了极端原教旨主义和普通民众之间的对抗和冲突。鉴于正统派拉比们在这种形势面前一筹莫展、束手无策的困境，近几年出现了要求召集宗教会议并对宗教条例和法规进行重审和修订的呼声。然而，这个建议也引发了一系列棘手的问题，诸如这种宗教会议应如何组建，其委员会成员如何指定。[①] 从那以后，公众对这项计划的兴趣明显减弱，其主要原因是在执行哈拉哈的程序方面困难重重，这件事因此被搁置了下来。

3. 阿什肯那兹和色法底

种种差别

"Sepharad"和"Ashkenaz"这两个希伯来用语分别指称西班牙和德国，但其由来却是模糊不清的。[②] 色法底(Sepharadim)是曾生活在伊比利亚半岛(Iberian Peninsula)，并分别于 1492 和 1497 年被西班牙和葡萄牙驱逐出境的犹太人。这些流亡者散居于地中海地区、北亚、法国南部、意大利、土耳其、巴勒斯坦、巴尔干半岛等地。阿什肯那兹是起源于德国[③]及其邻国，并于十字军东征后迁居东欧的犹太人。

西班牙犹太人自 8 世纪以来长期处于穆斯林的统治之下，从巴比伦的犹太精神中心汲取了自己的宗教传统。而德裔犹太人则承袭了意大利犹太社区的风俗习惯，由于地缘上的接近，他们是从巴勒斯坦接受精神指

---

① 官方的圣职任命权约于公元 350 年被废除。按照迈蒙尼德的说法，它可以根据犹太人国土上的全体学者一致同意得以恢复。这种正规的传统圣职任命不仅赋予它的授命者解释哈拉哈的权利，而且还可以像《塔木德》中的拉比们那样，提出新的哈拉哈。恢复这种正规形式的圣职任命的唯一一次尝试，是由萨费特的卡罗的一位年长的同代人雅各布·比拉夫(Jacob Berab，1474～1540)发起的，但未能成功。

② Sepharad 曾以地名的形式出现于《俄巴底亚书》(1:20)，指的是小亚细亚的萨底斯(Sardis)。《创世记》(10:3)曾提到雅弗之孙 Ashkenaz；据推测，他就是阿什肯那兹人的祖先。在《耶利米书》(51:27)中，Ashkenaz 是一个宗派名称。Sepharad 这一名称自高昂时代就被用以指称西班牙，Ashkenaz 是从十字军东征后用以指代德国的。

③ 有人提出，Sepharad 可能与西方之国(Hesperia)有联系，后者在发音上相似于伊比利亚(Iberia)或博斯普鲁斯(Bosporus)。后者不可能是西班牙。与此相似，Ashkenaz 可能与作为全德国的通名的萨克森(Saxony)相关。另外可参见巴伦(W. Baron)《犹太人的社会和宗教史》(A Social and Religious History of the Jews)第 4 卷，美国犹太出版协会 1957 年，第 3～4 页。

导的。由于受不同的影响，这两个圈子的犹太社区自然形成了各自独有的特色、习俗、宗教礼仪和语言。波德裔犹太人发展出了意第绪语——一种中高地德语(Middle High German)，而西班牙裔犹太人则形成了自己的拉底诺方言(Ladino)。这两种语言都是采用希伯来字母书写的。然而，和来自德语的绪语相比，拉底诺语是一种更纯净的卡斯特语言形式，并保有更多的希伯来语特征。这两个传统犹太教群体在圣堂吟唱诗方面的差异至今犹存。

东方犹太人和西班牙犹太人一样，处于穆斯林文化氛围中，并与巴比伦宗教中心有着千丝万缕的联系，在犹太宗教生活中，巴比伦的这种核心地位一直延续到11世纪。由于这些因素的影响，东方犹太人和西班牙犹太人较为接近。他们采用了相同的宗教仪式，有共同的风俗习惯，而且都保有希伯来语言特征。这两支犹太群体所使用的圣堂吟唱诗基本上都是东方式的。此外，他们共同的色法底发音特点[①]也使他们和阿什肯那兹区别开来。因此，东方犹太人一般被视为西班牙裔犹太人，色法底一词也可勉强地适用于他们。不久之后，所有的非德裔犹太人都被统称为色法底。

基督徒和穆斯林的推动

公元711年，穆斯林征服了西班牙，并把犹太人从先前的基督徒统治者西哥特人(Visigoth)的压迫和奴役中解放出来。由于连续几任哈里发的开明统治，西班牙犹太社区进入一个鼎盛时期——人口剧增，社会空前繁荣，并博得了显赫的声望。在这种高度开明的社会环境下，西班牙犹太人迎来了他们的黄金时代(约900～1200年)，并开创了各种世俗和宗教文化异彩纷呈、硕果累累的局面。他们广泛地涉猎了数学、医学、天文学、文学、科学和哲学等领域，参与了本国阿拉伯学者们的文化研究活动。与此同时，他们当中的一些人还投身于研究犹太学术，诸如希伯来语法、文学和《圣经》注释。大量希伯来语诗歌也得以问世。这些诗作结构工整、形式严谨，既有很深的宗教意蕴，又表现出强烈的世俗特征。此外，许多犹太人还成为他们国家中的政治家、金融家、学术和艺术的赞助人，以及其他领域的领袖人物。

这一时期西班牙犹太人的生活和中欧、北欧的德裔犹太人形成了鲜

---

① 以色列所通行的现代希伯来语借鉴了色法底的发音特点，这种发音特点是在圣地定居了数世纪之久的东方犹太社区所保持下来的。德裔犹太人在移居以色列后也采用了这种发音。

明对照。后者不仅惨遭十字军的蹂躏和杀戮，还饱受了其他种种残酷的压榨和奴役。和西班牙同胞相比，他们缺乏那种能激发创造性成就的宽松氛围。对他们来说，连当下的生存都是要为之奔波和操劳的问题，世俗文化就更无暇顾及了。因此，他们把自己禁闭于《塔木德》和犹太律法的狭隘天地，并以此指导他们日常生活的方方面面。

然而，在基督徒重新征服了西班牙的大部分地区之后，西班牙犹太人的生活条件日渐恶化。偏执的西班牙教士们，出于宗教的狂热和贪婪的欲望，极力鼓动民众去攻击那些拥有为民众所垂涎的财富和地位的西班牙犹太"异教徒"。卷土重来的暴力浪潮于 1391 年达到了顶点，犹太人被迫接受了洗礼，否则他们只能选择死亡。然而，许多改宗者并不忠诚于这种强制性的而非心甘情愿接受的信仰，他们当中的一些人出于懊悔自责的心理，成为马里诺或秘密犹太人。他们不顾宗教法庭的恐怖政策，勇敢地保持了犹太教的各种习俗。直到 1492 年把所有未受洗礼的犹太人从西班牙驱逐出境，教会对西班牙犹太人的迫害才告以段落。教会最后还采取了防止这些新基督徒被他们的亲属和邻人所腐化的措施。只有很少一部分犹太人为免遭放逐而选择了洗礼。因此，和德裔犹太人一样，西班牙犹太人在这场浩劫中表现了极大的勇气。西班牙犹太人在犹太历史上谱写的这一辉煌篇章，增强了他们的尊严和高贵感(grandezza)，也使他们为自己的色法底传统备感自豪。

现状

到了 17 世纪，那些逃离西班牙和葡萄牙的马里诺大批地进入自由之邦荷兰，在那里建立了西方色法底宗教中心。这一宗教中心一直保持到二次世界大战——荷兰的大部分犹太人惨遭纳粹的集体大屠杀。在以色列，色法底建立了自己的宗教社团，并沿袭了色法底宗教习俗。那些散居各国的色法底团体也同样如此，他们仍保持了早先的宗教传统和礼仪，尽管他们时常不得不采取措施，极力弥补和德裔犹太人之间日益缩小的差距。

第6章　哈西德主义和新哈西德主义

1. 历史背景

1648年大灾难

哈西德主义(虔敬派)代表了正统派内部的一场引人注目而意义深远的宗教运动。为理解其产生和发展的根源，我们必须考虑到当时犹太人所处的特殊生活环境。17世纪中叶之前，波兰犹太人生活在一种社区自治中——这实际上是一种没有围墙的隔离。他们形成了波兰贵族和农夫之间的一个必不可少的中间阶层，充当了商人、波兰地主的代理人、磨坊和财产的承租人和收税员。因此，犹太人和波兰占领区的俄罗斯农民发生了直接的联系。这些俄罗斯农民自然把犹太人视为仇恨的对象，其程度丝毫不亚于对犹太人背后的波兰主子的憎恨，甚至有过之而无不及。

1648年，这一局面在一场血腥屠杀中达到了高潮。在狡诈暴戾的哥萨克首领鲍格旦·谢米尔尼基(Bogdan Chmielnicki)的率领下，哥萨克叛军横扫了乌克兰，犯下了令人发指的野蛮暴行。他们屠杀并残害了数以千计的犹太人和波兰人，把数以百计的犹太社区夷为平地。软弱无力、四分五裂的波兰中央政府无力组织任何有效的抵抗。只有约半数的波兰犹太人幸免于难；大屠杀过后，留下的是一片死亡、贫困和劫难后的颓败景象。

不幸的后果

然而，即使这场长达两年的恐怖平息后，犹太人也没有得到休养喘息的机会。1654 年，俄罗斯人和瑞典人分别从南北两个方向侵入波兰，袭击了那些免遭谢米尔尼基蹂躏的地区。由于犹太人受到了瑞典入侵者的宽待，波兰人因此指责他们是敌人的帮凶。在波兰自卫队赶走入侵者不久之后，他们就仿效了哥萨克和俄罗斯人的做法，攻击并屠杀了大批犹太人。当这些暴乱平息下来，幸存的犹太社区在波兰国王的援助下着手进行重建工作，狂热的波兰传教士们又散布了一系列新的血祭诽谤和其他煽动性言论。甚至在教皇调查了这些血血祭指控，并于 1763 年的公告中对这些毫无根据的恶毒诽谤作了澄清之后，反犹暴乱也未因此平息下来。几年之后的 1768 年，乌克兰的犹太人再度沦为俄罗斯农民暴动的牺牲品——这次的元凶是由哥萨克骑兵所率领的海德马克(Haidemack)叛乱匪徒。随之而来的暴力浪潮在乌曼(Uman)所发生的对犹太人和波兰人的野蛮大屠杀中达到了顶峰。这次暴乱很快就被镇压下去，但数以千计的犹太人已丧失了生命，幸存者也大多流离失所、一贫如洗。

除了这些不幸之外，1648 年的波兰犹太人还面临着严重的经济困难。除去按照惯例需缴纳的沉重赋税外，哈卡尔(犹太社区组织)还不得不抚养大批犹太遗孤，资助贫民生活，重建各种社区机构，以及帮助大灾难的受害者恢复正常生活。而抢劫团伙强征的赎金，基督教士们的敲诈勒索也进一步加剧了犹太社区的财政困境。为应付不断上升的债务负担，各社区被迫借入巨额高利贷。其结果是，那些生活在几近破产边缘的犹太社区的赤贫居民所分摊的人头税达到了一个令人惊愕的份额。随之而来的艰难岁月进一步加剧了波兰犹太人的绝望感。

这些恐怖事件严重腐蚀了波兰犹太人的精神生活。在 1648 年的大灾难之后，受害程度不及波兰南方的立陶宛(Lithuahia)成为东欧的犹太学术中心。而波兰南方的犹太人则日益和这个文化中心相脱节，滑入了一种蒙昧无知的状态。他们的兴趣也从枯燥无味的塔木德律法转向了一种富于激情、活力的内在宗教，即"卡巴拉"(Cabbala)①——犹太神秘主义

---

① 卡巴拉(Cabbala)指的是公元 7 世纪以来形成的神秘思想和圣经解释体系。它表明，犹太人的神秘教义的建立和传播有其古代的源泉。其主要著作《光辉》很可能是由摩西·本·舍姆·塔夫·列昂(Moses ben Shem Tov Leon，约 1250～1305 年)编纂的。他把此书归功于公元 2 世纪的拉比西蒙·本·约哈依(Simon ben Yochai)。

的一个分支。通过研究犹太神秘主义文献，他们掌握了操纵字母的技巧。希伯来神秘哲学的基础文献《佐哈》(Zohar) 一节中有关救世主降临的预言，使他们确立了这样一个信念：犹太人不久就会结束自己的苦难生涯，获得救赎。

沙巴泰·茨维

波兰犹太人对救世主的来临怀有一种尤为热切的心情。难道他们还不曾经历一种预示着救世主降临的阵痛吗？这种对救世主的迫切愿望导致了假救世主的接连出现，他们在自己的追随者中间燃起了犹太人的苦难生涯即将结束的希望。然而，没有一位假救世主能像沙巴泰·茨维(Shabbetai Zevi)那样，赢得民众如此广泛的信任和期望。作为一名信奉希伯来神秘主义的苦行者，他以独特的个人魅力吸引了大批追随者。他于1626年阿布月[①]初九生于土耳其的港城士麦那(Smyrna)，其诞辰恰好是纪念第一和第二圣殿被毁的斋戒日。按照古犹太传统的说法，救世主注定要在这一犹太历法中的重大的日子里降生的。也许，正是由于波兰犹太人所经受的苦难和不幸，才激发了沙巴泰的幻想，使其在内心深处萌生了这样一种希望和信念：他就是犹太人企盼已久的救星。然而，无论他是出于宗教热忱也好，还是一位最终原形毕露的彻尾彻尾的骗子，他的确吸引了大批虔诚的信徒，其中包括许多波兰犹太人。尽管拉比们大多拒不承认沙巴泰的自我标榜，然而，无论是天真无知者，还是学识渊博、有教养的犹太人都无法抵御这种狂热的宗教诱惑。1666年是神秘的命运大数之年(year of destiny)。就在这一年，数以千计的犹太人抛开了自己的家产，放弃了他们的职业，追随了这位"圣洁而神圣的沙巴泰，以色列上帝的受膏者"。沙巴泰在信徒们的激励下，启程前往君士坦丁堡，据说，他将在那儿接过苏丹的皇冠。然而，一踏上这块土地，他就被捕了。他在狱中受到了信徒们国王般的服侍，然而，后来他还是被召到土耳其法庭，受到波兰一位有救世主野心的竞争对手那赫米亚·柯亨(Nahemia Cohen)的指控。在土耳其统治者面前，沙巴泰面临着两种选择——要么皈依伊斯兰教，要么殉道而死。

他选择的是前者，大批亲密信徒纷纷步其后尘。此后，他的大部分追随者最终醒悟了过来，但仍有一批残余分子坚持了他们的信仰。甚至在

---

① 犹太历五月。——译者注

1676 年沙巴泰去世后的很长时间里，他们仍以各种不同的方式，百般美化和粉饰沙巴泰的变节行径，这种情况在波兰尤为严重。

精神氛围

在波兰，受过教育和未受过教育的犹太人之间不断加深的隔阂导致了一种等级上的差别，而另一因素的掺入又进一步加剧了这种分裂的趋势。那些垄断了哈卡尔自治权的较富裕的犹太人和知识分子未能公平地分摊税务负担，他们不惜牺牲穷人的利益来取悦自己那些较为富裕的朋友。不幸的是，并不是所有的拉比都能挺身而出抨击这种不公正的行为，实际上，他们中的某些人还是其中的参与者。因此，他们丧失了在普通民众间的威望。

令人痛惜的是，拉比们，尤其是波兰南方的拉比，遗忘了他们那些未受过教育的犹太兄弟。这些精神领袖们不是向犹太民众灌输崇高的理想，激发他们的信仰，而是竞相沉湎于《塔木德》的抽象论争和诡辩中，这就为普通民众留下了一个精神上的真空。一些出自于一个所谓“实用性的”卢伦的卡巴拉(Lurianic Cabbala)的低劣译本的迷信信仰和习俗趁虚而入，占据了这一空间。某些职业布道士在他们的听众中间，极力鼓吹和散布所谓自我修行是净化灵魂之必不可少的手段的说法，也进一步推动了这一趋势。在布道词中，他们不时地点缀以有关四处游荡的幽灵和魔鬼的可怕传说——据说，这些恶魔时时刻刻都在准备蛊惑人心，把人们引向罪恶的深渊，以便在来世把他们抛入地狱(Gehenna)，并受到那些奇形怪状、丑陋不堪的妖魔的折磨。当时所流行的各种道德说教(Mussar)作品，都以生动的图解方式向人们描绘了罪人在地狱中注定要承受的惩罚和折磨。其中比较典型的是赫尔施·凯德诺沃(Hirsch Kaidonover)的《恰如其分》(Kav Hayashar)，它于 1705 年以希伯来语出版，并于几年后译成伊地绪语。这类作品旨在向读者宣扬虔诚生活的重要性。它们通常是放在安息日阅读的，尽管这丝毫无助于给这一圣日增添欢乐和轻松的气氛。在日常生活中，暴乱团伙的恐怖、波兰地主的淫威，以及天主教牧士们的恐吓，已足以令波兰犹太人为之焦头烂额、苦不堪言了，而他们这种盲从和轻信又进一步加剧了他们对现实世界的焦虑和不安全感，以及对来世生活的恐怖。

蒙昧主义宗教是迷信和巫术的策源和滋生地。纯朴的民众深信：在这个世界中寄寓着一种邪恶的精灵(shedim)；为摆脱它们的纠缠，必须求助于“巴尔·舍姆”(Baal Shem，意为“名字大师”)。据说，他掌握了一种秘术,可以用咒语操纵那些神秘不可言喻的事物以及上帝的执行天使的名字的组成字母,并以此来驱走魔鬼、幽灵以及其他邪恶。这些神秘的字母可以编排成新名,刻在护身符或符咒上(kameot),或用于驱妖术。一般认为,"巴尔·舍姆"掌握了一种治疗精神错乱的特殊技巧,可以赶走那些据说侵入了受害者身体内部的缠身幽灵(Clinging Spirits)。事实上,他们也往往能获得成功,因为信仰疗法对这类精神疾病是相当有效的。因此,"巴尔·舍姆"集魔法和医术于一身。他有时采用符咒的方式,但有时也配制药物和草药,他熟练地掌握了它们的不同用法和疗效。

17和18世纪后期的波兰犹太民众,尤其是南方犹太人,就是生活在这样一种阴郁的精神氛围中的。上层社会蔑视他们,把他们斥为一群迷信、盲从的愚民,他们自己也因此萌生出一种社会地位和宗教上的自卑感。这群饱受压榨、一贫如洗的犹太人,迫切需要得到精神上的慰藉——他们虽然受到了那些有学识的犹太同胞的排挤,但仍渴望在以色列大家庭中保有一席之地,并且也能为上帝所接受。此外,由于他们的虔诚感并不是建立于知识的基础之上,因此,他们需要一条通向宗教的新途径,并藉此鼓舞他们的志气和自尊。他们最终在哈西德主义中找到了这样一个归宿。

弗兰克主义者

在继续探讨哈西德主义之前,我们必须暂且停顿下来,考察一个和哈西德主义并行产生的假救世主团体。在沙巴泰·茨维去世后,那些仍迷信于他的波兰顽固犹太分子组成了一个秘密崇拜团体。实质上,它完全是一名自称为沙巴泰灵魂附体或化身的骗子——雅各布·弗兰克(Jacob Frank,1726~1791)为实现其个人阴谋,一手导演出来的一场闹剧。正如茨维的信徒们一样,他的追随者拒绝接受《塔木德》,并以《佐哈》取而代之。

弗兰克这位冒名顶替者和骗子居然按照自己的意图对"卡巴拉"作了任意歪曲,并提出了一套类似于基督教中三位一体的学说。他介绍给追随者一种神秘的礼拜式——用性器官和别的淫逸行为来彻底激发肉体的激情,借以达到一种自我升华和净化。拉比们自然痛斥了这个宗派,但弗兰克主义者为了复仇竟然唆使波兰 牧师们反对拉比。弗兰克主义分子最终还是效法了他们的前辈沙巴泰主义者改信伊斯兰教的榜样,皈依了基督教。这又一沉重的打击使波兰犹太人彻底放弃了幻想,他们最终认识到:正是对拉比教义的背叛才使形形色色的假救世主得以滋生和风行。

这一事实也有助于解释他们后来把哈西德主义视为必须加以扑灭的异端邪说的原因。

2. 哈西德派的创始人

以色列·巴尔·舍姆·托夫

哈西德派的创始人是以色列·本·以利撒(Isreal Ben Eliezer,1700～1760),人们一般称其为巴尔·舍姆·托夫(Baal Shem Tov,即"通晓神名的人")[①],并通常取其名字的缩写"贝施特"(Besht)。此人1700年左右生于乌克兰的小镇波多里亚,当时他的父母已上了年纪。后世没有留下任何有关他的生平或学说的文字记载,我们所知道的都是来自于一些粉饰性的传说和故事。以色列自幼父母双亡,因而受到社区的监护。他被送到私塾(Heder)[②]接受教育。但这位天性敏感的少年无法适应学校环境的限制,经常溜出去四处漫游或在附近的森林里沉思。考虑到他的这种性格,监护人决定中止他的学业,以学徒的身份把他送到当地的一位教师那儿当助手,接送上下学和出入圣堂的孩子们。他经常在路上领儿童们吟唱礼拜赞美诗和圣歌,以激发他们的宗教热情。他友善亲切、诚挚真诚的性格不久就为他赢得了犹太圣堂司事助理的职位。据说,在那儿,他过着一种常人无法理解的生活——当白天礼拜者做礼拜时,他昏昏欲睡;而在晚间空无一人时,他却开始研读"卡巴拉"。

年满18岁时,他遵从习俗娶妻成家。不久之后妻子病故,他也迁居到加里西亚(Galicia)[③]的布罗底(Brody)。在那儿,他很快就以忠诚和富于现实感的头脑为自己赢得了盛名,并娶布罗底的拉比的妹妹为妻。虽然妻子很欣赏他的虔诚和圣洁,但做哥哥的却为自己妹妹嫁给这样一位学识浅薄的丈夫而深感窘迫,并劝这对夫妻移居别处。于是,他们离开了布罗底,在喀尔巴阡山脉的一个远离犹太区的偏僻村庄安家落户。在那儿,以色列靠挖石灰谋生。当妻子把石灰运到镇上出售时,他则独处森林,沉浸在宗教祈祷和沉思冥想之中。正是在这种新环境中,他掌握了草药的医学用途,并不久即以高超的医术广为人知。他曾尝试过多种职业,

---

① 有人倾向于把它译为"神名之王"(Master of the God's name)。

② Heder的字面意义是房间,这里指在老师家里开办的拥有一间斗室的学校。

③ 原奥匈帝国领土,一战后成为波兰南部的一个省份,二战后部分为苏联吞并。——译者注

但只有作为“巴尔·舍姆”才赢得了盛名。他踏遍乡间，为农家邻里的基督徒和犹太人施医治病。此外，他还四处宣扬他的道德信条和教义，俨然是一位兼治身心的医师。据神秘主义者声称，以色列36岁那年在一次神灵事件中得到了“神启”。这或许是表明：当时他作为一位“巴尔·舍姆”和值得尊崇仿效的宗教人物的资格已得到大众的认可。

贝施特的学说

作为一位表里如一、诚实正直的人，贝施特以友善可亲的个人魅力和道德说教紧紧扣住了普通民众的心弦。他撇开了犹太教中有教养阶层的智力偏好，而代之以一种注重情感的朴素方法——对于他所生活于其中的普通民众来说，这样做确有一种特殊的诱惑力。

他宣称，一个从心里信赖上帝的人比那些满腹经纶的圣哲离上帝更近，因为“上帝需要的是心”(《法庭篇》106b)。他热爱下层人民，并用自己独有的方式对他们讲道，也就是说，不是采用直接的说教，而是寓理于他们所能理解和领会的故事、寓言和格言之中。贝施特的这些故事、警句和寓言最终被他的弟子们当作口传教义忠实地流传了下来，成为他的各阶层信徒们所接受的“托拉”(道德训条)。然而，贝施特的学说并不是毫无根基的，在诸如希伯来《圣经》、《塔木德》、《米德拉什》和“卡巴拉”这样一些犹太教经典著作中都可以找到其渊源。

哈西德的口头传说中有这样一个为人津津乐道的传奇故事，它后来被阿恩斯基(Ansky)改编为一出名为《附鬼》(Dybbuk)的广为流传的哈西德神秘戏。其大意是，贝施特曾决定给一位先前赤贫、后来发迹但也变得极为吝啬的哈西德信徒上一课，教他学会乐善好施、慷慨大方。贝施特把这位富人召到他的房间，并领他走到临街的窗户前，问：“透过玻璃你看见了什么?”“人，”富人回答。贝施特然后又把这位富人领到一个镜子前，提了同样的问题，富人的回答是：“我只看到了自己。”贝施特这时才发话说：“窗上镶的是玻璃，镜子也是由玻璃做的，但镜子的玻璃上镀上了很薄的一层银子。正是这薄薄的银层使一个人看不到别人，只看到自己的呀!”

1780年，即贝施特去世20年之后，他的杰出弟子——波罗尼亚的雅各布·约瑟夫·哈克亨(Jacob Joseph Hakonhen of Polonea，卒于1782年)——在一部题为《雅各布·约瑟夫的历史》(Toldot Jacob Joseph)的布道文集中，收编了贝施特的教义残篇。这部著作很难说就是这种“名字大师”的传记，因为它所收录的只是有关这位圣人的大量的粗糙、混乱的传奇故事。这些资料是贝施特的女婿兼文书——亚历山大·邵希特(Alexander Shochet)——在一部题为《贝施特赞》(Shivche Habesht)的著作中收集的。它于1815年出版，当时这位“巴尔·舍姆”去世已达半个多世纪之久。贝施特本人没有留下任何文稿[①]，但他的原理和学说成为哈西德派所遵循的思想模式。

相似和不同

值得注意的是，哈西德研究者在哈西德派和基督教的创始人之间发现了诸多有趣的相似之处。譬如，贝施特和耶稣都出身低贱，后来一跃成为普通大众所拥戴的英雄，并都采用寓言和轶闻趣事的方式来教导民众。这两位宗教领袖起初都以行医者的身份出现，最后却成为大批授业门徒所追随的宗教改革家。这两位导师又都是以犹太经典为源泉建立其学说的，尽管各有侧重、各取所需。许多人相信，如果不是保罗在耶稣教义中掺入了外来因素的话，基督教很可能像哈西德派一样，仍然留在犹太教营垒之内。当然，从耶稣被他的信徒视为救世主这一点来看，这又是不可能的。

贝施特的圣徒(Tzaddik)[②]概念是与救世主的虚构难以相容的。圣徒凭借他的圣洁和传统的力量，推动了其时代的进步和末日拯救的实现。他是上帝和人之间的中介；他高高地翱翔于精神的王国，和上帝直接对话；他又降临尘世，成为人间事务的导师。然而，他既非上帝的化身，也非救世主，甚至贝施特本人都不敢担当这样的角色。圣徒的这种多元论本性是和救世主的主张强烈抵触的。

这两位伟大宗教人物的相似之处还不止这些。他们两个都没有留下任何有关个人经历或教义的书面文字，我们对他们思想的了解完全依据别人的记载。令人惊奇的是，在他们死后出版的各种生平记录中，都带有一种神秘和传奇的色彩。

当然，这两位伟大的道德典范之间也不乏不同之处。和耶稣不同，贝施特的生死均与神迹无缘。此外，在一个充斥着这种伪先知和假救世主的时代，这位哈西德派的创始人没有像基督教的创立者那样，成为救世主

① 这就是贝施特的历史真实性像摩西、耶稣、释迦牟尼等宗教领袖一样受到怀疑的原因之一。参见皮纳德(Ephraim Peinard)《黑暗》(Alatah)，新奥尔良1930年。然而，这种看法似乎是缺少根据的，对贝施特尤其如此。

② Tzaddik(圣徒)，被用以指称具有超凡魅力的哈西德领袖。

式的人物。尽管他是雅各布·弗兰克的同代人，但他从未企图仿效弗兰克自称为救世主，也未打算建立一个新宗派。此外，和那些假救世主不同，贝施特从未放松过对其信徒遵守犹太基本教义和习俗方面的要求，事实上，他要求他们不折不扣地奉行犹太教的信条和诫命。或许正由于坚持了这一做法，哈西德主义才成为一场自始至终停留在犹太教范围之内的运动或思潮，而没有像基督教那样最终偏离了犹太教的轨迹。

3. 哈西德派的教义

哈西德派的上帝观

作为一种宗教哲学，哈西德主义的中心概念是上帝。可以这样说，上帝之爱是哈西德主义所关注的焦点问题，这当然也构成了犹太教的一条基本教义。贝施特宣称：上帝无所不在，“他的荣光充满全地”(《以赛亚书》6:3)。内在的上帝(Shechinah)弥漫于所有的存在物和物质当中，所有的生灵和事物都分享神性的火花。在全能的上帝和人类之间，没有屏障，也没有隔膜。任何人，只要稍加留意，就会在宇宙亘古常新的历程中体察到这种伟大的上帝之爱。然而，人们却经常熟视无睹，无法在身边的大自然和上帝的造物中感悟到这种上帝之爱。这时，他无异于一名聋哑人，只能透过窗户窥视室内的一场盛大的节日庆祝会。然而，音乐的美妙旋律他是无法听到的，音乐家的演奏他也无从理解。在他看来，这些如痴如醉地舞蹈和旋转的人们是全然不可思议的。但假如他能听到这些乐曲的话，他无疑是会和他们一起翩翩起舞的。

所有的生灵，只要能倾听大自然的音乐并感受到宇宙搏动的韵律，都会表达出它们对上帝的爱，并歌唱上帝。甚至连最低等的蠕虫都竭尽其所有的力量和爱来赞美上帝。因此，人类更应铭记《圣经》中的话并以此为训：“我将耶和华常摆在我面前。”(《诗篇》16:8)造物主的爱，就像慈母对孩子的爱，是一种以爱自身为目的、绝对无私的爱。“如果我爱上帝，我又何必需要来世呢?”贝施特曾这样呼喊。通向上帝的路径是动情的祈祷，借助这样的祈祷，他仿佛与上帝融为一体，并在上帝之爱中感受到自身的完满性。在一个禁欲的神秘主义时代，在这样一个到处充斥着有关魔鬼和邪恶精灵的传说世界，贝施特能以其彻底的乐观主义精神，用爱和仁慈来看待上帝，这不能不令人为之耳目一新。

贝施特坚持认为，“上帝无所不在”(《大民数记》12:4)。人们经常引证贝施特和他弟子们的这样一些警言，以表明哈西德派属于一种把自然和上帝相等同的泛神论流派。然而，哈西德主义的自然仅仅是那个神秘不可测的太一展现自身的手段之一。上帝内在于宇宙，同时又是超验的存在，即超越或外在于天地万物。“上帝是宇宙的寓所，但宇宙并非上帝的寓所”，《米德拉什》曾如此宣称(《大创世记》68:9)。贝施特相信，造物主是用语言创造世界的。他的弟子，利岑斯克的拉比艾利米莱希(Rabbi Elimelech of Lizensk)也表达了类似的看法：“全体自然存在于上帝之内并听命于上帝。”这种思想并非泛神论的，而是万有在神论的。后一术语所表征的是：万物都存在于上帝的本质中，但上帝又不限于万物的总和。

善和恶

贝施特曾这样教导说，没有上帝，无物存在，因为“你保持了一切”(《尼希米记》9:6)。神性弥漫于全体存在物，无论它们是有机物还是无机物、善的还是恶的、美的还是丑的。即便一个人在有罪时，神性亦在其内，因为如果没有上帝，人也就失去了行动的力量或生命力，无论这种行为是善的还是恶的。由此可知，一个事物无论善恶，都分有一种神性的目的和力量。因此，两者并不构成对立或排斥的关系。任何一种罪恶，都或多或少藏有一种善的成分。[①] 即使是一名罪人，我们亦可在其悔罪的可能性中发现神性的火花。因此，这种寄寓于罪恶中的弃恶从善的希望本身即是积极的肯定因素。

恶并不是存在的一个绝对或自在的状态，它仅仅是善之阶梯上的一个较低等级，正如黑暗与光明相对——光明来临则黑暗消遁，而光明的隐退又意味着黑暗的复生。在贝施特看来，《圣经》中的“有晚上，有早晨，这是头一日”(《创世记》1:5)，其寓意正在于此。一个完整的日子包含了光明和黑暗的统一和连续，它是一个单一的而非双重的现象。

这一见解当然是和盛行的二元论相抵触的，按照后者，恶是无法与上帝和善相容的。因此，贝施特把《圣经》中的“要离恶行善”(《诗篇》34:15)解释为一条善从恶出的训诫。显然，他在这里采用的是一种寓言的解释方式。“佐哈”(闪光或发光)一词也正是由“麻烦”(Tzarah)构成的。[②] 因此，似乎可以认为，每一痛苦都有一线光明，乌云中亦有银光浮现。

---

① 在希伯来神秘主义者那里，罪恶的象征是应当被丢弃的“硬壳”(kelipah)。

② 在希伯来语中，字母 Tzadi 和 Zayin 经常可互换使用。

祈祷

据说，在哈西德主义看来，祈祷可以打开一条神人之间的通道，神性之火藉此撒落人间。因此，祈祷表现为一个双向的进程：一方面，它可以净化和提升灵魂，使之与神性合一；另一方面，它又给尘世带来上帝的福音。然而，为升达天堂，祈祷也必须为自己插上翅膀；必须是一种深沉的、内在的、出神入迷的情感表白。即便礼拜者本人并不理解祈祷文的含义，但只要这种祈祷是执著的、热烈的，并发自灵魂深处，它仍可抵达荣光的宝座。[①] 在这种虔诚、热忱的礼拜中，不能把动作看成是不合时宜的，因为它原本就是祈求或内心表白的一种自然而然的流露，尽管在旁观者看来这未免有些稀奇古怪。此外，也没有必要遵守规定的礼拜时间，正如一个儿童可以随时亲近他的父亲，而不是非要在指定的时辰。如果说，真正的祈祷有赖于一种恰如其分的情绪体验，那么，祈祷者就必须耐心地等待它的来临。

此外，祈祷唯有摆脱既定仪式的局限，才可能显示出最本真的意义。一位哈西德派成员用一个故事对此作了说明，其大意是：一天黎明时分，正当起床准备早礼拜(Shachrit)时，他透过窗户看到朝阳在地平线上泛起一片金色的霞光，照耀着大地和生灵。这位哈西德为眼前的景致所陶醉，很快就沉浸于对宽厚仁慈的上帝及其宇宙的冥思苦想，以至于忘却了时光的流逝，错过了上午礼拜的时间。下午，他继续沉思着造物主的伟大业绩和大自然的奇观。他是如此全神贯注，以至于又错过了下午礼拜的时间。到了晚间，他再次仰望天空，为夜空中所闪烁的灿烂星群、遍布于广袤无垠的太空中的无数行星以及宇宙之伟大所陶醉——相形之下，我们的宇宙简直是沧海一粟。不知不觉中，午夜的钟声响过，这时做晚祷(Maario)已为时太晚。这位哈西德是如此专注于和上帝的交融，沉思上帝的伟大创作，最终无暇顾及正式的祈祷。

圣徒莱维·以撒克(Levi Issac，1740～1810)素有虔诚爱民的美誉。据说，他曾在吹奏羊角号(Shofar)的神圣时刻，中止了庄严的新年(Rosh Hashanah)礼拜式。当被问及这样做的理由时，拉比莱维·以撒克解释说：他刚才看到一位目不识丁的礼拜者坐在圣堂的后排，向上帝祈求说："我只能背诵希伯来文字母表，并愿意反复吟诵，不厌其烦。我恳求你上

---

① 指上帝。——译者注

帝，用这些神圣的字母编织出你优美得体的祷文，展示出你的仁慈和荣光！”拉比莱维·以撒克说：“让我们等待这位真正虔诚的信徒结束他的祈祷吧！”

此外，还流传着一个有关“尼莫罗夫的圣徒”(the Tzaddik of Niemerov)的故事。[①] 据说，每到神圣的悔罪十日，也就是从新年到赎罪日期间，他就会从圣堂消失，杳无踪迹。据一些追随者声称，他在这些庄严的日子里升入了天堂，在那儿为他的人民祈福。然而，一个多疑的立陶宛人跟踪了他，发现了他的奇怪举动。每天清晨，这位圣徒总要装扮成农夫，离家到森林里砍柴，然后送到城外的一位贫病交加的孤身老妇的棚屋里。在那儿，他一边为老妇引燃炉火，一边吟唱圣节里的忏悔诗，神色平静，坦然自若。那位立陶宛人认识到，这种做法是传统的圣堂礼拜式所无法比拟的。当这个人再次被告知圣徒在悔罪十日升入天堂时，他不无激动地说：“或许比天堂还高吧！”

快乐原则

贝施特把《圣经》中的“你们当乐意侍奉耶和华，当来向他歌唱”(《诗篇》100:3)这句话奉为一条基本教义。在他看来，当一个人意识到自己是置身于神的身旁时，他会为这一发现欣喜若狂，并由此激发出他对上帝的信仰和忠诚。在礼拜以及所有的宗教事务中，这种欢乐的心情是不可或缺的。贝施特由此认为，应该摒弃犹太教所普遍拒斥的，但为所谓“实用性”的卡巴拉派所信奉的禁欲主义，因为它助长了一种悲观绝望的情绪，干扰了真正的礼拜精神。因此，过分的禁食或其他压抑生理欲望的做法都是不值得提倡的。它在剥削肉体的同时，也使寄寓于其中的灵魂丧失了进行礼拜的力量。贝施特的这一告诫是有其《圣经》根据的——“顾惜自己的肉而不掩藏”(《以赛亚书》58:17)。甚至因罪孽而引发的悲哀也应当适可而止，因为过度的悲伤是不信任上帝的力量和宽容精神的表现。最为可取的是欣喜和欢乐的眼泪。

为引导灵魂进入狂喜状态，贝施特提仪在礼拜和宗教节日中伴以歌舞。为此，他甚至允许纵酒豪饮。然而，不幸的是，他的某些追随者把这种做法过分化了，从而招致了反对者的强烈责难。

---

① 指犹大·雷·皮利兹(Judah Lei Peretz)《或许比天堂还高》，载海伦娜·弗兰克(Helena Frank)《故事和图画》(Storys and Pictures)，美国犹太出版学会1936年。

圣徒

由上述可知，贝施特通过哈西德主义把一个新型的宗教人物——圣徒(Tzaddik)，引入了犹太教。哈西德信徒们冠之以“莱比”(Rebbe)这一颇带感性色彩的称谓。他们之所以使用这个名称，主要是为了把圣徒和拉比区别开来。拉比也称为师傅(Rav)，他作为精神领袖的资格主要来自其渊博的学识，但圣徒却不必如此，尽管他们当中也不乏学者式人物。圣徒应具有较他人更纯洁的灵魂，他身上的神性火花也是常人不可企及的。据认为，这一禀赋来自上帝的恩赐，并主要是通过出生、祖传和善行而获取的——这一思想反映出贝施特学识中贬低知识地位的一般倾向。

按照卡巴拉，任何人的行为都会在宇宙中产生不可或缺的影响。因此，不断把人们导向更高的虔诚境界，就愈发显得至关重要。为达到这个目的，贝施特劝导每个哈西德信徒都要把自身的命运交付于一名圣徒，并听从他的教诲和鼓励而走向一种善的生活。贝施特用一个很受欢迎的哈西德比喻——雅各之梯来说明圣徒的作用。他宣称，圣徒站在梯子的上端，但他需要一批追随者站在梯子的较低层，以显示出其攀升的意义。圣徒之依赖其信徒，正如灵魂要寄寓于肉体。此外，圣徒还须履行另一项职责——他必须和他的哈西德信徒一道，努力把他的同代人提升到一个更高的精神境界。因此，他给尘世带来了几许天国的气息。

尽管圣徒在哈西德派的宗教生活中占据了一个如此重要的地位，但哈西德信徒也不应过分地依赖于他。贝施特对拉比格言“我不为我，谁来为我?”作了这样的解释:哈西德信徒必须寻求自身的宗教成长之路。正如礼拜者在圣堂中必须为自己祈福，而不能指望领唱者，哈西德信徒们也不应把自身应负的职责委托给圣徒。

圣徒的动机

按照哈西德教义，圣徒必须拥有卓越的道德品质，但为了更好地理解自己的信徒，他也必须有罪恶的经验。为了对他们作出公正评价，他必须设身处地，置身于他们的处境中(《先贤篇》2:5)。因此，圣徒虽然在外表上会显示出其罪恶的一面，但实际却并非如此，他高度的纯洁性已使他能免于沾染常人的罪恶。用“卡巴拉”的话说，他已升入了上界。然而在那里，他有时也缺少维持自身的精神力量，因此，圣徒偶尔也把自己放到较低的境界。即便如此，他也只是在为另一次更高的攀升积蓄力量。按照贝施特的说法，圣徒时常发现有必要降临并侵入罪恶之界，以汲取和拯救囚禁于其中的神圣火花。

这一天真的思想为一位品行堕落的哈西德领袖发放了行恶豁免证。以此为借口,他把自己的所作所为都说成是为了一个圣洁而高尚的目的。贝施特显然相信,他的继承人会一如既往地奉行他的道德准则。事实上,他们中的大多数也确实如此,但也不乏例外。因此,圣徒说中确实埋藏了腐败的种子。

圣徒的宫廷

贝施特的大弟子梅塞里茨的道夫·贝尔(Dov Baer of Meseritz)是一位天才的犹太传道士,被尊称为"理想传道士"(Maggid)。道夫·贝尔周围聚集了一批虔诚的信徒,他训练并遣派他们到各地传播和宣扬导师的学说。1722年道夫·贝尔去世后,幸存的贝施特弟子们分享了哈西德派的内部权力。由于学识并不构成圣徒的必备资质,因此,早期那些自封的圣徒的后裔和近亲承袭了这一职位。这种安排是根据所谓"荣耀的出身和家世"(Zechut Avot),即血缘和宗族而作出的。可以这样说,这种圣徒世袭体系是哈西德派对抗委任式的拉比权威的另一侧面。

贝施特的早期信徒们实践着一种节俭素朴的生活方式,他们孜孜不倦地向其追随者灌输贝施特所倡导的虔诚和美德。然而,后来几代信徒中,一些圣徒却利用职权,中饱私囊。为"莱比"祝福支付赎罪金(Pidyon)的做法日益风行,成了当时的惯例。一些圣徒由此敛聚起巨额财富,并建立了自己的宫殿或"宫廷"。在那里,无论日常起居,还是接见哈西德信徒,他们都极尽奢侈浮华之能事。这种放纵的生活方式是与哈西德教义所倡导的人道精神格格不入的。尽管如此,这些当事者却振振有词地辩解说:如果圣徒要在祈祷式中融入激情,并使信徒们如愿以偿,他就必须拥有对财富的切身体验。然而,并不是所有圣徒都堕入这种糜烂的生活,他们大多数还是能恪尽职守,保持着一种相对俭朴适度的生活,成为信徒们的亲密的良师益友。

哈西德派的生活处处洋溢着炽热的宗教气息。每位哈西德信徒,只要力所能及,每年至少到"莱比"那里朝圣一次,在圣徒的住所度过一个主要的节日。在那里,哈西德信徒们抱着共同的宗教目的,聚集于同一位宗教领袖周围,结成了一种独一无二的伙伴关系。他们一起就餐、饮酒、唱歌和祈祷,分享着彼此间的喜怒哀乐,这种家庭式的气氛也增强了他们之间的友情和信任感。这种氛围被带到了小型祈祷房(Klaus or Shtiebel),这些祈祷房是当地"莱比"及其信徒的宗教和社会生活的中心场所。在那儿,他们跟随"莱比"载歌载舞,吟唱无词曲调(Nigunim),并逐步达到精神狂喜状态。这些共同的经历、节日和宗教盛会把哈西德信徒们结为一体,在他们中间营造出一种亲密无间的宗教伙伴关系。

4. 哈巴德学派

拉底的施耐尔·察尔曼

在拉比和唯理主义的精神堡垒——立陶宛,道夫·贝尔为一位才华横溢的年轻拉比举行了宗教仪式,此人就是后来开创了一个哈西德新流派的来自拉底的施耐尔·察尔曼(Shneur Zalman of Ladi,1746～1812)。[①] 这一新宗派的名称是"哈巴德"(Habad),取之于希伯来语的"智慧"(Hokma)、"理智"(Binah)和"知识"(Daat)三者的首字母缩写。在卡巴拉中,它们分别代表了从上帝而来的十流源中最高的三种。这一名称的选用表明了哈巴德所奉行的一种独特的理智原则,体现了拉比教义的理性精神和哈西德派的神秘主义的融合。

哈巴德派的学说

在施耐尔·察尔曼创作的卷帙浩繁的作品中,付诸出版的寥寥无几,《格言集》(Likutei Amarim)即是其中的一部。人们通常取用它正文中的第一个词而称其为《教诲》(Tanya)。[②] 这部著作简洁扼要地概述了哈巴德所奉行的哈西德原理及其独特的理性原则。哈西德经典作品大多是由布道词或不相干的格言警句组成的,而这部著作则以其特有的逻辑构造和分析方法,在哈西德早期文献中占据了独一无二的地位。全书共分五大卷,首卷为"中间人"(The Book of Benonim)。在这一卷中,作者把普通犹太人置于宗教虔诚之梯上介于圣徒和"恶人"(rasha)之间的中间阶层,为他们树立了崇高的伦理目标。

在《教诲》中,我们可以发现一种肇始于柏拉图和亚里士多德,后为中世纪犹太思想家所沿用的心理学描述方法。按照这种方法,人兼具两个灵魂:神性灵魂(the nefesh elohit)和动物灵魂(the nefesh habehemit)。然而,这种二分法也不过表明,人类实现着两个不同层次的意识进程。

---

① 后来他改姓 Schneerson。他的后代仍沿用此名。

② 尼桑·门德尔(Nissan Mindel)译,Kehot 出版学会,1962 年。

人是一个小宇宙,他的意识映射出宇宙内所进行的善恶两种力量的对抗,这两种对立的力量无休止地要求压倒并把对方统摄于自身。因此,对犹太人来说,善的意志将他引向上帝,而恶的倾向又使他背离上帝,走向"邪恶之神"(Sitra Achra)——"卡巴拉"称之为"上帝的对立面"。把两者结合起来的中间道路是"带光的外壳"(Kelipat Nogah)。在"卡巴拉"中,这一术语是用来表征所谓"常人"的一种特质——善和恶的混合体。在这一体系中,那些较高级的灵魂兼具智慧、理智和知识三种智力属性,此外,它们还禀有十种较低的情感力量。那些低级的或动物灵魂则是激情的滋生地,包含了人类种种不端的恶习,诸如自大、愤怒等等。人格当中的理智和情感因素受潜存于意识层次之下的动机的驱动和影响——这一思想很接近于我们的现代心理学理论。我们人格的方方面面是通过思想、语言和行动的中介而展现出来的,正是这些东西构成了灵魂的"外衣",把原本赤裸的灵魂包裹起来。

只有"中间人"(benoni),即普通的或正常的犹太人才处于精神生活和世俗快乐的冲突和对抗之中;"邪恶者"(rasha)完全屈从于世俗快乐;而那些"圣徒"则超越了其动物灵魂的欲望,仅仅实践着其神性灵魂的理智和情感职能。因此,"普通"犹太人为上升到更高的精神境界,必须压制世俗的快乐,以上帝指导自己的言行和思想。然而,在现实中,他又无望达到圣徒那种最高境界,因为克制世俗欲望的能力是上帝所赐予的一种特殊天赋,能获得者寥寥无几。

"普通"犹太人必须倾心学习《托拉》并遵行诫命,因为唯有从事宗教学习的人才能想上帝之所想,使自己和造物主协调一致,并由此达到一种神秘不可言喻的神人合一。此外,遵守诫命也是极为重要的,但诫命要求以言语、行动和思想为中介的外在表现,普通犹太徒必须拒绝把这些手段用于邪恶目的。以语言或思想的形式所进行的祈祷是大有裨益的,然而,唯有潜心投入宗教学习,才是最高的善,因为它能激励犹太人走向一种更高的生活境界。对哈巴德来说,世俗知识也应占一席之地,它不仅是一种谋生手段,而且对宗教知识也有所裨益。

哈巴德认为,思维之灵(mind)优于情感之心(heart),学习胜过祈祷。这表明了哈西德主义内部的一种全新的思想转向,因为贝施特本人是重情感而贬理智的。和贝施特相比,施耐尔·察尔曼所倡导的这种哈巴德思想更易于为学者们接受。不过,哈巴德并未因此而忽视那些未受过教育的犹太人。在对待这些人时,哈巴德接受了贝施特所谓"燃烧未尽的灌木之火"的比喻(《出埃及记》3:2)。这些谦卑的犹太人除了祈祷别无所长，但他们正如环绕低等沙漠灌木的不可扑灭的火焰一样，可以发出上帝的声音。上帝已存在于这些虔诚而笃实的普通犹太教徒中间。

《教诲》的作者似乎持有类似于巴克莱、休谟和康德的现象主义观点，即认为人类由于其理智的有限性而不可能把握内在的本质。他和贝施特一致认为，唯有上帝，这唯一真实的存在和维持所有的事物和生命的力量，才能把握住终极实在的真正本性；只有上帝才是永恒的，所有其他事物都是短暂易逝的。在表面上，对我而言是不堪忍受的，而实际上可能并非如此。我们之所以这样看，乃是因为我们无法理解上帝的宇宙整体计划，也没有意识到上帝所关注的是宇宙之全体，而不仅仅是人类。在斯宾诺莎那儿，可以发现类似的思想，虽然施耐尔·察尔曼几乎不可能读过斯宾诺莎的著作。

哈巴德和哈西德主义

我们或许可以从哈巴德关于"圣徒"这一宗教和伦理价值的最高典范的看法中，发现某种禁欲主义倾向。在贝施特那儿，为了从全能的上帝那儿给哈西德信徒求得世俗快乐和财富，"圣徒"被允许经历世俗生活的体验，然而，对哈巴德来说，圣徒必须具有超越世俗的财富和快乐的能力。尽管如此，施耐尔·察尔曼和贝施特一样，不提倡过分的悔罪苦行。在他看来，发自内心的悔悟以及善行，特别是乐善好施，才是更为可取的悔罪方式。这样的善心义举属于内在的灵魂而不是肉体的，因而不会受到肉体的影响。按照哈巴德的看法，一个真正的哈西德信徒能够遵循《圣经》的教诲，"在你一切所行的事上，都要认识上帝"(《箴言》13:6)，在肉体欲望的实现过程中充分认识上帝。因此，一个人唯有把自己的一切真诚地、毫无保留地托付给上帝，才能获得巨大的欢乐。但是，为激发这种情绪而使用一些人为的手段，也是不正当的，诸如酗酒、在祈祷中手舞足蹈或其他怪诞的举动。哈西德派的圣徒被认为具有一种神秘不可测的力量，而在哈巴德中，他不过是一位教师和精神领袖而已。在处理世俗事务时，他的信徒应当祈求上帝，而不是求助于圣徒这样的凡人。因此，哈巴德拒绝使用"圣徒"这一尊称，而宁愿沿用传统的叫法"拉比"，因为拉比乃是博学的标志，而不代表神秘的力量。哈巴德对它所采纳的哈西德主义的思想原则采取了折衷态度，带有明显的拉比主义倾向。它代表了哈西德派内部的一股清醒而稳健的少数派，然而，它并未因此为哈西德主义的反对派"米特纳歌德"所认同。这个反哈西德的派别未加区分地攻击了哈巴德以及其他哈西德主义分支。

5. 对哈西德主义的批判

米特纳歌德

在波兰，能够和哈西德思潮相抗衡的，只有拉比和犹太知识分子。他们批判哈西德主义的焦点是圣徒的作用问题。他们认识到，圣徒不仅触动了他们自身的权威性，而且是对整个犹太教的威胁。出于对弗兰克主义幽灵死灰复燃的恐怖，他们指责圣徒崇拜，担心它会导致一场救世主运动。此外，他们认为，圣徒作为祈祷或礼拜式的中间人和调解者是与犹太教格格不入的。拉比们应当成为解释律法的宗教导师，而不应自命不凡，宣称自己拥有施行奇迹或祈求福祉的神圣力量。

拉比们还认为，哈西德主义的其他方面也违背了犹太教的基本原则。例如，哈西德主义无视上帝的超验性，走向了泛神论思想。再如前面所提到的，他们把罪孽和邪恶看作非存在而不是实际存在，认为罪恶中也包含了神性的火花，这直接违背了传统的真理和谬误的二分法思想。拉比们认为，哈西德主义把出神入迷的祈祷和神秘的虔敬置于研读《托拉》之上，是有悖于犹太基本教义的——研读《托拉》是犹太教的一个至高无上的目标。此外，拉比们还抨击了那些热衷于个人崇拜的哈西德信徒，认为他们为激发心灵进入礼拜状态而耗费了太多的时间和精力，以至于忽视了礼拜本身的价值。他们谴责这些哈西德信徒无视祈祷本身的实质内容，只热衷于所谓的狂喜、热情和沉醉这样一些心理体验。此外，他们还着力攻击了哈西德派中的一些酗酒成性者。在拉比看来，哈西德信徒在祈祷式中所使用的一些动作和手势，是矫揉造作、不合时宜的，甚至在圣堂中哈西德信徒为达到所谓激情状态而伴之的歌舞，也是极其不合乎礼仪的。而哈西德建立自己的圣堂的做法又进一步加深了拉比们的疑虑。在采纳倡导救世主理想的阿里(Ari)①祷文时，这些狂热崇拜者对礼拜式所作的适度修正，以及有关祭祀杀牲的方法的微小变更，尤其激起了拉比们的愤恨和反对。然而，令人费解的是，正是这些异端的哈西德少数派给他们占多数的反对者们冠之以米特纳歌德(反对者)的绰号——这一称号和他们如影相随，沿用至今。

---

① Ari 的意思是狮子，是 Ashkenazi Rabbi Issac(1534～1572)首写字母的缩写。他引入某些特殊的祷文和静观的方法，渴望产生救世主拯救的效果。

维尔纳的以利亚

米特纳歌德的领袖是德高望重、虔诚圣洁的犹太学者以利亚·本·所罗门(Elijah ben Solomon)。出于对他的渊搏学识的敬意,人们一般称其为维尔纳的高昂(Gaon of Vilna)。高昂并不是一名职业拉比,他靠从社区的助学金中领取一份数额有限的年金来维持生计。这位高昂幼时有神童的美誉,不仅精通巴比伦的《塔木德》,而且还熟练掌握了耶路撒冷的《塔木德》,而后者在当时还是一个鲜为人知的领域。除《塔木德》外,他通晓希伯来神秘主义"卡巴拉"以及世俗方面的知识,诸如外语、天文、解剖学和数学,这些学科当时尚未普及。他认为这些世俗学科对研究《塔木德》有一种不可或缺的辅助作用。

这位高昂的著述达70部,其中包括一部用希伯来语写的有关天文学、代数和三角学的论著。作为一位现代派知识分子,他在《塔木德》研究中使用了批判的方法,力求辨出《塔木德》的真本,以把握其原义,因为经过数世纪的曲解讹传,这部著作已面目全非、真伪难辨。为此,他查阅了各种《塔木德》手稿,并进行了比较和辨析。他反对使用诡辩法(Pilpal)来研究《塔木德》,因为它只是一种抽象的逻辑推理,而无助于律法的确立。

哈西德派和米特纳歌德的正式冲突肇始于1772年。当时维尔纳卡哈尔的拉比法庭在高昂的支持下,发布了一项反哈西德禁令,并给波兰和东加利西亚的各犹太社区分送了一封告发信,敦促当地的拉比们也采取类似的措施。在道夫·贝尔的领导下,哈西德领袖们进行了回击。他们谴责拉比是"假道学",不惜以研究《托拉》为幌子,把它当作攫取个人地位和财富的"铁锹"。道夫·贝尔还抨击拉比脱离民众、傲慢自大,一味地沉溺于琐碎无用的诡辩。1781年,拉比们颁布了第二道禁令,严禁忠实的犹太信徒与热衷于个人崇拜的哈西德分子通婚,或发生任何社会和商业的联系,甚至不得共用一块墓地。由于上述举措,这场以征讨所谓"无耻的贝施特信徒"和"以色列的破坏者"为旗帜的运动愈演愈烈。施耐尔·察尔曼和他的同事维卜斯克的门德尔(Mendel of Vitebsk)为平息高昂的怒火,曾谋求与他会谈,但后者却避而不见。1790年,在施耐尔·察尔曼的《教诲》一书问世不久,高昂就谴责这部著作的泛神论思想亵渎神明,他还斥之为异端邪说,拒绝了作者的论辩挑战。面对这种挑衅,施耐尔·察尔曼极力克制忍让,严禁自己的信徒们散布任何对这位众望所归的高昂的不敬言论。

1797 年，高昂去世。一小撮哈西德教徒奔走相告，以私下的秘密集会来庆祝高昂之死。而维尔纳犹太社区的领袖们终于忍无可忍，他们面对高昂的灵柩，发誓伺机复仇。经过一番秘密的商讨，他们决定求助于国家的干预。于是，他们上书新近才取得立陶宛主权的俄罗斯当局，谴责施耐尔·察尔曼密谋造反，而且为不可告人的目的秘密筹措资金。这位哈西德领袖当即锒铛入狱，并被关押于圣彼得堡（St. Petersberg）达数月之久[①]，甚至出狱后仍受到长期监管。

一年之后，哈西德派对米特纳歌德进行了报复，致使他们的几位领袖被当局逮捕。维尔纳犹太社区的分歧和矛盾日益深化。1800 年，米特纳歌德把哈西德派斥为一群离经叛道者，声称他们除了上帝之外一无所惧——也就是暗示他们不安于俄罗斯的统治。施耐尔·察尔曼再次入狱并被押往首都。他在那里服满一次延长的刑期后，又重新被无罪释放。数年之后的 1804 年，一项政府特殊法令最终给予了哈西德派宗教自由权。至此，这两个犹太阵营的殊死搏斗才告终结。

相互容忍

哈西德派和米特纳歌德的纷争虽然给彼此留下了创伤，但随着时间的流逝，最终缓和了下来。一方面，哈西德派有所收敛，放弃了对高昂的过激敌对的立场；另一方面，高昂也在很大程度上改变了米特纳歌德在研究《塔木德》时过分迷恋于诡辩术的做法。此外，唯智主义的哈巴德派的兴起也推动了哈西德主义对《塔木德》和“哈拉哈”的兴趣，其结果是形成了一种带有明显理性色彩的哈西德主义——它保存并坚持了哈西德派所固有的热烈、激情和广泛的人类情感，同时抛弃了其原本浓重的迷信色彩以及对早期学问的仇视。受过教育的米特纳歌德不再像先前那样蔑视无知的哈西德信徒，而后者也终于认识到博学的可敬之处。1772 年、1793 年和 1795 年，波兰被瓜分，犹太教内的两个敌对阵营因此一分为二。哈西德主义所盛行的省份划归奥地利，而米特纳歌德所在的地区则并入了俄罗斯的版图。从创始之日起，经过两代人的努力，哈西德主义最终被体系化、制度化，其原初的创造力也随之减弱。到 19 世纪中期，近乎半数的东欧犹太人已加入哈西德阵营，但从精神上看，哈西德派却在走下坡路。对圣徒的狂热崇拜是导致哈西德主义衰败的主要原因。

---

① 他获释的那一天，即基斯流月十九日，至今仍被 Lubavitcher 的哈西德派即现在所谓的哈巴德哈西德派奉为一个节日。

在俄罗斯，哈西德派和米特纳歌德受到两个共同问题的困扰：一个是外部的威胁，另一个是来自内部的挑战。极具政治影响力的希腊东正教牧师们在他们掀起的反犹运动中，谋求到了俄罗斯当局的支持，其结果是：1825 年刚过，一场空前激烈的排犹浪潮应运而生。此外，犹太启蒙运动(Haskalah)的兴起也极大地影响和震撼了犹太各阶层的年轻一代。因此，19 世纪后半叶，这两个犹太敌对阵营都陷入了一种进退维谷的尴尬境地。由于这些共同问题的困扰，他们无暇继续那种徒劳无益、两败俱伤的纷争。尽管加利西亚的犹太人得到了奥地利统治者较为宽容的待遇，但他们也不可避免地面临着启蒙运动所带来的棘手问题。然而，直到后来的马丁·布伯，才开始了把启蒙运动和哈西德主义综合起来的尝试。

6. 新哈西德主义

马丁·布伯

哈西德主义的代言人和倡导者马丁·布伯是一位杰出的犹太哲学家和学者。正是通过他的不懈努力，哈西德派深沉而质朴的宗教信仰及其缤纷多彩的宗教生活才被介绍到西方世界。布伯深信，哈西德主义在倡导通过内在的情感体验来寻求上帝的同时，也开拓了犹太教的新视野。这对于 18 世纪初以来弥漫于犹太教和西方思想中的极端理性主义来说不啻是一服解毒剂。在他看来，哈西德主义代表了散居时代犹太教的最高成就。

布伯生于波兰兰堡的加利西亚城(the Galician City of Lemberg)，由其祖父——一位倡导并使用科学研究方法的杰出米德拉什学者——抚养成人。从早年起，布伯就接受了传统的犹太教育，并在祖母的引导下，涉猎了有关的世俗文学和学术知识。17 岁那年，他考入维也纳大学；1904 年，以一篇有关德国神秘主义的论文获博士学位。布伯在学生时代就参与了尚处于襁褓时期的犹太复古主义运动，并于 1901 年担任犹太复古主义期刊《世界》(Die Welt)的编辑。然而，正如阿舍·金斯伯格(Asher Ginzberg)，即那位以笔名阿哈德·哈阿姆(Ahad Ha-Am，1856～1927)而著称的希伯来哲学家所倡导的复国主义一样，布伯所强调的并不是创建犹太人的独立国家，而是力图在巴勒斯坦建立一个犹太精神和文化中心。

童年时代，布伯就接触了其祖父交际圈里的形形色色的哈西德信徒，并深受他们的精神的感染。他把哈西德生活视为一种连续不断的内心深处的更新——对上帝的永无止境的礼拜。正是这种体验促使他于1904年返回波兰,以便更切近地研究哈西德主义。起初,他主要是受哈西德主义的审美方面的吸引,诸如无词乐曲、狂热的舞蹈和民间传说。然而,不久之后,他就彻底陶醉于哈西德主义的原理、理想和教义了。结果,他编撰了哈西德故事集以及其他有关哈西德主义的作品,为哈西德主义在西方赢得了前所未有的声誉。事实上,在此以前,东欧之外很少有人知道哈西德主义为何物。

除了大量论述哈西德主义的作品外,布伯在随后的几十年间还主编了数种犹太期刊,并参与了几种哲学和神学杂志的撰稿工作。他和杰出的犹太思想家弗朗茨·罗森茨维格(Franz Rosenzeweig,1886～1925)一道,完成了一部里程碑式的译著——希伯来《圣经》的德文译本。这部译作收录了《圣经》的数卷,极其成功地保留了原文的精神和语言风格。在罗森茨维格去世后,布伯独自继续承担了翻译工作。

从1923年直到希特勒上台,布伯一直在法兰克福大学担任犹太伦理学和宗教学教授,这是当时德国唯一设立这种教职的大学。在纳粹暴政期间,他领导了反纳粹斗争,成为引导和鼓舞德国犹太人的指路明灯和精神力量。当犹太人被赶出普通学校时,他帮助建立了可容纳他们的新学校。他还和利奥·拜克(Leo Baeck)合作创立了一个犹太成人学校网络。在犹太人已被拒斥于德国文化、社会和经济生活之外的当时,这一壮举极大地鼓舞了德国犹太人的精神士气,增强了他们的民族自尊感。布伯担任这种领导角色直到1938年纳粹勒令其缄默为止。后来,他于60岁那年迁居巴勒斯坦,在希伯来大学任社会哲学教授。在那里,他参加了犹大·马革尼(Judah Magnes)所发起的小规模"统一运动"(Ihud)。1948年之前,这个组织极力鼓吹在巴勒斯坦创建一个双族国家。而在这之后,又致力于阿拉伯—犹太民族的和睦计划。

1951年,布伯从学术界退休,随后访问了美国和其他一些国家,在一些大学和神学院讲学。1953年,他在法兰克福接受了德国图书交易会和平奖(Peace Prize of the German Book Trade)。一年后,他又在汉堡接受了汉莎歌德奖(Hansectic Goethe Prize)。他的获奖虽然赢得了一些赞誉之声,但也招致了强烈的反对。在他看来,这些奖励表明了所有致力于共同、普遍的人性的民族的团结一致。他孜孜不倦地坚持写作,直到1965年6月去世。

真正的锡安

布伯的学说源于一系列形形色色的哲学思潮和流派。其中,我们既可以体悟到德国唯心主义和浪漫主义的一般情调,又可以看到一战失败后弥漫于德国思想界的神秘主义倾向。此外,布伯还受到祈克里(Kierkegaard)的存在主义、柏格森(Bergson)的直觉主义,陀斯妥耶夫斯基(Dostoevsky)的心理学观念以及弗洛伊德精神分析法的影响。然而,对布伯影响至深的还是哈西德主义,尤其是它的神秘主义和存在主义观点。对他来说,哈西德主义是散居时代的犹太教企图建立一个基于宗教原理之上的、真正和公平的社会的尝试。

布伯认为,在哈西德派集会时,哈西德信徒紧密地团结在"来比"的周围,相互间体现出兄弟般的深情,堪称精神团体的典范。然而,他感到,哈西德派之所以未能在犹太教中争取到更重要的地位,其主要原因是缺乏自由生长的空间和土壤。因此,布伯把他的宗教理想寄托于建立一个犹太人国家。他深信,每个民族都有其潜意识的灵魂,唯有把自身的命运同祖国维系起来之时,犹太人的精神才会以最富创造性的方式表现出来。在希伯来语中,"大地"(Adamah)一词是从名词"人"(Adam)引申而来的,其本身就体现出灵魂和大地之间的这种亲缘关系。过去,这种犹太精神表现为先知主义、苦修主义和早期基督教①,而在当今的时代,它集中体现在哈西德主义和哈卢茨修特(Halutziut),即复国主义的志愿先行者(Halutzim)②重建犹太家园的奋斗中。

布伯深信,没有哈西德式的激情,就不可能有犹太教的复兴。志愿先行者们在其歌舞中酣畅淋漓地表达了这种哈西德式的激情。此外,他们还秉承了哈西德主义建立一种符合真正合作互助生活方式的社会结构的崇高理想,试图用他们正在实验的不同类型的基布兹(Kibbutzim,集体农庄)实现这一目标。他们的定居点是以上帝为支柱的公正社会的范型和缩影。布伯所关心的并非是犹太民族主义本身,他梦寐以求建立一个真正的锡安——它是"一个神圣的民族和她的神圣领土的神圣联姻"。他深信,虔诚的哈西德信徒和世俗的先行者们怀有共同的梦想,即:在地球上建立一个上帝的王国。这是上帝对以色列所寄予的厚望,也是以色

---

① 布伯把早期基督教视为一种犹太思想体系,后来,它受到了外来因素的侵蚀。

② 指自愿率先到巴勒斯坦地区定居,为建立犹太国奉献和牺牲的犹太复国主义倡行者。——译者注

列的弥赛亚的目标和在这个世界上的使命。

生活即对话

布伯思想是神秘主义和理性主义的混合体，其本质特征是基于“真正的生活是交谈”而提出的对话原理。布伯的这种对话发生在人与人或人与上帝的相遇中，是人类生存的真正目的。在布伯看来，构成这个世界的实在是人与人之间的生命动态关系，而后者又来自于人的社会本性。隐匿于象牙之塔的“我”是无结果的，唯有置身于和他人的交往中，一个人才可能把握住“我”的意义。对布伯来说，人面临着两种生活态度的抉择。他把它们诗意地称为“ 我—你”和“我—他”，这两种关系在不同的境遇中可以相互转化。

“我—你”概念意味着一种彻底、直接和相互之间的关系。在这样的关系中，一个人是以自己的全部存在和他人相遇的。这种关系是自觉自愿、积极主动的，是主体对主体的密切联系——一种双方相互平等，在符合各自独特的癖好和禀赋的基础上彼此自由而完全地承担相互责任的人类伙伴关系。在这种有予有取的关系中，个人受到两种对立态度的影响：既奢望“世界是为我而创造的”(《法庭篇》4：5)，又可能会感悟到另一种情绪——“人不过是灰土而已”(《创世记》18：27)。在这种人的交往中，个人会趋向于肯定自我。因此，他仍须保持一种深沉的谦卑感。

一个哈西德民间传说生动地说明了在这种关系中保持自身人格的必要性。故事中的拉比祖希亚(Zusya)在弥留之际为自己在来世生活中的命运焦燥不安。他的朋友在认识到他的困境之后，问道：“你是否苦恼自己在有生之年没有成为一位摩西?”“不”，这位年迈的祖希亚回答说，“我所苦恼的是我没有成为祖希亚”。换言之，这位哲人感到遗憾的是他未能充分发挥自身独具的潜能，丧失了真正的自我。

这种“我—你”间的纽带联系体现于师生相互学习的理想关系，或如布伯所指的精神病关系。一个人的人格是在这类体验中实现的，正是这类体验使他成为真正的人。真正伦理责任的基础是在这种交往中形成的双方友爱和亲善的态度，而非外部的律法或习俗之类。“你—我”对话可以诉诸言谈，亦可缄默不语，因为思想是可以相遇的。这种关系的产生在很大程度上有赖于双方之间的这样一种态度和意愿——“建立彼此间的一种活的相互联系”①。

“我—你”的对立面即“我—他”，后者意味着主体和客体、人和物之间的间接关系。它发生于人的内部，不构成人和他人之间的关系。如果把这种形式的交往移植到人和人之间，那就意味着个性的迷误和丧失。这正如一位忙碌不堪的医生或公务繁重的社会工作者所抱的超然淡漠的态度，他把前来求助的人看作是“患者”，而非人类同伴。此外，这种关系还体现于科学中追求的客观性知识，我们研究科学的目的不过是为自身的目的而利用、控制或操纵它。生活中的悲剧在于我们允许“我—他”而不是“我—你”来主导我们的人际关系。

永恒的你

在人类中，“我—你”关系是和“我—他”关系不可避免地交替出现的。人们彼此之间确实不时地处于一种客观的“我—他”关系中，然而，在宇宙中存在着一种永恒不变和无限的你(Thou)——即宇宙中被称为上帝的力量。这是弥漫于事物主体当中的绝对的无限的“你”，决不会成为“他”的“你”——对这个你，我们只可意会不可言传。《圣经》中有这样一句耶和华名言：“我即是我所是”(I am that I am)(《出埃及记》3:14)，意思是“我在场，仍然在场”(I am and remain present)，并永远在场。

上帝无所不在。他没有形象，而又可以在不同时刻以不同的方式展示自身。但是，他存在着，存在于和人类及大自然的交往中。只要人类愿意用自己的全部存在回应上帝，上帝就离他不远。他甚至可以比作为自我的我更接近于我。我们的任务是感知他，倾听他，回答他。然而，这并不具有什么神秘主义或超自然的意味，而是表达了哈西德主义的这样一个信念——上帝(the Shechinah of God)弥漫于万物。他存在于每个事物中；他在平凡的、日常生活的事件中，在人类历史的片断中，对我们讲话。上帝在神学中是超验、神秘不可理喻的，然而，在这种人格化的关系中，“上帝就处于神圣的教民中”(《诗篇》82:1)，和人类有着密切的交往和接触。神秘主义认为人类应当把自身无条件、彻底地消融于上帝中，然而，布伯的新哈西德主义或新神秘主义的观点是，人和神是一种相互需要的

---

① 在狭义上，这一概念可适用于艺术或自然。一个人可能会为一幅风景画而心旷神怡，并流露出内心深处所激发的感情。在这种情形下，这幅风景画可以被比拟为在向他说话。这仅仅提供给他一种体验——这种体验虽然是活生生的、令人难忘的，但却是被动的。个体把他的感觉投射到对象，但并没有来自对象的任何能动的反应或表白，因此，这种联系是不彻底的。

对等关系，他们为了人类和世界的福祉而签订了共同的盟约。

这种认为上帝渗透于生活的每一方面的思想以另一种方式肯定了哈西德主义的学说：在神圣的和世俗的甚至和渎神的事物之间，并不存在真正的分野。使行为神圣化的力量主要来自 Kavanah[①]，即个体的内在意愿，而非宗教仪式。此外，一个人也不应为皈依上帝而逃遁隐退、与世隔绝，像禁欲主义者那样在孤独中沉溺于对上帝的冥思苦想。他应该在尘世这个上帝拯救灵魂的实验室中和上帝相会。在此时此处，至高无上的存在于一种相互的努力中进入人身，以期把人性提升到一种更高的神圣境界。在这一点上，布伯和丹麦存在主义哲学家和神学家索伦·祈克果(1813～1855)分道扬镳了。后者认为，上帝只对超越于生活琐事之外的个体讲话，而布伯却相信："如果一个人对人本身是漠不关心的话，那么，他对上帝也同样如此。"[②]

上帝之爱

"我—你"的二元性是由置身于这种亲密关系之中的两个个体之间的爱的纽带弥合的。在这里，爱体现为希伯来《圣经》中的这样一种伦理观："爱邻人如爱自己。"(《利未记》19:18)这句话暗含了这样一种含义：爱是一种尊重他人的人格和尊严的义务，而非一种爱的感情。后者当然是无法付诸规范化的。在犹太教中，人类之爱被升华到上帝之爱的层面。

哈西德主义也同样如此。布伯援引了大量圣徒语录进行了说明。一位圣徒曾提醒一名哈西德说：传统的祈祷书(Siddur)规定，祈祷者在开始祈祷前必须背诵"爱邻人如爱自己"这一条伦理诫命。另一位圣徒则指出：《圣经》中那条"爱人如己"的律令是以"我是耶和华"结尾的，也就是说，上帝体现于人类之爱的关系中。一位哈西德来比也曾说过：凡说爱上帝而不爱人的，都是在说谎。[③] 卢布林的预言家(The Seer of Lublin)曾宣称：凡爱别的以色列人的人都会得到神的灵光，而且这种爱越多，他所得到的神的灵光也越多。当他把这种爱推及到全体以色列人时，他就最终获得了真正全能的上帝之爱。因此，没有人类之爱，上帝之爱是不完

---

① 例如，从 Kivun(意向或专心) 出发，祈克果提出了对"绝对"(the Absolute)的彻底臣服，正是这一思想导致了他和自己所爱恋的女孩解除婚约。结果，在他短暂的一生的最后的 15 年间，他一直为一种犯罪感所包围。

② 马丁·布伯：《哈西德主义和现代人》(Hassidism and Modern Man)，莫里斯·弗雷曼编译，纽约 1958 年，第 233 页。

③ 参见《约翰一书》4:20。

整的。只爱上帝自身，不过是在爱一个孤独寂寞的上帝，即一个人的灵魂的上帝，而不是宇宙的上帝。巴尔·舍姆·托夫曾对这条金科玉律作了如下的解释：爱自己包括自己的缺点，爱邻人亦复如此。[①]

走出邪恶

在对待尘世生活的目的上，布伯深受哈西德主义——一种以卡巴拉象征主义表述的思想的影响。按照这种见解，所有的生命和物质中都内藏着神性的火花，人就是在使这种火花闪射出来的过程中与上帝联结起来的。人所肩负的使命在于不断地把他所置身其中的环境提升到一种更为神圣或完满的境地，而在这样做时，他自身也升华到一种更高的精神境界。这也就意味着，每一件事物都有待于神圣化。此外，没有任何事物本身是绝对非神圣的或邪恶的，我们所谓的罪孽或邪恶不过是奔涌而出的神性火花在力图自身解脱时所表现出来的张力或骚动而已。这种被囚禁于"硬壳"(Keliph)当中的神性火花，或者说罪孽和邪恶的象征，可以通过转变或悔过自新(Teshuvah)而释放出来并回复到上帝。每一事物和人的每个思想都有助于实现这一目的，每一事物和每个人都可得到拯救。

犹太教的"悔过自新"的思想断然拒绝了保罗所持的原罪说和倚仗神恩而得宽恕以及耶稣为世人受难赎罪的说法。犹太教自始至终反对原罪观，因为它否认了意志自由以及道德选择的自由(《申命记》3:15,《先贤篇》3:15)。《塔木德》认为，一个人可以走他自己所选择的道路(《鞭笞》10b)。他会沉沦于自己的而非他人的罪恶不能自拔(《箴言》5:22)。布伯用下面这段话解释了他对罪和赎罪的看法：

> ……按照犹太教教义，罪恶乃源于人对上帝和人之间的基本关系的纷扰，这种纷扰的结果是，人不再成其为上帝的造物。赎罪则是通过归服上帝而使自己重获造物的资格后，上帝对这种基本关系的修复。这种对上帝的归服，只要当事人能倾心以赴，就是无可阻挡的，即使第一个人的罪孽也无济于事……人作为上帝的创造物，周而复始，历久弥新。尽管他此后背负着人的责任被从天堂抛入尘世和历史当中……他的罪恶乃是环境使然，而他的悔悟自新则源于他在此环境中的悬崖勒马。他像亚当一样犯罪，但不是因为亚当而有

① 马丁·布伯：《哈西德主义》，哲学藏书出版社1948年，第168～175页。

> 罪……无论误入迷途多远，人类的旅程总可以重新开始的。如果一个祈祷者每天清晨醒来对上帝说："您赐予我的灵魂是纯洁无瑕的。"他无疑是说出了一个真理。确实，每个人都有罪，但每个人都可以自新。大门不是关闭的(Midrash Tehillim)，或者如耶稣所说的"敲门吧，它将向你敞开"。上帝对于迷途知返的人从不拒之门外……[①]

布伯进一步提出，犹太教并不在神圣和罪孽、善和恶之间作泾渭分明的二元划分。如果加以正当的引导，从产生恶的能量和冲动中也会引发出善。布伯从犹太教的经典著作中找到了佐证。他坚持认为，人类的激情只有在没有被导入神圣之路时，才导致了罪恶。恶欲(Yetzer Hara)只是那种"构成人类伟大的业绩，包括神圣的事物在内的独一无二的创造之源的基本力量"[②]。按照传统的看法，"那是很好的"(《创世记》1:31)指的是一种恶的倾向，而"你要全身心地爱耶和华你的上帝"(《申命记》6:5)，被拉比们解释为表征了善恶两种倾向。是人而不是上帝，从恶欲中造就了恶的结果。

然而，在这个世界中，仍不乏腐蚀和堕落；此外，无论何时何地，都不曾有过彻底的救赎。出于这个原因，犹太教徒不可接受基督教关于救世主已降临于世的观念。而且，向神圣境界的迈进是永无止境的。《圣徒》中的可拉(Korah)由于满足于他的人民的圣洁水平，其结果是惨遭吞灭，离开了自己的人民(《民数记》16:33)。所有民族都必须不懈地致力于神性的目标，齐心协力来拯救这个世界，并最终在尘世建立一个象征着上帝公正之完满实现的天堂王国，尽管这近乎于一种"人类末日"的乌托邦幻想。然而，人类仍须孜孜以求，为实现这一目标而奋斗。

上帝和《托拉》

在布伯看来，人类之被创造是为了与上帝相交流。上帝也正是为了人才进入这个世界的。希伯来宗教的伟大贡献并不在于其一神论思想，而是它所谓"真正的上帝是我们可与之说话的上帝，因为他本身就是那个向人发话的太一"。[③] 然而，犹太人并非是唯一肩负这种与上帝进行对话

---

① 马丁·布伯：《两类信仰》，第157～158页。

② 马丁·布伯：《犹太教的信仰》(The Faith of Judaism)，载《以色列和世界》，1948年，第77页。

③ 马丁·布伯：《哈西德主义》，第96页。

的使命的民族——他们仅仅是一个对此最为执著和投入的民族。他们所创造的卷帙浩繁的宗教文献就是这种孜孜不倦精神的体现。此外,犹太人在这种对话过程中所扮演的角色是重行主义的。这也就是说,犹太人不仅自由地从事这一事业,他们还肩负着发起并推动这一事业的使命,尽管他们自身无法完成它。这种重行主义是犹太教的一个重要特征。对犹太教而言,义行而非信仰,才构成了其决定性的因素。

布伯认为,希伯来《圣经》乃是历史进程中上帝与以色列人对话的记录。在《圣经》中上帝总是在人的关系中,而不是以其本质展示自身的"我"。人是上帝与之对话的"你",这一点可由下列事实证明:代词"你"是"十诫"中的关键词。《托拉》既不是字斟句酌的永恒真理,也非仅仅是民间文学;它既是人的也是神的。它实际上是这样一部作品:一个民族与其上帝的相会是全书共同的核心主题,它贯穿于其中的各个要素和组成部分,并使之联成一体。《圣经》中的"神迹"反映的是以色列人在生死攸关的历史时期所创造出的奇迹。

正如布伯所指出的,《托拉》不能被当作一部特殊的、有强制约束力的律法体系来遵守,除非在原教旨主义的意义上把它视为神授的。"托拉"一词是教诲的意思,在这里主要指上帝的教诲、指导或言论。像《新约》的希腊原文那样,把它说成是"律法",显然是不恰当的。希伯来名词"Moreh"是指教师(《约伯记》36:22,《以赛亚书》30:20),而"托拉"则是指上帝在与人类的永恒对话中亘古常新的、生气勃勃和活生生的言语或教导。①

布伯也承认,对《托拉》的这种解释包含着一种危险,然而,这又是一个致力于追求上帝的人必须面临的风险。当然,以律法为庇护是更为简便易行的,但这不是那些真理的追求者们所采取的做法。

布伯未能认识到,犹太教本质上是用律法表现出来的伦理和礼仪两方面的诫命体系。他解释说,把《托拉》当作律法来遵行体现了这样一种信念:《托拉》是过去年代中的一次性启示,而非在当今时代上帝与我们每个人所进行的活生生的对话。布伯拒绝把《圣经》看成客观化和僵化的东西。然而,他仍批判了保罗的这样一种看法——对律法的彻底遵行有

① 马丁·布伯:《两类信仰》,第57页以下。

困难并因而易于遭致失败,因此,我们可以废除律法[①]并代以教条式的信仰。布伯和保罗否弃《托拉》的律法性的理由虽不相同,但这两种观点的后果却是一致的。

保罗的上帝和犹太教中的上帝

在希腊文化氛围的熏陶和影响下,保罗提出了一种律法和信仰、神恩和劳作的二元对立观。这种思想导致了这样一种二分法:上帝的审判原则和他的救赎观是截然分离的;前者实现于耶稣受难复活之前,而后者只能随着耶稣的复活而降临于世。这一观念显然是与耶利米(《耶利米书》31:3)以及其他先知们所解释的上帝之爱的思想相抵触的。因此,保罗在这个世界上设立了两个领域和两个上帝——一种是“残暴无度的统治”,另一种则表现为“宽容和解的氛围”。当然,作为一名犹太教徒,布伯是无法赞成这种二元论的。对他来说,“上帝独一无二,他的名也是独一无二的”(《撒迦利亚书》14:9)。

布伯解释说,犹太人的宗教性是建立在《圣经》的“信仰”(Emunah)[②]的观念的基础之上的,即人在与上帝的关联中所表现出的忠诚和信赖之感。他指出,这种信仰观还意味着,和上帝保持对话的人可以仰仗一种周而复始、往复更新的启示作为自己生活的指南,而无须墨守古代的《圣经》法典。布伯进一步提出,严守僵化刻板的律法是极为不可取的,因为它免除了人类进行道德选择的义务和责任,而关于责任则包含了一种“神圣的不安全感”或不确定性。他强调指出,这种做法意味着接受了一种希腊式的信念,即认为律法具有永恒不变的有效性,而非来自希伯来的信仰观。

布伯告诫说,这种思想必然中断了人与上帝进行直接交流的联系纽带。为此,他引证了卡斯克的拉比门德尔(Rabbi Mendel of Kotsk)的看法。这位杰出的哈西德导师曾恰如其分地指出:任何人都不应把传统犹太教中的律令,甚至是耶利米所倡导的“上帝之爱”的诫律偶像化,并以此来指导犹太教的新立法和新教义。一位具有创造力的犹太教徒会在他的自然环境和土壤中,适应时代的要求不断地对之进行改造和完善。布伯

---

① “人之称义不是因为行律法,乃是因为信耶稣基督。”(《加拉太书》第2:16)《新约》中有许多段落贬抑律法,例如《加拉太书》第2章第14节、第21节,《罗马书》第10章第4节。保罗认为,律法主要是为罪犯设立的(《提摩太前书》1:8以下)。

② 布伯:《两类信仰》第7~12、57页。

在这个问题上的看法触怒了犹太教正统派，他们斥责这种思想是唯信仰主义，是对犹太律法的破坏，对神圣的《托拉》的背叛。

耶稣和犹太教

布伯还因其亲基督教的思想受到严厉批判。他把耶稣视为犹太史上的一位杰出人物，尽管在许多重要方面和基督教存在分歧。他宣称：

> 我深信，犹太社会，在迈向复兴的历程中，将认同并接纳耶稣。这意味着不仅把耶稣看作其宗教史上的一个伟大人物，而且也作为一个跨千年的救世主发展历程中的伟人——其最终目的是为救赎以色列和整个世界。然而，我同样坚信不疑的是，我们永远不会承认耶稣为降临了的救世主，因为这有悖于我们的救世主热望的最深层的含义……在我们看来，救赎是永无止境的，而不是已经实现的。我们带着镣铐，被束缚于人类苦难的脚手架上，以我们人民的血肉之躯证明了这个世界的尚未救赎性。对我们来说，没有什么耶稣值得追求，我们只有为我们而存在的上帝。①

布伯虽然崇拜耶稣的伟大伦理人格，但并不承认他是救世主。在《圣经》中，救世主被描绘为一个"暗藏的箭囊"(《以赛亚书》49:2)。布伯认为，这是耶稣应当保持的角色。然而，据布伯的看法，耶稣在受难后发展出了一种"救世主意识"，并传播给信徒。布伯认为，如果耶稣仍然是一个"暗藏的箭囊"，那么，他就可能被归入耶和华的仆人(《以赛亚书》53)，即希伯来先知的行列。他注意到，作为救世主式人物的耶稣遭到了犹太人的异议，并在不久之后就被列为众多假救世主中的第一个。布伯指出，实际上耶稣和先知们有诸多相似之处。和他们一样，他认为伦理诫命拥有高于宗教仪式的地位。然而，布伯也注意到耶稣和保罗不同，他拥护律法。他宣称："律法的一点一画也不能废去，直到全部实现。"(《马太福音》5:18)

正如上帝向人类显示自身一样，他有时也会把自己遮蔽起来(《以赛亚书》45:15)，《圣经》中约伯(Job)的哀诉和诗篇作者的悲泣正是为此而发的。然而，上帝只是为了以另一种方式显示自己才自身掩盖的。但上

① 埃恩斯特·西蒙(Ernst Simon)：《马丁·布伯》，载《犹太新领域》(Jewish Frontier)第15期，1948年2月。

帝并不像基督教的道成肉身论所说的那样有具体的形式。持这种思想的是保罗和约翰，而非耶稣。道成肉身论在上帝与人之间塞入了一个中介，并仅仅把耶稣视为“通向拯救的大门”(《约翰福音》10：9)。这些思想否定了犹太教的基本原理。此外，它们还代表了从希伯来的信仰观念，或信赖与唯一上帝的直接关系，到一种希腊式的信念，或对命题真理性的内在信念的转向。[①]

在《圣经》中，上帝被描述为无形相的(《申命记》4:12)。然而，这并未能阻止布伯为表征其与作为慈父的上帝的相会而提出的作为绝对人格的上帝概念。这是哈西德信徒与他们的上帝的关系。在对上帝作如此这般的刻画时，布伯所关注的并非犹太教的精神上帝，而是包含在所谓的“你—我”对话中的永恒的你或神圣的我。

> ……一个人可以从上帝的行为而理解上帝的人格——甚至可以允许信仰者相信:上帝是为了他的爱而变成了一个人，因为在我们人类的存在模式中，存在的唯一相互关系乃是一种人的关系。[②]

布伯使用了拟人化的手法表征出一种人类可以理解的实在。然而，它仍包含了一个悖论，因为这是一种限定性的用语，而上帝表示一种无限的观念。在涉及上帝的本质或类似的神学概念时，布伯“站到了一个不确定的狭窄的山脊上”。事实上，这些问题在其宗教存在主义的视野中是没有一席之地的。

理想的社区

布伯相信，上帝已经选定犹太人作为其救赎的特殊工具——这是一种义务和负担，而非特权。犹太人民具有一种非凡的品质，可以肩负起创建一个真正社会的使命，因为他们禀有一种时间和历史的[③]而非空间上的洞察力——正如犹太人不擅长造型艺术，但具有卓越的音乐天赋。而且，他们还提出了一种社会进步的历史目标，即救世主理想。还实现

---

① 布伯:《两类信仰》，第 96 页。

② 马丁·布伯:《宗教和伦理学》，载《上帝的遮蔽》(Eclipse of God)，纽约 1959 年，第 126 页。

③ 赫斯(Hess)在《罗马和耶路撒冷》(第十封信)(Rome and Jerusalem)中，间接提及过犹太教的这一特征。萨姆森·拉斐尔·赫尔施在论及作为犹太人宗教的犹太历法时，也肯定了犹太教的这一特点。生活在严寒的北方的犹太人即是例证，他们为纪念 3000 多年前自己的祖先身居旷野的生活，甚至在那里搭起了帐篷(Succah)。可见，犹太人崇尚时间。

这一乌托邦社会的渐进过程,必须采用仁义的手段。《圣经》中有这样一句名言:"公正,公正是你们应当追求的。"(《申命记》16:20)按照一位圣徒的解释,正是出于这一原因,"公正"一词才在这句话中重复出现——一个意味着手段的公正,另一个指的是目的。为了善的目的而施行恶的人必将破坏这一过程中善的实现。公正原则必须被贯彻于个体和民族两者当中。布伯还认为,生活在犹太人祖国的大多数犹太民众应当奉行先知们的伦理教诲,他们必须和阿拉伯人和睦共处,而不是仅仅为邻。

一个理想社会应当由那些相互间能真正以"你"相称的人组成,因为这样的人才"能够真正地在彼此之间使用'我们'这个称谓"。这个真正的社会是由自由人组成的,他们每个人都保持自己的个性(identity)和人格(selfhood)。这样一个团体,既不应当是一种杂乱无章的组合,也不应是某种吞没个体自由,使人沦为一种抽象物的整体主义。在这种个人主义和集体主义中间,必须达致一种适度的平衡。"在孤立意义上的个人主义是有害的,因为它使人仅仅处于跟自我的关联中。"布伯声称,"然而,集体主义却对人视若无睹。"

由上述可以看出,布伯抱有一种小社区式的社区理想,人的个体性可以在其中得到充分的肯定。以色列在自己的国土中所建立的集体农庄组织即是这一理想的现实典范。在这些定居区内,"我—你"关系没有退化堕落为"我—他"关系。因此,以色列在此方面堪称其他民族的典范。事实上,以色列也在实施一个"非—亚计划",援助其他国家创建一个在经济公平基础之上的社会结构,并以此来培育"我—你"价值观。鉴于它处于东西方之间的十字路口的地理位置,这个犹太国家或许有能力在这方面影响到东西两个地区,并由此推动整个世界的发展。

布伯的影响

布伯对西方犹太人的最重要的贡献是:他向他们展现出了哈西德主义的伟大的精神财富——它的民间传说、思想原则和美学魅力。他有关哈西德主义的作品,以丰富的内容和优雅的文风,给人留下了深刻的印象。正是通过它们,西方犹太人才了解到他们饱受蹂躏、落后愚昧的东欧同胞兄弟们的精神生活和价值标准,并为后者赢得了巨大的声望和敬意。其后果是极大地增强了这两个犹太阵营间的宗教和文化上的亲缘感。

在德国,布伯通过他的著作和大量的书信对其同代人产生了深远的影响,其中包括许多犹太文人,诸如阿诺德·茨维格(Arnold Zweig)、马尔·布罗德(Mar Brod)和弗朗茨·罗森茨维格(Franz Rosenzweig)。也正是在他的影响之下，他们才重新燃起了对犹太教的兴趣。然而，这还远远不及他在中欧所赢得的巨大声望。在最近的15年间，随着越来越多的作品被译成英文，布伯在美国的声望也日渐提高。然而，他把宗教视为一种人的关系的思想并未在美国扎根立足，这在很大程度上要归因于美国犹太生活和宗教观的组织化和制度化。由于他并非传统意义上的虔诚信徒，而且有“亲近”基督教之嫌，也由于他把哈西德主义和先知学说理想化并贬低了哈拉哈的地位，正统犹太徒大都对他的哲学持有异议。他在生活了四分之一世纪之多的以色列，由于既不是传统意义上的教徒，也非世俗主义者，因而，无法融入这个国家的精神生活的主流。布伯把宗教生活视为一场对话的思想为他赢得了许多杰出的基督新教领袖们的支持，包括著名的卡尔·巴尔特(Karl Barth)、尼古拉·波底亚夫(Nicholas Berdyaev)、埃米尔·布鲁纳(Emil Brunner)、莱茵赫德·尼伯(Rheinhold Niebubr)和保罗·梯利希(Paul Tillich，1886～1965)。保罗·梯利希曾满怀希望地认为：在逆转现代文明中的“他”对“你”和“我”所取得的压倒性胜利中，布伯的存在主义“你—我”哲学将是一个强有力的推动。布伯的天主教信徒主要包括加比列尔·马塞尔(Gabriel Marcel)、西奥多·斯坦布赫尔(Theodore Steinbuchel)、欧内斯特·迈克尔(Ernest Michael)和卡尔·迪姆(Karl Thieme)。

值得注意的是，在前任联合国秘书长达格·哈马舍尔德(Dag Hammarskjold)遇难的那架飞机的残骸中所发现的少量文稿中，有一部布伯所著的《我和你》以及他的这部著作的瑞典语译稿的散页。这位秘书长曾拜会过布伯，读过他的作品，并深受启发。布伯和海默斯基尔德都渴望着一种上帝将莅临并居于其中的高尚的人性。正由于布伯，哈西德主义以及其他的犹太文献中的学说和原理才超越了单纯的犹太文化而进入基督教世界。他对宗教思想的影响是巨大的，任何自由主义宗教思想家都不可能忽视他的方法和学说。

第7章　德国犹太教改革运动

1. 早期阶段

大卫·弗里德兰德

在门德尔松的一位富有的弟子——大卫·弗里德兰德(David Friedlander,1765～1834)[①]——所卷入的一起事件中,我们可以看到在宗教中一种夸大的理性主义所能导致的后果。作为一名自然神论者,弗里德兰德很少顾及犹太教的习俗和礼仪方面的内容。和大多数理性主义者一样,他只对它的伦理原则感兴趣。18世纪最后的几年里,弗里德兰德显然确信德国犹太人政治解放的前景是极为黯淡和遥远的。尽管他本人也为犹太人纷纷拥向洗礼盘深感痛惜,但他仍提出了一个部分改宗的新计划,希望借此为犹太人争取到公民权。

1799年,弗里德兰德代表几位犹太户主写信给普鲁士宗教大臣顾问泰勒牧师(Pastor Teller),提出了这样一个建议:只要他们可以不信仰某些他们认为有悖于理性的基督教神学教条,如三位一体或耶稣的神性说,那么,他们就愿意加入路德教会。他们声称自己并不介意去接受洗礼,并把洗礼看作"内在的精神荣光的外在的可见符号",而且仅仅是一种象征,而非一件圣事。在这几户犹太人看来,既然他们已放弃了犹太教礼仪,那

---

① 参见本书第3章相关论述。

么，在他们和基督教之间就不再存在任何难以逾越的沟壑了。

自然，这位牧师拒绝了这个被许多人戏称为“不用水的洗礼”①。他对弗里德兰德作了一个彬彬有礼但又十分尖刻的答复。他表示，那些放弃了礼仪方面的诫命的犹太人已很接近于基督的教导了——基督降临于世是为了拯救所有的人类。他写道，就自身而言，他或许乐意接纳这些未来的犹太皈依者进入教会，同时又不苛求他们严守所有的基督教教条和信仰。然而，他提醒说，他并不知道政府会因此而赐于他们政治权利。这实际上是在含沙射影地嘲笑弗里德兰德的改宗动机。此外，他还挖苦说，以弗里德兰德和他的同伙们目前的状况，他们最好还是留在犹太教阵营，以便可以影响他们的同宗教友，使其追随他们的榜样抛弃犹太教戒规的羁绊。②

在遭到路德教会的拒绝后，弗里德兰德转而改进犹太教，使其不再成为犹太人解放的绊脚石。他强烈要求在礼拜式中删去有关锡安山的内容，以避免它们成为指责犹太爱国主义的口实。此外，为了使礼拜式适应现代化的要求，他还主张用德语代替希伯来语。因此，弗里德兰德堪称犹太改革运动的先驱。

以色列·雅克布逊

德国犹太教改革之父以色列·雅克布逊(Israel Jacobson，1768～1822)是一位富有的犹太慈善家。1801年，他在哈茨(Harz)山区的一个名为希辛(Seesen)的小镇上创办了一所中等规模的寄宿学校。这所学校在当时是自由主义的，不从属任何宗派。在课程设置方面，它把宗教学习和职业训练相结合，并给予农业一个重要的地位。普通课程是由基督徒教授的，犹太老师负责讲解有关希伯来的内容。作为这所学校的附属物，雅克布逊拥有一间私人小圣堂——他相信，和正规的社区圣堂相比，这里更易于进行礼拜式的改革尝试。为了和传统的圣堂相区别，他称其为“圣殿”(temple)。

---

① 有些人认为，弗里德兰德的思想是一种企图把“基督教会犹太化”的尝试。他的本意大概是在基督教中创立一个犹太教支派。如果这一设想得以实现，它对犹太教的危害会超过所有的变节者。

② 那个时代最主要的新教神学家弗里德里希·施莱尔马赫(Friedrich Schleiermacher，1768～1834)加入了这场争论。他在一本小册子中认为，这些未来的改宗者不可能成为全心全意的基督徒。除了他们的宗教依恋之外，他们的种族性或民族性上的差异也势必会成为他们被多数基督徒所接受的障碍。

雅克布逊在这种圣殿礼拜式中所施行的种种改革是实用性的，不以既定的理论或政策为基础。为加强礼拜式的美学意蕴，他简化了在希辛圣殿里举行的安息日仪式，并开创了用德语吟唱的赞美诗和合唱曲。此外，他还在礼拜式中引入了一种定期的德语布道。这些做法为犹太教植入了一种全新的因素。[①] 1808 年，雅克布逊自费在希辛修建了一所犹太圣堂，并在这座新建筑中安放了管风琴，传统的男声合唱队被代之以男女合唱队——这也严重违背了当时盛行的风俗惯例。

在这之前的一年，即 1807 年，拿破仑·波拿巴把他的兄弟耶利米扶持到在威斯特伐利亚(Westphilia)为他开辟的一个新王国的宝座上。曾出任过耶利米财政顾问的雅克布逊随即被任命为一个遵照法国模式创建的威斯特伐利亚教议会上院主席。[②] 不久之后，教议会上院按照雅克布逊在希辛创办学校的模式，在卡塞尔(Cassel)开办了一所小学。1810 年，雅克布逊在那儿首创了一种圣堂坚信礼仪式。在这次仪式中，五名男童在安息日《圣经》朗读过后，马上举行了坚信礼。按照先前的惯例，接受坚信礼者必须经过有关犹太教基本教义和原理的考试，即通常所说的教义问答。这一借自基督教的名称表明了犹太教本质上和基督教一样，也是建立在教义的基础之上的。从这种坚信礼仪式本身来看，它仿效了新教的同名仪式，因此在犹太教中既无先例也无依据可援。这种改革尝试引起了犹太教正统派的轩然大波，以致雅克布逊不得不求助于行政当局来平息这些反对浪潮。然而，他的权势也只是昙花一现。1813 年拿破仑战败，威斯特伐利亚王国随之土崩瓦解，雅克布逊只好重返普鲁士。

柏林圣殿

雅克布逊移居到柏林之后，不顾风险在家里开设了一处新型的成人圣堂。不久之后，几位世俗人士也仿效了他的做法，其中包括作家迈耶·拜尔(Meyer Beer)的父亲雅各布·拜尔(Jacob Beer)。然而，1811 年，一些有影响力的正统派人士说服当局关闭了这些新犹太教圣堂，因为根据 1750 年颁布的一项法规，犹太人被禁止在指定的社区圣堂之外做礼拜。

---

① 按照传统惯例，拉比每年只在圣堂布道两次：一次是在赎罪安息日(Shabbath Shuva)——赎罪日紧接其后，另一次是在逾越节(the Passover festival)前的大安息日(the Great Sabbath)。这一年两次的布道主要是为宣讲宗教律法和礼仪，而不是像雅克布逊所仿效的基督教堂布道式那样进行道德说教。定期礼拜式之外的布道是由传道士(Magidim)进行的。

② 参见本书第 4 章。

据说，国王声称自己反对任何对礼拜式的改革举措，因为他考虑到一种现代化的犹太礼拜式可能会阻止犹太人涌向基督教会的潮流。然而，普鲁士当局真正担心的恐怕在于：宗教改革将敞开政治变革的大门。

然而，不久之后，由于柏林大圣堂亟待整修扩建，以容纳不断膨胀的社区人口，这个城市内的私人圣殿又被允许短期开放。然而，一个新问题也应运而生，即：这所重建的社区圣堂是否需要采取一些预防改革派染指的举措。普鲁士政府按照自己的意志解决了这一问题。1823 年 12 月 9 日，国王鉴署了一道禁令，规定"犹太宗教仪式必须严格按照传统的模式进行，所用语言、仪式、祈祷文或赞美诗不得做任何变更"[①]。这一措施迫使柏林的改革派礼拜式销声匿迹长达 20 年之久。在表面上，正统派大获全胜，然而，他们的胜利是暂时的。在随后的几年里，大批年轻犹太教徒纷纷改宗。这一局面在某种程度上是因为关闭了曾经起到抑制性作用的圣殿的结果。

汉堡的圣殿

爱德华·克利，一位曾在拜尔被关闭的圣殿中供职的犹太传道士，于 1817 年离开柏林前往汉堡，以寻求那儿更为宽容自由的氛围。在汉堡，他接受了一所新近成立的希伯来免费学校的校长职位。不久，克利就成功地召集了一批有影响力的犹太人协助他在当地建起了一所圣殿。这座于 1818 年落成的汉堡圣殿引入了一些比它的柏林先驱者们所尝试过的更为自由激进的措施。其中一项最重要的改革是以通用语重写了有关犹太复国的祈祷文，使之成为一种全人类共同得救，而不是仅限于以色列人的祷文。传统上所谓救世主降临并率领犹太人重返锡安的渴望被代之以对全人类公正和友爱的新世纪的向往。另一项改革是在每周一次的《托拉》朗读式中用拉底诺语代替意第绪语。

到 1822 年，坚信礼已成为汉堡圣殿中的一项固定仪式。起初，在雅克布逊于卡塞尔开设的学校里，这种仪式仅限于男童参加，到柏林私人圣殿时期，已扩展到女童。不久，坚信礼就在各改革派圣殿风行起来。而且，它们无一例外都是在律法节（Shavuot）举行——这个节日与西奈接受"十诫"相关。和成人礼（Bar Mitzvah）——一种为年满 13 岁的男子举行的个人仪式不同，坚信礼仪式是两性共同参与的集体仪式，它极大强化了

---

① 按照 1812 年 3 月 11 日的法令，犹太教在普鲁士仅仅得到了容忍，尚不为官方认可。当然，这也适用于犹太教教职人士。

接受坚信礼者的宗教教育。

汉堡圣殿中所实行的种种改革措施代表了和传统的一次决裂,其影响是深远而重大的。正统派拉比既无法宽恕这种他们认为是公然离经叛道的做法,也无从看到修正或抛弃曾表达了他们的人民17个世纪以来的热望和心愿的祈祷文的必要性。在他们看来,改革者们声称他们的行为主要是出于理智上的诚实,但是,当他们把德国认同为自己的祖国时,他们又如何能真诚地为重返锡安而祈祷呢?然而,事情的真相似乎在于:除了这种思想上的连贯性之外,更为关键的是改革者们显然是惧怕"过时"的民族主义祈祷文将不可避免地加深他们和非犹太人的隔阂,并使他们为争取解放和平等的政治权利所付出的努力付诸东流。

反汉堡圣殿改革运动的领导者是以撒克·伯内斯(Isaac Berneys,1792~1849),当地正统派犹太公会中的一名博学多识的拉比。伯内斯把深奥的犹太文化与世俗知识[①]结合了起来,并在当地的一所塔木德托拉(Talmud Torah),即犹太社区学校中设法扩大了世俗方面的教育。他激烈地抨击了改革者的行为。足以令人惊奇的是,他竟然也是在《塔木德》中为自己所倡导的变革寻找根据的。当汉堡改革派祈祷书的第2版问世的时候,尽管他们还没敢删除,只是修正了救世主临世和犹太复国的祷文,伯内斯已感到有必要将其取缔废止。

2. 宗教狂热

论战文献

正值汉堡正统派和改革者之间的冲突愈演愈烈的时候,柏林的以色列·雅克布逊和几位朋友曾试图通过一位名叫以利泽·李伯曼(Eliezer Liebermann)的塔木德学者,谋求欧洲拉比们对圣殿礼拜式改革的支持和认可。李伯曼出身于一个拉比家庭,具有多方面的犹太学术造诣。1818年,在汉堡圣殿落成前不久,他出版了一本题为《仁义之光》[②](Nogah Hatzedek)的小册子,并收编了四位支持圣殿改革的拉比的问答(responsa)。其中有两位小有名气的意大利拉比,即里窝那的舍姆·托夫和雅各布·亥·莱克那提(Jacob Hai Recanati),后者还是维罗纳拉比委员会主

---

① 参见第9章相关论述。

② 这一名称来自《以赛亚书》第62章第1节中的一个短语。

席。他们认为，在安息日仪式上使用器乐是完全正当的。第三位是一名虔诚的匈牙利拉比——布达佩斯的摩西·库尼察(Moses Kunitzer of Budapest)，他为礼拜堂中管使用风琴所作的辩护深深地震惊了传统主义者。他的理由是，这种做法可以吸引大批原来不做礼拜的犹太人重返圣堂。此外，他还赞成在礼拜式中用拉底诺语，并且用德语做祈祷。最后一位是匈牙利阿拉德的艾伦·考林(Aaron Chorin of Arad)，一名倾向于自由主义的资深拉比。他在《渴望真理》(Kinaat Haemet)一书中宣称：《塔木德》显然是允许使用任何语言来吟诵祈祷文的，因为做礼拜要求全神贯注，而这只有在使用可理解的语言时才可能做到。为了给这种说法提供根据，他引用了一句名言："可以用一个人可以理解的任何语言来诵读经训(Shema)。"[①](《祝福式》13a)考林显然意志品行不坚，因为他后来迫于正统派同事和教友的压力而收回了自己的声明。不过在他的晚年，由于这种压力已大为缓解，他再次肯定了先前的主张。

李伯曼

在《仁义之光》中，李伯曼在拉比问答后附上了自己为改革派的辩护。他指出，传统犹太圣堂中礼节不周，这一点可以通过提高礼拜式的审美情调来改进。当时的改革者在他的评判中找到了正当的理由。几个世纪以来，犹太人一直习惯于在圣堂中聚会，他们不仅在里面祈祷和学习，而且还讨论社区事务。在讨论中所形成的随意性也被带到了礼拜式。改革者们还抨击了那些被他们称为"东方式"的习俗和程式，认为它们有失尊严和庄重。

在这部著作中，李伯曼为支持他有关在祈祷中可以使用德语的论点，引证了大量的拉比权威意见，其中有《四列》(Shulchan Aruch)[②]中的这样一个说法："一个人可以使用他所愿意的任何语言进行祈祷。"(Orah Hayim, 101:4)在为自己强烈要求引入德语赞美诗和祈祷文的做法进行申辩时，他提出了一条令人费解的理由：德语是一种适合礼拜式使用的语言，因为它是一种拥有语法和句法结构的"纯粹"语言。在这方面，东欧犹太人所使用的粗鄙的伊地绪语是无法与之比拟的，因此他们必须用希伯

---

① 希伯来原音是倾听，因为这段颂词的每一句都以"听"开始。经训的全文见《申命记》第6章第4～9节。——译者注

② 拉比约瑟夫·卡罗(Joseph Caro)编纂的犹太法典，首次出版于1555年，因其简洁明晰而被广泛流传和使用。——译者注

来语进行祈祷。

为进一步强化他的论点，他还任意歪曲了犹太人的历史真相，把犹太人长期饱受迫害和压榨的原因归罪于他们的稀奇古怪的风俗和蒙昧主义。李伯曼声称，假如犹太人没有把世俗知识和文化从他们的教育中排除出去，假如他们曾对统治者表现出更大的忠诚，并为他们所寄寓的国家做出过更多的贡献，那么，他们的苦难是可以避免的。

这些声明显然是荒诞不经的，因为众所周知，中世纪犹太人之所以惨遭迫害仅仅是由于他们对本民族宗教的信仰和忠诚。他们被驱逐和排除在欧洲社会之外，并非因为他们情愿自我孤立，而是由于基督教社会对他们的仇视，而这种仇视又来自于他们拒绝放弃祖先的信仰。此外，只要时机来临，犹太人从来没有不为自己的国家尽忠效力。犹太人曾对基督教和西班牙穆斯林政府的贡献就是一个明证。犹太人无论散居何处，他们都没有忘记过先知耶利米的教诲："我所使你们被掳到的那城，你们要为那城求平安，为那城祷告耶和华，因为那城得平安，你们也随着得平安。"(《耶利米书》29:7)李伯曼颠倒黑白，使受害者成为罪人，其做法反而暴露了自身的伪善和不忠。[①]

反改革派的答复

李伯曼的论点激起了正统派阵营的愤怒的回应。1819年，即那部著作出版一年之后，汉堡正统派拉比出版了一本名为《盟约之言》[②](Eleh Divrei Habrit)的读物，收编了包括德国之外的几位拉比领袖的22篇答复。这些答复大多数是由底里雅斯特(Trieste)的德高望重的拉比亚伯拉罕·以利泽·哈列维(Abraham Eliezer Halevi)收集整理的，他代表的是一群德国正统派拉比。这些反汉堡改革的批判意见原文是用希伯来语出版的，并在书后附加了用希伯来字体印刷的德文译本。著名的圣哲波兹南的阿克巴·艾戈(Akiva Eger of Posen，1761～1837)是作者之一。他认为只有在私人或非正式的场合中才可随意使用任何语言做祈祷，在正

---

① 据说，李伯曼后来皈依了基督教，在教皇庇护九世麾下供职。他渊博的《塔木德》造诣对这位教皇来说是颇有价值的。然而，有理由认为，这是把这位艾利查·李伯曼和另一位像他一样的拉比儿子——雅各布·李伯曼混为一谈了。雅各布·李伯曼于1919年被基督教会封为圣徒。据说，这位变节者李伯曼在自己的拉比兄弟遵守变节者家族所例行的哀悼期时，曾前来向他慰问吊唁。另外，他还曾多次代表他先前教友的利益和罗马教廷交涉——这是犹太史上几乎所有变节者的一种共同的行为模式。

② 参见《申命记》第28章第69节。

式的公开礼拜中是严禁这样做的。他的女婿普莱斯堡的摩西·梭佛(Moses Sofer of Pressburg,1763～1839)[①]是一位颇有名望的拉比。他坚持认为:在圣殿毁灭之后,有关在礼拜式中不得使用音乐的拉比禁令是不能由后来的权威废除的,除非后者比制定这些限制的前人"更英明或在数量上占优势"。正是出于这一理由,他反对任何对传统的背离,那怕是最微不足道的。例如,在圣殿中不用歌声吟诵而朗读《圣经》经文。另一位杰出的拉比是摩拉维亚尼科尔斯堡的摩迪凯·巴内特(Mordecai Benet of Nikolsburg,Moravia)。他坚持要求用希伯来语祈祷,因为在希伯来语祈祷文的字里行间隐含了不可译成其他语言的奥义。这些学者们显然是把祈祷看作一套生搬硬套的机械操作,而不是"发自内心的膜拜"。

令人遗憾的是,这些反改革人士的答复忽视了在这场争论的关键时刻所发生的历史问题。他们所提供的只是一种无谓的学究式的文牍主义和诡辩术,而几乎丝毫未涉及隐含在改革者的态度背后的重要的文化和精神问题。无论是伟大的拉比艾戈,还是其他传统卫道士,都未能对改革者所施行的种种变革举措提出有价值的反驳。例如,他们很少提及这一事实,即在圣堂中使用本国语和管风琴可能会给犹太圣堂带来一种近乎基督教堂的气氛。正统派拉比们的这种偏狭的形式主义体现于巴内特对其对手所作的批判中——他为证明自己的论点求助于逻辑,而不是《塔木德》的引证。至于背弃传统可能造成的危险后果,这位拉比也只是一笔带过,即:如果改革派在自己的道德上走得过远的话,那么,他们就有可能脱离犹太人主体,而沦为一个异端小帮派。此外,改革的反对派不是借助于理性的论证,而是进行恶毒辛辣的谩骂和攻击。他们把自由主义者冠以"异教徒"、"邪恶者"、"无赖"、"叛徒"、"乌合之众"(《出埃及记》13:38)、"既非犹太人也非基督徒"、"上帝葡萄园的破坏者",以及其他更刻薄的称谓。这些手段当然是收效甚微、于事无补的。

改革者的逻辑也并非是完美无缺、毫无瑕疵的。例如,他们为支持自己的论点而引证《塔木德》原文,而这又恰恰是一部经常遭到他们攻击的著作。改革的倡导者们驳斥了正统派的攻击,教育家大卫·卡罗(David Caro)在用笔名出版的《真理的盟约》(Brit Emet)中提出:拉比们应接受充分的世俗教育,以取得胜任公职的资格。此外,他们还应当教导人类宽容忍耐,并努力去修正和调整他们所属的宗派的宗教习俗,以适应时代文

① 又因其主要著作的名称而被称为Hatam Sofer。他在问答录中承认,犹太律法中没有反对礼拜时不裹头的明确禁令。他相信,这仅仅是一项就其本身而值得尊敬和遵行的古老习俗。

化的新氛围。汉堡圣殿的创始人之一梅耶・以色列・布莱斯劳（Mayer Israel Breslau）匿名出版了一本题为《向盟约之复仇的利剑》[①]（Herev Nokemet Nkam Brit），它采用了一种优美而精炼的希伯来语言风格，并给正统派拉比以辛辣的讽刺和嘲笑。

随着其他小册子的不断加入，这场论战日趋白热化。在李伯曼的《仁义之光》问世后不久，利萨的纳赫曼・柏利纳（Nachman Berliner of Lissa）印刷了一份传单，随后又出版了一套多卷本著作《该说话了》（Et l'daber）[②]。在这部著作中，他把李伯曼的作品斥为"毒汁"，并警告说：犹太人宗教的内部纷争可能会波及非犹太人，并诱发一场世界性的社会骚乱。柏利纳由此认为有必要查禁李伯曼的《仁义之光》，并革除作者的教籍。利萨的拉比雅各布（Jocob of Lissa）和其他一些人甚至更进了一步，主张把改革者作为颠覆分子论处。

政府的干预

在上述原因的驱使之下，正统派采取了一种可悲的做法：唆使政府关闭改革派圣殿。政府对这些争论的是非曲直以及犹太社区的福利自然是漠不关心的，他们更为关心的是自身的利益得失问题。在汉堡，政府拒绝出面干涉这场冲突，汉堡圣殿因此得以平安无事地保存了数十年。在威斯特伐利亚的公爵领地，政府也拒绝参与这场争论。不过，正如前面提到的，普鲁士国王曾出面调停论争。

改革派有时也试图寻求政府的调停。1833 年，萨克斯・魏玛（Saxe Weimax）的地方拉比门德尔・赫斯博士（Mendel Hess）是一位激进的改革分子，他上诉行政当局，并成功地争取到一项在犹太社区内强制推行一系列激烈的改革措施的法令。其中包括要求所有的犹太圣堂仪式使用德语，并废弃"弃诺词"（Kol Nidre）[③]和其他数种祈祷文。这项法令引发了一场轩然大波，以致不得不延迟了几年才得以执行。

在德国这两个犹太教阵营之间的冲突的早期阶段，有关的论战作品主要涉及的是礼拜式的形式变化问题。它们大多是用希伯来语出版的，因为它们的读者群主要限于拉比和希伯来学者。因此，这场纷争促成了

---

① 参见《利未记》26：25。

② 参见《传道书》3：7。

③ 犹太人新年之夜在圣堂中举行仪式的开场吟词，大意是宣布自新年后，先前所作出的誓言、许诺、义务等都将无效。——译者注

一场希伯来文体写作风潮。具有讽刺意味的是，一场旨在削弱希伯来语地位的运动其结果适得其反，导致了希伯来语的复兴。

改革的进展

自门德尔松去世(1786)到19世纪30年代的半个世纪里，改革运动主要表现为一些世俗人士所开创的对犹太圣堂礼拜式的改进。这种变革是实用性的，还缺乏哲学的根基。[①] 这些礼仪膜拜方面的改革逐渐从柏林和汉堡传播到其他城市。1820年，汉堡圣殿在莱比锡(Leipzig)开设了一个分部，旨在向前来参加著名的莱比锡博览会的犹太人演示改革派礼拜式，希望他们能把这些创新带回他们本地的社区。这场运动还从德国传入了丹麦，那儿，早在1814年，坚信礼仪式就在世俗当局的干预下被引入了圣堂。1812年，维也纳的改革派选用了一项礼拜式改革计划，并成为波希米亚(Bohemia)和匈牙利等地的范例。甚至在遥远的美国，南卡罗来纳州查尔斯顿(Charleston, South Carolina)的一个名为“上帝之家”(Beth Elohim)的持异见者的犹太团体还于1824年进行了一次短暂的改革尝试。

然而，尽管改革运动在其早期的12年间无论在规模还是影响力方面都有相当的进展，但它并未认真尝试过提出一套思想体系。正如我们已经看到的，早期改革者大多属世俗人士，不具备为他们的主张提出一套理论基础的充分的犹太学识造诣。他们自身并不能参与论战，只能依靠少数几位志同道合的拉比。然而，大约19世纪40年代，一批新拉比脱颖而出，并从世俗领导者手中继承了这种进取精神。这些拉比通晓犹太教和世俗两方面的知识，因此，和世俗人士相比，他们更能清醒地认识到自己所从事的事业，并倾向于更大胆的改革举措。在处理犹太教义和习俗方面，他们往往采取了犹太教科学(Juedische Wissenschaft)新运动所倡导的批判方法。改革运动的开拓者亚伯拉罕·盖革(Abraham Geiger，1810～1874)和另一位也同样深受黑格尔影响的拉比，成为改革派犹太教的理论家。

---

① 实际上，这种改革的第一步不是在德国而是在阿姆斯特丹迈出的。1796年，那里建立了一个新的公会，它从祈祷书中省略了许多中世纪就有的祷告诗。其时，荷兰处在法国的控制和影响之下。

3. 后期阶段

黑格尔的思想

德国犹太教改革运动的理论背景主要来自伊曼努尔·康德、弗里德里希·冯·谢林(Friedrich von Schelling,1775～1854)和乔治·黑格尔(George Wilnelm Friedrich Hegel,1770～1831)的德国唯心主义哲学。黑格尔哲学的核心概念是"进化"。在他看来,所有的实存都是一个独一无二的整体或全体的组成部分,这个整体即他所说的"客观的或绝对的精神"。这样一种绝对精神由于受到一种要求自我实现的内部力量的驱动,进入了永恒变化之流,并不断展现自身。人也同样如此,因为人不过是这个统一性原理或宇宙中的绝对理念的缩影而已。人类的历史、伦理、法律、宗教和社会组织无非都是从属于这一发展过程的各个方面。这种永恒的进化趋势可以用橡树籽作类比说明——它把最终成长为橡树作为自己的主要目的。这种绝对理念或精神的最高表现即为艺术、哲学和宗教。

黑格尔在这里把自己的思想推到了一种决定论的极端。他宣称,理念,即上帝,为了实现其终极目的,时常会利用人类的情感。因此,可以这样说:"世界的历史即是世界之正义。"如果确是如此,那么,战争就必须被视为公正的。事实上,人类历史的所有事件都仅仅被看作是绝对精神的自我展开和自我实现的步骤而已。一位杰出的唯心主义哲学家,弗朗兹·布拉德雷(Francis H. Bradley,1846～1929),曾表述了相同的原理。他宣称:"这是所有可能世界中最好的一个。在其中,所有的事物都表现为一种必然的恶。"也就是说,世界之善恶两种形态不过是朝向进一步发展的过渡阶段而已。这样的理论当然是和康德伦理学说以及有关普遍人性的道德原理相抵触的。和康德不同,黑格尔相信:我们可以而且只能通过我们的思想进程来理解世界。因此,在我们感官所感知的一切之外,别无任何实在,不可知的"物自体"是空洞无意义的。我们借助当下的直接经验,并通过我们发展出来的洞察力和概念,来把握真正的实在。因此,我们的理性可以渗透包括宗教在内的人类文化的各个侧面。

黑格尔为解释理念从低级形式向高级的发展,提出了一套辩证法思想。在他看来,每一正题,即为形成有关宇宙的思想所进行的每一尝试,都有可能被推向一种极端化的境地,并由此背离其原本真实的面目。例如,民主原则可能会被极端化为一种无政府主义。因此,每一正题都存在着向反题，或者说矛盾前提转化的可能性。原初的正题或反题的交互作用将导致一种新的合题的出现，它将实在的真理囊括于两者中间。这种合题站到了实在的更高阶段，因此是有别于作为其组成部分的每一论题的。随着这一进程的展开，它必将在一种终极、完美或彻底的综合中达到自身的顶峰，即真理之大全、实在之基础。在一种对宇宙的全知全觉中，绝对理念完成了自己朝向自我实现的奋斗目标。这种理念的进化理论影响了改革运动的杰出理论家和其他犹太思想家。在后者中间，最出类拔萃的当属纳赫曼·科罗赫马尔(Nachman Krochmal，1785～1840)。这位犹太科学运动的开创者接受了黑格尔的某些思想。

纳赫曼·科罗赫马尔

1785 年，纳赫曼·科罗赫马尔生于加利西亚北部的一个欣欣向荣的城市——勃罗底(Brody)，其父是一位拥护启蒙运动的富商。尽管如此，纳赫曼还是在一种堪称典范的虔诚的宗教环境中接受了传统犹太教育。由于没有把纳赫曼送到世俗学校，他的父母每年都要缴纳一笔罚金。他们的这一做法可能是听从了那些虔信派邻居们的意见。按照当时的风俗，年轻的科罗赫马尔于 14 岁那年结婚，并居住在察尔基夫(Zolkiew)他岳父的家中。在那儿期间，他在几位朋友和家庭教师的帮助下接受了世俗教育。他长年累月地攻读德语、法语、拉丁语、叙利亚语、数学和自然科学。此外，他还涉猎了他奉为所有知识之基础的哲学。在这一期间，他还熟读了迈蒙尼德的《迷途指津》。

经过长达十年的刻苦攻读，科罗赫马尔积劳成疾，不得不到兰堡接受治疗。在那儿，他经过几个月的调养才慢慢恢复了健康。一大批年轻人，出于对他的声望和学识的敬意，逐渐在他周围形成了一个追随者的小圈子，而科罗赫马尔则采用了苏格拉底式的逍遥学派的做法，一边跟他们在田间散步，一边讨论各种哲学和文化方面的问题。和这些年轻的学者一样，当时的人们普遍困惑于这样一个问题，即如何把犹太教与当代思想协调起来。科罗赫马尔在生命的最后几个年头，曾就此撰写了他生平仅有的一部著作，并打算称其为《纯化信仰入门》(Portal to a Purified Faith)。然而，未及著作完稿，他就与世长辞。在他死后，他的朋友利奥波德·族恩茨(Leopold Zunz)整理出版了这部遗作，并题为《当代迷途指津》(Guide for the Perplexed of the Time)，因为它所尝试的正是伟大的迈蒙尼德在他自己的著作中所做的一切。这两位哲人抱有一个共同的理想，即力图把理性和宗教协调起来。科罗赫马尔的这部希伯来语著作成为

19世纪最富独创性的哲学论著之一。它是犹大·哈列维之后，犹太历史哲学方面的首次尝试。

在《指津》的第一部分，科罗赫马尔列举了三种他认为威胁到所有真正宗教的力量。第一种是宗教狂热和形式主义，其后果将导致迷信以及有关魔鬼和邪恶精灵的信仰。第二种表现为两个具有对立本性的方面——唯物主义和禁欲主义，它有可能诱发一场道德的颓败。第三种是一味刻板墨守诫命，而不去探究它们的内在意义。科罗赫马尔认为，后一种方式代表了极端宗教主义和唯理主义之间的一条中间道路。然而，这并不是解决问题的有效途径，因为它只能导向折衷妥协，而不是真理。为确定真正的信仰之流，科罗赫马尔指出，我们必须挖掘其内在的源泉，并追溯贯穿于各个时代的主流。科罗赫马尔宣称，一旦完成这项工作，就有可能从其扑朔迷离的赘生物中离析出真正的本质，以及贯穿于其存在全程的内部凝聚力。为了成就这一重任，他感到必须采取一种彻底批判的历史方法。

犹太教科学

在科罗赫马尔时代之前，学者们对后《圣经》时代的犹太历史缺乏系统的了解。他们在探寻或辨析某一既定的“哈拉哈”(律法)时，往往习惯于对拉比原文的苦思默想，很少顾及它的演变和发展，即其历史的来龙去脉或关联。科罗赫马尔在黑格尔的影响下，认为犹太教更应被看作一场进化过程的结果而加以理解。此外，他还倡导在犹太研究中使用一种科学的历史方法。

科罗赫马尔坚持认为，当时犹太教的两个主要宗派，即传统派和自由派的通病是缺乏足够的时代感，即历史感。后者鄙夷过去，拒绝对先前的时代及其价值体系作认真的探究，而前者摒弃了现代及其时代精神。因此，它们两者都未能找到一个适当的角度，把犹太教看作是观念和事件相互冲突的产物。科罗赫马尔深信，揭示犹太教真正基础的唯一途径是从犹太人和非犹太人的一切可资利用的素材中，找出和某一问题或主题相关的原始材料。犹太人民的文化交往，他们从其他民族借鉴而来的，以及为他们所抛弃的一切，都可成为一名研究者有用的原始素材。它们不仅展示出了过去年代里犹太人民如何走出自己的迷津，也为当今崭新的理性时代提供了一种生存模式。这种历史探究的新方法影响了科罗赫马尔的同事和信徒以及后来的犹太学者们，直至今天。

科罗赫马尔对犹太教的解释

按照神的安排，人是一种社会造物。这一事实根植于社会和历史的本性中。社会被组织化为家庭、种族和国家。正如黑格尔一样，科罗赫马尔坚持认为：绝对精神（使用黑格尔术语来指称上帝）在民族和国家的演进过程中展现其在世界中的社会目的和意愿。绝对精神在各民族中以不同的方式展示自身。如在希腊人中它表现为艺术和哲学，在罗马人中它体现为法律和政治，等等。以色列人所独具的才能表现在对一种完满而彻底的存在即上帝的探求。这些不同的精神取向聚合在一起，即构成了人类共同的精神宝藏。因此，它们之间不存在任何对立和冲突。

以色列人的上帝观中所体现出来的精神本质有别于其他任何民族的神灵或其最高理想；在后者那儿，它仅具有一种掺杂了唯物主义成分在内的非纯粹的神性。希伯来人的上帝是纯粹的美德和伦理完美性的化身。这种犹太精神是无所不及、包容万象的，它一无所失地囊括了其他所有民族的精神。因此，这种包罗万象的犹太精神把其他民族的精神融为一个和谐的统一体。

科罗赫马尔受到维柯（Giovanni Battista Vico，1688～1744）的民族循环兴衰论的影响，后者是一位试图在历史研究中导入科学方法的意大利哲学家和法理学家。按照维柯的观点，存在着这样一种历史的自然法，即每一民族都如同生物有机体一样，在其生灭的全过程经历三个主要的发展阶段：早期或形成期、成熟期和最终的崩溃灭亡。然而，一个民族之精神的永恒方面并不随着肉体上的衰竭而灭绝，它将成为其他民族的遗产，并最终会成为全人类的共同财富。但是，维柯也暗示：犹太人可以避免这样的命运。

按照科罗赫马尔的说法，犹太民族在其历史进程中经历了三次循环。第一次是从亚伯拉罕到第一王国灭亡（公元前586年）；第二次是从重返锡安（公元前536年）到巴尔·科赫巴起义失败（132年）；第三次是从犹大·哈那西（Judah Hanasi，约200年）到西班牙大驱逐。然而，以色列人是游离于人类历史的存亡兴衰规律之外的，因为自形成一个民族之初，他们就开始投身于对绝对精神这一所有理念之源的追求——它是彻底精神性的，因而是永恒的。犹太人民在一种生命意志的驱动下，不断引导人类走向绝对精神。这是犹太人民在几个时代里所孜孜以求的目标。为完成这一重任，它必须生存延续下去。

由于以色列人和上帝之间的这种密切联系，犹太群体的当务之急是踏上其历史的又一次新的循环历程。科罗赫马尔表示:犹太人的解放将通向一个复兴、新生和繁荣的新世纪。如果我们猜测得不错,这也是科罗赫马尔在他未竟的《指津》一书中未能表达出的最后结论。他对犹太史的这些全新的解释为其注入了一种哲学观,并影响了当代犹太教中宗教的和民族主义的思潮。

对犹太教改革派的影响

改革运动从科罗赫马尔的犹太历史观中借鉴了大量的基本思想,尽管这位哲学家本人是一名传统主义者和虔诚信徒。正是在科罗赫马尔有关犹太民族已被选定为“各民族的导师”这一思想的启发下,犹太改革派才提出了自己的犹太使命观。然而,改革者们在把握这一思想时,忽视了科罗赫马尔对犹太教的独特理解——他所强调的是犹太人的群体角色。他们断章取义,抓住其学说的人道主义一面,并使之服务于自己的目的。

开创犹太教新纪元这一前景深深吸引了改革派理论家。杰出的改革派思想家之一亚伯拉罕·盖革,在为这场运动所作的理论阐述中发展了这一思想。然而,科罗赫马尔实际上并未回答自己所提出的这一意义重大的问题:如何解决理性和信仰的关系?在对犹太教的阐释中,他似乎仅仅指出:为现代主义稍纵即逝的幻想或其他文化昙花一现的幻影而放弃犹太教的永恒真理是不可取的,尤其是犹太教还肩负着一个值得我们为之奋斗的至关重要的精神目标。

亚伯拉罕·盖革

犹太科学运动的杰出领袖亚伯拉罕·盖革(Abraham Geiger,1810～1874)于1810年生于法兰克福的一个正统犹太教家庭。据说,盖革是一名神童,他三岁可读《圣经》,四岁阅读《密释纳》,六岁能读《革马拉》。此外,他还受过良好的世俗教育,并于1829年在海德堡(Heidelberg)攻读古典语言、历史和神学。后来他又转学波恩(Born),在那里,他结识了萨姆森·拉斐尔·赫尔施,并与之结为挚友。后者是新正统派的创始人,后来成为改革运动的一位激烈的论敌。1832年,盖革由于一部名为《穆罕默德从犹太教中借鉴了什么?》的著作而获得大学奖学金。随后,他在马堡(Marburg)大学获博士学位。从1832年到1837年,盖革在威斯巴登(Wiesbaden)首次任职拉比期间,进行了一些礼拜式变革尝试,表现出改革倾向。由于教徒们反对合唱队以及其他微不足道的变革,他辞去了教职。1855年,他在威斯巴登创办了一份名为《犹太神学杂志》(Zeitschrift für Jüdische Theologie)的学术期刊。这份期刊一直到1839年才停刊。

1838年,盖革当选为布莱斯劳的初级拉比。当时的资深拉比所罗门·特克丁(Solomon Tiktin)是一位正统派的领袖,他猛烈攻击了自己的这位助手。因为后者在礼拜中引入了定期布道、本国语祈祷文、牧师袍和其他一些革新。当时的德国被分割为众多独立公国,盖革这位土生土长的法兰克福人在普鲁士只能算是外国人。为了能在布莱斯劳这所普鲁士城市担任拉比,他不得不申请加入普鲁士籍。由于特克丁的支持者从中作梗,当局拒绝了他的申请。但盖革成功地回击了这些反对之声,并于15个月后加入了普鲁士国籍,随后就任拉比。

然而,这两位拉比的长期不和并未就此完结。两年后,盖革贸然上书犹太社区和政府官员,要求撤销特克丁的职务。社区站到了盖革的一边,暂停了特克丁的职务。后者则转而呼吁各国的正统派拉比支持自己的意见。为此,他出版了一部著作,收集了大批反改革的拉比们的看法和主张。针对这一举措,布莱斯劳的犹太教民在盖革的领导下,发行了一部两卷本文集,整理罗列了那些拥护改革并坚持拉比应享有思想自由的拉比们的思想。最后在政府的干预下,特克丁恢复原职。但冲突并未到此结束,甚至延续到特克丁1843年去世后。就在那一年,盖革接替了资深拉比职位,而特克丁的儿子则被指命为他的助手。六年之后,当地犹太教徒一分为二,一边倒向改革派,另一派站到了正统派方面,但1856年他们又重修旧好。布莱斯劳之争是当时传统主义者和改革派人士之间广泛存在的敌意和对抗的一个生动的范例。

盖革是1844年以及随后两年中召开的自由派拉比大会的领袖人物。他一直极力倡议在德国建立一所现代拉比神学院,而且还获得一位教友为这一项目的捐款。然而,令他懊悔和沮丧的是,他并没有被任命为这所学院的校长。他的对手,一位持更为温和的宗教观的拉比察希利亚·弗兰克尔(Zacharia Frankel),担任了这一职务。直到1872年盖革才获得了一个学术职务。那一年,他被任命为高等犹太研究院院长,这是一所设在柏林的改革派拉比神学院。然而,两年后他与世长辞,其学术生涯随之告终。

盖革是一位杰出多才的犹太语言学者和历史学家。他的学术成果包括数本专著和数百篇论文,涵盖了犹太学术的整个领域。他花费了大量时间研究中世纪希伯来文献,并写作了一部有关迈蒙尼德和伊本·伽比罗尔(Ibn Gabirol)的论著。此外,他还把犹大·哈列维的部分诗歌译为德语。1862年,他创办了自己的杂志——《犹太生活和书信杂志》,一直到 1874 年他去世后它才停刊。在他的代表作,即 1851 年出版的《〈圣经〉的原本和译本》(Urschrift und übersetzungen der Bibel)中,盖革试图证明:《圣经》经文反映了它们各自的写作年代里不断变迁的犹太教思想,《圣经》的译本也是如此。在他的一篇有关法利赛人和撒都该人的论文中,他证明了前一个宗派虽然屡遭《新约》的诬蔑和诽谤,但实际上是一个进步团体,因为它反对撒都该人对《圣经》的僵化不变、墨守成规的态度。盖革的这些研究成果为丰富犹太人的历史知识作出了不可磨灭的贡献。

盖革对犹太教的分析

正如大多数改革派理论家一样,盖革的思想也受到黑格尔和科罗赫马尔的影响。他坚持认为,宗教的原理、思想和习俗,如同所有的人类组织一样,要经历一个发展演变的过程。犹太民族的传统具有一种创造力,因而有助于造就出符合特定时代要求的犹太教。这一演化的历史进程是持之以恒、不断前进的,任何一代人都有权背弃过去,开始一个新纪元。每一时代都被赋予了和其他时代相同的权利,甚至可以说是义务,即在这一创造性链条中铸造出新的一环。和前人相比,当今的一代人并不是无足轻重的,而是更伟大的,因为他们必须在犹太教的进一步发展中扮演主角。如果每一时代都能为犹太文化遗产作出自己的贡献,那么,犹太教必将长盛不衰,不断地升华到一个更高的境界。因此,尽管《塔木德》的拉比尊崇过去,宣称"如果先前的权威像天使的儿子,那么,我们就像人类的儿子"(《安息日》112b),盖革及其学派却把眼光放到了现代。

盖革断言,犹太民族具有特殊的宗教天赋。《圣经》是启示的产物,而对盖革来说,这与其说是一种超自然奇迹的展现,不如说是一种主体内部所迸射出的瞬息闪光或顿悟。启示是一次性的,它来自神性的灵感和个人体验,而传统则是一个源源不断的、把整个犹太民族都卷入其内的动态过程。犹太教的源泉是启示,然而,启示又是保存于能保持其活力的持续不断的传统洪流中的。两者的综合,即启示和传统相结合的产物,共同构成了特定时代的犹太教。

和科罗赫马尔一样,盖革细致入微地考察了犹太史,并按照文化创造力的差异将其划分为几个阶段。第一阶段是启示时代,它体现于那种导致犹太教发端的深层的内在原动力和创造力的源泉。这一时代随着希伯来《圣经》的完成而告终。第二个阶段是《塔木德》时代,它表现出犹太教所固有的一种动态的活力。这种生命力体现在拉比的解释中,他们毫不犹豫地对先前时代形成的习俗和律法采取了一种随意和灵活的处理方法。这些拉比们既没有在批判他们的宗教传统方面顾虑重重、却步不前，也从未把他们自己的或后来时代的价值标准视为固定不变、永恒不可更改的。只有到了第三个阶段——从《塔木德》完成（约500年）为开端到18世纪中期结束，犹太教才沦落为一种荒谬可笑、僵化刻板的体系，“一种冥固不化的律法主义”。

按照盖革的说法，第四个阶段肇始于门德尔松的当代，其任务是运用批判的方法，对犹太教的原理和信条进行评估和辨析，努力把传统提升到一个更高的层面。犹太传统的本质特征必须从一种律法和义务的狭隘视野上升到一种包罗万象、普遍适用的伦理信条体系。盖革深信，这正是改革的目标和功用。它必须把犹太人生活从那种和时代精神往往是格格不入的诫命和法规的桎梏中解脱出来，并为其指明一条全新的路线，也就是说，给犹太教传统注入时代的最高理想，即便在这一过程中可以对之进行改造和修正。作为这种处于演进和变革之中的宗教，犹太教可以为其信徒提供一种适用于个体的全新理想和抱负，并取替那种不尽人意的律令和法规体系。因而，它将有助于犹太人解决其现代主义倾向和信仰要求之间的现存矛盾。值得注意的是，这种试图把犹太教个体化的努力表现出了一种新教倾向。一般说来，正统派是不会为这些问题所困惑的，因为他们要求犹太个体无条件地遵从那些为群体所设定的律法约束。

对于盖革和改革运动的精神领袖们来说，上述解释为他们在犹太教中引入种种变革举措提供了证据。然而，在那个时代的正统派犹太人看来，这种解释代表了对他们所理解的那种唯一真正的犹太教和他们所珍视的传统的一种反叛。他们把犹太教视为由上帝颁定的、每个犹太徒必须遵从的人生训导，因而，它们不可能成为一种负担。它并不像改革派所宣称的那样仅仅是一种教义体系，因为它的律法和信条赋予了犹太教一种合乎自然的本性和原动力。此外，犹太教也不应忽视自身的伦理因素，或者为迎合某一时代及其时尚，把它硬嵌到一张普罗克拉斯提斯之床。由于对犹太教法规的忠诚，犹太人世世代代遭受殉道之难，而现在，犹太教的毁损者和破坏者却恰恰是从其内部滋生出来的。他们即便未能最终毁灭犹太教，但仍旧可能在犹太人内部造成分裂和隔阂。对此，传统主义者决心竭尽全力与之抗争。

盖革理论的意义

在这里，我们似乎应当首先考察一下盖革思想的具体运用。盖革认为，犹太教作为一种活生生的、发展中的信仰体系，是没有为他所称的僵化过时的风俗惯例留下余地的。传统是犹太教的重要指南，因为“现在不会与过去决裂”。然而，这并不意味着：每一诫命或信条，无论如何同现代主义精神相抵触，都必须保留下去。在盖革看来，先知们所倡导的伦理一神论原则是恒久不变、具有强制约束力的，然而，礼仪和程式仅仅是展示宗教真理的方式而已，因而其本身不是永恒不可变更的。一种习俗，在一个时代可能会起到促进和激励的作用，但在另一时代却可能不然。它们不是神圣的，因此，只要有必要，就可以抛弃或更改。甚至《圣经》所颁行的割礼这一基本风俗也可以废弃。在1845年写给利奥波德·族恩茨的一封信中，盖革曾借用了恐怖时期法国激进分子的语言对这一风俗进行了描绘：“一种野蛮的、血淋淋的行为……对我们来说，那些早先年代里曾赋予这种行动以圣洁之光的神圣思想是毫无意义的。”对那些所谓的饮食律法，盖革更是持彻底否弃的态度。他指出，那些“忠实地”墨守成规的犹太人并不是把犹太律法视为一种强烈的、发自内心深处的信仰，而仅仅是因为它们是传统犹太经典所规定的。

尽管盖革基本上把犹太教视为一种教义体系，但他仍然认为，犹太团体应继续保持一种宗教性的社区形式，以利于其教义的传播和普及。然而，他并未赋予犹太人民作为一个民族的身份。在他看来，上帝赋予了犹太人一种特殊使命，使其成为“万邦之光”（《以赛亚书》42:6），即有责任教诲全人类以伦理一神论的真正意义，哺育宇宙之和平和正义。正是出于这一目的，上帝才把犹太人遣散到各民族中间。因此，犹太人的散居命运是神赐的福祉，而不像犹太人几个世纪以来所认为的，是一种罪孽的惩罚。[①] 既然如此，犹太人除了保有自己的宗教忏悔外，必须放弃一切种族的或民族的特征，和自己的邻人们完全融为一体。在这一思想的驱使下，盖革在1854年于布莱斯劳出版的一本祈祷书中，删掉了所有涉及弥赛亚理想和重返锡安的章节，代之以建立全人类的千年王国的祈祷文。

在刻意渲染犹太教的大同主义一面时，盖革和其他改革运动的忠诚的先驱一样，显然是基于这一信念：解放是救世主来临的先行官和预言者，它将为犹太人和全人类迎来一个自由和平等的新世纪。到那时，所有的个别主义（Particularism）将从地球上销声匿迹。他深信，作为一种普世宗教，犹太教必将赢得那些曾因其民族性而唾弃它的犹太知识分子更大的敬意。在这里，盖革或许还把犹太教视作一种世界宗教，然而，并不

---

① 参见本书第8章第2～4节。

是他那个时代的所有改革者都怀有这一理想。他们当中的某些人无疑是受机会主义驱使。他们之所以倡导改革，不过是为了清除他们融于德国社会的一个障碍而已。他们也可能是看到了一种“便利的宗教”的希望，也就是说，改革能在一定程度上使他们摆脱传统的清规诫命的束缚。

盖革深信，为了传统的目的，希伯来语应继续保留于礼拜式中，然而，也不可对之过分地夸大。显然，正是这一思想致使他在布莱斯劳的祈祷书中保留了希伯来文。然而，从理论上，他认为一个人应当用自己的母语，即他表达思想的正常媒介做祈祷。也许令人意外的是，他竟然声称德语赞美诗能在他心中激发出一种希伯来语所无法企及的情感反应。盖革坚持认为，历史已经作出了一个遗弃希伯来语的判决，尽管在他那个时代这一判决还未得到贯彻执行。他用黑格尔式的语言宣称：历史的力量是不可抵御、不可阻挡的。这些思想在法兰克福大会上一经宣读，就使一位温和派人士察希利亚·弗兰克尔愤然退场。尽管盖革在改革观上已称得上激进自由主义，但与他的同事撒母耳·侯德海姆相比，他还逊色几筹。

撒母耳·侯德海姆

撒母耳·侯德海姆(Sammuel Holdheim，1806～1860)是一位土生土长的波兹南(Posen)人，那里定居着大批非德裔的波兰犹太人。侯德海姆在一所东欧犹太学校接受了严格的塔木德训练，他的激进主义宗教观很可能就源于对这一段经历的激烈对抗。后来，他又就读于布拉格大学和柏林大学，打下了哲学和其他世俗学科的扎实基础。在1836到1840年于法兰克福的阿姆·奥德任拉比期间，他推行了一系列温和的礼拜式改革。随后的六年间，他又担任了迈克伦堡·施沃伦(Mecklenburg Schwerin)的首席拉比。在这之后的1847年，他欣然接受了柏林改革派公会的教职——盖革曾因其是一个在社区活动之外的、分离主义的私人团体而拒绝担任。侯德海姆一生著述颇丰，但主要的著作是一部由七卷布道词组成的《礼拜演说集》(Worship Addresses)。他在这本书中所倡导的改革之一就是拉比职能的转换。他认为，拉比们不能再一味沉溺于决定有关宗教仪式或犹太律法的问题，而应该为犹太教民们发挥一种类似于新教牧师的职责。

作为一名黑格尔信徒，侯德海姆坚持认为，改革代表了一种进步的力量。历史之展开过程也是一部不断前进的历史，在这个进步之梯上，后来的步伐必定要超越前人的足迹。这当然表征出了一场跟过去以及宗教承袭性的链条和传统印记的决裂。因而，传统不再是与时代相关的，或者说有必要为适应新时代而作调整,但侯德海姆仍坚持认为:犹太教必须服从于时代的潮流。

侯德海姆的激进主义

在1843年出版的一部名为《论拉比的自治和犹太婚姻法的原则》(On the Autonomy of the Rabbis and the Principles of Jewish Matrimonial Law)一书中,侯德海姆阐释了其他一些改革理论。他的思想根基来自巴黎犹太法庭(Sanhedrin)对犹太教的民族种族特征的否定。由于缺乏盖革那样广博的世俗知识,侯德海姆不可能采用后者的历史批判方法,他只能借助以《塔木德》名言为基础的因果推论来支持自己的论点。他的主要论点是,犹太教中的宗教—伦理和人道主义因素是和其民族主义特征截然分离的,因为后者在犹太灭国后就已丧失了约束力。犹太人长达几个世纪的社区自治生活应被拉比们改造犹太教的自治权所取代,只有这样才能和它的宗教—伦理本质以及时代精神相吻合。既然犹太人已不再是他们自己国家的,而是其他国家的公民,那么,他们的风俗习惯也应作相应的调整,以适应这些国家的要求。

为了给自己的思想提供《塔木德》的根据,他援引了两则《密释纳》信条:"国家的法律即是律法"(《誓言》28a)和"那些依赖于(以色列)国土的律法应仅限于在(以色列)国的范围内遵行,而没有这种依赖性的诫命则必须在(以色列)国内和外邦中都得到遵守"(《订婚》1:9)。在这里,侯德海姆歪曲了"依赖于国土"的律法的本义,把它解释为"国家"而非"土地",尽管后者才是这一用语在《塔木德》以及后来的犹太经典中的真正含义。他由此宣称,所有曾适用于犹太国的律法在非犹太国家都已失去效力,既然犹太人定居于其他的国家。因此,他声称:尽管安息日是一项宗教规约,但它不必像在巴勒斯坦那样非要在第七日举行,在现今的环境中,可以移到星期日。[①] 他由此推论:我们可以放弃一些有关安息日的律法细节。此外,那些担任公职者,如教师、律师和其他人士,不必受安息日工作禁令的约束,因为拉比的《免除工作法》(Shebuth)曾许可那些主持圣殿仪式的人在安息日继续工作。在这里,侯德海姆显然无视这样一个事实:两者是根本不可相提并论的。

侯德海姆坚持认为,婚嫁和离异方面的宗教立法应让位于民法。在

① 按照犹太教传统,一个星期的第一天是星期日,也是一周内第一个工作日,因此不宜作为安息日。——译者注

他仅有的一部希伯来语著作《论婚姻》中，他还试图证明：异族通婚在宗教上是允许的，既然这一禁令仅仅是一个民族的立法。此外，他还接受了巴黎犹太法庭的这样一条裁决：鉴于基督徒是一神论者，《圣经》中的异族通婚禁令（《申命记》7：3，《出埃及记》34：15 以下）对他们无效，而且他本人还乐意主持这种形式的婚礼。他论证认为：上述的原理同样适用于犹太割礼。围绕着"亚伯拉罕盟约"即割礼法，是否构成一名男性成为犹太信徒的一个基本条件这一问题，在法兰克福的犹太改革派联谊会（Frankfort Society of Friends of Reform）中引发了一场狂风暴雨式的论战。侯德海姆出版了一本小册子，他在其中宣称：不是割礼而是出身才能决定一个人是否为犹太人；任何一位犹太母亲所生的男孩都有资格成为犹太人，无论他是否施行了割礼。从严格的律法立场来看，侯德海姆无疑是正确的。然而，他未能顾及犹太人民对割礼法的特殊感情——对他们来说，这是自罗马人（Hadrianic）大迫害（117～138）以来犹太人誓死捍卫并以殉道和苦难凝结而成的神圣律法。虽然盖革持有和侯德海姆相近的观点，但他并不认为它们适合于一位拉比作公开的表白。从总的方面来看，可以这样说：盖革比侯德海姆更为尊重传统。后者在布道坛上毫不含糊地宣称：在犹太教中，割礼法和其他宗教法规一样，是非强制性的。鉴于这些观点，侯德海姆对一些至关重要的犹太传统的彻底摈弃也就不足为奇了。

就改革激进程度而言，德国任何一所圣殿都无法和侯德海姆的柏林公会相提并论。他持有和法国犹太知名人士大会[①]相同的观念，即：犹太教仅仅是一种教义体系，犹太人不过是"摩西信仰的追随者"。他以理性主义立场为基础，对传统习俗进行了任意解释和修正。在犹太历法的所有斋戒日中，他仅保留了 Yom Kippur，即赎罪日。此外，他还废除了这一重大节日的第二日，其理由是：既然现代历法是由精确可靠的测时学方法确定的，不再像古代那样依赖于对月亮的目测，因此，为修正其可能发生的历法误差而添设的附加日是毫无必要的。[②] 在引入这一改革时，侯德海姆坚持认为他正在重返圣经时代的犹太教，然而，他却忽视了他那个时代的犹太民众的这样一种感情，即：一项古老习俗本身带有宗教律法的特

① 参见本书第 4 章。

② 犹太历法是太阳阴历。直到公元 2 世纪中叶，犹太月的开始还是靠目击者观察月亮的圆缺来确定的。虽然从那以后，犹太月的开始改为数学计算确定，但古已有之的两天节日的习俗仍作为传统盛行于散居犹太人中。

征，因而不可对之随意干预。

侯德海姆遵从了现代主义和基督教会的做法，在圣堂中引入了男女混坐席和混合唱诗班。这些做法自然被视为违反了宗教信条。此外，他还废除了祈祷围巾(talis)，即男性礼拜者所佩戴的头布。对于这种做法以及其他改革之举的缘由，大卫·菲利普逊(David Philipson)——一位犹太教改革派的杰出作家——曾作过如下的解释："……我们西方人习惯于脱帽致敬，而东方人则惯常于把头部遮掩起来……为了在圣堂中营造出一种和纯粹希伯来祷告仪式相吻合的东方气氛，祈祷时蒙头，实行男女分坐，而在圣堂之外的所有事务中，犹太人又是彻底西方式的。这也就是说，他们的圣堂和日常生活是完全脱节的，这对犹太教的最大福祉是有害无益的。"①尽管如此，正统派拉比们仍然对改革者修正宗教习俗的权力提出了质疑和挑战。

侯德海姆还废弃了在犹太新年(Rosh Hashanah)吹奏羊角号的习俗。至于节日中按照传统惯例应由柯亨(Kohanim，即祭司后裔中的礼拜者)朗诵祭司祈福词，改革者们认为在现今时代它仅仅表征了一种和圣殿献祭仪式(《民数记》6:24～26)相关的历史纽带，而失去了其本真的意义，因此，柏林圣殿也予以废除。侯德海姆把这种祭司祈福词的朗颂权移交给拉比——犹太公会宗教领袖。由于这些举动以及其他一些对礼拜式的变革，侯德海姆在柏林所主持的圣殿成为德国，乃至整个欧洲的最激进的改革派公会。它后来也成为美国犹太改革运动所仿效的一个范例。

德国改革运动的衰落

到19世纪，德国的改革热潮已呈现明显的衰败之势。1848年革命之后，一股类似于1815年拿破仑战败和维也纳会议后的反动浪潮席卷欧洲。犹太人彻底解放的希望随着各种限制措施的卷土重来而彻底破灭。他们这时才认识到：宗教教义和习俗的现代化并不能为他们赢得政治上的平等权利。为争取彻底的公民权，许多犹太人纷纷把精力从宗教改革转移到了政治方面。

德国改革运动的兴趣之衰落可能与下面的事实有关：自1846到1869年的近四分之一个世纪中，没有召集过一次自由派拉比大会。直到1869年，才于莱比锡召开了一次拉比和世俗人士共同参加的宗教会议，

---

① 大卫·菲利普逊：《犹太教的改革运动》，麦克米兰1931年，第428页。

其成员囊括了德国各地形形色色的改革团体的代表。两年之后，在奥格斯堡(Augsburg)又召开了一次宗教大会。然而，这些集会几乎一无所成，这主要是因为德国各改革派团体都宁愿自行其是——甚至达到这种程度，以至于直到1929年才通过一本通用的改革派祈祷书。这些改革派大会除了进一步加剧了正统派的反对之外，似乎没有产生任何正面的效果。

德国改革运动的停滞还存在其他方面的原因。改革派团体是社区不予支持的私人组织。德国政府对每一位参与社区机构工作的犹太人都要征收赋税，因此为改革派成员增添了一份额外的财政负担。此外，普鲁士政府还强行禁止建立任何背离传统模式的宗教团体。而且，自1848年之后，越来越多的德国犹太人出于对本国形势的绝望，纷纷移民美国。他们中不乏一些才干卓著的拉比和世俗领袖——他们本来是可以推动德国犹太教的改革进程的。这些人在自由之邦美国发现了一处更有利于传播他们的思想、实现他们的抱负和志愿的肥沃土壤。

尽管19世纪早期的几十年间，围绕着改革运动在德国引发了一场激烈而动荡的冲突和论战，然而，在这个世纪后期的几十年间，德国的宗教生活却似乎稳定了下来。1871年，即法德战争后不久，德国犹太人就获得了彻底的公民权，但这并没有影响到他们的宗教倾向。在任何真正的意义上，当时绝大多数德国犹太人都称不上是安守教规的信徒，少数人站到了形形色色的正统派阵营，而大部分则只是温和的改革派人士。事实上，在1928年，当大卫・菲利普逊这位知名的美国改革派拉比参观了德国的一些典型的改革派团体后这样写道："以美国改革的水准来衡量，德国的改革派祷告仪式即便不是正统性的，也显然是保守的。宗教仪式几乎自始至终使用希伯来语，男女分开，妇女被安排在走廊里，男人蒙头祈祷。这一切竟发生在自由主义的犹太集会中，似乎很难让人置信。"①然而，改革运动在德国所失却的力量，又在美国找到了施展的天地。

改革的影响

要对德国改革运动对犹太教的影响作出一番总体评价是相当困难的。当一些人声称它是19世纪犹太人洗礼改宗的一个中间站时，另一些人则深信它或多或少阻止了犹太人的改宗潮流。美国一直是改革运动最

---

① 大卫・菲利普逊：《犹太教的改革运动》，麦克米兰1931年，第430页。

高涨的国度，只有在那里，我们才有理由认为改革运动对犹太教的其他流派产生了相当重要的影响。

保守派从改革派那里借鉴了许多创新之举。正统派尤其是美国的正统派，虽然程度不及前者，但也有所借鉴。在这些变革中，既有礼仪方面的改进，也有在宗教仪式中本国语的使用和定期布道的开设，以及各种形式的坚信礼仪式。此外，保守派犹太教团体采用了男女混坐、管风琴，以及取消祭司后裔的祈福权这样一些改革之举。就这方面而言，最近几十年间，美国犹太改革派又重新拾起了他们先前曾摒弃的一些传统习俗和教规。值得注意的是，许多在一个半世纪之前或稍迟一些的时期里被认为是有悖于传统而遭致猛烈抨击的思想和习俗，却已为持正统观的犹太宗教团体所接受。这些都是变幻莫测的时代使然。

第8章 历史学派

1. 利奥波德·族恩茨

温和主义者

就宗教观而言，几乎所有犹太学运动的发起人都是温和主义者，像盖革那样的激进分子寥寥无几。他们的绝大多数都基本认同了当时欧洲的弗兰克尔以及后来美国的所罗门·谢希特(Solomon Schechter)所提出的宗教原理。如果说弗兰克尔的思想体系与历史学派相联系，那么，谢希特的思想则成为美国犹太教中保守派的理论基础。

德国历史学派的主要先驱者之一是利奥波德·族恩茨(Leopold Zunz,1794～1886)，他是犹太学运动的奠基人和孜孜不倦的倡导者。这位杰出的犹太学者于门德尔松去世八年之后生于莱茵省多特蒙德的一个贫寒之家。幼年失去双亲后，他被送到沃尔芬比特尔(Wolfenbütel)的一所专门为贫困犹太儿童开办的萨姆森免费学校。学校的主要课程是《塔木德》。星期五早上讲授《圣经》，此外，每周还要抽出数小时研读世俗学科。在沃尔芬比特尔，年轻的族恩茨流露出自由主义倾向，他和一位后来成为著名犹太史学家的同学马库斯·约斯特(Marcus Jost)一道，私下自学了希伯来语法知识。

学校新总监撒母耳·艾伦伯格(Samuel Ihrenberg)发现族恩茨有杰出的智力天赋，遂在教学中给予他悉心的指导。1811年，这位年轻人从当地的高中毕业，成为第一位在这所学校拿到文凭的犹太人。四年后，他进入柏林大学，在那儿学习并掌握了历史地研究人类文化各个不同方面的方法论及其精神。1818年，族恩茨在哈勒(Halle)大学获博士学位。他的博士论文是有关拉比文献的述评——这是一个为启蒙运动的早期倡导者所摒弃的领域，而族恩茨视之为犹太民族精神的一个伟大成就。族恩茨在其著作中按历史分期，对拉比作品进行了分类。此外，他还强调指出，这些文献可以成为反映它们所产生的各个不同时代的丰富的史料渊源。

文件

维也纳会议(1815)之后，德国犹太年轻一代中的开明分子骤然陷入了一片迷惘和混乱的境地。那一代人大多都受过良好的普通教育。有些甚至还是大学毕业，踌躇满志地希望在世俗社会争得一席之地。然而，宗教的障碍阻断了他们的前程，维也纳会议上通过的复辟措施使早期的种种反犹限制卷土重来。他们由此而生的受挫失意感是难以言表的，已尝试过自由的滋味，无论如何都无法再退回先前的那种卑贱的地位。而来自许多阶层，包括知识界在内的反犹叫嚣——“Hep! Hep!”[①]又进一步加强了他们的这种幻灭感。门德尔松义无反顾地把德国犹太人领出了隔都，然而，他并没有给他们指出一条通向“应许之地”的道路。他们因此陷入了一种进退维谷的两难境地，不知何去何从。面对这一困境，相当一部分犹太人在基督教会中找到了自己的避难所。

正是在这样一个思想动荡和迷茫的时代，族恩茨和几位同事挺身而出，试图为他们一代探索出一条走出迷津的道路。1819年，他和才华横溢的法理学家、黑格尔信徒爱德华·葛恩斯(Edward Gans，1798～1839)，博学多识的商人摩西·摩斯尔(Moses Moser，1796～1838)，以及其他几个人一道，创办了犹太文化和科学协会。诗人海因里希·海涅后来也加入了这一行列。这个组织的成员们深信：真正的解放只能来自犹太内部。因此，他们试图通过对犹太经典文献的批判性的科学考察，让德国犹太人中的开明阶层了解到犹太教的基本成就和意义，并藉此提高犹太教在犹太人民心目中的地位，从而逆转正以咄咄逼人之势席卷德国犹太人的改宗狂潮。他们深信：对犹太人过去生活的认识和了解将有助于

① 十字军的口号，很可能表示“耶路撒冷陷落了”。

激发犹太年轻一代的尊严和自我价值感，并由此增强他们的犹太意识。在基督教中也同样如此，它将有助于为犹太人赢得更大的敬意，并减缓当时所盛行的反犹偏见。犹太文化和科学协会由此提出了一个范围广泛、雄心勃勃的研究和普及犹太教育的纲领。

他们的计划并不仅限于传播犹太文化，他们还试图对犹太年轻一代进行农业方面的训练，以便让他们摆脱商业上的追求，从而在最大程度上消除他们认为构成反犹偏见的一个主要的经济原因。然而，这些宏大的方案很快就化为泡影。一方面，柏林犹太社区中的开明分子对他们的尝试无动于衷，毫无兴趣；另一方面，虔信派成员又抨击了他们出于善意而提出的对圣典的新型的批判性的考察方法。1824 年，协会主席葛恩斯为获得柏林大学的教职而接受了洗礼，犹太文化和科学协会随之解体。海涅也步其后尘，据他本人声称：这样做是为了"获得一张进入基督教社会的通行证"。对他来说，这样一张通行证就意味着可以进入普鲁士法律界。然而，尽管他在考试中有杰出的表现，但最终未能介入具体的法律事务。海涅生性乖僻，从他写给朋友摩斯尔的一封信中可见一斑："假如我本人的改宗行为对你来说是可嘉赏的话，我将感到极度失望。我向你保证：如果法律允许偷窃财物，我是绝不会接受洗礼的。"

然而，至少从下述角度来看，这个已不复存在的犹太教社团也并非一无所成。由于族恩茨在犹太学方面所作的努力，涌现出了一批硕果累累的研究成果。马库斯·约斯特、历史学家海因里希·格里茨（Heinrich Graetz，1817～1891）、亚伯来罕·盖革、察希利亚·弗兰克尔以及其他一些犹太学者相继进入犹太史学研究的广阔领域。这种方法不久就传到了其他国家，诸如意大利的所罗门·大卫·卢扎托（Solomon David Luzzatto，1800～1865）和法国的所罗门·穆恩（Solomon Munk，1803～1867）都采用了这种方法。而 1854 年落成的布莱斯劳犹太神学院则承担了对犹太学术的全方位批判性研究的任务。包括美国在内的不少国家拉比神学院和其他学术机构纷纷采用这种方法培养学生，以这种新精神从事研究。

犹太科学运动的动因

犹太科学运动是犹太学术领域内的解放精神和传统主义之间的一场生死角逐的产物，在其背后，隐藏着诸种推动因素。犹太科学运动把犹太经典文献推到了理性审判之法庭，从而标志出和他们曾信奉的传统权威主义的决裂。此外，尽管他们当中也有一些人关注于这种新科学方法在提高犹太学术水平方面所能发挥的重要作用，但大多数却仅仅视之为一种恰当的编纂手段，或看作把已走到穷途末路的犹太文化创造的漫长历程推到一个最终的顶点的方法，因为他们相信：犹太教无法逃脱为世俗主义和解放运动所吞噬的厄运。他们认为，任何文学上的发挥或学术创造，对进一步丰富和美化犹太人昔日的辉煌历史都无济于事，因此，对其成就和贡献作出评价是势在必行的了。族恩茨和他的同事希望，这种犹太学术的新模式可以被系统化为一门独立的学科，并在高等学府中取得和其他已经湮灭或死亡的文明，诸如希腊和罗马文化平起平坐的地位。他们为突破拉比小圈子的限制，用德语进行写作，试图藉此吸引尽可能多的犹太和非犹太读者。

值得注意的是，族恩茨生活在18和19世纪之交，正值两种思潮碰撞交会之时。黑格尔的绝对唯心主义，尤其是他对历史、社会、文化、政治和宗教问题的进化解释方式，和1806年普鲁士在耶拿(Jena)战败后德国所兴起的浪漫主义发生了融合。后者是对法国大革命所体现的理性主义的一场反动，德国人民希望藉此来改变自己在拿破仑手中含羞蒙辱的历史。浪漫主义力图抛开当时的阴暗时代及其现实感和冷酷的生存逻辑，退到另一时代，即中世纪——在那时，人被视为精神力量的载体。这种浪漫主义渗透于德国及其他一些国家的文化生活、学术和艺术的各个方面。此外，它还对犹太学术产生了冲击和影响，使其退回到过去的时代。

和文艺复兴时代学者尊崇古希腊和罗马文明不同，浪漫主义以中世纪尤其是其虔诚的宗教观、极端的超自然和神秘主义为楷模。理性主义以居高临下的姿态看待中世纪，而浪漫主义则给予其崇高的地位。然而，犹太科学运动的学者们所退回的中世纪通常是指超越了中世纪的后圣经时代，即从《塔木德》和高昂①时代到西班牙大驱逐。此外，在犹太科学运动中，浪漫主义是和其对立的理性主义交织在一起的。前者构成了背后的促动因素，后者则提供了一种客观的、批判的研究方法。

族恩茨和改革派

族恩茨曾在柏林的马库斯和赫茨(Henriette Herz)家中任家庭教师。他在那里结识了一批改革派的领袖，并受到他们的思想影响。他曾在贝尔(Beer)的私人改革派圣殿中讲道。1832年，普鲁士国王以用本国语做

---

① 希伯来语Gaon(复数Gaonim)是对6世纪末到13世纪，乃至14世纪期间巴比伦犹太学院院长的称呼。这段历史也被称为高昂时代。此外，对杰出的塔木德学者也使用一称呼。——译者注

礼拜和布道违反了犹太传统为借口，关闭了这所圣堂。为批驳这一论调，族恩茨着手进行了一项重要的研究，并于1832年出版了一部名为《犹太人的肺腑之言》(Devotional Addresses of the Jews)的著作。在这本书中，他通过论证表明：自以斯拉(Ezra，公元前450年)时代以来，用通行语言布道已成为犹太圣堂的惯例。此外，他还指出，圣堂中的仪礼在其发展过程中也是几经变更和演化的，因此，改革者所采取的创新之举不过是犹太宗教仪礼演进过程中的一个阶段而已。实际上，正是这种为改革派辩护的企图激发了犹太科学运动的产生和兴起。①

大约在1840年，族恩茨被任命为柏林教师神学院院长后，他修正了先前对改革派的看法。他的许多朋友认为他的这种改变只是一时的权宜之计。然而，他的这种做法似乎是发自内心的，而不是出于世俗的考虑。这样说的根据是：他曾由于自己的宗教观不能为犹太教会所容而辞去了在布拉格改革派圣堂中的教职。1845年，他写给盖革一封措词激烈的信，就后者对其向传统主义转向的批判，表明了自己对改革派的看法：

> ……我对改革饮食法的做法深恶痛绝。那些热衷于向无以自卫的犹太教开战的人可以如此改革。判定一种宗教的尺度在于宗教本身，这一事实已广为民众所接受，并被一代又一代的人奉为圣旨。我们所要改革的应是我们自身而非我们的宗教。我们当然可以批判那些从外部或内部侵入和腐蚀我们宗教的有害习俗，但对《塔木德》的全盘否弃和攻击只能是一种离经叛道的变节行径……

族恩茨在1843年发表的一篇论及犹太人用的经匣的文章中讲道，启人心扉的宗教仪礼对犹太教来说是必不可少、生死攸关的。他解释说，这些诫命作为基本的伦理和宗教教义的外部标志而发挥着重要的作用。没有它们，犹太教势必停留在一种抽象概念的水平。一年之后，为驳斥法兰克福改革派联谊会教友对割礼的攻击，他出版了一本题为《应答》的小册

① 不久后，族恩茨又获得了一次把自己的研究才能用于实践的机会。普鲁士政府颁布了一条犹太人只能沿用过去的传统名字的法规，以便于当局识别他们的犹太人身份。政府声称，传统名字是与犹太习俗相符合的。族恩茨在1837年出版的一本讨论犹太人用名的专著中证明：犹太人一直是从他们所生活于其中的民族借用名字的，使用其他的非犹太名称并不像这项法令所宣称的那样违背了犹太习俗。由于这一研究成果，这条普鲁士法律被改为禁止犹太人使用纯粹的基督教名字，如彼得、克里斯蒂安等等，但允许他们使用别的名称。当时正值1840年大马士革流传所谓"血祭诽谤"，族恩茨驳斥了有关《塔木德》允许犹太人以血祭神的说法。

子，再次强调了这一思想。族恩茨坚持认为，这一习俗乃是犹太教中最本质的东西。犹太教不仅仅是一种道德信条的体系，或者说是异教学说的对立面，犹太教的普遍原理是和其他宗教相通的。因此，唯有借助于教礼上的不同，犹太教才能保持其与众不同的特色。此外，犹太人也不应以放弃自己神圣的理想或习俗为代价，换取自身的解放或公民权，因为这是他们作为人生而俱有的权利。即使他们不放弃自己的宗教价值或原则，他们也将最终获得这些权利。族恩茨在上述和其他作品中，坚持保留那些古老的宗教仪式和习俗，这样做并不是由于它们是神授的，而是因为它们根源于犹太人民的生活和经验。他的理性主义不允许他走向正统派的原教旨主义立场。尽管族恩茨赞成修正或取消那些“有害的风俗惯例”，但他强烈反对那些以顺应所谓“时代精神”为名义或仅仅作为权宜之计而废除犹太教礼的改革派分子，以及那些试图藉此取得政治上的公民权利的机会主义者的做法。这样，族恩茨就走到了正统派和改革派之间的一条折衷路线，他的这种做法为弗兰克尔的历史学派奠定了基础。

2. 察哈利亚·弗兰克尔:生平和时代

生平

德国犹太教科学运动的领袖察哈利亚·弗兰克尔(Zacharia Frankel,1801～1875)被视为犹太教历史学派的奠基人和理论家。他生于布拉格的一个富裕的家庭，并在当地的犹太学校受到严格的塔木德训练和良好的世俗教育。1831 年，他在布达佩斯大学获古典语言博士学位。同年，他接受了拉比资格的任命，并随后就任莱特梅里茨(Leitmeritz)城区的拉比，以及该区的蒂普利茨(Teplitz)这一主要公会的拉比。在后一项任职期间，弗兰克尔在犹太礼拜式中引入男声合唱、本地语布道、省却礼拜式中的附加诗歌[①]和其他一系列温和的革新，表现出了自由主义倾向。

几年后的 1836 年，弗兰克尔被委任为德累斯顿的首席拉比，他担任此职直到 1854 年以“中庸稳健的谦谦君子”的身份，战胜了改革派的理论倡导者亚伯拉罕·盖革，当选为一所新设的拉比培训学校，即布莱斯劳犹

① 在基本的礼拜式之外附加的中世纪礼拜诗歌。

太神学院院长。从气质上讲，弗兰克尔更适合做一名学者和教师，而非拉比和祭司，因此，他放弃布道生涯，选择了一条献身教育的道路。弗兰克尔主持这所学校直至逝世。他教育和培养了大批拉比和学者，向他们灌输了他的批判思想和理想。他们当中的许多人后来投身于犹太历史和文学研究的不同领域，并作出了重大贡献。

作品

弗兰克尔一生著述浩繁。他的兴趣主要集中于哈拉哈这一被他视为犹太教基本构架的领域。在题为《七十子本希腊文旧约圣经初探》(Preliminary Studies in the Septuagint)的博士论文中，弗兰克尔研究了公元前3世纪的犹太律法传统。这一工作影响了他一生的学术兴趣，他从此致力于犹太律法演变的研究。作为布莱斯劳神学院的塔木德教授，弗兰克尔认识到有必要编纂一本《塔木德》教学参考文献。本着这个目的，他于1859年出版了一本名为《密释纳的方法》(Darkei Hamishna)的希伯来语著作。这是一部有关哈拉哈的历史著作，它激发了众多学者对这一领域作更深入的研究。弗兰克尔借鉴了科罗赫马尔的这样一个思想：口传法来自拉比而非西奈[①]，从而引起了一场轩然大波，招致萨姆森·拉斐尔·赫尔施和正统派拉比们[②]的强烈反对。他的另一部主要的希伯来语著作是Mavo Hayrushalmi，一本有关耶路撒冷《塔木德》的入门书。由于学者们对巴比伦《塔木德》的过分关注，耶路撒冷《塔木德》被人们长期冷落和忽视。此外，他还写了几篇有关耶路撒冷《塔木德》的论文，并为此写了一部名为《热爱锡安》(Ahavath Zion)的著作，以宣扬与改革派对立的重返锡安的信念。

1844年，为推动人们对犹太科学运动的兴趣，弗兰克尔创办了一份题为《犹太宗教兴趣》(Zeitschrift für Jüdische-Religiöse Interessen)的杂志，但三年之后就宣告停刊。1851年，在神学院的事务安排就序后，他又

---

① 《新迷途指津》(More Nebuchei Hazman)，华沙1894年，第201页。

② 正统派拉比抨击了弗兰克尔的这一论断，即为人们经常引用的塔木德警句“Halache L'Moshe M'Sinai”(由摩西在西奈山得到)指的是古代的法规，有些甚至要早于神的显现——它们的起源已无从稽考。出于这个原因，它们才被说成是来自西奈神启的，尽管它们事实上并非如此。正统派对这句话，以及其他传统的解释自然是拘泥于字面的。他们坚信这样一条塔木德名言：“上帝昭示给摩西《托拉》的秘义和圣录员们的推论，并表明哪些是圣录员们(未来)要作修正的。”(《以斯帖古卷》19b)在耶路撒冷《塔木德》中也有类似的话(《拾遗》6a)，其大意是“就连一位称职的学者所注定要革新的东西也早已在西奈说过了”。

创办了一份杂志《犹太教历史与犹太教科学》(Monatschrift für Geschichte und Wissenschaft des Judentums)。弗兰克尔主编这一杂志长达18年之久,直到1869年移交给一位虔诚的同事,即著名犹太历史学家海因里希·格里茨,后者当时在布莱斯劳神学院担任犹太历史和《圣经》注释学教授。[①] 作为其时代的一位伟大的犹太学者,弗兰克尔为犹太思想和学术的发展作出了不可磨灭的贡献。

理智和情感

弗兰克尔深受弥漫于19世纪欧洲文化生活中的强大的浪漫主义思潮的影响。浪漫主义是对前一代理性主义精神的反叛,其矛头所向的乃是这样一条理性主义设定:人的所有活动,甚至包括政治和道德在内,无不受到机械的和冷冰冰的自然法则的制约。浪漫主义强调个体主义、内省、人的自由和超越自然层面而趋向无限的能力。它把人视为一种复合体,不仅被赋予了理性能力,而且具有情感、想象和直觉。他应调动所有这些能力去追求美和真理。在这样做时,他可以冲破一切形式的规则、先前的惯例以及人为限制的束缚。

正是由于浪漫主义的影响,弗兰克尔才坚持认为:我们不应忽视犹太人民对传统所抱的感情。在这一思想的左右下,他劝导改革者们在应付自己所面临的宗教问题时不要过分地滥用理性主义。他经常提醒他们,剔除掉犹太教的情感因素,也就削弱和淡化了犹太教。理性如冰冷的北风,它虽然为心智所钟爱,却不能满足情感的要求,也无法带来心灵的慰藉、平静或幸福。真正的犹太教必须能够为其信徒带来愉悦和欢乐。

犹太教科学运动的影响

弗兰克尔为提高德国犹太人的政治、宗教和社会地位作出了很大贡献。在德累斯顿期间,他帮助萨克森犹太人重新赢回了他们被剥夺已久的公开礼拜和建立犹太圣堂的权利。弗兰克尔相信,犹太科学运动的主要目的在于推动犹太学术的发展,提高犹太人的声望,而不是牟取现实的利益。然而,他于1840年出版的一本研究著作《神学和历史背景中的犹太誓约》(The Jewish Oath in Theological and Historical Context),却导向了一个实用性的目的。正是这部著作,才使萨克森政府相信:在法庭程

---

① 这份杂志一直办到第二次世界大战初。

序中要求犹太人所作的特别宣誓[①]，即 More Judiaico 是毫无根据的。据当时的看法，犹太人每年都可通过作为赎罪日前奏的宣告仪式，即“弃诺词”(Kol Nidre)[②]而解除自己的誓约和义务，因此，他们不得不接受这一羞辱性的宣誓仪式。弗兰克尔表明，早在 1838 年就应废除这一卑劣的仪式。当时的萨克森国王赐予犹太人臣民的资格，然而，令人感到荒谬的是，犹太人却又必须在这一羞辱性的仪式中向国王宣誓效忠。不久之后(1839 年)，萨克森政府放弃了这一做法，并代以一种更体面的仪式。德国其他公国纷纷效仿，普鲁士政府也最终于 1869 年废除了这一仪式。

犹太科学运动有力地抵制了犹太社团内部的两股极端势力——极端虔信派和同化论者。一方面，由于犹太科学思想中所包含的自由探讨的精神，极大缓解了极端传统分子所持的激进传统主义；另一方面，在犹太科学学派的努力下，犹太教博得了新的尊严，使那些先前对传统感到困惑的犹太人增强了对犹太教的忠诚。

德国历史学派

亚里士多德在论及自然法时曾认为，自然法是人类理性的产物，它是固定如一、不可改变的，如同“在这儿燃烧的火在波斯也燃烧”。这一思想为荷兰伟大的法理学家雨果·格劳秀斯(Hugo Grotius，1583～1645)所继承和发展。他认为，自然法根源于人的道德性，而非神启。在他及其弟子看来，自然法是完美、固定、静态和不可更改的，对任何地方、任何人都同样有效——它是一切人为颁定的律法和法律制度的规范和客观标准。

德国浪漫主义思潮对哲学和法律界产生了深远影响，并造就出了一种独特的法哲学观。在德国哲学家弗里德里希·冯·谢林(1775～1854)的影响下，法理学家雨果(Gustav von Hugo，1768～1844)摒弃了对自然法的形而上学的抽象解释，为历史学派奠定了浪漫主义的思想基础。弗里德里希·冯·萨维尼(Friedrich von Savigny，1779～1861)及其弟子普

---

① 在德国各地，这种犹太宣誓虽然不尽相同，但都要求在犹太圣堂进行，并必须有三名法官，或 Minyan(为公开礼拜所必需的法定十名犹太男性)在场。宣誓作证者被要求佩戴祈祷披巾(talis)和经匣(tephillin)，有时甚至身着寿衣，以提醒自己勿忘《利未记》(26:16)和《申命记》(27:13)中的诅咒、埃及十大天灾、乃曼(Naamas)的麻风病(《列王纪下》5:27)，以及类似的诅咒。

② 《密释纳》(《赎罪日》8:9)中特别强调：如果违约是发生于人和上帝之间，赎罪日可代为赎罪；而如果这种违约是发生于人与人之间的，只有在一个人已求得对方谅解的情况下，赎罪日才能达到赎罪的目的。因此，“弃诺词”只取消宗教义务，而不消除民事责任。由此可见，这种宣誓是没有有效根据的。

希塔(G. F. Puchta,1798～1846)等人又进一步发展了这一思想。他们把法律放进历史的角度考察,并提出了这样一种思想:任何一个文明民族的法律,如同它的语言、习俗和生活方式一样,根源于史前阶段其民族独具的大众精神或国民精神,而后者又来源于潜在的或无意识的创造活动。来自习俗、惯例或民众信念的习惯法[①]即是这种精神的展现。因此,法律不是立法者的恩赐,而是群体生活的创造。它和一个民族的个性相辅相成、同生共衰。因而,法律是不可编纂或更改的。然而,对于那些洞察了这种国民精神的法学者们自然可以另当别论,他们可以在社区的授权下对法律进行解释或应用。按照这种观点,法律被视为群体生活的动态展现,它是一批具有这样一个"神圣的职责"——在一个民族的今天和过去之间建立活生生的联系的博学专家才有资格涉足的知识门类。法律史的目的在于"追溯到每一种既成的律法体系的创造性渊源,从而在其中辨析出那些至今犹有生命力的有机原理,并把那些已经僵化死亡的东西逐回历史中去"。

由于这一法理学历史学派(Historische Rechtschule)的理论未经过彻底的批判或评估,它存在着诸多基本缺陷。虽然一个民族的个性可能会影响其法律体系的形成,但我们很难由此断言,大众精神构成了法律的唯一或主要的来源。法律是一个复杂的有机体,它的诸多方面不可归结为民众精神。一个民族的经济、社会和文化生活都是其中不可或缺的影响因素。此外,萨维尼的理论还有可能导致这样一个结论:一种古代传统,只要是根植于一个民族的大众精神,那么,它就优先于后来的立法。萨维尼认为,法律和语言一样,是民族的自然发展进程中的一个阶段,只不过语言并非一种独特的民族产物,它包含了诸多外来因素。这种对大众精神的倡导无疑是浪漫和神秘的,它可能迎合了萨维尼时代正值拿破仑跨台后在德国兴起的民族主义情绪,但并不能因此说明它的真理性或正当性。这一理论尽管存在着浪漫主义谬误,但仍感染和影响了弗兰克尔及其同代的大批知识分子。弗兰克尔力图把这一原理推广到犹太宗教律法和习俗的研究领域,并由此创立了和萨维尼的法理学历史学派相并

---

① 表征不动产使用权或拥有权转让的习惯法,即依法占有领地的所有权的让渡(Livery of Seisin)就是习惯法的一个例证。卖主无论是在这块土地上,还是仅仅能看到它,都必须向买主赠送一条嫩枝或泥块,作为成交的标志。这使人联想到《圣经》(《路得记》4:7～8)所描述的用脱掉一只鞋来表示田地转让的古老方法。在后一种习俗废弃不用之后,又出现了卖主把一块手帕送给买主以象征房地产或个人财产转让成交的新方法。这种习俗在今天仍为一些虔诚的犹太人所沿用。

行的犹太历史学派。

弗兰克尔的影响

弗兰克尔和德国历史学派的共同思想基础是民族主义。和科罗赫马尔一样，弗兰克尔把犹太人民视为犹太律法和传统的缔造者。这一思想为美国犹太教保守运动的创始人所罗门·谢希特继承，并发展为以色列整体(Kelal Isreal)原理，即把全体以色列人民视为更改犹太习俗的仲裁者。在一种历史学派的基本思想的支配下，弗兰克尔本人毕生献身于对拉比律法的演进及其渊源的研究，并视之为一种揭示民族的大众精神和犹太教真正本质的方法。他希望由此发展出一个标准，用以辨析出在其民族的历史中哪些是已经僵化死亡的和哪些是具有生命力的东西，并抛弃前者而保留后者。他认为，希伯来语、救世主希望以及其他一些犹太教价值观从属于犹太教中永恒不变的内容。这些思想构成了其实证的、历史主义的犹太教哲学观的基础。此外，弗兰克尔还对未经犹太社区代表的认可而擅自更改犹太习俗的个人权利提出了质疑。这些以及其他一些思想表明了弗兰克尔和德国历史学派之间的亲缘关系。

3. 弗兰克尔历史学派的基本动力

犹太人和犹太教

弗兰克尔从浪漫主义立场出发，从民族—伦理学视角，把犹太教界定为犹太人的宗教。这意味着，犹太教作为犹太天才的历史成就，主要寄寓于犹太人民，而不是构成犹太信仰之根基的伦理神学。因此，犹太教可以被视为犹太人民的一份宝贵的精神遗产，是犹太人民在其漫长的历史进程中所形成的学说、价值观和人生观的总和。在犹太历史的早期阶段，犹太人受惠于西奈山与神的直接交流和超自然的神启，并由此形成了成文《托拉》。然而，这种神性言语在其间接的传播过程中，经过持续而合乎自然的演化，发展出另一种启示形式。后者主要体现于犹太人对成文《托拉》主要内容的接受、传播、保存、奉行和扩充之中，是对前一种启示的拓展和延伸。这种启示形式构成了口传律法，它是人类理性和经验的结晶。严格说，成文法是神圣不可侵犯的，不能对之人为地篡改，或纳入通常的流变之列。然而，源于人的口传法，尽管也带有一份神的启示，却可为适应不同时代的要求而对之进行修正和变动。因此，包含于《圣经》中的他律性的成文法和拉比文献中的自律性的口传法是截然不同的，其主要表现于渊源和持久性的不同——前者来自神性的创造，超越于时间之外；后者是人类创造的结果，处于时间的流变之中。

然而，这种形态的律法差异实质上只是名义上的，而非实在的。《托拉》唯有进入它的捍卫和奉行者——犹太人民的生活之中，才能获得自身的意义。没有犹太人的具体解释或体现，《托拉》只是一个抽象词。它已通过对具体环境的不断适应和解释过程，深深地扎根于犹太人的意识当中。这种不断解释或颁定的演化方法，通过在《圣经》律法周围不断地修建一层层的"藩篱"(Syagim)进一步加强其严苛性，时而又予以缓解或放松。对残害他人肢体的罪犯处以罚金，而非按照《圣经》诫命的字面意思(《出埃及记》21:24，《利未记》24:20)，施行"以牙还牙"式的刑罚，即是后一种的例证。因此，这两类立法形式，神性的和世俗的，被有机地熔铸为一个统一的律法整体。它被纳入并扎根于犹太人民的群体生活，从而赋予犹太教以一种民族特征。因此，犹太教可以看作三个基本部分的组合体——正如《佐哈》所描述的，"神圣的上帝、《托拉》和以色列人相互交织在一起"(《大利未记》73a)。

谢希特和金斯伯格的思想

所罗门·谢希特(Solomon Schecter，1847～1916)教授曾就历史学派如何看待《圣经》和传统之间的关系问题，发表了下述言论：

> ……对犹太人民具有重要意义的，不是纯粹天启的《圣经》，换言之，即为传统[①]所解释过的《圣经》……《塔木德》为这一思想提供了根据；在它的一处有争议的段落中，圣录员的话[②]被置于《托拉》之上。既然对《圣经》的解释，或第二层意义主要产生于不断变迁的历史影响，那么，权威核心实际上已从《圣经》转移到了某种活的体系。后者由于同时代理想及宗教要求的密切联系，所以最能决定"第二层意义"的本性……

---

① 谢希特曾对他的"传统"和"《圣经》的第二层意义"作过下列解释："犹太传统或……口传法，或者正如我们所称的《圣经》第二层意义，主要体现于中世纪的拉比们及他们的后继者的作品中。"参见《犹太教研究》(Studies in Judaism)第1辑，导言第15页。

② 圣录员(Scribe)是早期的《托拉》解释者。他们发挥作用的时代是自以斯拉(约公元前450年)至族长制结束(约公元425年)，一般指那些通晓《塔木德》记载的权威口传法教师。

> ……从这一传统的概念中所引申出的另一结论是：构成实践之真正规则的，既不是《圣经》，也非原始形态的犹太教，而是一般性的风俗惯例。正如族恩茨所指出的，《圣经》和历史表明：摩西律法从来也没有被完全、绝对地付诸实践。任何时代的伟大导师都有按照现存的制度进行修正或创新的自由……犹太教的标准和约束力在于现实生活，这实际已成为人们的共识……[①]

路易斯·金斯伯格(Louis Ginzberg，1873～1953)是一位杰出的学者和保守运动理论家。他在谈及历史学派时，持有相似的论调：

> ……对于这个学派的信徒来说，安息日的神圣性并不是由于它源于西奈，而在于这样一个事实：数千年来，安息日的观念已化为犹太人的灵魂之声。考察名目繁多的犹太习俗，追溯其发端和形成的根据，是历史学家的任务；而实践的犹太教所关注的不是起源，而是它们遭遇到的现存制度。如果我们确信犹太教是一种行为宗教——力图通过一系列教规来促进人的道德升华并给予宗教精神以实在性，那么，我们就可以导出这样一条原理：犹太教改革是可能的。从这一观点看，一条律法的尊严是与其起源无关的。这样一来，《圣经》律法和拉比律法之间的分界就几乎化为乌有了……[②]

这些论述表明了历史学派对待犹太传统及其变革的立场，以及与改革派和正统派之间的区别所在。改革者们主要关注于犹太人生活的现状，他们为了把犹太教和现代精神相融合，不惜以抛弃过去为代价。历史学派则和正统派一样，注重犹太人的过去，并把《托拉》、《塔木德》以及后来的拉比文献视为犹太教发展历程中必不可少的重要环节。然而，传统主义把过去看作决定性的，认为传统的习俗惯例有一种永恒不变的意义，而历史学派则把过去视为一个处于流变之中的形成阶段。它认为，犹太教是一种动态的、不断进化的历史力量，是一股源源不断的洪流，正如《密释纳》中的隐喻，是"一股以不可遏止之势喷涌的泉水"。这显然是有悖于正统派的"滴水不漏的贮水池"这一说法的(《先贤篇》2:11)。历史学派认

---

① 《犹太教研究》第1辑，"导言"第17～19页。

② 《论察哈利亚·弗兰克尔》，载《学生、学者和圣贤》(Students，Scholars and Saints)，美国犹太出版学会1945年，第20～21页。

为,犹太教或许可以适应现代主义,但进步和变革必须从传统开始,并与传统保持密切联系。弗兰克尔正是把这一原则视为按照时代精神来改造犹太教礼仪和宗教习俗的指导线索。

汉堡圣殿之争(1842)

弗兰克尔参与了围绕 1841 年修订出版的改革派祈祷书而引发的论战。实际上,和 1818 年的版本相比,这个新版本并没有过分地背离传统的祈祷书(Siddur),然而,它删去了许多被正统派视为关键性的章节。汉堡正统派犹太公会的首席拉比伯内斯警告说,20 年前所颁布的反改革派祈祷书的禁令依然有效,其使用者未能履行自己做礼拜的宗教义务。弗兰克尔和其他 12 名拉比被邀请就这场争论发表意见。他为此在《东方》(Orient,1842)上发表了长篇大论,对这场争论的双方参与者进行了责难和抨击。

伯内斯认为,改革派祈祷书的使用者没有履行自己的宗教义务,弗兰克尔对此不予苟同。他认为,首要的问题并不在于新祈祷书是否符合当局的立法要求,因为这一问题的含义已超出了眼前的当下问题。公开礼拜是一个关乎犹太人整体的事,我们必须从这个角度着眼。在他看来,伯内斯对新祈祷书所采取的禁令方式是错误的。圣殿领袖们挺身反抗这种对他们良知的压制不是没有道理的,像伯内斯那样把他们称为无神论者和信仰的破坏者是不公正的。这种做法会不适当地扼杀自由和进步精神,并导致一种机械僵化和虚伪的宗教虔诚。伯内斯所表现出的这种过度的热情,势必在犹太教的各阶层间造成不可弥合的裂隙。在处理这类事件时,应采取说明劝导的方式,而非高压。

然而,弗兰克尔也没有姑息改革者。他声称,确实并不是所有的风俗习惯都是神授的,也并非所有的诫命都具神性约束力,然而,自由主义者对改革的极端狂热潜存着这样一种危险:他们有可能被迫超越其应有的界限,尤其当他们在如何选择和抛弃这些宗教礼仪和习俗上还缺乏一个共同认可的标准。改革者们缺乏历史感,他们未能认识到,在对待公众礼拜这一问题上,不能一味地迁就于毫无激情可言的理性和逻辑,应当考虑到犹太人的精神和传统的要求。在决定是否对礼拜式进行改革之前,必须首先探究一下犹太人对这一问题的态度。我们应当牢记:人类及其情感并不仅仅根源于当今,或现代主义,它们还深深地扎根于情感和历史的经验中。因此,改革者不应删去 Avodah,即有关圣殿时代在庄严的赎罪日礼拜式中所举行的献祭仪式的解释,因为这些章节激起了对这所民族圣殿正值全盛日的古老时代的神圣追忆。这种 Avodah 仪式已深深地铭刻在犹太人的意识中。弗兰克尔宣称:“在伯内斯身后,是我们民族长达几个世纪的悠久历史。”任何个别的团体或组织都无权对传统进行修改,因为这种做法破坏了其作为民族普通一员所应肩负的义务。只有作为全体的犹太人民,而不是某一圣殿的领袖,才有资格进行习俗或礼仪方面的变革;只有这样一种犹太人社会才有权抛弃或修正某一宗教惯例。

救世主希望

弗兰克尔还就汉堡改革派圣殿从礼拜式中删去有关重返锡安的祈文提出了批评。这一问题在传统主义者和改革派之间引发了一场暴风骤雨式的争论。无论就个人还是对整个民族而言,这种救世主信仰和重建大卫王朝的理想已深深地扎根于犹太人的心中,成为照亮犹太人民漫长的数世纪间惨遭流放、迫害和隔离的黑暗生涯的希望之灯,给予了他们继续生存下去的勇气和力量。因此,它是犹太人民难以弃舍的精神财富。

然而,改革者们担心这一理想会成为非难犹太人爱国精神的借口,遂采纳了所谓的犹太使命说,即认为犹太人的散居生活来自上帝的意愿。为支持这种说法,他们援引了《塔木德》的名言:“上帝把他们遣散到各民族中是出于对以色列人的善意。”[①]也就是说,流放并不是对犹太人罪孽的惩罚,而是一种天意的安排,其目的是为了让犹太人向全世界教诲和传播先知们所提出的伦理一神论的真正含义,使之成为“非犹太各民族中的一盏明灯”。

弗兰克尔开诚布公地批判了汉堡改革派圣殿领袖们删去有关重建锡安的祈祷文的做法,他认为:

> 建立一个独立的犹太宗主国的理想,就其自身而言,是足以令人尊崇和富有生命力的。在地球上某个埋藏着我们最神圣的记忆的角落重建我们的家园,这一宏愿是无可厚非的;只有在那儿,我们的民族才能重新自由地迈开自己的双脚,并赢得其他民族的敬意——可悲的历史经验告诉我们,只有那些世俗力量的拥有者才能获得这种尊重。在这一愿望中,不存在任何憎恶或蔑视我们现在所属的祖国

---

① 实际上,这句话原文的字面含义是说:散居使犹太人免于灭绝的厄运,因为当一个犹太中心被摧毁时,另一个可能已经繁荣昌盛起来了。改革派对这句话的解释背离了这一简单的文本含义。

的迹象;也不应由此怀疑我们视自己为这片国土的外来者,并渴望逃离它的桎梏……它仅仅表明,数千年的压迫和苦难史并没有使我们丧失生活的勇气,我们依然在为迈向独立和新生的理想而奋斗。长期以来,我们的民族曾一味地屈从和迁就于外部环境的压力,而其结果除了经常导致一种肤浅、乏味的世界主义之外,一无所获。相形之下,无论怎么看,上述为理想而奋斗的勇气更具崇高感……①

犹太民族主义

汉堡圣殿布道士哥特赫尔德·所罗门(Gotthold Solomon)就如何把民族主义观和当时德国犹太人争取彻底民权的运动统一起来,对弗兰克尔提出了质疑。像当今的极端主义改革者一样,他抬出了所谓双重忠诚的幽灵作根据。弗兰克尔引证了奥地利的希腊裔公民所遭遇的类似情况为自己辩护——尽管他们积极参入了希腊反土耳其统治的解放运动,但并没有人因此而怀疑他们对哈布斯堡王朝的忠诚。弗兰克尔由此推论道:"同样,为什么犹太人不应渴望为自己那些在撒丁岛、沙皇俄罗斯以及其他地方受苦受难的同宗兄弟们创建一个祖国呢?"他解释说,就德国而言,它已经成为这儿的犹太人的祖国。他们在这里能享受到的政治和经济地位是他们那些远在东欧和其他国家的同胞们无法比拟的,因为德国犹太人现在几乎已获得了彻底平等的公民权。然而,举例来说,如果普鲁士犹太人——1812 年的法令已赋予了他们几乎彻底平等的合法权利——其生活状况又退回到后拿破仑的复辟时代,那么,他们可能仍需要一块可以不受打扰而平静生活的净土。但是,就目前而言,德国犹太人和其同国的新教徒及天主教徒的差别主要表现在宗教观上。鉴于这一原因,弗兰克尔提议,普鲁士犹太人应当拒绝 1840 年上台的弗雷德里克·威廉所提出的方案——按照这一方案,他准备赐予犹太人的是特殊的民族权利,而不是完全平等的民族权利。弗兰克尔宣称:

无论何时,只要犹太人发现了一个认可其合法儿女身份的祖国,他就应放弃犹太民族主义;他必须放弃,如果他渴望成为祖国的一名真正的儿子;他本人迫切地希望祖国能赐予他这一身份——而一旦

① 《东方文学》(Literaturblatt des Orients),1842 年,第 363 页。

> 这一愿望实现，他的犹太民族主义也就自行消亡，因为犹太民族主义是某种从外部强加而来的东西……

从上述可以看出，弗兰克尔的犹太民族主义观是极其紊乱不清的。[①]在这里，他或许感到，为避免给他的教友们所发起的犹太解放斗争制造麻烦，必须谨慎行事。可能正是出于这一原因，他才把犹太民族主义视为某种消极的东西，是那些把犹太人视为异邦人和入侵者的压迫者和贬损者从外部强加的，而不是发自犹太人积极的情感需要。此外，弗兰克尔未能赋予犹太民族主义以任何正面的意义——这样一个犹太家园的建立不仅意味着为饱受压迫的犹太人民提供了一个避难所，而且也是一个文化中心，即"犹太精神的避难所"。早在1805年，匈牙利改革派的早期倡导者拉比亚伦·卡林(Aaron Chorin，1755～1844)就已提出了这一目标。[②] 而对之正式而清晰的表述则是在19世纪末，由阿舍·金斯伯格(Asher Ginzberg)，即那位以笔名阿哈德·哈阿姆(Ahad Ha-Am，1856～1927)而著称的东欧思想家作出的。[③]

显然，弗兰克尔未能像我们今天通常所做的那样，区分国家和民族这两个概念的不同含义。前者指称一种政治实体，而后者所表征的仅仅是一种伦理或文化群体，正如瑞士联邦中所并存的各种语言群落一样。在爱尔兰人获得独立国家地位之前，他们仍是一个民族，如同苏格兰人和威尔士人至今仍作为两个民族而从属于英国。按照这一观点，德国犹太人对德国的归属地位，与他们作为一个民族及其在宗教、精神、伦理方面和世界各地的犹太同胞的亲缘关系，是毫无冲突的。唯有政治归属具有排他性。任何人都不可避免地兼具两种不同的身份：他既是一个公民，又是某一家庭、社团、宗教或伦理团体的成员。这一切都构成了个体不可或缺的影响因素。

---

① 自由派分子加比利尔·利色(Gabriel Riesser，1806～1863)把犹太解放视为争取政治民主的总斗争的一部分。他在这一问题上的看法更为坦率合理。他并没有把犹太解放运动与犹太民族主义联系起来，只是简单地表明：既然德国犹太人普遍放弃了自己的犹太民族利益，企求重返锡安的愿望也就失去了意义。然而，他坚持说这样的祈祷和德国爱国主义理想之间不存在任何冲突。只要一个人是德国公民，他就完全效忠于德国，但如果他希望离开自己的本土移居于另一国家，他就应当放弃自己的公民权，并且效忠于另一国家。

② 参见他的一封信，载《坚实的轴心》(Tzir Neaman)，布拉格1830年，第14页。

③ 参见利昂·西蒙英译《错误之路》，载《关于犹太教和犹太复国主义的十篇论文》(Ten Essays on Judaism and Zionism)，伦敦1922年。

对犹太复国主义的影响

弗兰克尔的犹太民族性思想经由后来的阐释和发挥，构成了犹太复国主义的思想核心。正如前面所指出的，对弗兰克尔来说，重返锡安的思想并不是一种只能局限于祈祷书的文字中，而无法付诸实现的纯粹宗教信仰。哥特赫尔德·所罗门以及弗兰克尔的其他一些温和的对手们可能都会赞成达致这样一种妥协，以避免这个问题可能会在犹太人中间造成的分裂。[①] 当然，盖革和激进改革者们是不会同意作出这一让步的，因为这与他们所宣称的一种更纯粹、广泛的犹太教概念和一种更高的真理观是不相容的。此外，弗兰克尔所提出的另一原理后来被纳入了犹太复国主义，在西欧犹太人中间尤为盛行。作为"流放者集体"(Kibbutz Galuyot)的传统观，即全世界所有犹太人应当重返锡安定居，和改革派对传统救世主理想的全盘否定之间的妥协。弗兰克尔提出，犹太家园主要是为那些无家可归和饱受迫害的犹太人建立的。早在19世纪初，亚伦·卡林就已提出了类似的思想。[②]

法兰克福大会

德国改革派拉比的首次大会是1844年经由路德维希·菲利普逊(Ludwig Philipson)——犹太周刊《犹太教综合杂志》(Allgemeine Zeitung des Judenthums)的创办人和主编——提议在布伦斯维克(Brunswick)召开的。本次大会的宗旨是通过教义和仪式上的实质性的协调，进一步推动改革运动的发展。次年(1845)在法兰克福举行了第二次自由派拉比大会。由于弗兰克尔对前次会议提出了严厉的批评，人们普遍猜测他不会出席本次会议，但他最终还是参加了，并希望借机推行一种温和主义以遏止极端主义分子的非分图谋。

为理解法兰克福大会的基调，我们必须注意到它所处于的特殊社会氛围。当时，德国民族主义思潮已渗透到德国思想界和自由宗教团体。一场要求创建一个和罗马教廷分庭抗礼的德国天主教会的运动已开始崭露头角。与此同时，新教中所谓奉行理性主义的"开化之友共同体"(Li-

---

① 参见伯恩费尔德(Bernfeld)《犹太教改革派的历史》(Toldot HaReformaztion B'Yisroel)，1908年，第169页。

② 参见《坚实的轴心》(Tzir Neaman)，布拉格1830年，第14页。

chtfreudliche Gemeinden)[①]也摒弃了“三位一体”等基督教教义，并着手创建一个民族主义的新教教会。在法兰克福大会前个月前组建的激进组织“柏林圣殿联盟”(Berlin Temple Verein)呼吁大会“把犹太教——我们这份最珍贵的遗产，从陈腐的形式中拯救出来”。这个新建的柏林犹太团体所奉行的极左主义，及其力图对礼拜式进行彻底变革的公开声明，使许多人相信这是为迎合当时德国的民族主义宗教运动的预谋行动。这一团体的极端倾向表现于其对礼拜式的变革中，诸如，几乎完全使用本国语，不戴帽子，以及把原本安排在安息日(星期六)举行的仪式移到星期天。[②]然而，尽管有这一系列的革新之举，柏林圣殿实际上无意加入这场发人深思的德国民族主义宗教运动。不过，法兰克福大会上的改革派拉比还是从这个极端激进的犹太团体[③]所表现出的胆略和进取心中，汲取了勇气和信心，而后者也向本次大会派出了一名代表。

希伯来语问题

法兰克福大会所关注的焦点之一是有关希伯来语在犹太教圣堂中的地位问题，这是一个具有特殊民族含义的敏感问题。本次大会的精神领袖盖革认为，希伯来语不是而且也不应被视为犹太礼拜式中的一个必不可少的部分，因为语言是一种民族的产物，而犹太教不是一种民族的而是普世的宗教。此外，希伯来语还为犹太教与外界的沟通设置了障碍，因而应当加以废弃。为给本国语在礼拜式中的使用提供根据，盖革的一些支持者们援引了这一先例：一些重要的祈祷文，例如送葬者所背诵的 Kaddish[④] 就是用阿米拉语写就的；而虔诚的犹太妇女使用的祷词(Tehinot)则采用了伊地绪语，而非希伯来语。他们认为，不顾希伯来语已鲜为犹太人所理解，固执地在犹太礼拜式中置之于优先的地位，这种做法是对犹太教崇高理想的贬损和讽刺。他们宣称，即便先贤圣哲也从不视希伯来语

---

① 参见格里茨(Graetz)：《犹太人的历史》(History of the Jews)第 5 卷，美国犹太出版学会 1895 年，第 682～683 页。

② 值得注意的是，在谴责柏林圣殿采纳周日礼拜式时，传统主义者指出了这一事实：在过去的数个世纪里，基督教徒为了把自己与做礼拜的犹太人区别开来，也采取过类似的做法。柏林圣殿的批评者汉堡的摩西·门德尔松反对把安息日礼拜移到星期日。他以阿卡比茨(Alkabetz)的一首用于传统安息日之夜的礼拜诗“the L'cho Dodi”为基础，写了一首讽刺诗：

来吧，我的爱人，在赞歌合唱中
欢迎星期天新娘，(安息日)这岁月中的女王。

③ 这个柏林犹太团体所奉行的如此极端的路线在德国是绝无仅有的。

④ 悼念死者尤其是亡故父母的祷文。——译者注

为礼拜专用语——而是恰恰相反。《密释纳》和《塔木德》明确指出，甚至《经训》(Shema)都可以采用任何语言诵读(《祝福式》13a)；《四列》(Shulchan Aruch)中也坚持认为："一个人可以用他所愿意的任何语言祈祷"(Orach Hayyim Hilchot Tefila，101 章 4 节)；《论虔敬》(Book of the Pious)还特别强调：与其用一种自己不理解的语言进行祈祷，还不如根本不祈祷。改革者们声称，在礼拜式中使用本国语的做法必须加强，这决不会削弱犹太教的根基。这种语言并不能赋予祈祷文以神圣性，但却可使相互间的交流成为具有实在内容的、真正发生的东西。如果用德语做礼拜，它也可能最终成为一种神性的语言。

弗兰克尔从完全不同的角度，阐释了希伯来语在犹太礼拜式中的地位和作用。他认为，宗教就本身而言只是抽象的，但希伯来语构成了它的具体表达形式。由于希伯来语这种作为犹太教的教义、概念和思想之被创造和保存的神圣语言的地位，因而它构成了犹太教不可或缺的有机组成部分；此外，它还有助于为宗教仪式营造出一种神秘气氛。而且，就希伯来语自身来说，诸如"耶和华"(Adonay)这样一些用语是不可能被准确译为其他语言的，因为在数世纪的历史进程中，它们已派生、演化出一种极其微妙的含义。如果在礼拜式中取消希伯来语，那么，它势必会使希伯来语丧失在宗教教育中的地位，其结果将危及到犹太教的生存。早在斐洛(Philo，公元前 50 年)时代，就有过这样的先例。当时希腊语取代了希伯来语的地位，斐洛本人不得不借助《七十子本圣经》进行各种隐喻式的解释，而由于这些解释多半是建立在对希伯来原文几近荒谬的误释之上的，其结果是歪曲和败坏了传统的犹太宗教诫命。[①] 此外，希腊文化的影响还致使斐洛及其学派把哲学思辨运用于《圣经》研究，而不是像先贤们那样以《圣经》来考察哲学。犹太教包含了一系列独特而宝贵的价值观、象征和制度。然而，一名叛逆者却可以用这样一种似是而非的说法为借口，对它们进行任意攻击，乃至全盘地否弃——作为一种制度的犹太教不可能是恰恰建立于这样或那样一条的原则之上的。如果把这种做法推到极点，犹太教最终会被还原为一种纯粹的教义，而这自然是有背于其真正本性的。用希伯来语礼拜是把散居犹太人联结起来的神圣纽带。犹太教

---

① 例如，"And thou shalt be buried at a ripe old age"(你将长寿，被人埋葬于垂暮之年)(《创世记》15：15)被译为"你将长寿，垂暮之年有人膳养"。还可参见格拉夫(Jacob Gorov)的文章，载于《青年》(Hadoar)第 43 卷第 12 期(1963 年 1 月 18 日)，第 192 页，其中还提到其他谬误之处。

有其历史的连贯性和统一性,“无论是谁,只要他反对保留我们这种神圣的语言,他实际上就是在破坏我们宗教中的一个至关重要的历史因素”。

盖革及其追随着的观念经与会拉比投票表决,以15票赞成、13票反对、3票弃权而获通过,尽管他们一致认为,就目前而论,保持希伯来语在礼拜式中的地位是“明智”的。弗兰克尔对这个经由多数通过的决议极为愤懑,为表示抗议,他和同事邵特(L. Schott)愤然离场,退出了本次大会。在随后发表的一封信中,他解释说,这样做是因为这次拉比大会的决议触犯了他所信奉的“实证的、历史的犹太教”原则。

法兰克福大会还对在礼拜式中收入人格救世主祷文,以及有关犹太民族主义复兴这一更广泛的问题明确了立场。此外,在这次大会上,按多数意见通过了这样一个决议:“救世主观应在祈祷文中加以重点提及,而所有涉及我们重返祖先的土地和重建犹太国家的内容则应从礼拜式中删除。”①

实证的、历史的犹太教

尽管弗兰克尔坚持认为,犹太教只有追求一种“实证的、历史的”方法才是有意义的,然而,他并未对这个为历史学派及其衍生出的美国支派即保守运动所沿用但又相当含混的概念作解释。弗兰克尔在法兰克福大会上就希伯来语在公开礼拜中的地位问题的发言,为澄清这一用语的含义提供了线索。他同意把非希伯来语祈祷文引入礼拜式,但要求保持希伯来语在礼拜中的主导地位,以贯彻其“实证的、历史的犹太教”原则。

可见,弗兰克尔的见解是,在犹太人的历史经验中,希伯来语已获得了一种实证的,也是牢不可破的价值内涵。它是在先前的历史阶段中犹太教得以滋生和成长的土壤,而且也只有在这块沃土中犹太教才能在未来得以兴旺发达。虽然希伯来语是以一种历史演进的方式,即在时间的进程中,与犹太教发生关联的,但它已最终成为犹太教超越于时间之外的永恒特质。因此,希伯来语作为犹太教的外部表达形式,已如其本质一样成为某种无时间性的东西。这并不是说,可以像正统派那样认为,律法文字或固定不变的传统才能决定什么是犹太教的基础,或者认为,某一惯例,例如在礼拜中使用希伯来语,已在犹太人民的意识中占据了一个独一无二的地位。出于同样的原因,衡量犹太教中应当取舍什么的尺度,并非

① 大卫·菲利普逊:《犹太教改革运动》(Reform Movement in Judaism),第255页。

是这个时代的理性主义精神，而是在于犹太人的情感。这不仅适用于希伯来语问题，对犹太教其他方面也同样如此。

弗兰克尔认为，犹太教的外部形式是有重要意义的，因为犹太教是一部宗教法典——一个由肯定性和否定性两种诫命构成的复合体，而不是一种神学思辨和信仰的体系。犹太教实践为犹太人的道德伦理行为指明了道路，没有它，犹太教不过是一种抽象的、不完全的形式而已。因此，弗兰克尔支持正统派的这一看法：宗教程式和礼仪是与它们相关的教义不可分割的。然而，改革者们却视之为纯粹的外部形式而抛弃，他们自称仅仅保留了犹太伦理思想的内核和精髓，并视之为一种自由和进步的处理方式。

适应现代主义

如果说，犹太教历史进程的一个方面构成了其历经时间考验的根深蒂固的永恒格调，那么，它的另一方面也曾屈服于时代。在长达数世纪之久的历史经验中，犹太教曾遇到其他宗派和文化的挑战，它摒弃了那些与其信条和教义相冲突的，但接纳了那些和其本性相一致的思潮。此外，在其演进过程中，它的某些律法和习俗也随着时代精神的不同几经变迁。弗兰克尔抨击了正统派拒绝承认犹太教中还存在变革的余地，否认有必要使之适应现代主义视野的做法。他的同代人，新正统派创始人萨姆森·拉斐尔·赫尔施，断言不是犹太教必须符合时代精神，而是时代精神必须符合犹太教。然而，在弗兰克尔看来，这一态度是一种偶像崇拜的异教信仰形式，其结果必将导致诫命和宗教礼仪的僵化和凝固，甚至最终自绝其路。

弗兰克尔指出，犹太教从不认为自己所有的律法都是固定不变的。通过重新解释和不时地颁行新法规，古代拉比按照某一特定时代的需要或观点对各种习俗惯例进行了调整。例如希勒尔，当时代要求他这样做时(《申命记》15:1)，曾利用一个合法的手段巧妙地绕过了免租法。[①] 这一原则对于犹太教的重要性，从一部经典历史著作中便可见一斑。这部作品所处理的问题之一是有关撒都该人和法利赛人的争论。前者拘泥于《圣经》律法的字面意义，持一种刻板的正统观；后者是相信《圣经》律法的灵活性的自由主义者。它宣称："那天是犹太人的一个喜庆的日子，法利

---

① 参见本书第5章。

赛人赢得了对'以眼还眼'……'以手还手'律法解释的胜利(《出埃及记》21:24)。按照他们的解释,这条《圣经》律法不再是有关血债血还式的复仇,而是代之以金钱赔偿。"[①]弗兰克尔解释说,这一庆典所标志的胜利并不在于拉比解释的人道主义方面——尽管这也是相当重要的,而在于这样的事实:它从此建立起了一条以律法精神而不是表面文字为主导的原则,这种精神必将能不断地促进律法的进步,并使之成为那些拥有神性的人们的指南。

永久和短暂的价值

总而言之,弗兰克尔的"实证的、历史的犹太教"概念提出了犹太教在价值和制度上的两极,即把它的各项神圣的信条或习俗划分为首要和次要两个不同范畴。前者指犹太教中的一些内在的、实证的,或有生命力的原则和习俗,它们不可屈从于时代精神不断变迁的要求,或理性主义的检验,或纯粹的权宜之计。这一范畴涵盖了犹太教中永久性的成分,尽管它们也是一个时间进程的演进结果,但却已超越了这一过程。这些习俗和思想包括:希伯来语、安息日、救世主理想,以及其他被犹太人世世代代奉为圣旨的观念和理想。

次要范畴包含了犹太教中那些外部的、暂时性的教义和习俗,据说它们必须接受时代变迁的影响。然而,改革者们把所有的犹太教传统、律法和习俗统统归并于次要范畴,宣称:既然犹太教的所有因素都是某一特定时代的产物,那么,它们就必须被纳入历史变迁的正常影响。正统派只看到犹太教习俗和思想的一律性,然而,能够超越于时间的影响之外,并具有永恒意义的,唯有从属于首要范畴的东西。弗兰克尔试图在犹太教两派系——墨守成规者和立志变通者——实现一种平衡或折衷。这是弗兰克尔及其学派所面临的一个主要的两难问题。

犹太教变革

然而,即便在次要领域,如何对犹太教实行变革呢?按照弗兰克尔的说法,这可以从对犹太律法、传说和历史的批判性考察入手,以确定某一习俗或惯例究竟在多大程度上是根植于犹太人民的历史经验中的,或者说它在犹太人民心目中所占的神圣地位,及其作为犹太人民的一种凝聚

① 《斋戒古卷》(Megillat Taanit,M.10)。

和约束力的限度。然而,弗兰克尔警告说:"犹太科学并不仅仅是犹太教的一把尸体解剖刀。借助于它,我们必须能够探究从古代起始的犹太教的最重要的根基;为维护它的生存和延续,我们不可避免地要进行一场生死角逐的艰难奋斗。我们绝不能任意损害犹太教的这些最根本的基础。它是我们以血和巨大牺牲为代价换来的神圣记忆。"从这种观点来看,在决定一种宗教礼仪是否应当保留这一问题上,它的起源甚至本性的重要性远远不及它在犹太传统中所占据的地位和意义。

弗兰克尔继而宣称,当代犹太教的任务在于保持传统,同时沿着一条进步之路加速前进。为实现这一任务,我们必须在这两个表面上相冲突的目标之间发现一条不偏不倚的中庸之路。我们无权修改那些为人民所珍爱的习俗,即便这种做法来自对这些习俗的本性的科学探究。"任何犹太人都有追求个人思想或研究的自由,但唯有作为整体的犹太共同体才有资格对犹太教进行变革。那些为人民彻底接受并为历史'盖棺论定'的东西是神圣不可侵犯的。"

人民之声

上述见解赋予了弗兰克尔的犹太宗教思想以一种民族主义特色,其中,任何少数人都无权取代多数人的意愿。"公众的意见就是上帝"(Vox populi,vox dei),按照这一原则,只有那些经由全体人民一致同意的习俗变革才是合法的,没有任何一个拉比团体拥有这一权力,因为拉比并不构成犹太教中的祭司阶层。弗兰克尔相信,这一民主原则将有力地捍卫犹太教。全体犹太人民绝不会承认那些仅凭一时冲动的轻率改革,它将有力阻止那些可能损害或毁灭犹太教的事件的发生。当然,在过去年代里,拉比们实际上已通过解释或颁定新法规,对犹太习俗作了某些方面变革和创新,但在这样做时他们是以社区代表的身份出现的,人们相信他们会如实地反映自己的思想和情感的心声。然而,弗兰克尔认为,改革派拉比却试图削弱而非加强律令和教义在犹太人生活中的地位,其结果是打击了大多数犹太人民的宗教感情。他们缺乏民众的信任,无权担负这种代表责任。鉴于在犹太民众的心目中,他们已成为肆意践踏律法和诫命者,因而必须受到制止和约束。

《塔木德》也同样认为,人们的意愿是犹太律法中一个至关重要的因素。《塔木德》中的一条原则告诫那些力图探究律法真相的人"去看一看人们的言谈举止"(《祝福式》45a)。它还坚持认为,"一项习俗胜过一条律法"(《耶路撒冷塔木德·姑嫂篇》12a);此外,没有任何法令是可以强加于社区头上的，除非大多数人愿意遵行。先知们认为，人们的行动才具有压倒一切的力量，甚至在暴政时期，一项被查禁的习俗也有可能扩散到大多数犹太人民中间(《偶像崇拜》36a)。

在法兰克福大会上，弗兰克尔的反对者不同意他关于只有人民，而不是作为一个拉比团体的他们，才有权改革犹太习俗的看法。他们宣称自己比普通的犹太民众更胜任这项工作，因为他们更能理解时代的潮流和精神。出于同样的理由，他们感到不必认真对待犹太人民的感情或意见。只有那些不诚的煽动者，而非对犹太教有着成熟、深刻的见解，怀有责任感并抱着严肃态度的精神领袖们，才会追随弗兰克尔的路线。

在提到对犹太教变革拥有决定权的全体民众时，弗兰克尔明确地表示，他所说的并不是指那些对犹太律法一无所知或漠不关心的民众所组成的整个犹太共同体，而是指教师、学者和那些关心犹太教传统和遗产之保留和发展的人们。弗兰克尔对犹太人行使这一权利的强调，表明了他把犹太教视为一种公众的，而非私人的事务——就此而言，犹太教不同于基督教，尤其不同于新教，后者强调的只是个人在宗教中的作用。西奈神启是一种集体经验；希伯来祷文源于集体的创造；公众礼拜要高于私人礼拜，并要求十人(minyan)参与。犹太教许多其他教义和习俗都可为这一思想提供佐证：犹太教是一个群体性的事务。然而，盖革和他的同事们相信，拥有自己独到的见解和意图的个人有权按照他们相信是构成了犹太教之根基的原理和观点，对之进行改造。此外，改革者们显然已把犹太人中间的宗教分裂视为既成的事实，因此准备建立一个分立的社区来推行犹太教改革。弗兰克尔所渴望的却是一个强大团结的犹太民族。

历史学派的意义

和改革派不同，弗兰克尔的历史学派没有在德国形成一个独立的教派，但它的支持者却遍及德国和其他一些国家。弗兰克尔没有提出一套系统化的理论体系或纲领，他的主要贡献在于扼制了改革派，并使犹太教向现代主义精神靠拢。因此，正如先前提及的，他在正统派所倡导的守旧思想和改革派的流变观之间，开拓出了一条中间路线。然而，在力图实现这种妥协时，他受到了来自双方阵营的攻击。

4. 所罗门·犹大·拉波鲍特

生平和著作

在考察所罗门·犹大·拉波鲍特(Solomon Judah Rapoport,1790～1868)[①]这位历史学派的早期信徒和美国保守运动先驱时,我们已把视线从德国转移到了当时还处于奥地利统治下的加利西亚。和族恩茨、弗兰克尔及盖革一样,拉波鲍特接受了犹太科学观以及用于研究犹太教之发展的历史方法。就这种方法来看,拉波鲍特显然受到了他的加利西亚同胞克劳克默尔的影响。实际上,拉波鲍特对这一方法的运用要早于族恩茨。拉波鲍特尽管是一名虔诚的犹太人,但由于他对"哈拉哈"的支持而激起了哈西德派和正统派的怒火。为此,同时也因为阅读摩西·门德尔松的《圣经》德文译本。拉波鲍特和一位朋友于1816年被当地的拉比雅各布·奥林斯坦(Jacob Orenstein)革除教籍,但他们向政府提出了申诉。由于政府已禁止革除教籍,这位拉比被迫收回了成命。

拉波鲍特早年曾是一家商业公司的经理,该公司承包了政府对犹太人洁净肉食的赋税。后来,他担任了塔那普尔(Tarnopol)的拉比;在生命的最后28年间,他一直在布拉格任拉比。只要能从日常工作中挤出时间来,他就潜心于学术研究。他的历史研究的主要领域是晦涩迷离的"高昂"时代。他创作了大量的Toldot[②],即有关10世纪和11世纪的"高昂"的传记体著作,向世人展示了那些伟大先驱者们的生活和时代。和克劳克默尔一样,拉波鲍特用希伯来语写作,其文风对现代希伯来文学的发展产生了重大影响。

改革观

拉波鲍特不赞成正统派的立场,但他也激烈地反对改革派。19世纪40年代,他把改革者的举动斥为"正在蚕食德国犹太人的令人极其愤恨的和不光彩的行径。这批所谓的拉比引导犹太人民背离了神圣之路,并厚颜无耻地对犹太人民宣称:'你们在《塔木德》甚至摩西律法中毫无地位

---

① 通常指他的希伯来名字的首缩字母,即Shir。

② 字面意思是"几代"(generations)。

可言。'[①]因此,这群所谓的人民领袖们正在把他们引入歧途”。1845 年,他出版了一本名为《一名资深拉比的公开谴责》(A Public Censure by a Veteran Rabbi)的小册子,收录了两封呈交法兰克福拉比大会的措词激烈的申诉信。

在写给历史学家马库斯·约斯特这位大会代表的第一封信中,他警告说:“改革正在原本以《托拉》和希伯来语为纽带而团结一致的犹太人中间挑起纷争。”他恳请“如果我们的风俗和律法有什么是需要更改的,那么,就托付给时间,而不是人类自身吧”。他认为,时间已扫除了犹太教中大量陈旧过时的风俗惯例,并且将一如既往地进行下去。他警告说,改革派的子女“可能更喜欢别的信仰,而不是他们自己那种毫无精神和灵魂可言的、赤裸裸的低劣宗教。并不是因为我们过安息日和节日的第二天,也不是我们在阿布月初九阅读《哀歌》[②],才导致了我们在中世纪的苦难历史,而是由于我们拒绝皈依基督教或伊斯兰教”。他质问:“难道在我们的处境已得到改善的现在我们却要放弃自己的信仰吗?”

在递交给整个大会的第二封信中,拉波鲍特指出,历代的拉比领袖们曾对结婚、离婚或饮食法进行过变革,但他们的这一做法是以这一认识为前提的——全体犹太人将接受它们,而且犹太人团体不会因此而受到威胁。拉波鲍特不无怀疑地质问:“在这一代人中,谁能自命或被公认为有足够的能力修改犹太律法呢?”他告诫那些废除了节日第二天的改革者:在那些奉行这一习俗的人的眼里,他们可能会被视为卡拉派分子(Karaites)[③]。至于删去祈祷书中有关救世主理想的内容,拉波鲍特坚持认为,即使犹太人怀有重返锡安的愿望,对犹太人持友善态度的国家也将一如既往地把他们视为忠诚的公民。然而,犹太人的仇视者是绝不会放弃他们的敌意的,即便犹太人抛弃了自己的民族主义理想。诚然,犹太人是百疾缠身、亟待治疗的,但这并不意味着就必须取消他们的风俗、传统和律法。拉波鲍特为犹太人开了一张典型的启蒙主义的药方:培养犹太人对劳动、科学和人类的热爱。

拉波鲍特宣称,大多数犹太人将不会追随改革者。后者势必会像卡

---

① 引自《以赛亚书》3:12。

② 暗示改革派取消了这一仪式。

③ 一个以阿南·本·大卫(Anan ben David,约卒于公元800年)的《论诫命》(Book of Precepts)的出版为开端,或从这以后才为世人所知的犹太教宗派。这一宗派只信奉《圣经》而拒绝接受《塔木德》。这个团体至今仍有小批幸存者散居各地,主要分布在俄罗斯和土耳其。

拉派分子和撒玛利亚人(Samaritans)[①]一样沦为一个微不足道、孤立无援的小宗派,“而且这个叛逆宗派将……丧失救赎的希望、《托拉》和神圣的启示,他们的生活必将陷入一种没有鲜花和欢乐作为灵魂和精神之源的、单调无味和阴暗沉郁的境地”。拉波鲍特认为,改革派太缺乏耐性,不能静待他们这样一个充满诗意和神秘的宗教的合乎自然的演进过程,他们所坚持的是一种毫无情感可言的理性主义。历史和犹太人民绝不会宽恕改革者的行为——他们之所以要攻击犹太教,不过是试图取悦那些年轻的变节者或异教徒(Gentiles)而已。他们将被视为破坏礼拜式的教唆犯,并被冠以“罪人和引诱他人犯罪者,犹太人民中间争端和不和的煽动者,唯利是图者和精神的敌人”。[②]

拉波鲍特大体赞成弗兰克尔的温和改革观。此外,他还受到了其时代所盛行的浪漫主义思潮的影响。正如他的作品中所流露出的,他对民族主义、传统和改革的看法与弗兰克尔的实证的历史学派有着密切的内在关联——后者试图从历史和传统承继的角度来解释犹太教。

---

① 撒玛利亚人或许是以色列的第一个异端宗派,他们于公元前5世纪前后就彻底脱离了犹太人和犹太教,并在基利心山(Mt. Gerisim)建立了自己的圣殿。在希伯来《圣经》各卷中,他们只接受《摩西五经》。现今,这个宗派仅剩几百名残余,他们大多生活在那不勒斯及其周围地区,这里靠近他们的圣山——古代的历史中心。

② 在法兰克福大会上,会议主席盖革曾提到了拉波鲍特致大会的两封信,但显然是因为它们是用希伯来语写的而没有宣读。盖革声称,愿意读这两封信的人可以自便,但事实上人们并没有机会读到它们。

第 9 章　德国新正统派

1. 正统派和新正统派

旧正统派

我们在前面曾经提及，在 19 世纪动荡不安的早期年代里，德国传统犹太教和哈斯卡拉（启蒙运动）之间的冲突导致了改革运动的兴起。在这场冲突中，正统派并非是毫发未损、一无改变的，它对现代主义作出了某些让步，并分化产生了一个为区别于旧正统派而称为新正统派的宗派。

德国犹太人中顽固的极端正统分子反对现代主义和世俗思想的侵入。这群被改革者冠以“老信徒”（Altgläubigen）的正统分子，继续生活在一种为《塔木德》思想和诫命所垄断的氛围中，重演着昔日的隔都生活。他们认为，外部世界的文化是对犹太教怀有敌意的，与之格格不入的，因此应当加以拒斥和回避。这种原教旨观也为其他国家的犹太教虔信派所持有，在东欧尤其如此。[①]

这一严苛的思想在欧洲犹太教中的主要代言人是摩西・梭佛（Mo-

① 极端的虔信分子仍反对让自己的儿子接受世俗教育，因为他们坚持犹大・哈列维（1085～1140）的看法：“普通文化仅仅是一种装饰品，只开花，不结果。”一些极端正统派犹太人甚至至今仍禁止儿子学习世俗知识，而只允许女儿这样做。他们固执地认为，他们的儿子不应在这些花拳绣腿上浪费时间，而应当全心全意地投入到宗教学问中去。

ses Sofer)，又名施莱伯(Schreiber，1763～1839)[①]，他是普莱斯堡(Pressburg)的一名伟大的拉比权威。在《摩西圣约》(Tzavoat Moshe)一书中，他严禁自己的子女阅读“德绍的摩西”即摩西·门德尔松的著作。他还告诫他们不要接受普通教育、进剧院或从事一般性的世俗职业。这位杰出的哲人这样宣称：“你们不可认为时代已经改变了，因为我们拥有一位古代的父亲(指上帝——译者)，他从未而且也永远不会改变。”

新正统派

摩西·梭佛的一位年轻的同代人，著名的以撒克·伯内斯(Isaac Bernays，1792～1849)[②]在德国犹太虔诚分子中间倡导对世俗文化采取一种较温和的态度。伯内斯是弗尔茨堡(Wurzberg)大学的毕业生，汉堡犹太社区遂于1821年选举他担任拉比，并希望借助他的才能和新思想挽救那些误入改革派圣殿的迷途年轻人，把他们重新拉回正统派阵营。然而，这一任务最终却留给了他的一名狂热的弟子——萨姆逊·拉斐尔·赫尔施，后者奠定了德国犹太教正统派的理论基础。[③] 实际上，这一正统派的修正形式并非犹太生活中的新事物，它不过是对早先曾一度盛行于阿拉伯世界和基督教西班牙的犹太教模式的回归而已——在那里，犹太人曾积极参与了社区的日常活动和公众事务。当然，这个传统犹太教的19世纪新思潮的支持者们，并没有像改革者那样彻底投向启蒙运动的怀抱，他们仅仅是力图与之达成妥协而已。

新正统派和浪漫主义

新正统派产生于19世纪上半叶，当时正值德国浪漫主义运动的鼎盛时期。从其内在本性和实质来看，正统派不乏浪漫主义精神，因此，很难就浪漫运动对它的影响程度作出恰当的评价。与正统派一样，新正统派也着重强调了信仰和传统的重要性，它把超自然启示视为犹太律法——《圣经》律法和口传律法的渊源和约束力的根据。此外，它还赞成和相信

---

① 人们通常称其为哈特姆·梭佛(Hatam Sofer)。这一名字取之于《但以理书》第12章第4节中的一个短语，是其代表作 Hidushei Teshuvot Mosheh Sofer(《摩西·梭佛的短篇故事和应答》)的首字母缩写。参见卡茨(Eliezer Katz)的《哈特姆·梭佛》(Ha-Hatam Sofer)，耶路撒冷1960年，第131页。

② 伯内斯所受的世俗教育使其有别于他同代的正统拉比。为强调这一事实，他常常遵从色法底的惯例自称为Chacham(圣哲)而不是阿什肯那兹的拉比(教师)。

③ 当今西欧和美国正统派普遍支持这个新正统派。

《圣经》所记载的种种奇迹，并从总体上强调过去时代的各种习俗惯例的有效性。由于跟德国浪漫主义思潮的亲缘关系，新正统派的力量无疑是得到了增强。在接受启蒙运动和德国世俗文化影响的同时，新正统派也把德国浪漫主义思潮的一个方面纳入自身的体系。在这样做时，它在一定程度上是试图以后者作为自己与改革派相抗衡的武器。

2. 萨姆森·拉斐尔·赫尔施

年轻时代

德国新正统派的主要倡导者萨姆森·拉斐尔·赫尔施(Samson Raphael Hirsch，1808～1888)生于汉堡的一个虔诚的犹太家庭，其先祖在一个世纪前从美茵河畔的法兰克福(Frankfort-on-Main)迁居来此。他的父亲是一位商人和当地犹太社区的正统派领袖。在孩提时代，赫尔施就在父亲的住所里听过大量有关改革派的过激言行的传闻，了解了为反对1817年由爱德华·克利(Edward Kley)发起的改革派组织“新以色列人圣殿协会”(Neuer Israelitische Tempel Verein)而采取的策略。[①]

年轻的萨姆森聪颖伶俐、天资极高，又怀有强烈的宗教感情。他不满足于父母为他筹划的经商职业，有志做一名拉比。他一边在当地的中学接受教育，一边在拉比伯内斯的指导下学习犹太文化。在伯内斯那里，他打下了坚实的《圣经》基础，并滋生了对传统和宗教虔诚的极端狂热。年轻的赫尔施后来又转入曼海姆(Mannheim)的拉比雅可比·艾特伦格(Jacob Ettlinger)的犹太学院继续深造，并谙熟了《塔木德》以及其他拉比文献。1829年接受圣职后不久，他被波恩大学录取为语言学系学生。

在波恩，赫尔施直接投身于当时正值鼎盛时期的宗教自由主义和理性主义。他与自己的一位犹太同学交上了朋友，这个人正是后来成为改革派主要理论家的亚伯拉罕·盖革。他们两人一起在那所大学创建了一个犹太学生辩论社。这一团体于每个安息日下午开会，讨论有关犹太宗教的问题。这个论坛为赫尔施提供了一个施展才华的天地，使他可以借机向他的同学展示其非凡的智力禀赋、雄辩才华和坚定的宗教信念。几年后已成为赫尔施激烈反对者的盖革曾这样提到他：“我钦佩他那超人的

---

① 参见本书第7章。

智力天赋和道德品质，我喜欢他的慈善心肠。”

拉比生涯

1830年，22岁的赫尔施接受了一项任命，前往奥登堡公国(Oldenburg)担任地区拉比(Landesrabbiner)，那儿的传统犹太教正处于低谷。迫于自由派的压力，他取消了赎罪日礼拜式开场的“弃诺词”(Kol Nidre)，并推行了其他几项温和的改革举措。他按照一项范围广泛的教育计划，着手改善当地的宗教环境。11年后，他从奥登堡迁居艾姆顿，并在那儿担任了五年东弗里斯兰(East Friesland)首席拉比。

尼科尔斯堡(Nikolsburg)是一个组织完善并以其杰出的拉比著名的犹太社区。这个社区于1846年任命赫尔施为地区拉比，一年后他升任全省的首席拉比。当时这个省已拥有一支异乎寻常的庞大犹太人口，其数目多达5万之众。社区内部宗派林立，拉比的一举一动都可能引起某一宗派的不满。尽管如此，赫尔施还是成功地创建了一所犹太学校，并吸引了来自四面八方的学员。考虑到他作为首席拉比的才干，赫尔施被任命为摩拉维亚议会成员。在那儿，他施展自己的雄辩才能和说服力，为本省犹太人争取公民平等权做了大量工作。这一成就为赫尔施赢得了犹太教民的信任和拥护。他的一些言语，例如“如果我们不再是犹太人了，那么，还有什么是值得我们去追求呢”，深深打动了犹太人，强化了他们对宗教的虔诚和信念。此外，他还提出了一项帮助犹太青年的建议，号召对他们进行农业和手工业方面的职业训练。

尤为令人感兴趣的是，赫尔施在尼科尔斯堡被冠以改革者的称谓，因为他引入了几项曾在奥登堡推行过的对宗教礼仪的微小变革。他在圣堂里面，而非按照传统习惯在圣堂外主持婚礼，此外，他还用伊地绪语发表演讲和布道。他和领唱者在礼拜式中身着牧师袍——这无疑是一项大胆的创新之举。另外，赫尔施还取消了祈祷式和圣典学习过程中所例行的圣歌吟唱。

法兰克福社区

先前曾一度作为传统犹太教中心的法兰克福社区，此时正酝酿着一场激烈的风暴。数十年间，为改革派所操纵的当地社区委员会一直处于和正统派的对峙和冲突之中。1818年，委员会以下述理由为借口，拒绝了建立一所塔木德学院的馈赠遗产：这所学校“不利于现代文化的的传播以及把犹太人造就为合格公民的目标”。委员会还利用职权固执地阻挠这一学院的建立。此外，委员会还拒绝对传统圣堂进行修缮，关闭了教礼浴室，遣散了宗教葬礼会，并抛弃了为医院和监狱供应犹太人洁净食品的惯例。作为回击，11 位拉比联名上书市政府，并获准在社区范围内建立自己的宗教联合会(Religionsgesellschaft)。这一法兰克福宗教协会很快就发展到上百户人家，并于赫尔施来到尼科尔斯堡的五年之后，邀请他担任拉比。赫尔施所具有的那种令人称颂的勇气和品行，促使他欣然离开了他在尼科尔斯堡显赫的拉比圣职，接受了这个名不见经传的弱小犹太公会的邀请。

赫尔施一经踏上法兰克福这块土地，就精神饱满地投身于一项旨在加强和扩大正统派阵营的计划。他着手创建了两所传授犹太和世俗两方面知识的犹太初中级走读学校(Bürger and Real Schule)，并希望借此削弱法兰克福的一所开设相似课程但奉行改革路线的慈善团体的影响。这个慈善组织创建半个世纪以来，已获得了巨大的声望，任何与之相对抗的企图都是需要付出相当勇气的。赫尔施创办的两所学校，代表了他所奉行的所谓“带有世俗时尚的《托拉》”原理(《先贤篇》2:2)，即犹太文化和世俗文化的调和或共生观的现实化。在当时德国的现代学校中，能够给予犹太文化课以充分重视的寥寥无几，赫尔施的学校无疑树立了这方面的典范。在罗斯查尔德家族(Rothschilds)的财政援助下，他平衡了学校预算，并兴建了一所庄严肃穆的圣堂大厦。他在这所圣堂的礼拜式中，引入了几项他先前曾在尼科尔斯堡推行过的改革。赫尔施在法兰克福生活了 40 年之久，直至 1888 年去世，他留给后人的是一个强大健全的正统派社区。

分离主义政策

赫尔施不满足于正统派宗教联合会仅仅半独立于全体犹太人共同体开黑拉(Kehillah)[①]的状况，因为他的教区只拥有自治权，而不是彻底的独立。赫尔施的宗教联合会成员仍需依靠社区公共基金来满足自己的预算，以及维持他们自己的圣堂和机构所需要的费用。赫尔施坚持认为，犹太教正统派和改革派之间的差距远甚于基督教的天主教和新教，因此，传统派应彻底从法兰克福的开黑拉中分离出去。为实现这一目标，他恳请一位柏林朋友去劝说普鲁士国会中的自由派犹太代表爱德华·拉斯克

① 开黑拉是犹太人为管理宗教礼仪、教育以及慈善组织而成立的地方性自治权力机构，此类机构亦称为“卡哈尔”(Kahal)。——译者注

(Edward Lasker)，设法使其发起一个以良知自由为根据，旨在使正统派与中央社区的彻底分离合法化的议案。这项法案于1876年7月28日通过，赫尔施随即在次日的托拉喜庆节(Simchat Torah)中宣布辞去在当地开黑拉中的职位。这一法律因此而导致了犹太社区的合法分裂。

法兰克福那些对传统开黑拉怀有留恋感的老住户反对这一分裂。而开黑拉保有公墓所有权这一事实，也成为他们反对意见的一个附加理由。正统派中那些较新的成员，由于缺乏对开黑拉的这种根深蒂固的忠诚感，效法了他们拉比的榜样。法兰克福因此而出现了两个正统派教区并存的格局——一个从属于开黑拉，另一个则独立其外。大多数正统拉比反对这一分裂，其中包括传统犹太教的坚定卫士，即著名的巴姆伯格(Würzburger Rav Seligman Ber Bamberger)。他认为，这一做法开了犹太教内宗派分立的先河。[①] 然而，赫尔施并不为之所动，他认为：由于大多数人，而非他本人对传统的背弃，实际上早已脱离了真正的犹太教，因此，他并未触犯希勒尔反社区分裂的原则(《先贤篇》2:5)。这场被称为"正统派之分裂"的分离主义运动及其政策在德国引发了一场轩然大波，但实际上只有包括法兰克福(1869年于柏林组建的"阿达斯·以色列"(Adath Isreal)即是其中著名的一个)在内的寥寥几个社区追随了赫尔施的榜样。然而，分离法却成为传统主义者迫使开黑拉作出让步的一件有效武器。

3. 思想方法与观点

论著

早在赫尔施28岁即在奥登堡初任拉比那年，他就曾匿名出版了《本·乌茨尔书信十九封》这本小册子，并在德国犹太人范围内引起了轰动。这本著作是以慷慨激昂的语调、无可挑剔的德国语风格写就的正统派辩护词。它记述的是年轻的拉比纳夫塔利(Naphtali)和他的朋友本杰明(Benjamin)之间的通信。本杰明是一位因为接触了欧洲文明而放弃了自己宗教的人。纳夫塔利把朋友的弃教归因于对犹太教的精髓缺乏认识

---

① 这里值得一提的是，亚伯拉罕·盖革曾极力主张，只要犹太改革者同意摆脱塔木德犹太教的束缚，他们就应当请求政府准许他们另建一个社区。因此，似乎盖革也反对那种由国家强加的犹太社区的成员身份。

和理解，因此，他承担起启蒙任务，告之以他所信仰的宗教原则和教义，以及解放运动带来的种种问题。赫尔施围绕这一主题，借助通信体形式，勾画和阐述了自己的犹太教基本哲学观。

赫尔施另一部写作时间更早但晚于前一本两年才出版的著作是《何烈山》(Horeh)，它的写作宗旨是为"勤学好思的犹太青年男女"解释《圣经》律法和拉比律法以及以色列人的习俗。这部著作的书名使人联想到了《圣经》中提到的圣山(《出埃及记》3:1)。《何烈山》可以视为《书信十九封》的姊妹篇，它所探讨的仅限于那些"与犹太国家无关"的律法。全书采取与《书信十九封》相同的体例而分为六大部分，即：

(1)教义(Toroth)。犹太教的基本宗教学说，涉及对上帝及其一体性的信仰，对上帝的热爱和畏惧，人类的傲慢、谦卑、苦难、美德以及人的目的。

(2)考验(Edoth)。上帝为考验犹太人而设计的"行动符号"，包括安息日、喜庆节、斋戒、礼拜以及各种礼仪。

(3)审判(Mishpatim)。为促进社会公正、保护个人的人格和财产而颁行的各种律法，也包括关于欺诈和诽谤行为的禁令。

(4)仲裁法(Chukim)①。有关人、植物和动物的成文法，饮食法规，对动植物杂交以及破伤毁容的禁令，保持外貌端庄、清洁以及立誓的规则。

(5)诫命(Mitzvot)。有关家庭关系、教育和培训、忏悔，对他人和社区的义务、誓约，对上帝之名的"亵渎和圣化"等方面的诫命。

(6)礼拜式(Avodah)。礼拜的功用，宗教礼拜式，礼拜用语，祭司的神圣性。

在《何烈山》的作者看来，这些来自西奈启示的律法是神授的，因而是永恒不变的。我们只能通过一番探幽寻微的研究工作，发掘其内在含义，而不可对其更改。遵守教礼有助于塑造人的品行，使之变得正直和高贵，帮助他达到以色列人(Yisroel-Mensch)的伦理境界，即成为一名在公正和神圣的生活中实现其精神性的宗教和人道主义的犹太人。赫尔施指出，犹太教是一种宗教律令，其目的在于培养理想的犹太人所必不可少的品行和美德。

---

① 仲裁法(Chukim)被界定为不依据于理性的律法，而审判法(Mishpatim)则是那些以理性为根基的律法。

赫尔施一生著述颇丰。[①] 除去先前提到的几部，他还出版了几本有关《摩西五经》、《诗篇》和祈祷书的评注，其中的最后一部是他去世后才问世的。此外，他还写了一些论战文章和小册子，并在他于1854年创建和担任多年主编工作的月刊《敬爱的人》(Jeschurun)[②]上发表了大量文章。

方法和态度

在赫尔施看来，《托拉》的真实犹如天地的存在。因此，他提出了自然和《托拉》两种启示，二者作为真理和神性智慧的源泉都是无可争议的。自然现象是经验事实；而西奈启示同样如此，因为它是由何烈山周围的250万犹太人所目睹确证的历史事件。[③] 既然《托拉》是神性立法者在西奈山赐予的礼物，那么，它就不是人为的作品。《托拉》律法和自然法一样独立于人类的思想或活动之外，因而也就超越了时间和历史进程的影响，无法纳入时间上的持续性或变化之列。赫尔施试图以此来批驳改革派的这样一个论点：犹太教是持续不断的历史演进过程的产物，是处于变化之中的。由于《托拉》具有这样一种超自然神启的特点，任何在历史的框架之内研究它的教义或诫命的企图都是徒劳的、无意义的。

按照赫尔施的说法，我们面临着这样一种非此即彼的选择：要么承认《托拉》的神性，要么彻底否认它的意义——甚至是作为一种人道主义观的意义。我们必须从它自身，从展示其精神实质的写作语言出发，才能恰当地理解它。在这里，赫尔施采用了一个以语言学或音似关系为基础，但在总体上又缺乏语言学根据的奇特的思辨词源学体系。例如，他以名词eretz(地球)相似于词根rutz(奔跑)[④]为由，把它解释为“疾驰者”。赫尔施提出，“托拉”一词源于动词horoh，后者的变格之一可解释为“孕育”，它意味着《托拉》旨在“栽培和播撒真理和美德的种子”。[⑤] 赫尔施还以希伯来语的Shamayim(天空)与Sham(那里)的词源学关系，及其后缀yim

---

① 他的作品的书目提要详见于赫尔施的《犹太教的上帝》(Judaism Eternal)第1卷，伦敦1956年，第49页。

② 《圣经》中有四次用这个词指以色列人。三次见于《申命记》，一次见于《以赛亚书》。——译者注

③ 《何烈山》第7章第24节。这一表述使人联想到了犹大·哈列维的《库萨里》(Kuzari)第1章第86节的一个类似说法。由于《出埃及记》第12章第37节提到60万名男子，赫尔施以平均每户4口人估算出当时约有250万名犹太人。

④ 赫尔施：《书信十九封》(英译本)，纽约1898年，第19页脚注。这一方法使人联想到斐洛对《圣经》中名字的隐喻解释，如以色列人指的是“看见过上帝的人”。

⑤ 格龙菲尔德(Grunfeld)：《何烈山》第1卷(英译本)，伦敦1962年，第63页。

(二)的含义,将它解释为"那里的双层"(Double over there),即空间的上部和底层。[①] 这一做法为赫尔施在《何烈山》及其他作品中所广泛运用的说教式解释提供了方法论基础,尽管它缺乏科学的有效性。实质上,它不过是公元1世纪斐洛所使用的隐喻方法的翻版而已。斐洛从《圣经》和希腊哲学的真理性出发,认为两者是可以调和的,他所做的就是借助隐喻法来实现这一调和。[②]

赫尔施采用了象征方法(Symbolik)代替对《圣经》律法的条牍解释,以避免与其时代的理性主义精神的冲突。他指出象征主义是一种不亚于语言的、人类交流和思想的媒介。《托拉》曾多次出现过有关符号(如《申命记》6:8)和记号(如《民数记》5:15)的说法。然而,这一方法在犹太教中的使用,仅限于力图发掘《圣经》的内在含义和基本的宗教真理这一背景之下。赫尔施在他的"考验"(Edoth)——探讨"象征性的教礼"的那一部分中,着重运用了这一方法。他指出,割礼作为生理上的一种道德命令,旨在提醒我们"保持肉体及其器官的纯洁和神圣性,并防止一切可能会导向兽行的罪孽发生"。圣经宝盒教导我们要全心全意地服侍上帝;而"门框上的圣谕"(Mezuzah)则使犹太人住宅成为圣所。各种不同的献祭方式也具有其确定的隐喻含义[③],并由此表述了不同的宗教观。

正如我们在赫尔施对某些"仲裁法"的阐释中所看到的,这种分析方法极易走向极端。例如,赫尔施解释说,某些动物是不可食用的,因为它们具有一种攻击性的本能,而那些以食草为主并具有反刍特征的动物,具有一种和无意识的植物生命相似的迟钝的、不活跃的生命特征,因而是可以食用的。他断言,这一说法通常适用于"清洁的家禽"[④]。此外,赫尔施还赋予肉奶不可混合的烹调法以象征的含义,并试图以这种象征化的解释来说明保存神圣自然法的必要性。[⑤] 有关羊毛和亚麻混纺衣物的禁令和反动物或植物杂交法[⑥]也被赋予相同的根据(《创世记》1:20)。剃去鬓发的男子改变了上帝赐予他的容貌(《利未记》19:27);如果一个男子穿女

---

① 《犹太教的上帝》:"作为普通教育的希伯来语训练",第195页。

② 斐洛在使用隐喻法时还采纳了斯多亚派的体系,后者曾试图把荷马神话与哲学协调起来。

③ 参见《犹太教的上帝》第1卷,第108页。

④ 《何烈山》第68章第454节。迈蒙尼德坚持认为:饮食律法的目的在于以一种惩戒手段抑制人的贪欲。

⑤ 《何烈山》57章,第409页。

⑥ 约瑟福斯(Josephus)相信,反杂交法是一种防止人类道德堕落的手段。

装，他就打乱了上帝为他的外表所规定的模式。[①] 他解释说，为表示谦逊，应把头部包裹起来。只有身体的那些工作所必需的部分，诸如手和面部，才可裸露。[②]

在正统派看来，这些宗教律法和礼仪禀有一种内在的、本身固有的神圣性，必须被视为目的本身。[③] 赫尔施批判了迈蒙尼德在解释某些圣经诫命时所采取的一种被称为文化人类学的立场；然而，尽管赫尔施不承认或未能认识到，但他的象征主义方法违反了正统思想。赫尔施试图用他的方法激发人们遵守宗教诫命，但在这样做时，他实际上陷入了繁琐的论辩中。这无疑是有悖于他的这样一条基本设定：我们之所以必须遵行宗教礼仪和律法，主要由于它们是神规定的象征行为，神的思想通过它们而渗透到人的心灵深处。[④]

赫尔施在强调宗教习俗乃来自上帝的意志时，未能看到对这些习俗的象征化处理实际上已导向了这样的结论：它们可以被轻易地抛弃或被别的东西取而代之。尽管如此，赫尔施的象征手法仍以其从犹太宗教信条中所发掘出来的新思想、新含义和新价值，为犹太思想作出了积极的贡献。

人的使命

在《书信十九封》的第一封信中，年轻的怀疑论者本杰明向纳夫塔利拉比提出了一个质疑：人生的幸福和人格的完善是否是宗教必须帮助人们达致的终极目的。在答复这一颇具挑战性的问题时，这位拉比对它们两者作为人生主要目标的合理性作了考察。他解释说：幸福的追求常常含有感官的快乐或欲望的满足之意，可能会导致反社会的乃至犯罪行为。

---

① 迈蒙尼德把反剃须法归入偶像崇拜之列；反羊毛和亚麻混纺衣物是为了避免模仿阿玛利人(Amorites)的习俗；而有关男子穿女装的禁令则旨在防范不正当的性行为。

② 《何烈山》第69章第458节。值得注意的是，杰出的拉比权威所罗门·卢利亚(Solomon Luria，1510～1573)认为，尽管我们可以不戴帽祈祷，但他仍不愿这样做，因为这可能触怒那些把这种行为视为冒犯教规的人。在犹太传统中，习俗是具有律法力量的。参见弗雷霍夫《应答文献》，美国犹太出版学会1955年，第129页；《应答宝库》，1963年，第183页。这些文献的出处曾得到有关《塔木德》权威的肯定。根据劳特巴赫(Lauterbach)的说法，维尔纳(Vilna)的高昂以利亚同意这一观点。

③ 拉什(Rashi)对红色小母牛(《民数记》19)的仪式的看法使人联想到虔诚犹太人对礼仪性习俗的一般态度。按照拉什的观点，上帝会说："它是我颁布的一项法规，你们无权反思它。"换言之，上帝的律令无须任何理性的证明。

④ 《何烈山》脚注13，"导言"第80页。

而另一可能的目的，即人格的完善，只有少数杰出人士才可能实现。因此，普遍民众所应当追求的是历代思想家和哲学家所倡导的其他目标。对犹太人而言，这个任务极其简单，因为他们只须听从《托拉》的教导就足够了。《圣经》的第一个故事讲的就是上帝作为宇宙创造者的至高无上的地位。任何对自然的研究都必将强化对上帝的敬畏之感。这位拉比以雄壮的笔触描绘了造物主伟大而惊人的世绩：

> 你难道未曾凝视过那永恒沉寂、亘古如一的天空——光和热的负载者，地球的全部动力源泉，人间尘世的依托？你难道未曾瞭望过密布其上的千万颗明亮的星辰，或太阳体四射的光芒，而地球这个匆匆的奔跑者正沿着其创造和消亡、鼎盛和衰败、生命和死亡的周而复始的轨道，从停滞、衰退和死亡之中，万古如一地奋力奔向那历久弥新的存在、兴盛和生命？……你难道未曾眺望过那浩森的大洋，那席卷一切、吞噬大地的滔滔洪水，而从岩缝奔涌而出的瀑布，又飞溅为小河、溪流，并最终汇流为浩荡的江河？当你和你所挚爱的人一道携手漫步，你难道未曾领略到大地的坚实可靠？你难道未曾沉醉于它辽阔的草原或枝繁叶茂的树林，以及那在水中畅游、在天空中飞翔，或同你们共居地面的生灵？你难道不明白太阳、月亮和星辰在茫茫太空上面规定着一年的四季和日月流转，决定着万物的苏醒和休眠，兴与亡、成与毁、循环往复？[①]

所有的存在都是上帝创造的，它们各司其职，各得其时。所有创造物都要臣服于他，在他的意志左右下履行自己的使命，并为全宇宙之工程奉献自己的一份力量。在各种同存共生的宇宙力量周而复始的循环之中，存在着某种和谐一致。上帝以此表明了自己对这个世界的伟大的爱。“作为上帝之爱，他提供了宇宙运行的材料和力量，并以其正义之手划定了事物的界限、目标和分寸。”[②]正是大自然所有要素的相互关联和依赖，体现出上帝之爱；而在它们各自功能的限制中，又实现了上帝的公正。

> 业已渗入大地的水又被汇集起来变成了云朵和海洋；原本穿透地表的阳光在哺育了光和热的儿女——植物之后，又被重新集结于

---

① 《书信十九封》，第 18～20 页。

② 《书信十九封》，第 22 页。

太阳、月亮和星辰；作为大地孕育的胚芽破土而出，长成累累硕果，正所谓'种瓜得瓜，种豆得豆'，一条辉煌的链条——爱与播种、收获的链条把所有被造物联结起来了；没有一物是仅仅依靠自身或为自我而存在的，万事万物都处于一个持续的相互作用过程；一是为了全体的一，全体又是为了一的全体……[①]

上帝的仆从数目巨大，人也是其中的一员。大地是上帝的造物，因此，它必须被尊为神圣物，其上的居民必须爱其生物同胞如同上帝之子。人类之所以被安放于地球上并不仅仅是为了什么快乐或苦难的目的，而是为实现正义和爱的目标。快乐和完善本身不是终极的目的，它们仅仅是遵循上帝意愿而赋予人类的内在和外部的标志。人的独一无二性在于这一事实："上帝借助或通过其他被造物发出话语，而对人则直接说话，要人自愿地接受其诫命，并视之为生命活动的推动力。"因此，遵循上帝的训诫，彻底服从于上帝的意志，就是人的首要职责和使命。"耽迷于上帝的人"这个称号曾被赋予泛神论者斯宾诺莎，赫尔施也是当之无愧的。他用伟大的爱心和诚意执著地恪守着对超验的造物主的信仰。

赫尔施与康德

赫尔施当然承认这样一条拉比原则：必须奉行宗教的诫命，因为它们体现了上帝的意志（《先贤篇》1:3，2:4，5:23）。上帝作为律法和道德信条的活水源头，已经在《圣经》给予人类的福祉中显示出来了。这种律法既可以被称为神定的，也就是说，它们源于上帝，也可以被看作是他律的，因为它是从一个外在于人的本源流溢出来的。我们之所以要遵循《托拉》的教诲，主要在于它体现了上帝的意志，它对于人的福利则是无足轻重的。可以看出，这一思想类同于伊曼努尔·康德，曾影响了包括赫尔施在内的犹太思想家。以知识论和形而上学而著称的康德，把伦理学视为哲学的首要问题。正如赫尔施所指出的，康德的绝对律令说，即要求不计后果地履行道德义务，与摩西律法颇为相似，因为后者也要求绝对服从诫命。《托拉》中那些以"你当做什么"和"你不应做什么"的形式出现的肯定性和否定性律令，也都具有这种性质。

然而，康德在伦理学源泉这个问题上所持的哲学观，是与作为神学家

---

① 《书信十九封》，第29页。

的赫尔施大相径庭的。康德深信，人类伦理根植于人的内在良知。这种与良知相关的道德律令是自治、自律和自决的。唯有这样一种律令，才能构成裁决人的道德判断和行为的检查官。任何其他律法，甚至包括神授的律法，也都是在经过自律的良知考察之后才能为个体所接受。良知当然从属于理性主义和人道主义的范畴。赫尔施试图把自己的思想与康德哲学调和起来，他宣称：良知不是道德的唯一本源，也不是完全自律的，因为它来自上帝的创造，是上帝把其道德教诲传递给人的中介。他论证说：神性道德要比人的道德更坚实可靠，因为永恒的神性律法是超越于时间、变化和流变之外的。因此，《托拉》的律法优于人的律法。此外，一个人只要把上帝和他的《托拉》视为最高的道德权威，那么，他就把自己的意志与上帝的意志统一了起来。赫尔施试图以此改造自己的犹太宗教观，以适应人道主义和宗教两方面的需要。这种超理性主义和理性主义观的结合体，促使赫尔施成为导致1848年革命的社会和政治民主理想的支持者。

尽管持有这种理性主义立场，赫尔施依然认为：犹太人无权仅仅挑选那些他认为符合时代精神或自身理性要求的律法信条或教义。他必须无条件地全盘接受《托拉》中的律法，此外，他还必须把宗教仪式和礼仪习俗置于与伦理平起平坐的地位。后一思想自然是为康德所不容的。

犹太人的使命

如果说人的使命在于侍奉上帝，那么，以色列人就必须成为这方面的楷模，并为这一目的奉献出所有力量。“你唯有在生活中完成了一名以色列人的任务时，才会获得你所拥有的或将要拥有的一切。”[①]这是赫尔施在《何烈山》中对犹太人的告诫。犹太人必须勉力使自己的民族完成自己的使命，并达到最终的归宿：

> 由于人们已经从生活，乃至大自然中清除了上帝，所以就将生命的基础建立在财富上，以感官享受为人生的目标。他们相信：人生是各种人类欲望的产物，正如他们把大自然视为多神创造的结果，因此，必须把这样一个民族引入其他各民族中间——她通过自己的历史和生活经验，表明上帝为存在的唯一创造性根源，履行上帝的意志是人生的唯一目标；她还会拥有上帝意志的启示，并坚持不懈地为之

---

① 《何烈山》第113章第714节。

> 奋斗和努力，直到全世界都视之为内部的凝聚和激发力量。这一使命必须交付这样一个民族来完成——当其他民族营造起了自己的强盛和权力的大厦时，她却一无所有；她在表面上屈从于那些独立自傲的民族，但实际上却直接依赖上帝而得到了保护……①

按照赫尔施的说法，以色列人是为了犹太教而被创造出来的，而不是相反。② 犹太人民不过是实现上帝目的工具，而上帝的目的在于改善人的道德状况。为实现这一目标，犹太人必须保持孤立性和独特的生活方式，而不可屈就于其他民族低俗的道德伦理水准。然而，这种孤立只限于宗教方面，而不是说其本性如此。只有在遥远的未来，当人类在希伯来先知学说的教诲和净化之下，皈依了上帝并承认其为自己的主宰，犹太人的使命才能告以完成。第二圣殿时期是犹太人散居时代的使命的准备。事实上，基督教通过"让全世界了解作为上帝选民的犹太人的目的"③，帮助了犹太人完成这一使命。赫尔施关于散居犹太人的使命说很接近于改革派。他相信：犹太人从流放生涯的惨痛教训中获益匪浅；力量和强盛只是昙花一现，他们自己的力量主要在于信奉《托拉》的律法。由于这一经历，他们深刻地洞悉了人性的道德本质。就此而言，散居生活(Galut)并非是犹太人的不幸和灾难，而是一笔宝贵的财富。④

犹太人是一个祭司民族。它之所以被挑选为这样一个民族，仅仅在于其精神性和道德感。犹太民族之与众不同，主要是作为一个宗教团体，而非政治实体。正如在《圣经》中，它被称为民族(Am)——一个非政治性的精神团体。历史事实也说明：犹太人甚至在进入"应许之地"前就成了一个民族，在火国之后也一直是一个民族。⑤

犹太教与时代精神

按照赫尔施的说法，所有的犹太律法，无论是口传法还是成文法，都

---

① 《书信十九封》，第66～67页。

② 《何烈山》第113章第714节。

③ 在《何烈山》第30章第220节中，赫尔施认为"在旷野中准备耶和华的路"(《以赛亚书》14:3)指的是以色列人的散居以及散居的使命。而按照传统解释，这句话指以色列从散居重返锡安，这与赫尔施的解释恰恰相反。

④ 这句话在《塔木德》中的根据是："上帝把以色列人流放于各民族中间，只有改宗者才会加入到这些民族中去。"(《逾越节》87b)另参见本书第7章。

⑤ 《书信十九封》，第161～162页；《何烈山》第96章，第608页。

是独一无二的启示的产物。口传法是这一启示的有机组成,因为它对于正确理解《托拉》原文是必不可少的。这一思想和下面这句拉比格言相吻合:无论权威的圣哲在将来宣扬什么,它都不是新的,不过是在西奈山说过的话而已。[①]

由于《托拉》是神授的,因此,我们必须毫不松懈地信奉它。《托拉》是超时间的,因此,我们不应喋喋不休地抱怨犹太教缺乏现代性,而应为我们的时代拒绝了《托拉》痛心疾首。犹太教作为一种神性创造物应该造就我们的生活,然而,我们的生活却不能改变犹太教。历史表明,犹太教和犹太人从一开始就是与时代的风尚和要求格格不入的。亚伯拉罕独自与上帝行走,这有违于当时的潮流。在漫长的几个世纪中,犹太教是反对异教世界的唯一声音。[②] 如果说犹太教与时代精神的隔阂在今天已明显缩小,那么,其原因正在于这个世界越来越靠近上帝的世界。

和卢扎托一样,赫尔施批判了迈蒙尼德试图把犹太教与阿拉伯和希腊理性主义调和起来的做法。他认为,《圣经》作为上帝的言语,无须任何外在的认可。赫尔施认为,门德尔松和迈蒙尼德一样,是一位恭顺的犹太徒,也和他犯了一样的错误。门德尔松为了顺从当时的理性主义精神,从哲学和美学的角度看待《圣经》,但他未能严格从《圣经》自身的语境理解它,没有从它内部建构它。不过,犹太教是独立自主的,无须用任何外来的标准对之评头论足。

世俗文化

尽管赫尔施坚持犹太教无须迁就于时代精神的要求,但他仍反对那些力图阻止新正统派把犹太教从文化孤立中解脱出来的极端传统分子。他把犹太年轻一代的叛教行为大半归咎于改革派,或基督教会在"隔都"所造成的犹太人生活和现代世俗文化相隔绝的局面。他相信世俗学问可以成为支持和强化宗教教育的手段。他还认为,和世俗文化隔膜并不是犹太教必不可少的特征,它仅仅是"隔都"以及犹太人被迫隔离的结果。

赫尔施批判一些人机械墨守宗教信条,认为这些人表面虔诚恭敬,实则缺乏任何灵性,是一些"被束缚于生活和意义的律法桎梏中的、毫无洞

---

① 因此,赫尔施反对弗兰克尔所谓口传法代表的是较成文法更晚的一个发展阶段的观点。

② 雅各布·布鲁尔(Jacob Breuer)主编:《犹太教的基本原理》(Fundamentals of Judaism),纽约1949年,第128页。

察力或精神激情可言的木乃伊"[1]。作为一种动态的、充满生命力的宗教信仰，犹太教应当在对其诫命的履行过程中，激发出愉悦感和献身精神。他还谴责了当时的《塔木德》学者们在研究拉比律法方面所表现出的"繁琐哲学"(Pilpulism)倾向。赫尔施的新正统思想旨在纠正正统派的种种缺陷和过失，使之能更适合现代主义者的口味。

解放

在犹太解放运动中，赫尔施看到了使犹太人发展为理想犹太人的良机，即能够更自由地遵守自己的宗教信条并履行自己作为一名犹太教徒的义务。赫尔施宣称："在数世纪的迫害和屈辱中，我们的使命并未得到完满的实现，然而，一个温和公正的时代已经来临，它召唤着我们向这一目标迈进。"[2]他告诫人们："解放既不是犹太人的主要目标，也不是犹太人流放散居的目的"；犹太人必须把解放视为"犹太人履行其使命的新条件，一个新考验——这甚至远比受迫害的考验更为严峻"[3]。解放的犹太人面临一个危险的境地：他们可能经受不住感官快乐和物质利益的诱惑，并因此淡漠、懈怠了宗教诫命；他们可能会因为妨碍生计而不守安息日，然而，这样做就意味着放弃了对上帝的信赖，忘却了上帝曾在安息日赐给他们在旷野中的祖先的双份"吗哪"。[4] 赫尔施在这里流露出一种超自然的天命观。

赫尔施承认，严格守饮食法会在犹太人和非犹太人之间筑起一道屏障，并致使犹太人格外招人注目。然而，他又认为，犹太教是为全人类的终极利益，为他们保留希伯来先知和圣哲的伟大理想，才把犹太人隔离开来的。这种隔离是犹太人履行其神圣的使命所必不可少的。对于那些为这些分离性习俗可能会在非犹太人中间所造成印象而忧心忡忡的犹太人，赫尔施满怀激情地争辩道：

> 照神圣律法的吩咐，实践你的义和爱；行要正，言要诚，如律法所教导的把对非犹太兄弟的爱铭记心间；餐其饥渴，遮其体肤，抚其哀伤；治疗其病痛，指点其迷津，用良言和行动来帮助他们摆脱困窘和

---

① 引自《犹太教的上帝》，第27页；另参见《书信十九封》，第146页。

② 《书信十九封》，第167～168页。

③ 《书信十九封》，第167页。

④ 《书信十九封》，第155页。

悲伤，一览无余地展示出你身为犹太人的高贵胸怀，难道你认为这还不足以为你赢得他的尊敬和爱戴，或者你并不能因此而获得你生活所必需的社会亲情？[①]

对改革的态度

人们也许认为，作为一名坚定的正统分子，萨姆森·拉斐尔·赫尔施会对改革派采取一种严厉的、挑战性的批判态度。然而，在《书信十九封》中，他对改革运动表现出异乎寻常的宽容。他相信改革派领袖们是心怀善意的。他解释说，他们不过是在对真理的理解上犯了错误。我们不能把所有的过错都推到他们的身上，因为“整个历史与他们一道负有责任”。他们之犯错误，原因在于接受了一种与犹太教格格不入的生活模式和有关自由的本质观。赫尔施认为，尽管如此，我们仍需要改革，但这应是一种不同类型的改革：

不断地向《托拉》的高标准迈进，而不是使《托拉》降低到这个时代的水平，使之从高耸入云的塔顶滑落到我们生活的低俗等级……一味地沉湎于追求生活的安逸舒适，而抛弃永恒的上帝所颁定的适于所有时代的永恒律法，不是而且永远不可能是“改革”……[②]

在《何烈山》的前言中，赫尔施概括了自己的基本前提：“神授律法必须成为你的文化和精神从中长出的种子，而不是相反。”当一个犹太人为决定履行还是放弃一项律法而诉诸理智的批判考察时，他实际上是把自己放到上帝及其绝对完美的《托拉》的评判者地位。改革者尽管认识到人类理智的有限性，但仍准备以自己的理性作为检验《托拉》律法的试金石。在赫尔施看来，这在逻辑上是站不住脚的。

犹太教科学

由于赫尔施以一次性神启为自己的犹太宗教观的基础，因此，他不可能接受犹太科学运动的倡导者所提出的对犹太教历史的和进化论的研究方法。假如承认犹太教经历了一个历史演进过程，他就无法坚持犹太律

---

① 《书信十九封》，第156～157页。

② 《书信十九封》，第171页。

法的永恒不变性了。赫尔施颂扬了传统犹太学术的价值，并把犹太科学运动描述为“一闪即逝的烟花爆竹”，缺乏研究犹太经典的旧式方法中所包含的那种曾滋养了犹太生活的实质内容。这些犹太历史研究者所获得的有关过去时代的知识不过是“从现代贫瘠的荒原中所密布的腐尸墓冢里散放出来的尸灰尘土而已”。赫尔施认为，这些学者力图用自己的学识来掩盖自己对犹太律法的背弃，并使之合理化。

至于对待犹太科学运动的态度，赫尔施采取的是极端虔信派的立场。他采纳了一项严禁干涉所有宗教传统的政策，并坚持认为：“犹太科学方法所谓后来的权威不能理解早先的权威，而最近时代的权威也同样无法理解较早的权威……无异于暗示：当今时代的现存犹太教所赖以建立的根基不过是一场骗局而已，而后者又来自另一个蒙昧盲目的错误导向。”①

为驳斥这场运动所立足的进化论前提，他试图在自己的《〈摩西五经〉评注》(Commentary on the Pentateuch)中，把《圣经》中的章节与《塔木德》和《米德拉什》中的相关段落联系起来，并以此证明它们之间密切的内在联系，以及拉比解释在《圣经》原文中的根据。

关于祈祷

赫尔施对祈祷持一种独特的态度。他指出，从词源学上讲，希伯来语的 hitpallel(祈祷)是一个从 Pallel(评判)派生出来的反身动词，包含了自我评判之意。因此，祈祷“不仅仅是请愿或祈求神助”，甚至也不是一种诚心和敬仰感的表露。它表示的是这一诚挚的意愿：在上帝面前发现一幅真实的自我画像，并把实际的我和应当的我相对照，以纯化和加强自身的精神力量。在这个意义上，祈祷是指向个体的，其根本目的在于激发个体的自我约束和自洁自重的宗教意识，使之彻底臣服于上帝的意志。

然而，由于祈祷取代了献祭式，所以它也就构成了整个礼拜式中的一个不可废弃或修正的部分。在献祭与祈祷之间，存在着一种密切的亲缘联系：“献祭用行为符号所表达的，正是祈祷式用语言符号所表达的东西。”②事实上，在适当的时机，当上帝把犹太人民领回圣地时，献祭式和祭司制度也将随之恢复到《托拉》所规定的模式。这是先知书(《玛拉基

---

① 引自赫尔施《实际生活中的犹太学》(Jewish Learning in Practical Life)，载格伦费尔德《犹太教中的上帝》(Judaism Eternal)第2卷，伦敦1956年，第287页。

② 《何烈山》第98章第618节；《书信十九封》，第127页。

书》3:4)以及传统祈祷书所表达的深切愿望。

和改革者们一样,赫尔施对于复兴希伯来语,使之成为一种活的语言并不热心。然而,和他们不同,他坚持在礼拜中使用希伯来语,认为它不可能得到准确恰当的翻译,或者说它的精神和韵味是不能以任何别的语言表达出来的。此外,他还倡导保留圣堂礼拜,因为他感到这将有助于激发犹太人学习这种神圣语言的热情,从而使希伯来语继续成为散居犹太人中的纽带。然而,赫尔施也承认,在一个人不懂希伯来语时,他也可用优秀的译文做祈祷。

犹太民族主义和公民权

在如何看待犹太民族主义这一问题上,赫尔施与其同时代的所谓犹太复国主义的倡导者,即茨维·赫尔施·卡里希尔(Zevi Hirsch Kalischer,1795~1874)、摩西·赫斯(Moses Hess,1812~1872)存在根本的分歧。他忠于《塔木德》中的下列教诲:"不要刻意强求散居的结束。"[①]当然,他的思想可能受到了这样一种信念的影响:重建犹太国家的努力是与一名德国犹太人对其宗主国的忠诚不相容的。

> 我们对于曾导致(犹太国)沦陷的罪孽痛心疾首,我们永远不能忘记在那些流浪岁月中曾遭遇到的种种苦难和磨砺——这是圣父为鞭策我们前进而施予的严惩,我们惋叹由于丧国而带来的对《托拉》的背弃。作为一个民族,我们并不是为了照亮其他民族才放声祈祷,希望重返那片圣土的,而是为了在那块曾许诺给我们并为我们遵循《托拉》再次许诺于我们的土地上,发现一处可以更好地实践我们精神使命的场所。然而,恰恰是这一使命又要求我们:在上帝把我们召回那块圣地之前,无论他把我们安置在何处,我们都必须作为爱国者去生活和劳作,并无私地奉献出我们所有的生理、物质和精神力量,以及犹太人当中一切高贵的东西,为那些庇护我们的民族谋福利。这个使命还要求我们只能以哀悼和企盼的形式表达我们对那片遥远的故土的向往,并且,只能靠忠实地履行犹太人的一切职责,静待这一愿望的实现。然而,它严禁我们为重返而作的努力,也不允许以一

① 公元3世纪的圣哲拉比莱维(Levi)曾指出,"耶路撒冷的众儿女啊,我嘱咐你们。"(《雅歌》2:7)这句经文中包含了三层誓约:"不要公开(散居)的目的,不要强求它,也不要向非犹太人泄露这个秘密。"(《婚姻行为》111a)

种非精神性的手段占领那块土地……[①]

作为一名极端虔诚的信徒，赫尔施没有接受通过人为的干预而重建犹太国的思想。他宣称："犹太人不可靠自己的努力强求独立。"[②]此外，在赫尔施看来，散居生活中的紧要问题不是无家可归的犹太人及其民族所遭受的迫害，而是对从锡安而来的神灵的忘却。犹太人不是通常意义下的一个民族——不是一个政治实体，而是一个为《托拉》这一精神得救的象征而存在的民族。不仅犹太人，而且整个世界都渴望这种救赎。

犹太人必须效忠于庇护他的祖国，这符合耶利米的教诲："我所使你们被掳到的那城，你们要为那城求平安，为那城祷告耶和华，因为那城得平安，你们也随着得平安。"(《耶利米书》29:7)他必须听从《塔木德》的箴言："国家之法即是上帝之法"(《离婚法》10b)，遵行国家律法。赫尔施在这一观点上表现出了极端偏颇的倾向。国家是至高无上的，即使它压迫犹太人，后者也必须无条件效忠于它。赫尔施曾就犹太人对国家应负的职责问题，作过下面一番论述：

这一责任是绝对、无条件的，它不取决于国家对你友善还是冷酷无情。即使他们剥夺了你作为一个人的权利，以及在生你养你的土地上合法的人类生活权利，你也不应因此忘却自己的责任。推行正义……履行上帝赋予你的责任：忠于君主和国家……[③]

人们自然会问，这种对一个邪恶政府的黑格尔式愚忠是否在本质上符合犹太传统。犹太教所要求的是压制，而非助长邪恶的力量。它力主正义。让步或屈从于压迫，几乎无益于消除不义。犹太教从未把向一个暴君俯首屈膝看作是正当的。

然而，赫尔施对德国的感情丝毫没有影响他对锡安所怀有的宗教热忱。他痛斥改革者废止纪念圣殿毁灭的阿布月初九的斋戒日(Tishe B'av)。他还和追随者们一道热忱地祈求神的荣光重降锡安——这是一个不掺杂任何民族主义动机的宗教愿望[④]，而且这一目标的实现完全取

① 《何烈山》第96章，第608页。

② 《何烈山》第33章，第237页。

③ 《何烈山》第96章，第609页。

④ 见《何烈山》英译本作"阿布月"(脚注10)，参见第1卷，第128页以下。

决于天命，而非人的意愿。赫尔施对希伯来语的兴趣纯粹是宗教性的，他无意将希伯来语复兴为一种现代口语。他自己的作品几乎全是用德语写作的。总之，他和改革派同样反对民族主义，尽管他的传统观不允许他接受改革者的理论。他本人的立场倒是与极端虔信派的观点一拍即合的。

4. 教育原则

完善的学校

赫尔施是一名卓越的教育理论家和务实的教育管理者，他把自己的教育思想成功地落实到自己在法兰克福创建的初中级学校的教育中。赫尔施的教育思想是传统的犹太宗教观与启蒙精神的融合。他曾以“带有世俗时尚的《托拉》”这一警言，对此进行了总结。这两种不同的因素被熔铸为一个和谐统一的整体。从课程设置来看，它意味着犹太教和世俗文化的混合，这成为美国及其他国家的犹太走读学校竞相效仿的模式。

在那个时代，许多犹太传统主义者认为，世俗学问会败坏学校教育。为驳斥这一看法，赫尔施着力指出，只有在隔都里，当犹太人被高耸阴沉的隔都墙隔绝于欧洲文化生活的主流之外时，他们才从自己的教育中取消了世俗知识，专致于宗教事务。此外，隔都内狭窄的生活条件也扼杀了犹太人对大自然的兴趣，并因此忽视了对自然科学的研究。而且，由于“镣铐和火刑柱乃是世界历史赐予犹太人的前程命运……自然使他不愿阅读其中的篇章”[①]。然而，这仅适用于隔都之中。在这之前，犹太人曾谙熟世俗和犹太两方面的知识，并在这两个领域作出了杰出成就。

然而，这两个领域是不能等量齐观的。和启蒙领袖们相反，赫尔施认为宗教是第一位的，世俗教育则是次要的。他宣称：“对于每个犹太人而言，所有的知识精髓都源于《托拉》。”他坚持认为，宗教教育应被置于优先的地位，因为社会的存在是以宗教为基础的。犹太人应以犹太教的真理作为检验所有世俗文化的学说、观点、原理和看法的试金石。为维护宗教在教育中的这种优先地位，它应当和世俗内容在同一所学校教授，并被纳入学校的正常日程安排。如果犹太教被安排在正常日程之外，作为一门辅助课程教授，那么，它就可能成为无足轻重的。当这门课给孩子们造成

① 《何烈山》第1卷，“宗教教育”第160页。

负担时，那就更是可有可无的了。

犹太年轻一代应当接受世俗教育，因为犹太教并不畏惧跟其他文化接触；它希望人类思想和道德的不断前进，欢迎人类每一点滴的进步。它或许是唯一的这样一种宗教：要求自己的信徒在遇到任何一个宗派的伟大圣哲时，都要为“上帝把自己的智慧注入到肉体和血液之中”而祝福。因此，犹太人不应摒弃或忽视世俗知识。他应为其自身，以及作为一种借以更好地理解他所处的文化氛围的手段，来探求世俗学问。然而，尽管犹太教不宜把自己孤立于其他文化之外，它也不可在欧洲的主导文化思潮中丧失自己的个性。把犹太儿童限定在单一的犹太文化教育中，最终可能会使他们把犹太教视为“占据他们青春的窃贼”。

无论从少数派还是多数派立场来看，即便是一个现代读者，也会情不自禁地为赫尔施关于健全的犹太教育的理论中所包含的现代主义意蕴所打动。赫尔施指出，犹太教并不仅仅是一种可以用问答来传授的教义体系，如同改革者试图做的那样。正如学习德语或其他文献一样，学习犹太宗教文献的目的在于“向年轻一代开启犹太教的宝库，并通过与他们民族的伟大灵魂终生不渝的交流，改善和提高心灵和智慧”。

要正确理解和评价犹太教文献，必须攻读原著。只有原话才能“使精神之火心心相传；而任何一种翻译都会破坏其魅力”。对某种语言和文化的研究无疑有助于它的延续。同时，它还可以使个人和他所处的文明得到丰富。作为活生生的例证，赫尔施举出了美国的德裔移民。他们通过对子女进行德国语言和文学方面的教育，保持着跟自己民族紧密的精神纽带。赫尔施解释说，他们这样做既是为自己也是为其子孙后代以及他们的新国家。[①] 在倡导多元文化并汇集了不同的人种和民族的美国，每个种族团体都把自己的民族遗产增添到一个巨大的文化共生体上，造就了一个日益辉煌、伟大的美国。[②]

世俗教育作为《托拉》的陪衬，有助于推动犹太学术的繁荣，并为其开辟一个前所未有的新视野和新前景。通过考察其他古代民族的政治和社会生活，犹太人看到了犹太律法和伦理与埃及专制政体和叙利亚腐化堕

---

① 《何烈山》，第171页。应当注意的是，赫尔施在这里所说的是19世纪40年代迁居美国的第一代德裔移民。

② 他用下面的话概括了他的文化多元论：“明亮的无色光线是由七种颜色会聚而成的；它不是那种产生各种最细微的音色的单调的均一体，而是形形色色不同因素的统一和谐体。”参见《何烈山》，第190页。

落政权之间的明显不同。假如一名学者把希伯来先知的教诲放在古巴比伦和埃及的政治和宗教生活的框架之内,并不断地与之对照,前者就显得颇具意义和价值。[①] 学习希伯来语对于熟练掌握一个人的母语或口语不无裨益,任何一门外语都莫不如此。这种双重文化的训练使学生有可能从人道主义文化的观点理解犹太教。这样做的结果是,他将以新的信念来履行自己在这个世界上的使命。[②] 因此,犹太学校和人道主义教育是互为补充的,它们的通力合作将造就出理想的犹太人(Yisroel-Mensch),他同时也是理想的人格化身。

一体化教育

为了实现这些目标,赫尔施认为两种教育必须兼施并举、融为一体。因此,某一学科门类的教师必须兼具另一门类的知识。为了把这两个知识领域有效地结合起来,赫尔施建议由同一位老师传授这两方面的知识。不过,宗教精神必须被贯穿于所有的世俗教育中。

> 天上运行的每一颗星辰,地上的每一粒种子,向我们显示的,不仅是作为造物主的上帝,而是作为立法者的上帝。他把自己的意志体现在天空和大地的自然法则的无比完美中,并静待人类在迈向完美的过程中,自由地实现其道德法则。这是独一无二的观念,其中既包含着上帝宝座前的六翼天使,亦不排除阳光中飞舞的苍蝇……[③]

赫尔施所面对的德国犹太人是德国社会的一个组成部分。因此,赫尔施教育计划的重要目标是培养合格的公民,也就是说,在学生中间灌输爱国主义情怀。赫尔施还主张,除《塔木德》以外的所有犹太教育科目,都实行男女同校学习。这是对传统教育的一项激进的改革。赫尔施在他的初级学校中推行了这一计划,并保持了数年之久,从而在正统派学校教育中首开先例。

赫尔施的中级走读学校(Real Schule)和他的初级学校是用同一种精神管理的。它所采取的犹太和世俗课程的混合教育是一个创举,被其他学校纷纷效仿。赫尔施极为明智地把犹太教育视为犹太人民生活的主

---

① 《何烈山》,第 218 页。

② 《何烈山》,第 119 页。

③ 《何烈山》,第 183～184 页。

导。他在这一领域所做出的创造性贡献，对德国以及包括以色列和美国在内的其他国家的犹太教育思想和实践产生了深远影响。

5. 阿古达以色列和密茨拉希

组建阿古达

赫尔施在去世前两年，即1886年，创建了正统犹太教福利协会，包容了德国那些与各自的犹太社区委员会相脱离，并依据1876年通过的分离法组建了自己独立社区组织的正统派犹太人。1907年，雅可比·鲍森海姆(Jacob Bosenheim)提出了一个扩大协会范围的计划，试图把其他国家志同道合的犹太团体囊括在内。两年后，来自立陶宛和波兰的正统犹太社区代表与德国正统派进行了会谈，以消除东西两个犹太阵营由于世俗文化应在犹太生活中所扮演的角色问题而引起的思想分歧。东方犹太人受启蒙思想影响甚微，认为世俗文化是与犹太教不相容的异己因素，并对其生存构成了威胁，而以新正统为首的德国犹太人则坚持认为：犹太教与世俗学术是完全相容的。

这次初步会谈为1912年于上西里西亚(Upper Silesian)边境的卡托维兹(Kattowitz)召开的大会拉开了序幕，这一次会议聚集了来自许多国家的数百名传统犹太教代表，并发起组建了“犹太人同盟”，即“阿古达以色列”(Agudath Isreal)。在一年前举行的第十届世界犹太复国主义大会上，这个犹太复国组织的正统派阵营“密茨拉希”(Mizrachi)要求给予它在巴勒斯坦成立的宗教教育机构与遵循非宗教路线的世俗复国主义学校同等的权利。此项要求的失败加速了这一犹太人同盟的成立。大批为此而退出犹太复国主义运动的密茨拉希领袖加入了反复国主义的阿古达以色列。由于密茨拉希的参与，有关复国主义的问题成为这个被称为阿古达的同盟组织所热衷讨论的一个话题。

阿古达的纲领

第一次世界大战期间，原本由俄罗斯拉比把持的阿古达领导权转移到了德国法兰克福的犹太团体手中。不久以后，阿古达就成为正统派的一个坚定的国际喉舌。它要求恪守《托拉》，以及经由公认博学多识的传统派拉比所解释的拉比律法。它还采纳了赫尔施的反民族主义立场，并强化了犹太教的宗教本性。阿古达曾发表了这样一个纲领性的宣言：“上帝是犹太人的主宰，他的律法是至高无上的。”这无异于说：犹太民族是一个独一无二的实体；她是一个不可纳入历史范畴之内的超自然群体，因而不同于其他任何一个民族。由于散居生涯代表了上帝对犹太人的罪孽所施加的惩罚，因而“救赎”(Geulah)只能来自上帝。因此，像犹太复国主义那样试图加速散居的完结，是邪恶和有罪的。

然而，尽管阿古达持反复国主义立场，它仍然把向圣地移民视为一项符合《圣经》的“定居地”(Yishuv Haaretz)律法的宗教职责而加以鼓励。1933年希特勒上台后，阿古达为满足给欧洲犹太人创造一块乐土的紧迫需要，加快了向巴勒斯坦移民的步伐。与此同时，它又在国际联盟和巴勒斯坦英国托管政府面前，继续毫不迟疑地抨击犹太复国主义及其尝试。为贯彻赫尔施所发起的“正统派之分裂”(Trennungs Orthodoxie)的分离主义政策，阿古达委员会拒绝加入巴勒斯坦托管政府所认可的犹太社区官方代表组织“以色列联合会”(Knesset Israel)。为对抗犹太复国主义，阿古达有时甚至走到了与犹太人的巴勒斯坦死敌即阿拉伯民族主义联盟进行合作的极端境地。在这一问题上，极端正统派执行的是与古典的美国改革派，即全美犹太教委员会相似的路线。[1]

在犹太人国家创建后的几年里，阿古达仍固执己见，不为所动。它要求以色列国实行神权政体，完全用宗教律法进行统治。它主张把犹太国的世俗主权限定于和他国的关系和事务之内，而在国内事务中奉行《托拉》律法。起初几年里，阿古达中有代表参加了以色列内阁，但以后又从中退出。世界阿古达运动的主要机构集中于伦敦和纽约，而其执行机构则设在耶路撒冷。阿古达自称在世界拥有数10万成员。

为传播自己的思想，阿古达在战前的波兰和其他国家创立了一个学校系统，其中最主要的是“雅可比女子学校之家”(Beth Jacob Girls' Schools)。[2] 这些于1913年首创于波兰克拉科夫的学校，经由一位名叫撒拉·施尼拉(Sarah Schnierer)的犹太裁缝的大力推荐，于1929年为阿古达接管。女子学校代表了正统派内部的革新尝试，即便还保有一些犹太女子教育的传统模式，也微乎其微了。1929年，在接管女子学校的同

---

① 参见本书第12章第3节。

② 在波兰的大型犹太社区，哈西德家庭通常对儿子进行彻底的犹太教育，想方设法教导他们虔奉宗教。然而，他们的女儿却被送往波兰普通学校，主要接受世俗教育。这种做法的结果是这些女孩生活在一个完全不同于他们的兄弟的世界。当这些女子长大嫁给哈西德家庭的男性，夫妻在文化背景上就出现了巨大的沟壑。雅可比女子学校力图向出身于正统犹太教家庭的女孩提供系统的犹太教育，以改变这一局面。

时，阿古达设立了一个旨在创建男子学校群的代理机构，即 Horev。10 年之后，这些学校招收的男生已逾 5 万，而女子学校的学员数也达 4 万之众。在纳粹的暴力和恐怖期间，欧洲这两个犹太学校群体被彻底捣毁。

然而，阿古达所创建的这些学校后来在欧洲得以复兴，并传播到美国和以色列。在以色列，它们取得了独立于常规行政体制的地位，并构成了“独立学校”(Hinuch Atzmai)。后一个学校教育网实行男女分校制，并把宗教课目置于优先于世俗课程的地位。此外，它还要求所有的非宗教课目都不得与阿古达所奉行的虔信主义观相抵触。[①] 然而，有迹象表明，阿古达在犹太教育事务中一意孤行，最终将衰弱下去，正如它在政治战线上一样。

密茨拉希

极端正统派分子仅仅满足于哀悼和悲泣犹太祖国的毁灭，并静待和祈求救世主让犹太人重返故土。然而，当时一位传统派拉比的领袖人物——茨维·赫尔施·卡里希尔(Zevi Hirsch Kalischer，1795～1874)[②] 却另有主见。由于德国犹太解放运动的失败，以及东欧犹太人所遭受的迫害而带来的幻灭感，他于 1862 年撰写了一部名为《寻求锡安》(Derishat Zion)的著作。在这本书中，他提出了一个有关开拓殖民地及其实际运作的方案，而非静待救世主降临的思想。这一革命性提议推到了近半个世纪后的宗教复国主义运动组织“密茨拉希”的建立，后者代表了犹太民族主义和宗教传统主义的综合。

1901 年，即赫茨尔于巴塞尔(Basel)首次召集的犹太复国大会闭幕的几年之后，拉比以撒克·雅可比·莱恩斯(Issac Jacob Reines，1839～1913)在维也纳发起召开了一次宗教复国主义者大会，并创建了“密茨拉希”党。莱恩斯当选为第一任主席。这个组织的名称是由两个希伯来词汇 Merkaz Ruhani(精神中心)的首尾字母缩写而来的，以此标榜这一组织力图把以色列建成犹太宗教中心的宗旨。“密茨拉希”自身的含义是“东方的”，它表示了这一组织试图重建犹太人祖国的目标。密茨拉希的

---

① 参见约瑟夫·本特维奇(Joseph S. Bentwich)：《以色列教育》(Education in Israel)，美国犹太出版学会 1965 年，第 108～109 页。

② 参见本章第 3 节“赫尔施的观点”；《何烈山》第 96 章，第 608 页。

分支机构遍及整个世界。[①]

作为正统派的一支，密茨拉希把《托拉》的神启观视为犹太教的宗教基石，以《托拉》为犹太人生活的主宰。这个组织用这样一句口号表达了自己的宗旨：“根据以色列人的《托拉》，以色列国土是以色列人的。”密茨拉希曾对这个观点作了这样的解释：犹太民族之所以不同于其他任何一个民族，在于这一事实，即她是建立在《托拉》之上的。按照这一说法，犹太民族主义应主要发挥推动犹太宗教进步的作用。和奉行分离主义的右派姊妹组织“以色列人同盟”不同，密茨拉希坚持犹太人应在复国主义的大框架内保持民族的统一性。在以色列国，密茨拉希打入了内阁，加入了呼吁政府以及所有组织和机构遵守犹太宗教律法的宗教党派。它还在以色列建立了一个学校网络，并使之成为政府教育体系的一部分。二次大战前，它在东欧拥有许多学校，纳粹大屠杀后，这些学校已破坏殆尽。在美国，密茨拉希的哲学作为一种教育模式或思想，体现于犹太大学的教育中。

① 在美国，这一成人组织同一个叫作“正统派工人”(Hapoel Hamizrachi)的组织合并组建了美国宗教复国主义者组织。

第10章　卢扎托的新正统观

1. 赫尔施和卢扎托

相似之处

犹太教的新正统派可以在广义上被界定为在现代主义的框架内，对犹太律法和习俗的全盘接受。它在意大利的主要倡导者是智慧超群、多才多艺的犹太学者塞缪尔·大卫·卢扎托(Samuel David Luzzatto，1800～1865)。他和自己学派的其他思想家一样，持有对《摩西五经》神启性的先天信仰。在他们看来，犹太教基本教义是超越于理性王国之外的，而后者仅仅是人类知觉的产物，不可能成为像神启一样可靠的指南。正鉴于此，我们不可能对《摩西五经》中所讲述的神迹或超自然事件质疑，因为它们是超越于自然和经验之外的。总之，和正统派一样，新正统派遵循的是犹大·哈列维(Judah Halevi，1085～1140)的学说，而后者曾把宗教和信仰抬高到哲学和逻辑之上的地位。[①] 卢扎托宣称，无论是谁，只要他拒不承认西奈神启，否认摩西是《五经》的作者，他就是在破坏犹太教的基础。

差异之处

然而，在卢扎托和赫尔施之间也有分歧之处。与德国以及欧洲其他

① 《库萨里》第4章第13、15、16节。

国家的正统派不同，意大利正统派未曾遭遇世俗文化方面的棘手问题，因为在意大利犹太人中，学习世俗知识早已成为理所当然之事。此外，卢扎托还热切地投身于其家乡底里雅斯特（Trieste）所盛行的犹太教科学运动。卢扎托还对《摩西五经》文本的某些问题采取了批判性的研究方法，并更加自如地把其运用到对《圣经》其他章节的分析。与此不同，正如前面所言，赫尔施却抨击了犹太教科学运动所倡导的进化论研究方法，认为它违反了犹太教基本原则。

2. 卢扎托的生平和思想

生平

塞缪尔·大卫·卢扎托生于意大利底里雅斯特的一个古老的西班牙裔犹太家庭，当时这所城市仍处于奥地利的统治之下。他的家世可以追溯到著名犹太学者、诗人和神秘主义者帕多瓦的摩西·哈伊姆·卢扎托（Moses Hayim Luzzatto of Padua，1707～1747）——他由于自己的戏剧和其他作品而经常被称为现代希伯来文学的奠基者。塞缪尔的另一位先祖是希伯来诗人和医生，即1768年在伦敦出版了一部希伯来歌曲和诗作集的艾弗雷姆·卢扎托（Emphraim Luzzatto，1739～1793）。塞缪尔的父亲赫斯卡（Hezekiah）是一位带有神秘主义倾向的虔诚教徒。他虽然是个木匠，却兼有犹太教和世俗两方面的渊博学识。由于他富于幻想的性情使然，赫斯卡沉溺于各种雄心勃勃的计划而不能自拔。他曾尝试建造永动机和其他类似装置。由于这些消遣和损耗，他感到自己很难把精力用于维持家庭生计。鉴于自己的困窘，也鉴于各种拉比禁令的要求，赫斯卡教育儿子经商[①]，但后者从小就有志于学术生涯。

塞缪尔很快就成长为一名才智过人的早熟青年。他在底里雅斯特的塔木德托拉，即一所遵循门德尔松的弟子纳夫塔利（Naphtali，1725～1805）的进步思想组建的自由派学校接受了世俗教育。纳夫塔利曾倡导把犹太文化与世俗知识结合起来。在本地学校修完《圣经》、《塔木德》、世俗科学、古代语言和现代语之后，年轻的卢扎托靠自学和父亲的帮助继续深造。他以担任家庭老师维持生计。1829年，卢扎托离开家乡前往世界

① 据说，老卢扎托为了避免由于触犯这条禁令的惩罚，曾写信力劝他的儿子从事一项职业。而且，这位父亲还准备把这封信的复件带进坟墓，以在来世生活中证明他的良好意愿。

上首所现代拉比神学院——帕多瓦的拉比学院(Collegio Rabbinico)担任教授,并在此奉献了自己的余生。他的学术生涯为其学术和创作提供了机遇和动力。

卢扎托从档案和图书馆中发现和整理了一批古代书稿,使它们免于湮灭的命运。他最重要的著作是《诗集》(Divan,1864),其中收录了犹大·哈列维的 86 篇宗教诗歌,并为之写了导读、作了注释和校勘。这部《诗集》为中世纪希伯来诗歌进入犹太学术界打开了大门。早在几年前,他就着手依据“古罗马”译本写作 Mavo,该书 1865 年出版,是一部有关“节日礼仪”(Mahzor)的历史性和批判性的导读。他还编写了犹太历史上首部对《圣经》诸篇的批判性评注作品,并把《摩西五经》、《安息日读的先知书》(Haftorot,1860)[①]以及希伯来语日常祈文译成意大利语,还用希伯来语和意大利语写作了一些有关希伯来语法、语言学和神学的论著。除上述和其他卷帙浩繁的作品外,卢扎托还用希伯来语、德语、法语和意大利语撰写了数百篇文章和短文,其范围几乎涵盖了其时代所有的犹太学术期刊。卢扎托为希伯来纯文学的复兴作出了巨大的贡献。他的著述生涯整整跨越了半个世纪之久。

卢扎托最主要的代表作是《沙达尔书信》(Iggrot Shadal)[②],收编了他写给大批学者的约 700 封信,它们取材广泛,涉及众多的知识门类。这部九卷本遗作(1882～1894 出版),显示了作者百科全书式的广博学识。卢扎托的儿子们挑选出其中的 90 封信,汇编为一本题为《沙达尔精粹》(Penine Shadal)的文集。它们涵盖了传记、文学、解经学、神学、语法和历史方面的题材,并收编了有关梦幻、亚里士多德和斯宾诺莎哲学以及其他方面的信件。卢扎托的思想不是集中丁一部或多数著作,而是散见于他的所有著作、论文和书信中。

浪漫主义的影响

前面曾经提到[③],在包括卢扎托在内的 19 世纪犹太学者和知识界中,浪漫主义思潮以一种回归犹太传统,复兴犹太学术和希伯来语言、文学和诗歌的形式,得到了表达和实现。它激发了人们对犹太教演进过程的研究兴趣,并以此奠定了犹太科学运动的基础。给予卢扎托以影响的,

---

① 在圣堂安息日和圣日晨祷中,紧接《摩西五经》之后阅读的先知书。

② Shadal 是一个颠倒字母后组成的词,代表他的希伯来语姓氏。

③ 参见本书第 8 章第 1 节。

不仅有欧洲浪漫主义运动，也包括意大利本土的浪漫主义思潮——在一封信中，他尤其提到了对他产生过影响的一位同代人，即历史小说《未婚妻》(I Promessi Sposi)的作者、杰出的意大利浪漫派作家曼佐尼(Alessandro Manzoni，1785～1873)。[①] 其他意大利浪漫派作家，诸如剧作家皮里科(Silvio Pellico，1788～1854)，也在卢扎托思想中留下了痕迹。

早于沙达尔(即卢扎托)两世纪的巴斯卡(Blaise Pascal，1623～1662)就曾倡导过对宗教采取一种情感态度。他宣称："心(heart)有自己的思想，理性对之一无所知。"沙达尔的宗教观深受他曾多次提及的卢梭(Rousseau，1712～1778)的影响，后者也表现出了一种理性主义和浪漫主义相结合的思想特征。卢梭早年曾是一位理性主义者，是伏尔泰和法国启蒙思想的信徒，后来却成为它的一名最激烈的反对者；换言之，他起初曾是传统的叛逆者，后来又背叛了启蒙运动。然而，卢扎托不是相继而是同时表现出这两种思想倾向的。例如，他不同意对《摩西五经》进行批判性的研究，其借口是这部圣典曾得到如此精心的维护，以至于不可能掺入任何谬误之处。然而，他又断然攻击了这样一个传统观："希伯来语中所使用的语音或发音符号"(Nikkud)[②]来自摩西。与此不同，他采纳了近四个世纪前列维塔(Elijah Levita，1469～1549)的看法：它们大多是自 6 世纪开端的高昂时代创造出来的。由于这种自相矛盾和不连贯性，他一方面被极端正统派视为一名"启蒙运动信徒"(Maskil)，另一方面却被启蒙主义者视为一名原教旨主义者。

---

① 《书信集》(Epistolaria)第 2 卷，第 922～923 页。

② 这些由重音和元音组成的区分标记大多出现在希伯来语《圣经》的字母下面，也有一些在其上端。这些符号是用以标记那些公认的"流传下来的东西"，即对希伯来经文的传统阅读和发音方法。这一系统是必不可少的，因为写在羊皮纸上的传统《圣经》只有辅音字母，它们可以有不同的读法。例如，希伯来字母 HMR 组成的一个名词，可以被理解为"泥块"(clay)、"葡萄酒"(wine)、"驴"(donkey)或"赶驴者"(donkey-driver)。起初，它们的正确读法是通过教师口头传授给学生的，但这一方法并不可靠。经过几代人的流传，巴勒斯坦底比利斯的一所名为 Masoretic 的学校着手制定了一个元音符号加注系统，并于公元 10 世纪完成。除元音外，Masorites 还发明了一个吟诵符号系统，也使用重音和标点来表明《圣经》某一短语或从句的结束。此外，Masorites 还为《圣经》加了脚注，以纠正那些经过漫长的世纪后被滥用误解的词。为进一步确保这一精确的文本不被后世讹传，Masorites 还计算了《圣经》每一卷的字母和字句的数目。另一元音系统是 19 世纪才被发现的，它发源于巴比伦，和巴勒斯坦的那个元音系统属同一时代。但后一个系统更为人们所接受，这既因为它比前一系统更有效，也因为它得到了长期沿用。

理智和情感

实际上，仅仅鉴于理性充当了生活中许多方面的尺度，而视其为适用于万事万物的唯一准则，这并不是一个无懈可击的思想。我们所具有的精神和情感，有时要甚于逻辑上的需要。卢梭曾着重指出：在宗教和道德领域，我们最好依赖情感，而不是逻辑三段论。在有关这一主题的获奖论文《艺术的进步是腐化还是促进了道德的发展》中，他认为：文化并非是一种完全正面的积极因素。作为例证，他援引了印刷术的发明间接给欧洲社会所带来的革命和动荡的后果。卢梭大胆地提出了这样一个惊世骇俗的论断：冥思苦想是有悖于人的本性的，并劝导说：理智上的过分发达是有其潜在危险的，因此应当注重陶冶和培养精神和情感上的均衡发展。卢扎托也作出了类似的论断：人不仅具有心智的功能，还拥有情感。人类之所以被赋予灵魂和宗教，就在于把他的情感导向善良和公正。然而，如果哲学胆敢充任宗教的向导，那么，只能导致两败俱伤、同归于尽。[①]

另一位对卢扎托产生了像卢梭一样巨大影响的哲学家是感觉论者孔狄亚克(Etienne de Condillac，1715～1780)，卢扎托曾在自传中称其为自己的导师。孔狄亚克提出了这样一个思想：心灵意识活动的全部内容都来自感性知觉。他用一尊只具有味觉功能的雕像作了比拟说明：随着其他感官的不断加入，它就会相继感受到其他感官的刺激。孔狄亚克教导说，情感和道德意愿归根结底也是通过相同的感知过程，并以相同的方式发展而来的。孔狄亚克是约翰·洛克(John Locke，1632～1704)的信徒，后者曾提出：所有的知识和经验都来自感官，"凡在心灵中的，没有不先在感官中。"心灵是一块可以把各种感觉印象记录其上的白板。[②] 因此，孔狄亚克和洛克都把人视为一种感性知觉的复合体。

然而，这些思想从逻辑上只能导致无神论和决定论。为预防这种后果，孔狄亚克在他的生理学代表作《论感觉》(Tracte des Sensations)的一篇附录中，抨击了上述两种反宗教结论，并坚持了意志自由论，以及从总体上灵魂作为人类第六感官的独立实在性。卢扎托不仅接受了孔狄亚克所提出的宗教原理，也采纳了他的感觉论思想。他断言，无法为感官知觉所确定的，也就是无法诉诸理性探究的东西。[③] 因此，诸如上帝存在、灵

---

① 《沙达尔书信》第 6 卷，第 780 页。

② 《沙达尔书信》第 1 卷，第 72 页以下。

③ 《沙达尔书信》第 1 卷，第 72 页以下。

魂不朽，甚至《圣经》中的神迹这样一些抽象问题，是超越于人类理性之外的。然而，沙达尔在他的一部意大利语著作中[①]，也曾试图以一种理性主义的推论方式，用自然秩序、和谐以及自然法证明宇宙中必定存在着一种神性的指导力量。

卢扎托思想是批判主义和浪漫思想的奇特混合。这也正是其思想缺乏连贯性，以及未能建立一个哲学体系的症结所在。一方面，他遵循理性主义路线，把神秘主义视为犹太教的异己思想而加以摒弃。他宣称：鉴于《察哈》所论述的只是希伯来语音标记和音调——正如前面所述，它们是相当晚期的产物[②]，因此，它不可能是公元2世纪哲人西门·巴·约亥(Simeon Bar Yochai)的创造。然而，尽管有这些理性主义观点，他仍固执地认为，死者在梦中出现这一事实证明了另一个世界的存在。[③] 在他对《以赛亚书》的看法中，可以发现其思想的另一处逻辑矛盾。沙达尔尽管并未坚持希伯来先知书的绝对神圣性，但却试图为《以赛亚书》包括第40章以后的部分寻找统一性的根据，而自19世纪以来几乎所有的《圣经》学者都一致认为它们出自后世的一位或多位先知的手笔。事实上，为这一问题，他和朋友所罗门·犹大·拉波鲍特——一位著名的希伯来学者决裂。卢扎托固执地认为：同一位作者可以采用不同的写作风格；此外，指责他们未能把像《以赛亚书》这样重要的著作完好地传给后世，将是对先辈的蔑视和侮辱。然而，他又没有因为这一说法放弃自己对《以赛亚书》的修正，正如他对待《圣经》中其他非摩西的篇章一样。

在承认《传道书》(Ecclesiastes)的写作年代比传统认定的要晚得多时，沙达尔站到了批判主义的立场。此外，他还不顾《传道书》是神圣的《圣经》的一部分这一事实，抨击了其中的悲观主义论调。然而，他仍从总体上坚持了这样一种传统观：《诗篇》是大卫王创作的，尽管他也承认其中的一部分是出于后世的手笔。他还相信，《约伯记》是摩西所作，而非像《圣经》学者通常所认为的那样是后圣经时代的作品。尽管他把《托拉》视为一部完美无缺的作品，并坚持认为“它并不畏惧曝光，也不害怕真正的批评”，然而他仍然认为它不应受到质疑和探究。

---

① 《论教条式的犹太神学》(Lexion di Teologia Deogmatica Israelitica)，1864年，第15页。

② 《犹太教研究》(Mehkrei Hayahadut)第1卷，第117～240页。

③ 《美丽的珍宝》(Ozar Nehmad)第1章，第82页。

《圣经》真理

卢扎托敦促犹太人必须从信仰上接受《托拉》神授性这一基本原理及其必然的推论,即上帝存在,并视之为犹太教中唯一具有强制约束力的教义。这一信仰实际上也构成了所有宗教律法和教规的合法性的来源。《托拉》中也许还有其他一些原理,但它们皆不能看作犹太教的主要原理。鉴于这一原因,卢扎托像他以前的门德尔松那样强调指出:犹太人可以就各种宗教问题持不同见解,不可动辄斥之为异端邪说。哈斯代·克莱斯卡(Hasdai Crescas,1340～1410)及其弟子约瑟夫·阿尔伯(Joseph Albo,1380～1440)就是这样的例证。这两位中世纪学者曾指责迈蒙尼德未能在"13 信条"中区分开"基本的"和"派生的"两种教义。克莱斯卡甚至对意志自由论提出了质疑,而另一位哲人格森尼德(Gersonides,1288～1344)却坚持原初物质创造论,否认无中生有。这些人的虔诚并未因此受到怀疑,因为犹太教所关注的不是信仰和意见,而是实践。《托拉》的目的并不在于信仰的正确和齐一性,而是通过对律法的遵行把人引向正义之途,并提高其道德水准。

卢扎托对《圣经》所载的神迹和预言的真实性深信无疑,他宣称:既然自然力量并非是自发的,那么,一切自然法则必然是上帝意志的产物。[①]人类所能知道的只是因果律、时间和空间,它们无非是感觉和经验内的东西,而超自然事件则是超越于感官知觉之外的。在经验范围之外,任何事物都是不可能的。预言就属这一类,它与经验相抵触,因此不能为经验所证实。像萨阿底(Saadya,892～942)、犹大·哈列维以及其他犹太思想家一样,沙达尔把和出埃及相关的神迹视为历史事实,因为这是为 60 万逃离埃及的犹太人所目睹确证的。[②]

尽管卢扎托有上述信念[③],但他仍然断定,《托拉》之为上帝珍爱,与其说是由于其绝对真理性,还不如说它发挥的主要职能——改进人的行为。对纯粹真理的探求是哲学的任务,而宗教的目的在于弘扬美德,把人引向仁义之路。此外,上帝在与人所进行的对话中,不可能一直采用绝对真理,因为它超出了人的理解。社会也不是靠纯粹真理来维系的,它还必须借助自然本身在实现上帝意志的过程中所间或使用的那种幻象。例

---

① 《犹太教研究》(Mehkrei Hayahadut)第 1 卷,第 59 页。

② 《库萨里》上卷,第 81、83、86、87 节。

③ 卢扎托天真地认为在摩西时代写作尚未普及,并以此作为《托拉》超自然起源的根据。

如，大自然以一种不可抗拒的浪漫情感和亲情之爱，隐藏起了婚姻、生育和父母的义务背后的生物学目的。与此相似，《圣经》也隐藏了献祭和祷告的真正目的，只是简单地告诫人们：上帝注重这些礼仪。实际上，它们的原初目的在于对礼拜者所产生的心理效果，并以此向后者灌输一种谦卑和敬畏之感。

犹太教伦理学

卢扎托把犹太教视为一种情感之心（heart）的宗教，而非理智之心（mind or intellect）的宗教。[①] 他声称，犹太教义表明了人类与生俱来的同情心。[②] 正是它促使一个人为善而行善。他认为，这种同情之感是常人所具有的自爱倾向投向他人的结果。正是出于这一动机，才衍生出如此众多的《圣经》和拉比律法。例如，《圣经》要求在夜间归还典当的衣物，在每七年一度的安息年(《申命记》15:9)取消所有债务并救济那些不堪重荷的穷人。拉比律法禁止雇主因搬运工在运货过程中失手打破酒桶而克扣他们的工资，也体现了这种精神。这种恻隐之心还表现于摩西和《塔木德》律法对寡妇、孤儿和陌生人所抱的慈善救助的态度。正因如此，古代的那些异教民族才折服于以色列人的高尚品德。因为在以色列，甚至像亚哈(Ahah)那样的王室罪人都能做到克制忍让、行善施义(《列王纪》20:31)。

当然，《圣经》也收录了一些在我们看来有些野蛮的律法。例如，依据《圣经》禁令："其中凡有气息的，一个不可存留"(《申命记》20:6)，灭绝所有迦南人(《申命记》7:2)。沙达尔为此极力辩解。他抬出了诸如地震这样一些自然灾祸，并与《圣经》禁令进行了对照。在他看来，自然界和《托拉》皆为上帝意志的体现。出于对上帝公正的绝对信赖，他以我们必须宽恕自然界所发生的各种灾害为借口，为人类的野蛮行径作了辩护。此外，卢扎托如此执迷于上帝之仁慈和公正，以致未能像怀疑论者那样认识到，这些灾害也许反映了上帝控制自然界中各种邪恶力量的能力。

---

① "我们的律法整体被分割为敬畏、热爱和欢乐这样一些情感，通过它们的每一个都可以把人引向上帝。你在斋戒日的悔悟并不比在安息日和圣日的欢乐更能让你接近上帝……假如欢乐使你情不自禁地歌唱舞蹈，它就变成一场礼拜以及把你和神联结起来的纽带。"参见犹大·哈列维《库萨里》第2章第50节。

② 希伯来语词根 rachem(同情)是与 rechem(子宫)相关的，因而暗示了一种母性的温柔之爱。这一派生关系与斯宾诺莎把这种情感归为一种女性美德可能并无关联，但它显示了一种惊人的巧合。

按照沙达尔的说法，犹太教的另一支柱是神的报应论。在他看来，这是一条有关社会基石的重要原则。沙达尔坚持认为，奖善惩恶发生于此岸世界，而非像门德尔松所宣称的那样实现于彼岸世界。卢扎托担心门德尔松的思想可能会有害道德上的进步。他认为，肯定恶人总是发迹是不对的，尽管事实上似乎如此。在一首题为《彼此均衡》(Equal Portions)的诗作里，他表达了类似于爱默生(Emerson)在《论赔偿》(Essay on Compensation)中所提出的思想。卢扎托认为，上帝不仅看到人的外部行为，也洞悉了他的心底；他把善和恶、快乐和痛苦均等地分摊给每个人，没有人会得到"无刺的鲜花"。沙达尔对神的仁慈的坚定不移的信仰，尤为令人感动。值得一提的是，这位诗人尽管在自己的家庭中饱经苦难和磨砺，但仍保有如此强烈的宗教信念。他一生贫困潦倒。第一位妻子在幼子夭折后，忍受了八年忧郁症的折磨，于1841年离开人世。孩子们长年困于病痛。他的长子奥赫·格尔(Ohev Ger)[①]——一位天赋甚高、前途远大的年轻学者，死于1854年，当时仅25岁。他唯一的女儿——极富语言天分的梅里亚(Miriam)，在18岁那年死于意外。在这些不幸面前，卢扎托仍保持着坚定的信仰和虔诚。

亚伯拉罕主义和雅典主义

卢扎托宣称，西方文化是由两种相反的力量构成的，它们就是雅典主义即古希腊或雅典文化和作为犹太宗教思想的亚伯拉罕主义。亚伯拉罕主义肇始于亚伯拉罕。上帝之所以选择了他是因为他摒弃了多神教。此外，上帝把为后世保存犹太教和普世伦理学的重任托付给了亚伯拉罕及其后裔。犹太人被赋予饮食、割礼、洁净和献祭方面的特殊律法，为的是把他们和其他民族相区别。而且，也只有在这些为犹太人所独有的并对保持犹太群体凝聚力和生存所必不可少的仪礼方面，犹太民族才与非犹太民族发生了分歧。正如卢扎托以前的一些犹太思想家所强调的那样，犹太教和其他宗教的一个不同之处在于，它把来世拯救许诺给所有仁人义士，而不仅限于犹太人。所有人都是上帝的子孙，然而，犹太人成为上

---

① 在长子出世那年(1829)，卢扎托以此为书名撰写了一部著作，探讨了《昂克劳》(Targum Onkelos)这本《摩西五经》的阿拉米语评注。昂克劳是公元2世纪的一位《密释纳》教师(Tanna)，他被人们混同为阿奎拉(Aquila)。后者是和昂克劳生活在同一世纪的一位"格拉"(皈依犹太教者或新来者)，他编写了一本《圣经》的希腊文译著，但后来失传了。Ohev Ger(改宗者的恋人)在希腊语中是Philoxenus。

帝的选民,因为他们是一个“祭司的王国和神圣的民族”(《出埃及记》19:6),并因此肩负着一种特殊的伦理和礼仪的职责和义务。他们之为选民不过是意味着一种高尚的责任而已。

按照卢扎托的说法,人类的道德和乐善好施是受益于犹太人的。诸如公正、平等和仁爱之类的概念,都来自西奈的神赐。[①] 另一方面,希腊人给世界带来的却是哲学、科学、艺术以及对和谐和壮丽的热爱。卢扎托认为,我们嗜好美丽和快乐甚于美德和福利,偏好浮夸和修辞甚于纯粹的真理,喜好理论抽象而忽视了正直和诚实。一般说来,卢扎托把对快乐、荣耀和财富的追求归因于雅典文化的影响,他认为技术社会无美德可言,并强调在我们的文化中确有卢梭等人所描绘的那种道德滞后现象。他把这一点也归罪于雅典文化及其理性主义学说。他还咄咄逼人地质问:“哪个时代拥有像今天如此之多的发明创造?然而,这些新发明消除了战争、谋杀、抢劫、贫困、疾病、妒忌、憎恨、压迫和夭折了吗?”他指责人类一味地沉溺于改进各种机器,却忘记了改进自身。

卢扎托抱怨说,我们文化中的希腊因素造就了一种无意义的唯智论——它只适用于哲学家,而无法满足民众,因为他们需要的是道德维生素。卢扎托认为,过分抬高理性是和犹太教格格不入的。为此,他批判了伊本·以斯拉(Ibn Ezra,1093～1167)和迈蒙尼德的理性主义倾向,并认为这会导致犹太教背离其正当的路线,滑向一种异己的思想。此外,他还抨击迈蒙尼德在其《法典》中没有引用拉比的权威论断而擅作主张,更不应该的是倡导亚里士多德的中庸原则。亚伯拉罕(《创世记》18:19)[②]曾教导我们的那条通向上帝的正路不是中庸之道,而是《圣经》所规定的一条毫不妥协的正义和仁爱之路。他指责伊本·以斯拉思想[③]中的希腊理性主义倾向只会导致思辨主义,而无助于趋向人类进步目的的具体行动。哲学家在沉思默想了数世纪后,仍未能达致任何统一的思想体系;他们除了造就悲观主义之外,别无所获。另一方面,《托拉》和犹太教要求个人遵行神的律令,以期达到仁义的崇高境界。按照《塔木德》,这样的义人甚至比天堂里的天使还要伟大(《法庭篇》93a)。为实现真正的进步,我们的文

---

① 《美丽的珍宝》(Ozar Nehmacl)第 2 章,第 103、131 页;《赏心悦目的小提琴》(Kinor Naim),第 283 页以下。

② 参见迈蒙尼德《意见的规则》(Hilchot Deot)第 1 章第 7 节。

③ 据说,沙达尔曾受到一位同事的非难:他和伊本·以斯拉一样试图修订《圣经》。沙达尔反驳说:“但是我的《圣经》并不是修订本,而是正确的原本。”

化在摧毁那些伤风败俗和无神论的希腊基础的同时，必须强化自己的宗教和伦理结构。正是这种态度促使卢扎托意味深长地宣称："我的上帝不是康德(Kant)的上帝，而是《圣经》(Tanakh)中的上帝。"[①]

卢扎托和斯宾诺莎

卢扎托思想与其心目中的哲学家的化身巴鲁赫(本尼迪克特)·斯宾诺莎(Baruch (Benedict) Spinoza，1632～1677)截然对立。作为一名马里诺后裔，斯宾诺莎受到良好的犹太教育，并为其日后的哲学思辨打下了一定的根基。他曾受到迈蒙尼德《迷途指津》一书的理性主义方法、伊本·以斯拉的《圣经》批判、克莱斯卡的决定论，以及其他中世纪犹太思想家的影响。然而，对斯宾诺莎思想影响至深的还是法国哲学家勒内·笛卡儿(René Descartes，1596～1650)。斯宾诺莎不仅承袭了笛卡儿的理论前提，还接受了他所倡导的数学方法。后者在建立自己的哲学体系时，是从"理智的怀疑"(Dubito of intelligam)这一前提着手的，也就是说，一个人必须通过怀疑而达致认识，他必须怀疑一切，除了思维过程或怀疑本身。因此，一个人可以肯定的只是自身的意识状态，而它又是表征存在的。笛卡儿由此得出："我思故我在"(Cogito ergo Sum)。

在笛卡儿看来，上帝是完美的存在，他不可能也不愿欺骗我们，否则，他就不可能是完美的了。上帝在我们心灵中安放了天赋观念，即数学真理、上帝的观念和对外部世界的天赋信念。[②] 这些观念是清楚明白的，因而是真的。物理世界具有的广延和空间性，可以表征为数学关系。然而，上帝与心灵的关联方式不同于他和空间或物质事物的关联方式。上帝充当了感官的机械世界和心灵的理性世界之间的联系纽带。因此，宇宙是一个由物质和心灵、精神和肉体、世界和上帝构成的二元存在。

在这一点上，斯宾诺莎作为一名深受一神论思想影响的犹太教徒，和他的导师笛卡儿分道扬镳了。在斯宾诺莎看来，仅仅存在着一种无限的实体，即上帝，他不是一种独立自存的力量，而是"上帝即自然"(Deus sive natura)——自然秩序和上帝是同一的。世界上现存的或发生的每一事

---

① Tanakh 是希伯来的 Torah、Neviim、Ketubim(律法书、先知书、圣著)的首字母缩写，它们三者共同组成了希伯来《圣经》。在这里，卢扎托把 Kant(康德)的名字的字母顺序反过来，从而构成了 Tanakh(圣经)一词。另参见《沙达尔精粹》，第 115 页。

② 这是与洛克的"白板说"和感觉论相对立的。在驳斥天赋观念论时，人们可以这样问：为什么上帝没有把上帝这一天赋观念安放在怀疑论者和无神论者的心里，以便让他们接受呢？

物都是上帝的属性即思维和广延的一个方面而已。无论是人类的精神或智力生活，还是海洋里的沙子和水，同样都是上帝的一部分。上帝是可以设想到的最抽象的统一体。他是不可限定的，因为界定或赋予他任何属性都是对他的限制。他不是世界的创造者，因为他就是世界。因此，他的无限思想不同于我们的有限思想，他的广延性也异乎于我们有限的广延。如此看来，上帝不是人格化的上帝。他是一种逻辑必然性，其神性本质所流溢出的唯一的必然结果即构成了他的世界。正如三角形的三条边或三个角对于三角形一样，这种神性本质是宇宙所不可或缺的。斯宾诺莎是一个纯粹的一元论者。

斯宾诺莎的这种上帝观，一方面使得德国神秘主义和浪漫主义者诺法利斯(Novalis)把他说成是"沉醉于上帝的人"，另一方面却被沙达尔等人称为无神论者。斯宾诺莎的上帝既非卢扎托的宇宙创造者，也非犹太教及其派生宗教——基督教和伊斯兰教所宣扬的伦理上帝。这些宗教所赖以建立的前提在于对这样一种上帝观的信仰，即他是一位关注于其创造物的品行和福利、活生生、充满慈爱和道德的上帝。斯宾诺莎的上帝缺乏一种宇宙意义的道德目的。此外，斯宾诺莎还是一位承袭了古斯多亚学派传统的严格的决定论者。他宣称："一切发生的事物，都是遵循自然之永恒不变的规律而发生的。"由此可推断，对某种行为或活动过程的选择，无非是各种先决条件，以及心理的或其他先天因素的产物而已，因此，自由选择或自由意志是不存在的。就自身而言，在这个世界上无所谓善恶之分，所有的善恶都是与某一特定环境相应相关的。因此，它们并非是对立的概念。人类应当学会顺从事物的自然进程，达到一种情感上无动于衷、泰然处之的境界，把自己从常人的情感镣铐中解放出来，并按照一种更宽泛的视野以及永恒宇宙之价值或外观，实践一种"按照宇宙之永恒方面"(Sub Specie aeternitatis)的生活。人类之终极目的在于通过对世界更好的理解，而最终达致对上帝的理智之爱。这种知识将赋予人类控制自身环境的更大力量。

我们所要做的仅限于简述笛卡儿和斯宾诺莎哲学中的某些思想内涵，无意剖析其内在的根据和前提。斯宾诺莎的上帝是如此远离人性，以致不可能在其中发现任何道德影响力。这个上帝既非启示的上帝，也不是那位曾激励希伯来先知们挺身反抗邪恶和不公，并在灾难临及他们的人民时，给他们带来慰藉和安逸的上帝。斯宾诺莎所宣扬的顺应论，使得犹太殉道者所作的牺牲，或者说谱写了整部犹太史的奋斗和努力，成为徒劳之举。斯宾诺莎的善恶观还剥夺了人类进行选择的动机和明晰性，而这又恰恰构成了宗教所赖以维系的根基。此外，它还否定了犹太教中的教师和圣哲们的说教和目标，及其崇高的理想。这些思想致使斯宾诺莎完全背离了犹太教。他自己承认，甚至在 1656 年被正式革除教籍之前，他就已经放弃了犹太教。

斯宾诺莎的基本哲学及形而上学世界观是卢扎托极端反感的。他的极端理性主义与卢扎托的浪漫主义发生了强烈的冲突。对任何人而言，这种对仅仅代表了自然永恒不变的秩序，或一种机械过程的神的虔诚或膜拜，在逻辑上都是不得要领、站不住脚的。卢扎托盛赞人的感情，而斯宾诺莎则视之为奴役人类的枷锁，并宣称：要达到真正的幸福，必须摆脱它们的束缚。卢扎托断言：一个无爱憎之心者是不配成为人的，他只能算是一块硬物或石头。他进而推断，同情和怜悯心构成了犹太教之源渊，而斯宾诺莎则斥之为一种软弱的女性美德。此外，卢扎托还把犹太律法和宗教礼仪奉为至尊，而斯宾诺莎则完全否认了它们的内在神圣性。在卢扎托看来具有永恒意义的《托拉》律法，斯宾诺莎仅仅视之为古代犹太国家为维护自身统治和生存而颁定的。

这些观点的差异致使卢扎托向斯宾诺莎主义发起了攻击，并与斯宾诺莎的信徒展开了论战。卢扎托把斯宾诺莎主义视为犹太教的顽敌。他宣称："在自然奇迹面前，只有像他这种铁石心肠的人，才仅仅看到了决定论。"他进而认为，一个持有斯宾诺莎式的信念的人，必定是一个道德堕落者，因为这种思想否认了世界上道德法则或道德评判之存在，其结果必然导向道德的混乱无序。可见，卢扎托的思想是与这位 17 世纪荷兰犹太哲学家水火不相容的。

3. 犹太民族主义

民族主义的影响

就浪漫主义对一个民族的历史进程的关注而言，它推动了民族主义精神的成长。浪漫主义把兴趣主要放在一个民族的早期世纪和原始阶段。那时，它还没有受到像后来的时代里那样严酷繁琐的律法、习俗和传统的束缚。浪漫主义珍重宗族或种族的统一性，并力图发掘其与众不同的品质和特征。

19 世纪是以欧洲国家中的民族主义觉醒和反叛为标志的时代。在意大利，这一倾向表现得尤为强烈——它曾在拿破仑一世(Napoleon I)

的统治下尝到民族统一的滋味，但却被维也纳会议（the Congress of Vienna）再次肢解为一个纯粹地理上的抽象存在。那些献身于民族统一斗争的意大利英雄们所树立的典范深深感染了沙达尔。他们是：马志尼（Giuseppe Mazzini，1805～1872），他是一位把民族斗争看作圣战的人；撒丁岛（Sardinia）的首相加佛尔伯爵（Count Camillo Benso di Cavour，1810～1861），他为这场民族统一运动的成功贡献出了自己的外交才华；而加里波第（Giuseppe Garibaldi，1807～1882）则贡献了自己杰出的军事天赋。这些因素连同卢扎托所处的民族主义氛围，无疑影响到了他在犹太民族主义问题上的看法。尽管卢扎托在思想上经常徘徊于浪漫主义和理性主义之间，但他却始终如一、毫无妥协地保持了其犹太民族主义热忱。[1]

犹太民族特殊论

沙达尔在民族主义和宗教观方面，把犹大・哈列维奉为自己的楷模。哈列维把犹太民族视为一个被选定的杰出群体，是非犹太各民族的中心（heart）。[2] 沙达尔从这一思想中看到了一种宗教精神。出于对民族主义诗作的热爱，他于 1840 年出版了哈列维的《锡安山》（Zionides），并仿效《圣经》对耶路撒冷的比拟（《哀歌》1：15），题为"犹大之处女"（Betalat Bat Yehudah），表示未受玷污之意。[3] 正是在这种民族主义热忱的驱使下，卢扎托终生致力于犹太教伟大经典作品和中世纪文献的探索和解释，试图以此强化犹太人的民族意识。

卢扎托是在亚伯拉罕主义的意义上看待犹太教的，从而强调了它的种族内涵。犹太人之所以被赋予那些特殊的律法，正是在于保持其种族的特殊性，而那些有关公正、正义和道德的普遍伦理原则却是为保护社会和人类整体而订立的。因此，犹太民族主义并非是一种狭隘的民族沙文主义，它是为人类整体服务的。如果一个犹太人放弃了自己的独特性，那么，他不仅背叛了犹太教，也剥夺了人类的一种重要的伦理力量。然而，犹太教所表现出的这种道德倾向，只是精神性的，而没有种族特性。它不是通过基因遗传而来的，而是置根于他们的宗教学说中的一个重要的因素。

---

① 《沙达尔书信》，第 1405 页。

② 《库萨里》下卷，第 36 页。

③ 沙达尔还在《诗集》中收编了犹大・哈列维的宗教诗（1864）。

卢扎托的民族主义思想弥漫着一股强烈的浪漫主义气息。作为这两种思潮相交融的一个极端例证，我们可以援引他为阿布月初九（the Ninth of Ab）所作的一首诗。在这首以简练、精辟的短句形式写就的诗作里[1]，他呼吁上帝把犹太人从苦难中解救出来，并恢复犹太国家。此外，他还以伤感怀旧的语调，谈及了祭祀制度和献祭仪式的复兴。迈蒙尼德曾为献祭式辩解说：它是对原始的、异教的和偶像崇拜冲动的让步，因为对于一名理性主义和哈拉哈的追随者而言，献祭式即使不是过于野蛮，也堪称一种粗俗的行径。[2] 然而，卢扎托却把这一古老的仪式视为犹太民族基本宗教中不可或缺的组成部分，并将随着犹太政治国家的再生而得以复兴。

卢扎托在犹太教的基本体制中发现了民族主义的内涵。作为理性主义者的迈蒙尼德曾这样认为：《圣经》之所以要指定唯一的神坛（《申命记》12:26），主要是为限制献祭制度[3]；而作为民族主义者的沙达尔则把其首要目的看作是保持希伯来民族的统一性。[4] 沙达尔还对有关安息日的律法作了同样的解释。不过，迈蒙尼德却把这一圣日视为这样一种手段：它旨在把犹太人民的注意力引向上帝和创世，并让他们认识到只有作为自由人的犹太人才可能按照上帝的教诲遵行安息日律法——这是他们在埃及受奴役时无法做到的。[5] 这样，卢扎托就把犹太教中的主要的宗教观和民族主义联系起来，并把两者编织为一个统一的整体。

解放

沙达尔的民族主义还体现于他对犹太解放的看法。卢扎托声称，在追求现代主义精神的过程中，许多犹太人放弃了自己的民族个性和特殊性，并试图以此换取他们所期望的民权平等。他认为，这些犹太人不惜为一个平等的纯粹幻影而背叛自己的民族观，更不必说要换取彻底的自由了。然而，在卢扎托看来，这种平等并不代表真正的解放，它不过是一种奴性的枷锁而已。他认为，犹太人的最高目标在于实现内在的自由，这才是真正值得犹太人努力为之奋斗的。[6]

---

① 《赏心悦目的小提琴》，第 74～80 页。

② 《迷途指津》第 3 卷第 32、46 章。

③ 《迷途指津》第 3 卷第 32 章。

④ 《犹太教研究》第 1 卷，第 40、45 页。

⑤ 《迷途指津》第 3 卷第 34 章。

⑥ 这一思想使人联想起阿哈德·哈阿姆在 1904 年写作的《奴役和自由》一书中的观点。

卢扎托强调指出，解放并不是一服能包医犹太教所有顽症痼疾的万能良药。犹太民族的生存主要取决于能否在犹太人中间缔造出一种博爱和亲情之感。他们的主要目标不在于取得和自己的邻人平起平坐的政治权利，而是造就和培养出一种民族自豪感，并由此激发对《托拉》和希伯来语的研究兴趣，从而抵制雅典主义的扩张和蔓延。解放并不完全是一件幸事，法国、比利时和荷兰犹太人不是已获得了彻底的公民权了吗？然而，随之而来的却是犹太人创造力的衰竭、犹太教发展的停滞，以及希伯来语被人遗忘。这些国家所许诺给犹太人的自由，无异于一张民族消解[①]和同化的邀请书。在一首诗中，沙达尔痛斥了那些遗弃了自己的民族遗产、宁要歌德和席勒而不要希伯来先知和哲人的启蒙运动倡导者(Maskilim)：

去死吧，
那羞辱母亲，
嘲笑父亲衰老的人，
是你把解放当作偶像盲目膜拜。

让我的舌头粘在牙床，
让我的右眼变得无光，
让我的右手颓败枯萎，
假如我忘了你，啊！锡安山。[②]

沙达尔深信，如何保持自身原有的纯粹性，是犹太教所面临的关键问题之一。为此，他极力主张肃清犹太教中外来文化的影响。沙达尔对哲学家鲜有好感，而被他视为哲学中各种反宗教思潮的化身的斯宾诺莎，更是其着力攻击的对象。出于同样的原因，他抨击了试图把犹太教和亚里士多德哲学结合起来的迈蒙尼德，并称之为“绊脚石”和“我们所有困惑的根源”。[③] 在他看来，像迈蒙尼德那样，试图把犹太教硬嵌入一种希腊、阿拉伯思维模式，而同时又保持其真正本性，这是办不到的。他的这一冒险

① 《沙达尔书信》第5卷，第660页。
② 《赏心悦目的小提琴》，第429页。
③ 《犹太教研究》第2卷，第164页。

行动使他制定了固定不变的"13信条",束缚了犹太人的思想自由。[1] 卢扎托对迈蒙尼德的批判并不止于此,他还指责这位中世纪哲人试图隐瞒自己内心的反传统观。在他看来,相比之下,拉什(Rashi)倒不失为"一名谦恭和审慎之士"。[2]

沙达尔的犹太民族主义观及其对犹太教中外来文化的拒斥,在他对著名犹太史学家海因里希·格拉茨评论中达到了顶点,后者像当今许多犹太学者那样,断言巴比伦《塔木德》优于耶路撒冷《塔木德》。[3] 由于这一观点上的分歧,卢扎托与启蒙主义者发生了激烈的冲突,后者包括了提倡犹太教与欧洲文化相融合的纳赫曼·科罗赫马尔。[4]

这场围绕外来因素侵入犹太教问题的争论,也引发了另一个有关文化杂交的问题,即犹太教是应当严格保持自身的纯粹性并拒斥周围的一切外来文化的影响,还是努力与之相适应。必须承认,假如犹太教缺乏那种不断地与自己所处于其中的主流文化相适应的活力,或未能在拒斥某些外来影响的同时,吸收那些与自己相合的外来思想,那么,犹太教就不可能保持至今。就此而言,沙达尔本人未能免于理性主义和世俗文化的影响,尽管他一再强调:如果犹太教的基本教义和思想受到外来思想的过分影响,那么,它就注定要被同化和吞没。

犹太教科学

伴随这场旨在使犹太教科学化的运动,一个由大批犹太学者卷入的辩护思潮应运而起。他们所强调的不再是犹太文学和传说中的民族主义和特殊论,而是其人道主义一面。沙达尔对这些尝试进行了猛烈的抨击,并敦促犹太科学运动起到一种维系犹太教生存的作用。他谴责了那些以古董商眼光看待犹太历史的人——他们对发掘埃及、亚述和巴比伦这样一些古文明的最高兴趣,除了其学术的方面外,几乎别无考虑。卢扎托则把犹太人的过去视为连接犹太人的现在和未来的纽带,是犹太文化永不衰竭的创造之流。他告诫说,任何其他类型的犹太学术都势必要消亡。他认为,犹太科学运动的作用在于造就出一批热爱并崇敬犹太教的学

---

① 《葡萄园》(Kerem Hemed)第4卷,第119页以下。

② 《沙达尔书信》第5卷,第701页。

③ 《历史宗教论:为犹太学生而作》(agli studenti Israeliti),第114页。

④ 《葡萄园》(Kerem Hemed)第132页。卢扎托曾玩世不恭地反驳说:假如他攻击的是摩西·本·阿姆拉(Moses ben Amram),这些启蒙主义者会称颂他;如果他批判了摩西·本·迈蒙(Moses ben Maimon),他们就会谴责他。

者——他们将献身于扩展和促进犹太学术的事业，使之成为不断涌动、生机勃勃的犹太生活的一个方面。

论改革犹太教

卢扎托从早年起就是改革运动的强硬反对者。1818 年，他昔日的老师亚伯拉罕·以利撒·哈列维(Abraham Elieazer Halevi)拜访了意大利的拉比，目的是寻求反对改革的意见，消除曾到这个国家游说拉比们支持改革的《塔木德》学者李伯曼[①]的影响。年轻的卢扎托以此为契机，写了一首题为《被玷污的城市之梦》(Vision of the Seduced Cities)[②]的诗作，痛斥改革者们的种种反传统罪行，尤其是他们在柏林的犹太圣堂中用本国语取代希伯来语的做法——而正是在这所城市里，纳夫塔利和门德尔松曾孜孜不倦地投身于复兴希伯来语的事业。这位诗人预言道："今天，犹太民族放弃了自己的神圣语言；明天，他将遗弃自己的《托拉》!"此外，他还猛烈抨击了法兰克福改革派社团于 1843 年废除割礼，以及其他古老而神圣的犹太习俗的做法。

卢扎托把改革者们所宣扬的"使命论"嘲讽为一个空洞的梦想和"虚荣心的满足"。他断言，曾激励犹太人为之牺牲和殉难的，是对天启和《托拉》的犹太信仰，而非改革派的犹太使命论。《圣经》已在文明民族中流传了 2800 年之久，但至今仍未对人性的提高带来任何成效。由此可见，改革者的使命说是缺乏实际意义的。似乎没有理由相信，这些倾向于雅典主义的宗教自由分子能够完成这一使命。

沙达尔认为，为实现犹太使命说中所设想的乌托邦，人类的精神必须经历一场奇迹般的根本重建。此外，希伯来先知们所阐述的救世主理想并不像改革者的使命论那样，宣扬一种绝对的宇宙主义。希伯来先知们仅仅把弥赛亚时代视为一个公正的民族主义时代。那时，作为正义化身的犹太民族将生活在自己的土地上，担当起非犹太各民族中的审判官的角色(《以赛亚书》2:2～4)。为实现这一理想，犹太人应以更大的热忱和忠诚执著于自己的宗教信仰，绝不可像改革者正在做的那样去削弱它。

关于希伯来语

卢扎托精通意大利语、法语，对德语也略有所知。此外，他还研读过

---

① 参见本书第 7 章，第 2 节。

② 参见《申命记》第 13 章第 14 节以下。

东方语言以及希腊语和拉丁语。然而,他最喜爱的还是其视为与自身相一体的希伯来语。对他来说,希伯来语不仅是一种神圣的语言,也是一种民族语言。他曾这样宣称:"在我内心中燃烧着一股对这种神圣语言的热爱之火。"[①]此外,他还把《圣经》看作一部宗教和民族性兼具一身的经典之作。他极力主张,犹太文学和文化作品应采用本民族的语言,即希伯来语写作。为避免影响《以赛亚书》的希伯来语版本的出版,他拒绝把他对该书的评论译成德文。他宣称:"我的主要愿望和目标在于复兴希伯来语。"[②]因此,卢扎托痛斥那些参与了犹太教科学运动的德国同事、指责他们用德语而不用希伯来语写作,就不足为怪了。既然他们采用德语、法语和英语写作,那么,他们就"必定认真对待非犹太人的说法"。而且,他们还不得不按照外人的愿望来调整自己的作品,并经常曲意迎合他们的基督教口味。[③]

卢扎托为推行希伯来语付出了多年的心血。他写作了希伯来语诗集,但它们大多粗劣可笑。尽管按照现代的标准,他的希伯来语文体未免过于贫乏,但我们不应忘记,他所做的是一种开拓性的工作,而且他的希伯来语著作表明他是精于希伯来语的。卢扎托曾希望自己的所有作品都能最终用希伯来语出版[④],并倡议建立一个希伯来语出版社。[⑤] 他认为,宗教教育应使用希伯来原文,拉比文献也应当用原文而不是译本教授。在他看来,希伯来语构成了犹太古典文化和现代文化之间的桥梁,只有如此,希伯来文学才能得以复兴,对犹太教的热爱才能一如既往地保持下去。

犹太家园

1850 年,卢扎托在给耶路撒冷的拉比纳赫曼·拿单·考罗尼尔(Nachman Nathan Coronel)的一封信中写下了这样一段话:

> ……努力使定居于圣地的犹太人恢复祖业,即农业,从而使他们像其他民族那样用自己的双手维持生计,他们也会为此而自豪的。

---

① 《沙达尔书信》第 8 卷,第 1246 页。

② 《沙达尔书信》,第 1139 页;《书信》(Epistolario)第 2 卷,第 819 页。

③ 《公园》(Hapardes)第 3 卷,第 120 页。

④ 《沙达尔书信集》第 1 卷,第 143 页。

⑤ 《公园》第 3 卷,第 119 页。

> 他们假如实现了这一蓝图，就不仅能自给自足，而且还能使犹太人的家园变成一块遍地流着奶和蜜的沃土。农耕也将因此构成一种经济的核心，并促进它的发展。[①]

沙达尔还建议，与其资助亚洲犹太人移居欧洲，去受西方文明、个人主义和无神论的污染，不如让慈善事业转而把他们带到巴勒斯坦，使他们在那里从事偿还性的工作。以色列的土地如果由犹太人耕作，不久就会恢复原来那个繁荣昌盛的国家，尤其是当他们的劳作受到政府保护的时候。

卢扎托不仅关心犹太家园的经济复苏，而且也心系其文化事业。既然犹太教代表正义和仁爱，那么，犹太国家就理应成为一个中心，把这些理想由此传播到全世界。他主张在圣地培养出有才干的法学权威，以便为所有那些从世界各地来找他们作判决的人，包括犹太人和非犹太人申张正义。后来阿哈德·哈阿姆所主张的更广阔的目标，即在巴勒斯坦创建一个服务于散居犹太人的文化和精神的中心，在卢扎托的上述思想中已见端倪了。[②]

总之，犹太民族主义思潮在卢扎托的思想中是显而易见的，犹太人民在他的哲学观中占据了核心地位。就民族主义倾向而言，卢扎托与犹太历史学派的创始人弗兰克尔颇为相似。事实上，他的民族主义志向更大胆、更明确。同为科罗赫马尔的信徒，弗兰克尔和卢扎托都参与了犹太教科学运动。他的新正统派同僚赫尔施坚决反对这一运动，因为它把犹太教说成是长达数世纪的发展过程的产物，而不是如他本人主张的，乃是西奈神启的直接结果。不过，从一般宗教观来看，卢扎托和赫尔施这位比他年轻的同代人堪称殊途同归。

---

① 《沙达尔书信》第 7 卷，第 1071 页。

② 《精神的复兴》，参见西蒙（Leon Simon）《阿哈德·哈阿姆文选》，美国犹太出版学会 1912 年，第 253 页以下。

第 3 部分

在美国的萌发

小 序

本书第3部分讨论的是几种犹太宗教运动在美国的派系或分支。这些分支起源于欧洲，其目的在于调整犹太教以适应犹太解放运动的挑战。诸多宗教阵线在美国土壤上的成长，从一个在美国革命期间只有2500人的无足轻重的小团体到今天拥有550万人的社团，只有作为美国犹太人奇迹般发展的故事中的一部分才能得以清楚说明。在犹太人的4000年历史中，美国犹太人代表着一个人数最多、阵容最强大、最繁荣昌盛的犹太人聚集体。自从美国共和政体产生以来，主要由于几次犹太移民浪潮，在新大陆的犹太人口得以迅速增长。1815年拿破仑军事冒险失败之后，反动和顽固的反犹主义在德国和中欧重新滋长，必然导致这种巨大的移民浪潮。

1824年，改革派思想首先划破了美国犹太教暗灰的精神天空，其目的在于对南卡罗莱纳州查尔斯顿市的犹太教公会"上帝之家"(Beth Elohim)的宗教仪式进行修改。19世纪30年代和40年代，来自中欧的犹太移民持续稳定地涌入美国，他们遍及整个东部并不断向西部蔓延，正是他们将宗教改革思想传给全美各地的既存的和新建的犹太教组织的。这一新来者的浪潮也带来了较温和的历史学派的倡导者，他们将其原则引入美国犹太人的宗教生活。数量巨大的移民急剧地改变着美国犹太人的形象。在结构上，不再是西班牙裔犹太人独领风骚，而德裔犹太人后来居上；不再是清一色的正统派一统全美，各种较自由的派别也有了一席之地。

后来，东欧犹太人热切地流入美国。在暴虐的1882年的"五月法”——对犹太人集体屠杀和迫害的序幕——之后，移民的趋势似风卷浪涌。新大陆的犹太人口由1880年的25万，猛增到本世纪之交的100万，到1920年则达到350万。这些新大陆的后来人，把他们自己的东欧牌的正统犹太教，即一种根植于犹太传统学问又带有浓厚复国主义色彩的教派，和沉稳庄严的当地正统教派结合起来。新来者们主要操用意第绪语；在所从事的职业上，绝大多数是为谋生而奔波的工人、售货员和小商贩。他们挤入并居住在拥挤不堪的城市贫民区。

东欧移民的下一代更具文化适应性，已晋升到中产阶级的地位，他们拥入并聚集在城市的新居民区。这批人的后代移居到郊区。在这些地方，东欧移民的子孙后代建立或加入了保守派的犹太教圣堂，其中较富裕者则逐渐成为犹太教改革派公会的成员。犹太教徒们的这两大派系由于移民的涌入而骤然间强大起来。但是，两者之间在意识形态上的分歧却不是泾渭分明的。

较早期的改革派犹太公会尚能以反民族主义和反传统主义的1885年《匹兹堡纲领》(Pittsburgh Platform)为理论指导，相比之下，保守派只不过有一些模糊不清的原则而已。在保守派中，一个自由团体组成了重建派犹太教的“思想学派”，其哲学主张对犹太教采取一种理性主义和自然主义态度。

历史既能造成意识形态间的对立冲突，也能化干戈为玉帛。在两次世界大战之间所发生的事件加剧了犹太人的民族主义情感。在这一阶段，随着反犹主义的敌对情绪的增长，犹太人的家园愿望也迅速加强。一方面，在美国，《锡安山长者议定书》(Protocols of the Elders of Zion)、三K党、经济衰退以及纳粹党人的反犹运动造成了一场史无前例的反犹偏见和反犹主义的高潮。另一方面，《贝尔福宣言》(Balfour Declaration)和伊休夫(Yishuv，巴勒斯坦犹太人组织)锲而不舍的努力，尽管前进道路上困难重重，却使犹太人家园的梦想越来越趋向现实。无论是正面力量还是反面力量都促动了犹太人民族主义情感在各派犹太人中的高涨。1937年，改革派在《哥伦布纲领》(Columbus Platform)中表达了这种日益增长的民族主义情感，一改先前的反民族主义和反传统主义的立场(见第12章)。重建犹太国的斗争在1948年获得胜利，正是这一斗争以及后来援助建设犹太国的目标使美国犹太人团结一致的。但是，宗教上的分歧依然如故。

纳粹党人的迫害和大屠杀引起了从欧洲到美国的新一轮大规模移民。这批新来者在二战前后到达美国，他们之中有人数众多的正统派犹太人以及大批哈西德信徒，他们对在自由的美国乐土上继续他们的生活方式感到忧心忡忡。这次移民将新的血液输入美国的正统派。这些哈西德派的新来者在整个美国的大多数犹太人中心复兴了自己的居住区。这一系列的事件及其对美国犹太人宗教思想和运动的影响将在这一部分最后一章中予以考察。

第 11 章　走向美国

1. 中欧风云

反动

拿破仑战争以拿破仑的兵败和跨台于 1815 年告终。在战争的一系列刀光剑影的冲突中，犹太人肩并肩地与他们的同胞一起为战争的双方而战斗，血染疆场。但是，在德国，拿破仑军队的战败却成为德国犹太人丧失诸多权利的不祥信号，这些权利是他们在拿破仑执政期间争取来的。结果，许多犹太人，尤其是其中的进步派和自由派分子对解放运动所抱的希望破灭了，转而力图通过向遥远的美国和其他国家的迁移来改变他们多舛的命运。这次移民浪潮将改革派和犹太人较温和的组织引入美国，同时，也将他们的主导精神植入这块新大陆。

维也纳会议

1815 年 7 月，同盟国占领巴黎之后，拿破仑被放逐到遥远的圣赫勒拿岛。维也纳会议的召开是为了恢复它们在欧洲的"合法"统治。在这次会议上演出的活剧中，扮演主要角色的竟然是奥匈帝国的首相麦特尼奇(Metternich)这样一个对民主怀有恐惧与刻骨仇恨之心的人物。由奥匈帝国、普鲁士和俄国组成的所谓神圣同盟恢复并加强了因拿破仑节节胜利而中断的神权和君主制统治方式。在新的政治气候下，推翻由拿破仑推行的犹太人自由政策似乎难以避免。德国犹太人的领导者们目睹到贴在墙上的反犹标语，并且委派非官方代表参加维也纳会议，让他们在会上申诉理由，力所能及地阻止取消他们的自由。在维也纳，一些身份较高的犹太人办起了高雅的沙龙，这是奥地利和普鲁士外交官们不时出入的场所。犹太人力图感化这些政客以保住犹太人权利，但事实上，这样做于事无补。

1815 年 5 月，甚至早在神圣同盟缔结之前，犹太人问题就在会议上被提出来了，因为它涉及德意志联盟的组建这样一个重大问题。结果，会议采纳了一项决议，规定"犹太人继续享有各个国家赋予他们的各项权利"。但是，应德国一些自由城市的要求，上述引文中的介词"in "被"by"所取代，这是一个看上去清白且毫无伤害的代替。但是，这一微妙的变化却取消了原初决定框架者的目的，也消解了原初决定的真实含义，因为现在任何签约国都能宣称：它可不认可原先授予其领土上的犹太人的权利，而只是认可它曾自愿赐与犹太人的那些权利。曾几何时，除了普鲁士和麦克伦堡(Mecklenberg)之外，由于拿破仑的压力，德国 36 个君主国中的犹太人获得了解放。现在这些权利遭到了修改。德国犹太人的诸多自由权利就这样被一个微不足道的介词所扼杀。

种种限制

继维也纳会议之后，一些德意志郡主国对其领土上的犹太人强加了种种约束和限制。在德国的不少地方，犹太人又像牲畜一样成群结队地被赶回到肮脏不堪的隔都。在其他地方，犹太人极力反抗让他们退回到隔都居住状况的诸种做法，不幸的是成效甚微。譬如，法兰克福的犹太人曾拿出大笔金钱赎买他们在拿破仑征服后所获得的种种权利。然而在 1824 年，他们也同样沦落到所谓"以色列公民"(Israelitish citizens)的境地。经过十年的磨难和谈判，犹太人得到的只是诸多的经济限制，以及一份 3000 人的社区每年只有 15 对新人结婚的配额。剥夺犹太人权利的类似做法波及巴伐利亚。汉堡的犹太人被剥夺了政治权利，同时，他们在商业、手工业和不动产拥有权上也受到种种限制。在萨克森(Saxony)，犹太人被禁止加入行会。1816 年，他们又被从吕贝克(Lübeck)和柏林驱逐出来。1812 年的《普鲁士解放法案》(Prussian Emancipation Act)只可理解成这样的法律：它纵容采纳大规模的反犹经济制裁措施，并允许各行各业排斥犹太人。犹太人还被禁止雇用基督徒，取名时不得使用基督徒的名字。对犹太人来说，短暂的平等主义的幕间曲在一片悲哀中结束了。

诽谤和辩护

在德国,众多保守的基督教牧师将犹太人视为令其不屑一顾的法国大革命的象征,之所以如此,原因仅仅在于他们是在那场革命起义后获取自由的。这种敌视态度使这些牧师将当时的经济动荡、普遍失业、贫困和拿破仑战争统统归罪于犹太人。与德国浪漫主义并驾齐驱的这种中世纪精神助长了对犹太人的憎恨,并愈煽愈旺,从而成为一团熊熊燃烧的仇恨之火。

知识界的领导者们纷纷倒向仇恨犹太人的德国条顿狂势力。在新成立的柏林大学,历史学教授弗雷德利希·鲁斯(Friedrich Ruhs)出版了一本极具煽动性的小册子(1816 年),他在书中坚持主张犹太人应对德国人被拿破仑打败负全部责任。他声称,作为基督教国家的德国应将犹太人当成异己分子,就像基督教原则不容许任何其他教派理论一样。他声嘶力竭道,在这个国度里犹太人口应受严格限制,应约束犹太人对经济生活的参与,犹太人须缴纳特殊保护税,犹太人须佩戴明显区别与于他人的徽章,等等。鲁斯建议,只有受过洗礼的犹太人方够得上公民资格。如果这样做了,犹太人的地位就倒退到了中世纪。

海德堡大学自然科学教授、浪漫主义运动中的民族主义分子威尔海姆·弗雷斯(Wilhelm Fries)则走得更远。对他来说,对犹太人天生的仇恨而不掺杂丝毫的人道主义,代表了一种健康向上的民族主义情绪。弗雷斯在 1816 年出版的一本小册子中说,德国的犹太人已控制了法兰克福一半的资本。除非通过立法强行限制犹太人结婚以及剥夺他们的种种权利,否则,犹太人将在几十年内奴役整个德意志。可见,远古法老的魔影、恐怖和诡计在魔法的召唤下披着现代服饰重新出现了。一名低档小说的作者、反犹分子哈特威希·洪特(Hartwig Hundt)"伯爵",在《犹太人之镜》(Jewish Mirror)中鼓吹道,犹太人应该被彻底灭绝,将他们的女人送进声名狼藉的妓院,他们的孩子应卖给西印度的英国人去做植物园的奴隶。在 19 世纪上半叶,这些德国思想的炮制者们所流露出的残暴预示着仅一个世纪后由统治民族(Herrenvolk)[①]导演的一幕幕谋杀和种族大灭绝的场景。甚至连伟大的诗人歌德也醉心于这种危险可怕的偏执狂热中,他鼓吹将隔都中所有的耻辱和压迫再次降临到萨克斯—魏玛(Saxe-

---

① 指反犹分子自吹的条顿民族。——译者注

Weimar)的犹太人头上。

但是,在基督徒中,也不乏犹太人的辩护人。巴顿一名博学的牧师约翰·爱瓦德(John Ewald)为犹太人要求公民平等权,主张给他们机会,让他们发挥为国效力的种种能力。普鲁士大臣威廉姆·赫姆伯特(William Humboldt,1767~1835)曾在维也纳大会上,呼吁彻底解放犹太人。海登堡亲王(Prince Hardenberg,1750~1822)支持他的这项举措。但是,另一方面,一些犹太记者和小册子作者未能积极响应这些基督教勇士为犹太人权利所发出的大声疾呼。他们只醉心于论辩,没有以人道精神勇敢地站出来,直陈他们的同胞应有的公民权。他们仅仅宣传某些高雅的改革派犹太人,借以证明全体犹太人都准备以全部才能投身德国社会。由此,他们鼓吹,假如犹太人被允许去施展才华,他们就有希望。

诬蔑和煽动带来的必然是民众的暴风骤雨。1819年8月2日,古老的中世纪狂呼怒吼"Hep! Hep![①] 处死犹太人!"再次回荡在沃尔斯堡(Würzberg)大学学生中间,又从那儿波及到整个德国的大小城镇。恐怖的浪潮由巴伐利亚卷及弗兰克尼亚(Franconia),最后覆盖整个德国。在这些地方,暗杀犹太人、洗劫他们的财物、烧毁他们的家园成了司空见惯的事。德国犹太人被这场重重打击深深震撼,其中不少人愁肠满怀,感到拥有平等地位的希冀彻底破灭,于是开始寻找逃亡之路。一些人躲进教堂,另一些则找寻其他改善命运的办法。

民族众多语言混杂的奥匈帝国成了反犹活动中心,在后拿破仑时代,犹太人在这里的处境和在别处同样惨不忍睹。除了几百名有特权的犹太人之外,在哈布斯堡(Hapsberg)王国,大多数人被强行驱回到狭窄阴暗的隔都。在法庭上,他们再次被要求进行只有犹太人才做的具有污辱性的特别宣誓。歧视性的居住法规和商业法律更是家常便饭了。想进入商业公司的犹太人需要特别执照,这些执照只有付了数目惊人的税金后才能领到。在摩洛维亚(Moravia)和波希米亚(Bohemia)的农村地区,犹太人也遭到排斥。这些强制性的手段沉重地压在犹太人肩上,碾碎了他们的精神根基,将他们逼到了绝望的悬崖。

经济因素

影响整个欧洲人的致命的经济因素恶化了局势。19世纪,欧洲人口

---

① 参见本书第8章第1节相关注释。

从1800年的1.75亿急剧上升到1900年的大约4亿。这种人口的迅猛增长在德国和其他国家引起了耕地匮乏和城市化的持续发展等问题。城市中人满为患，因工业革命而带来的膨胀的经济机遇开始收缩，这都迫使许多德国人拥向人口不太密集的居住地和领土上探寻命运的出路。

但是，犹太人不仅要忍受整个社会背景招致的厄运，而且他们不得不为被剥夺的权利和强加于其身的各种特别税而抗争。因此，他们的境况更为艰难。1836年，经济萧条加深了德国人民的苦痛。所有这些交织一起，造成了德国人大规模的逃亡活动，相当多的犹太人加入了这一行列。

加布里尔·里塞尔

一些犹太人希望通过逃亡来获得经济和政治上的平等，与此相呼应，另一些人决心在国内为解放运动而奋斗，后者与前者只是在策略上有所改变。他们不再作为犹太人进行战斗，而是大批大批地加入到本国的革命运动中去，因此，他们在为争取自由和民主的斗争中，与自由同胞共命运同患难，为共同目标并肩作战。加布里尔·里塞尔(Gabriel Riesser，1806～1863)是这场运动的领导者。他是汉堡正统派首席拉比的孙子，出生于汉堡，并参加过宗教改革运动。他拒绝接受陈腐的洗礼圣水的做法，宁愿不要他渴慕已久、法律上应有的大学教授职位，甘愿做一名意志坚定、忠诚不渝的犹太人。①

对于神学家保罗(Paulus)的谬论，以及其他学说的鼓动者，诸如认为德国是基督教国家，只有基督徒才有资格获得全部的公民权，里塞尔宣讲道："我们不是迁居至此的，我们生于斯地，我们要么是德国人，要么是无国之人。"他将犹太人民视为一个宗教民族，这个民族是独一的远古巴勒斯坦政治国家的后代。但是，他坚持认为，这一特征决不抹杀德国犹太人对他们所生之地的特有的政治忠诚。里塞尔将反抗法律上剥夺犹太人权利和无条件地赋予犹太人以公民权作为"青年德国运动"(Young Germany Movement)纲领的基础。作为这一运动的奠基者，他取得了成功。

---

① 由于犹太人素有"隔都协会"(ghetto associations)的名字，所以改革派通常称自己为以色列人(Israelites)，思想自由的同胞也这么称呼他们。争取犹太人权利的斗士加布里尔·里塞尔于1832年出版《犹太人》(Der Jude)月刊。如果他愿意将其杂志易名为《以色列人》，那他将得到大笔足以帮助他从事这项事业的资金。他拒绝了，在他看来，易名是犹太习俗，是病危之人为了让死神不易找到他而将原名换掉，而且这种办法通常不奏效。对于犹太人的反对者而言也是如此，易名是徒劳无益之举。

1848年革命

1848年欧洲革命运动在巴黎点燃了导火线,这时,抵抗路易·菲利普一世及其压迫政府以及整个统治阶级的路障遍及街头巷尾。星星之火一旦燃起,便迅速烧及德国和欧洲其他国家。在柏林的反帝国势力的巷战中,至少有20名犹太人惨遭杀戮。在普选基础上,法兰克福召开了预宪会议,会上草拟了一部以图统一德国的宪法。里塞尔因其对自由事业的杰出贡献,当选为领导机构里的副议长。当弗雷德里克·威廉四世(Frederick William IV)轻蔑地拒绝国王的皇冠时,德国一些激进的领导人冒着风险筹建共和政体,但是,他们的种种努力均被利剑无情地扼杀。

这种反暴精神和民族自由运动也波及到奥地利。在维也纳,反动势力总头目梅特涅被迫辞职并逃之夭夭。孤立无助的哈布斯堡王朝除了批准民众提交的宪法,保证推行各项改革政策之外,已别无选择。在匈牙利,由民族英雄路易斯·考苏斯(Louis Kossuth)领导的马扎尔人(Magyar)起义中,大约有两万犹太人参加了战斗,其中包括一支犹太人特别部队,但是,他们浴血建立的共和国不幸夭折了。在其他国家进行的革命行动也遭同样厄运。结果,各国曾批准或许诺的各种让步全部撤销了。可是,虽然反抗失败了,他们在缓冲贵族对政府强大控制方面却取得了一定成效。不管怎样,在巩固革命成果之前,反动势力之所以卷土重来,其原因在于自由分子们丧失了自己的坚定信念,这表现在他们被事业的凯歌冲昏了头脑,也反映出他们自己所属时代的局限性。反动势力的反扑进一步推动了移民趋势,中欧一批有知识的犹太人开始迁移。

2. 移民

1848年前的犹太移民情况

来自政府委员会和民众中的敌对分子对犹太移民的鼓噪随处可闻。巴伐利亚国会对此发表了公开声明。这一系列事件在犹太人圈子中掀起了波澜。海因里希·海涅和路德维希·伯尔诺(Ludwig Bürner)在19世纪20年代早期宣布:为了所有热爱自由的人民,包括犹太人,美国必须成为逃离欧洲压迫者的避风港。1822年,犹太教文化和科学联合会(Verein für Kultur and Wissenschaft der Juden)的几位领导人写信给当时美国犹太人领袖摩迪凯·曼纽尔·诺亚(Mordecai Manuel Noah,1785

～1851)[①],倡导欧洲犹太人移居美国。

一位名叫伯纳德·贝任德(Bernard Behrend)的犹太雇佣兵,初于1832年,后于1840年,向艾姆斯切尔·罗斯查尔德(Amschel Rothschild)男爵和加布里尔·里塞尔倡仪,为了安置德国和波兰的犹太人,须在北美得到大片土地。无论是罗斯查尔德还是里塞尔都未接受这项计划。里塞尔承认,对犹太人来说,移民问题至关重要,但是,由于他本人不愿离开他的祖国德国,他感到不必强求别人离开。

到了1840年,德国犹太人的处境依然没有得到实质性的改善。海斯(Hesse)确实在1833年赋予犹太人较大程度的平等权,可惜这仅是一次例外。大体上,德国犹太人仍然被剥夺了公民权,生活贫困不堪。所以,从德国流向他国的移民浪潮持续不断,甚至呈现出有涨无落的势头。饶有趣味的是,少量正统派犹太人也移民到巴勒斯坦,在那里安家落户。在巴勒斯坦,他们沉浸于犹太历史和对古犹太国的回忆之中,希望通过犹太人的集中生活,避免欧洲解放运动带来的同化之虞。

在19世纪30年代,布拉格的犹太大学生掀起一场规模宏大的辩论,就重建犹太国和让犹太人重返自己家园这一建议展开过激烈争论。他们从波希米亚开展的民族主义运动中挖掘证据。1840年,大马士革祭神杀牲的指控引起了对上述观点的更大兴趣。这一事件后来成了国际性问题。才华横溢的法国犹太律师、演说家阿道夫·克里米埃(Adolphe Cremieux)对此观点抱赞同态度。摩西·蒙蒂菲奥里(Moses Montefiore)爵士是著名的英国犹太慈善家和领导人,他致力于让大不列颠政府对如下计划产生兴趣,即在巴勒斯坦开辟几百个殖民地村落,让移民居住下来。他们得到了一些有影响力的英国人的鼓励,其中包括英国驻耶路撒冷领事查尔斯·亨利·邱吉尔(Charles Henry Churchill)上校、沙夫茨伯里(Shaftsbury)勋爵、外交秘书帕默斯顿(Palmerston)勋爵。这些犹太人是犹太复国主义运动的先驱,这场运动在60年后悄然兴起。[②]

---

① 他曾试图在尼亚加拉河(Niagara River)的大岛(Grand Island)上建立犹太人居住区作为犹太人重返巴勒斯坦的准备,这项计划以流产而告终,但他因此声名远扬。

② 1844年,摩迪凯·亚在费城的一家基督教新教教会上发表了一篇演说,呼吁在巴勒斯坦重建犹太人民族国家。这篇演说以《论犹太人的回返》(Discourse on the Restoration of the Jews)为题出版后发行量极大。早在1818年,约翰·亚当斯(John Adams)总统曾致信诺亚:"我真诚希望犹太人重返独立国家巴勒斯坦。"

1848 年后的犹太移民情况

利奥波德·科姆佩特(Leopold Kompert)是一位享有盛誉的波希米亚犹太小说家,也是为数众多的将自由的希望寄予 1848 年欧洲革命的人们中的一个。因为革命的结果击破了他的幻想,他撰写了一篇名为《走向美国》(On to America)的文章。文中,他督促教友们赶快逃到美国,以避免他预计到的在欧洲可能发生的反动迫害。对于他的号召以及其他犹太领导人类似的呼吁,犹太人作出积极反应,新的移民社团建立起来,用以安排从欧洲国家起程和在美国定居等事宜。阿道夫·布兰代斯(Adolph Brandeis)——美国联邦最高法院法官路易斯·登比茨·布兰代斯(Louis Dembitz Brandeis,1856～1941)的父亲,也是移民小分队里的一员,他们于 1849 年离开布拉格。

在 19 世纪最初几十年中,主要是一个或几个人加入移民队伍;到 19 世纪后几十年,人们携老带小举家迁往新大陆。1848 年以前的德国犹太移民的文化程度较低,后来则大有改变。不过后来者很少有机会在工厂车间或作坊做事,也受不到从事其他工作的职业培训。由于资金短缺,他们只能当沿街叫卖的商贩。许多人辗转到美国的中西部,在那里,他们和先行定居下来的德国同胞没有语言障碍。他们向西迁移一直到西部海岸,不断地寻找地方建立犹太人居民区,最终到达了旧金山。在农村地带,德国犹太小贩们将小型手推车及其靠背改进得更为文雅与舒适。许多人卷入了 1849 年的淘金热。那时,一些走鸿运的人积聚了大量的财富,开设衣料店、服装店和杂货店。这些小店遍布美国中西部城市如底特律、圣路易斯、辛辛那提、克利夫兰、米尔沃基以及南部、西部的市区中心。有一批小店铺最终发展为百货商场。

1850 年后的十年内,漂洋渡海来到美国的中欧 200 万移民中,大约有 10 万犹太人,他们绝大多数来自奥地利、匈牙利、德国和波希米亚。1860 年左右,在美国 15 万犹太人中,约有 4 万人居住在纽约,约 2 万人落户费城,同时,人数众多的犹太人在波士顿、纽瓦克(Newark)、新奥尔良和其他城市建立了居住区。新来者们要么加入到这些地方业已存在的犹太教公会,要么新建自己的公会。在远离市中心的地带,只要犹太移民聚集到 10 个男信徒的传说法定人数(minyan),他们便建立起新的犹太教圣堂。1840 年后来到的移民组建起改革派联合会(Reform Vereine)等组织,它们宣传改革派思想,最终发展成改革派犹太教公会。

这个时期来到美国的知识分子群中,年轻的拉比们具备改革派知识。

在美国授命为拉比的并不多见，其职能已由受雇于犹太教公会的歌咏班的领唱员或犹太教的礼仪杀牲人承担。一些改革派拉比，如 1841 年到美国的利奥·麦兹巴切尔（Leo Merzbacher）、1845 年到的马克斯·利林塔尔（Max Lilienthal）、1846 年登岸的以撒克·梅耶·怀斯、1854 年到的伯纳德·费尔森撒尔（Bernard Felsenchal），以及 1855 年到的大卫·恩豪（David Einhorn），率先把拉比的学习与大学教育结合起来。他们对当地的犹太教公会会众的影响极其深远。在新大陆，他们激进的宗教观在移民伙伴中找到了肥田沃土，这些移民中有的早在德国时就曾属于改革派。思想自由的拉比们并不满足于在美国犹太教徒中介绍改革精神，因为他们是完全独立自主的团体，根本无须像他们在德国的那样俯首听命于政府的控制或是法律上极富侵犯性的社团组织的支配。改革派犹太教徒一如他们渴望或倾慕的那样，似一根形散而神不散的线紧紧相连。因此，改革派犹太教拉比们的领导在美国比在他们原先的祖国更加富有成效地指导着改革派运动的命运。

美国犹太人

德国犹太移民到达美国时看到的犹太人还很少。1840 年，在美国 1700 万总人口中，犹太人据说仅有 1.5 万人。到 19 世纪中期，2300 万总人口中，新来者使犹太人口猛增到 5 万人。到了美国南北战争时期，犹太人口数以 3 倍的速度奇迹般增长，在3200万总人口中占 15 万人。

随着社区人数的急剧增长，其成分也错综复杂起来。早在 18 世纪，在美的西班牙裔犹太人公会的主要成员是波德裔犹太人。到了 1825 年，德裔犹太人已占绝对优势；到了 1850 年，西班牙裔犹太教徒成了德裔犹太人汪洋中的一座小岛。但是，他们在经济上富足优越，因此看不起贫穷的德国犹太移民，并视之为社会下等人。早先定居下来的犹太人家庭和新来者们——至少是 1848 年前移迁过来的人，实际上一般已能和睦相处。他们的文化水平都很低，缺乏犹太学知识，他们的宗教习俗仍基于一种机械的本能需要。

在大批德国犹太人拥入之前，美国犹太人的宗教、慈善业和社会生活是以起开黑拉（Kehillah）作用的犹太教圣堂为中心的。犹太教会众不仅参与各种宗教仪式，而且还开办少儿学校。在接受自由的公共教育之前，这些学校通常讲授宗教和世俗课程。犹太教圣堂还满足其成员的其他宗教要求，常年提供洁净食品和逾越节吃的无酵饼。他们拥有公众基地，一旦需要，通常都可买到。他们还为国内外的慈善团体筹集款项，其中包括巴勒斯坦的公共机构。

当德国犹太移民潮水般涌来时，几乎没有可资利用的犹太教会或非教会的机构。第一个这样的机构即查尔斯顿的犹太孤儿之家(Jewish Orphan Home)于 1801 年建立。在纽约市，犹太人慈善社(Hebrew Benevolent Society)于 1822 年诞生，十年之后一家孤儿院创办起来了。德国犹太人显示了组织建设上的热忱和才智。由于对圣堂的狭小活动范围深表不满，他们不久在圣堂之外建立了许多慈善机构，如医院、小旅馆和互助会。这些机构为日益成长的犹太社区提供了大量的不可或缺的社会服务。他们为现今的各犹太人福利联合会和社团网络打下了基础。

第12章　美国的改革派

1. 为改革而奋斗

查尔斯顿的叛逆者

在美国,第一次针对犹太教圣堂内的传统祈祷仪式的反抗发生在历史悠久的西班牙裔犹太教公会“上帝之家”,地点在南卡罗来纳州的查尔斯顿,时间在德国改革派领袖到来前的几年里。1824年,上述圣堂的47名成员向理事们发出呼吁,要求采取在汉堡圣殿(Hamburg Temple)里时兴的几项革新措施。他们建议简化宗教仪式,把一些希伯来祈祷文译成英文,取消有关死人复活的内容,定期用英语演讲与“帕沙”(Parsha,每个安息日在犹太教圣堂中诵读的经文)相关的布道词。他们的要求均遭拒斥,在著名的记者和剧作家以撒克·哈比(Issac Harby)领导下,有12名请愿者退出了这家公会并建立了一个新组织“改革的以色列人社团”(Reformed Society of Israelites)。在两年时间内,新社团的成员扩增到50多人。他们将器乐引进宗教仪式,祷告时不戴头布,并对祈祷仪式进行了删减和修改。[①] 然而,由于缺乏强有力的宗教目标和指导,他们的努力失败了,1833年这家改革派公会解散。

---

① 改革者接受了迈蒙尼德以后形成的教义中的10个信条,他们信仰普遍的一神论、摩西十诫和人的不朽,等等。

波兰出生而在德国接受教育的拉比卡斯塔·波兹南斯基(Gustav Poznanski,1805～1879),是一名改革派的倡导人。几年以后,他于 1836 年被委任为"上帝之家"的布道士。在 1838 年大火中遭毁的旧圣堂被一座新教堂所取代,在新教堂里还配备了一架风琴。在 1841 年 3 月的布道辞中,他借用德国改革派的常用语宣布:"这个国度就是我们的巴勒斯坦,这座城市就是我们的耶路撒冷,这个上帝之家就是我们的圣殿!"改革派的反对者撤出了这家犹太教公会并对之起诉,结果以失败告终。一些人建立了一家新的犹太教公会"幸存的以色列人"(Shearith Israel)。至此,改革派终于在美国的土壤里扎根了。

美国改革派犹太教公会

按照上述方式在美国组建的第一个改革派犹太教公会叫西奈联合会(Har Sinai Verein),它于 1842 年由一群诵读汉堡祈祷书的年轻人于马里兰州巴尔的摩(Baltimore)创办发起的。十多年后即 1855 年,他们推选大卫·恩豪(1809～1879)为拉比。恩豪是一位极富挑战性的改革派人物,他曾先在德国,后在匈牙利布达佩斯的改革派公会里任拉比。遵循改革派模式组建的第二家犹太教公会是纽约市的伊曼纽尔圣堂(Temple Emanuel),它于 1845 年逾越节之夜在一家私人宅邸举行了首次宗教仪式。内奥·麦兹巴切尔博士担任该派的拉比,直至 1855 年去世。当时,伊曼纽尔圣堂业已着手推行各种改革措施:出版自己的祈祷书;宗教仪式伴之以钢琴音乐;举行成人礼仪式;在节日中,只过节日的第一天,不过第二天;礼拜时不系披巾,男子不戴帽子。

改革派运动逐渐在既存的犹太教公会中生根、开花、结果。在费城,当地的改革协会(Reform Gesellschaft)于 1856 年和先前带有自由倾向的公会耐色斯以色列人(Knesseth Israel)合并,不久,合并后的成员组成了改革派。在芝加哥的正统派犹太教公会 Anshe Maariv 内部,因其成员的不满而于 1858 年发生分裂,两年后,建立了一个改革派组织西奈公会(Sinai Congregation)。其他的犹太教公会也以类似的模式发展起来。到 1870 年,美国的 200 家犹太教圣堂大多不同程度地采纳了改革派的做法;在随后的十年中,在数百个犹太教公会中,绝大多数都可归类为改革派。

以撒克·梅耶·怀斯

美国犹太教改革派的奠基人、设计师以撒克·梅耶·怀斯(1819～

1900)是该派的杰出领袖,他的一生中有半个多世纪服务于改革派犹太教,而且功绩卓著。怀斯不仅是个极富活力的人,而且还是一位善于打动人心的演说家、智力超群的组织家,同时还是一名富有勇气的乐观主义者。对于他,失败只是让他更加奋力拼搏的一个信号而已。在他涉足美国宗教界之前,改革派仅仅是种新生事物,晚年,他已将该派发展成一场颇具声势的运动了。

怀斯在其故国波希米亚的一个小镇拉尼兹(Radnitz)接受了传统的圣职授任(Semicha),并担任了两年的拉比职务。他所在的教派因恪守正统派思想,不允许他从事任何改革。此外,他极富反叛精神,对强加在波希米亚犹太人头上的卑微的政治地位和种种污辱难以容忍。当地法律规定一年只准几对夫妇结婚,用以作为限定该省 8600 户犹太家庭的法定配额,对此,怀斯敢于违抗。为了逃避压抑思想火花的宗教和政治风气,他于 1846 年同妻子及幼女一起漂洋过海来到美国。

1846 年,在他抵美数日内,怀斯就被阿尔伯尼(Albany)公会"上帝之家"推选为精神领袖。这家公会于 1838 年建立,在理论和实践上奉行传统主义。虽然怀斯仍坚持严守安息日,但他很快就实施了以下改革:混合唱诗班,家庭聚会,以及成人礼仪式。在后一项革新中,他竭力仿效他的朋友马克斯·利林塔尔(1815～1882)博士的模式,后者早在由纽约市三家圣堂组成的"希伯来联合公会"(United Hebrew Congregations)中将成人礼付诸实践。利林塔尔在该联合公会任拉比。利林塔尔、怀斯及其同仁都是热忱的改革派成员,他们坚信,拯救犹太人的唯一通途是修改一切陈腐的宗教习惯、观点和信条。他们认为,在数世纪的停滞中,陋规陈习裹住了犹太教那坚不可摧的内核和精髓,他们的奋斗目标就是使其得以解脱。一开始,他们只对宗教仪式作温和的修补,后来则逐渐加大了改革的力度。

在怀斯来到阿尔伯尼后四年,即 1850 年,他的自由思想正在接受一场考验。他的会众都知道他曾和查尔斯顿改革派公会的一场辩论中公开声明:他不相信一个有人格的救世主,也不相信肉体的复活。在接着的新年(Rosh Hashana)仪式上,公会中的正统派教徒粗暴地罢免了他的圣职。怀斯的朋友和支持者迅速退出该组织,并重新组建了一家改革派公会 Anshe Emech,它成为美国第三个改革派团体。

1854 年,怀斯离开阿尔伯尼改革派公会,到辛辛那提接受由"伯奈耶苏任"(B'nai Jeshurun)公会授予的终身教职。在那里,他的激情和活力得到了更宽阔的施展舞台,其思想也有更多的机会转化为现实。在辛辛那提的第一年，他就试图开办锡安学院（Zion College），希望利用这所学校为美国犹太教公会培养拉比，但结果只是昙花一现。怀斯认识到，如果没有其他改革派公会的通力合作和鼎力相助，创办诸如此类的学校是不可能的。同一年，他创办了英裔犹太人周刊《以色列人》（The Israelite），该刊在 1874 年易名为《美国以色列人》（The American Israelite）。这份出版物成了与以撒克·李瑟有影响的传统主义的喉舌《西方》（The Occident）平起平坐的自由杂志。《以色列人》旋即声誉鹊起，深受大众欢迎。鉴于绝大多数美国犹太人依然像他们的拉比们一样操用德语，怀斯还创办了德语周刊《蜜蜂》（Die Deborah）。在利林塔尔到辛辛那提之前的一年中，怀斯亲自为他的两份杂志编辑并撰写了大量稿件。

怀斯是一位多产作家。1854 年，他出版了两卷本著作《以色列民族史》（The History of the Israelitish Nation）的第一部。此书由于没有提及神而招致激烈的争议。身为历史学家，怀斯追求的是理性主义立场。不仅如此，他还站在 19 世纪共和论者的立场上抨击了希伯来的君主政体。但是，他在 1891 年出版的《通往圣著的长廊》（Pronoas to Holy Writ）中则在《摩西五经》的作者问题上采纳了十分保守的看法，认为五经的作者就是摩西，这与纪实理论展开了一场争议。[①] 一方面是理性主义，另一方面是保守主义，两种观点都体现在他的作品里。在这一点上，他很像卢扎托。[②] 怀斯还用英文和德文写了几部神学著作、一些戏剧和历史小说，他还在各种期刊上发表过大量的随笔和论文。

但是，与其说怀斯是一名思想家，不如说他是一位杰出的组织管理者。他原先所在的辛辛那提犹太教公会积极追随他的领导。虽然该机构初创时是一个正统派组织，但怀斯对之进行了某些改革。通过取消出售爱利亚（Aliyot）——一种在圣堂中为信徒阅读《圣经》的荣誉，他踏上了辉煌的生命旅程。其后，他简化宗教仪式，在教堂中设男女混位，组建混合唱诗班，以及用风琴伴唱。怀斯还一反传统，不过节日的第二天，最后，他于 1873 年开始推行不戴头巾、帽子的礼拜。伯奈耶苏任成了后来追随他领导的南部和西部犹太教公会的楷模。到 1900 年怀斯逝世，他一共为其公会工作了 46 个春秋。

---

① 纪实理论（Documentary Theory）认为《摩西五经》非摩西所作，而是不同时期不同作者独立完成的作品的汇集。

② 参见本书第 10 章。

美国的礼仪

当初在阿尔伯尼时，怀斯和几名纽约市拉比联合组建了犹太宗教法庭(Bet Din)，并提出一份雄心勃勃的纲要：在犹太史上书写新的篇章，为宗教学校准备教义问答手册，为美国犹太人的祈祷提供标准的礼仪。当时，怀斯受命推行上述最后一项计划。其实，也只有这项计划得到了落实。他称他的祈祷书为《美国的仪礼》(Minhag America)，希望此书能为美国犹太人提供一套整齐划一的宗教仪式。虽然他提前几年完成了此书的原稿，然而直到1855年，在克利夫兰市召开的拉比会议上，经与会拉比们的赞同后，他才出版此书。因此说，这本新祈祷书体现了跨公会的特征，在此方面，与其他拉比们单独为自己的公会准备的祈祷书迥然有别。

1857年，这本新祈祷书以英文和德文出版，其中删除了有关返回锡安，重建圣殿，恢复献祭、亚伦的祭司职位和大卫王朝的传统祈文。李瑟[①]作为当时正统派和保守派的领袖和代言人，对这一反传统举动表示震惊。但是，它却受到怀斯影响所及的美国南部和西部的改革派会众的欢迎。祈祷书首次表达了改革派犹太教对普遍宗教仪式的看法，这是1894年正式出版的统一祈祷书的底本。

启示和法律

怀斯宣称："犹太教绝不传授拯救所依赖的有关信仰的教条和隐秘。"[②]这自然意味着犹太教是一种理性的宗教。但是他也声称："我诚信上帝的启示和启示的神。"[③]像其同代新正统派(Nev-Orthodox)的萨姆森·拉菲尔·赫尔施[④]一样，怀斯采用了犹大·哈列维的观点，认为由于60多万人亲眼目睹了在西奈山上的神启，神启是有根有据的事(《出埃及记》12:37)。虽然对怀斯来说，上述论点是一个不证自明的真理，但是对一个具有理性主义思想的改革派拉比来说，却是一种相当古怪的信仰。怀斯坚持认为，在西奈山上，上帝直接显示给摩西的只有"十诫"(Decologue)。《摩西五经》即传统所称的《摩西律法》(Torath Moshe)的其余部

---

① 参见本书第13章第1节。

② 参见《犹太教的本质》(Essence of Judaism)，辛辛那提1868年，第8页。

③ 参见戴纳·魏兰斯基(Dena Wilansky)《从西奈到辛辛那提》(Sinai to Cincinnati)，纽约1937年，第178页。

④ 参见本书第9章。

分是伟大的宗教立法家的作品，而非如正统派所相信的自天而至（Min Hashamayim）即以神为源的。这当然意味着只有“十诫”才是亘古不变的。体现“十诫”基本道德原则的《摩西五经》具有永久性诫命的特征，而《托拉》的其余律法不具永恒性质，只有在特定的时间和地点才是有效的。《塔木德》中的律法以拉比们的解释为基础，因此则更少权威性，其约束力更为有限，更具可变性。

怀斯宣称，犹太教因而被赋予了一种普遍性宗教的内核。它的“十诫”被基督教和伊斯兰教采纳。他坚持认为，要揭示犹太教中永恒的、基本的东西，就必然剥去其中暂时的特别成分即那些在已逝岁月里仅在巴勒斯坦遵循的理论和实践。怀斯说，目前，犹太教有作为未来宗教完成其使命的潜力。[①] 据他观察，犹太教中所具有的普遍性的伦理思想已融入进了美国和其他热爱自己国度的宪法、法律和道德信条之中。

犹太教中哪些律法和仪式具有永恒性因而应被保存？哪些仅仅具有暂时性而可以取消？怀斯个人认为，他能根据理性和良知自行决断。对犹太教这样一种重视集体诫命的宗教，上述回答是不够充分的。至于哪些律法可以为所有犹太团体所废除，怀斯未置一词。但是，他确实赞同废除《托拉》中许多传统法规，而这些法规数世纪以来一直被视为神圣不可侵犯的。怀斯的犹太教律法理论和方法可以说是盖革、侯德海姆、斯宾诺莎观点的弦外之音。[②]

怀斯的态度导致这样的结论：“重视律法不是犹太教。……犹太教是对上帝的敬畏，是对人的爱，它与理性的命令协调一致……”[③]怀斯决心取消细微繁琐的法律法规，因为他感到这些条文阻碍犹太教的进步，也妨碍犹太教成为普遍的信仰。不仅正统的犹太教而且原教旨主义的基督教也是妨碍犹太教实现普世主义目标的绊脚石，因此，两者都应被搬到一边去。尽管怀斯反对犹太教墨守教法，但他仍然为自己的一些改革措施与哈拉哈相调和而感到自豪。怀斯似乎没有察觉其观点中的矛盾：如果墨守教法和真正的犹太教背道而驰，如果法律可以由任何一代的权威人士任意修改，那么又要努力去符合这样的教法就让人大感不解了。这显然是怀斯的又一个矛盾之处。

---

① 《犹太教的本质》注释6，第33页。

② 参见本书第7章第3节。

③ 《犹太教的本质》注释6，第30页。

怀斯和恩豪

怀斯刚到美国，就对其自由、机会平等的理想赞不绝口。正是他对这块面貌全新的土地的炽热之情促使他仅用10年的工夫就精通了英语，成为当时第一批掌握这门语言的德裔拉比中的一个。他发觉："任何一本德文书，任何一个德语单词都让他（德国犹太移民）回想起昔日的耻辱。……犹太人必须成为美国人，只有这样才可获得天性自由的人类那引以为豪的自我意识。"他坚信，犹太人和犹太教能在民主的美国繁荣兴旺，而且，美国的成长和发展需要一个像犹太教这样的伦理宗教。他满怀激情地预言，在20世纪上半叶，犹太教必将成为美国的宗教，原因在于这个宗教体现了普遍的、理性的、自由的、人道的原则。他认为基督教不配担当这种角色，因为与犹太教不同，它要求信仰非理性和神秘的教义。

与上述观点相反，大卫·恩豪（1809～1879）这位比怀斯更为锋芒毕露的改革派成员，坚持认为德国思想背景是改革运动所必不可少的。他解释说，正是德国哲学为改革派犹太教提供了基本理论。康德强调生活的道德基础，这与犹太教完全吻合，因为犹太教主张伦理律法和道德行为高于信仰。他还指出，德国唯心主义和黑格尔的思想都强调人类发展各阶段的进化过程，这恰恰是改革派犹太教的思想基础。在他创办的德语月刊《西奈》(Sinai，1856～1862)上，恩豪宣称："在现行环境下，英语是制约改革派实现其抱负的因素。德文研究和德国科学则构成犹太教改革派观念的精髓。"可见，德国犹太移民深深眷恋着德国文化。他们在圣堂中继续使用德语，就像来自东欧的犹太移民使用伊地绪语一样。

在恩豪和怀斯两人中，前者是一个立场比较一贯的思想家。恩豪的影响主要限于美国东部的改革派公会，而且他较怀斯的思想更为激进。作为盖革的追随者，恩豪成了一名改革派的极端分子，他在1845年法兰克福会议和1846年布莱斯劳会议上，也以极端改革派而与众不同。美国奴隶问题在1861年达到白热化程度，他在此问题上也表现出同样的过激倾向。怀斯反对废除奴隶制，因为这样做威胁到美国的统一。恩豪却在巴尔的摩锡安公会(Har Zion)布道时，大胆直率地谴责奴隶制度。他在这一问题上的言论致使民众都觉察到，以致受到了乱民暴力的威胁，而不得不悄悄地逃到费城去。在费城，他成为耐色斯以色列人公会的拉比。

1856年，即恩豪到达巴尔的摩第二年，他出版了一本改革派祈祷书《渐进的奉献》(Olat Tamid)。因为他相信："鉴于目前环境和各种观点，旧的祈文的大部分内容已变得不切实际了。"比起怀斯，恩豪的祈祷书离传统更为遥远，书中的希伯来内容大大减少，而且改为从左向右阅读，这一做法为后来的联合公会的祈祷书所采用。他宣称："如同人类自身这个上帝的孩子，神的律法既有一副终成朽木的框架，又有一种永传千世的精神。"像盖革曾说过的一样，这句话暗含这样的意思：只有犹太教中最基本的伦理原则是永恒的，而其外在形成则是可变的，可以容纳新时代的思想。

恩豪在其他一些重要问题上和怀斯发生过争论。他拒不承认西奈山的超自然的神启是历史的事实。但是，恩豪极为赞同怀斯有关犹太教的"十诫"是至高无上的论点，他说："十诫是上帝与人类立约的本质。……因此，它在任何时代的任何国度，对任何民族都有约束力。……另一方面，其他所有神的法令法规只不过是契约的标记而已。……从其内在本性上说，它们不可能永久长存，不会适用于各地。"但是，恩豪突出了希伯来先知的教诲在犹太教中的重要地位。他不同意怀斯所谓摩西是《摩西五经》的作者的看法，而将之看成是一个渐进过程的产物。

与恩豪不同，怀斯天性温和，不走极端。为了与正统派保持统一，他在 1855 年于克利夫兰召开的会议上提出一项决议，表明"《塔木德》包含了对圣经律法的传统说明和逻辑阐释，因此，必须依据《塔木德》中的注解来阐述和实践圣经律法"。这样，改革派就不再主张《塔木德》所具有的约束性权威，所以恩豪及其支持者强烈抗议怀斯的言论。怀斯折衷妥协的另一个事例，表现在解决安息日上午参与主要宗教仪式这一棘手的问题上。在 19 世纪，由于标准工作日为一周六天（这个标准至今仍在大多数国家实行），因此很难避免在安息日上班劳动。怀斯不赞成除安息日之外另设星期日做祈祷，也不同意用星期日代替安息日。1886 年，他采用星期五晚上举行礼拜仪式作为调和的办法，这样既利于保存安息日精神和气氛，同时也符合当时的条件。值得一提的是，实践证明这项革新效果良好，它后来被保守派采纳，并逐步被正统派接受。①

然而，恩豪在安息日问题上也表现得非常偏激。对他来说，以第七日作安息日只有象征意义，也就是说，历史上的安息日纯粹是一种象征，根本不影响安息日仪式的精神或基本内涵。和其观点相呼应，许多改革派公会用星期日礼拜去补充安息日，甚至取而代之，但是这些做法收效甚微。这个结果似乎表明，怀斯提倡星期五晚上举行仪式确是明智之举。

---

① 这些保守派和正统派公会除了在星期五举行晚间礼拜仪式（包括一场布道或讲演）之外，还要在日落时举行另一个仪式。

费城会议

美国犹太社团经历了四分之一世纪的风风雨雨之后，怀斯断定其统一现行存在的宗教团体的努力已付诸东流。此后，他集中精力加强和巩固他自己的改革派。1869 年，美国东部的激进改革派成员在费城召集举行了改革派拉比全体会议，怀斯出席了这次大会。仅仅有 12 名拉比参加了改革派首次全体拉比会议。但是，会议的重要性远远超过到会人数，因为此次会议为美国改革派缔结了第一个共同纲领。这次由美国改革派左翼占据主导地位的秘密会议反映出盖革和侯德海姆的自由思想和观点。

由此次会议通过的决议肯定了有关以色列使命的教义，即认为，上帝让犹太人四处漂泊，分散各地，不是因为其罪过而施以惩罚，而是神意使然，是神为了让犹太人将伦理一神教传遍全球。关于希伯来语，拉比们同意，虽然希伯来语的训练是一项神圣的职责，但是在圣堂中必须让位于"本地语言，因为这样才适应当前的环境，也易于教徒诵读祷文。祷文若不被理解，那就是一堆'僵死的文字'"。死后复活的观念被灵魂不朽的看法所代替。原有的祭司即利未家族(Levites)和以色列人之间的差别被取消，宗教礼仪中有关祭司和献祭的内容应解释为"过去所留下的有教育意义的影响"，也就是说，只具有历史性质而不应加以恢复。[①]

这次会议还修订了犹太人传统的婚嫁、离婚和家庭法律。膝下无子的寡妇(Yevamah，见《申命记》27:7)，现在可以再婚，而无须遵循《圣律》(见《申命记》25:9)所指定的且仍被许多非常虔诚的犹太人遵守的脱鞋习俗。[②] 而且，阿戈那(Agunah，受束缚的妇女)在其丈夫失踪，未留下只言片语也无死亡证明时，根据《塔木德》法律是禁止再婚的。现在，如果行政和民事法庭允许，则可再嫁。拉比们完全赞同男女双方同意的民事离婚；如果有一方提出异议，只要离婚的法律理由正当，而且调查属实，离婚亦被认可。犹太母亲的男孩和女孩一样，即使没有接受割礼也可依据血缘认定为犹太人。针对一名犹太教改宗者，怀斯提出的免于割礼的意见未

---

① 由美国拉比大会(保守派)出版的《安息日和节日祈祷书》(Sabbath and Festival Prayer-book)所作的解释符合这一观念。参见《安息日祈祷书》，序言第 10 页及第 141 页。

② 《圣经》规定，无子的犹太寡妇须由其丈夫的兄弟续娶。如果丈夫的兄弟不肯，她就可以当众脱下他的鞋，吐唾沫在他的脸上，说："这就是不肯为兄长建立家室的人所应得的。"然后，她才有权与别人结婚。——译者注

被采纳。

结婚程序也作了修改，允许双方交换戒指和公开结婚消息，而按《塔木德》法律的要求，只有新郎才有权发布订婚消息，赠给新娘戒指。这些犹太律法上的变更已深入到改革派的实践之中。

2. 组织和纲领

跨公会合作

后来于 1871 年召开的拉比会议促动了建立美国第一个跨公会犹太联合体——美国希伯来公会联合会（Union of American Hebrew Congregations）这一设想。联合会于 1873 年正式诞生，联合了怀斯影响范围即美国南部和西部的 34 家犹太教公会的成员。几年内，东部主要的犹太教组织以及几家温和的犹太教团体也实行了联合。这个新生的核心犹太公会联合体在组织制度上没有等级关系，它从创立到今天，都是一种合作制的办事机构，其中每个公会都保留了完全的自治权。

1859 年发起的"美国犹太人代表委员会"（Board of Delegates of American Israelites）一直捍卫着国内外犹太人的权利，于 1879 年和上述联合会合并。代表委员会开始曾打算成为"英国犹太人代表委员会"（British Board of Jewish Deputies）在美国的孪生组织，后者于 1860 年建立，是英国犹太人的代言人。代表委员会是在李瑟和怀斯试图把犹太组织联合成一个联合体的想法几经夭折之后组建起来的。1858 年，意大利波伦亚发生了一起骇人听闻的绑架并强迫一名叫爱格·莫塔拉（Edger Mortara）犹太儿童洗礼的事件，从而引发了美国犹太人采取具体行动建立一家中心组织以维护新大陆中的犹太社团利益的愿望。代表委员会被吸收为联合会的成员后，仍作为一个下属组织负责开展各项捍卫犹太人利益的活动，援助犹太移民，处理其他严格意义上不具宗教性质的事务。1929 年，该委员会解散，其工作已由其他团体承接。

希伯来联合大学

新生的希伯来公会联合会的首要目标就是"建立一所希伯来神学院……以支持和管理一座犹太宗教与学问的学府"。怀斯很早就表达了这一迫切要求，即在美国民主的环境和传统中，为培养出一支训练有素、造诣精深的拉比队伍，必须建立一所学府。经过两年的筹备，希伯来联合大学(Hebrew Union College)于 1875 年 8 月 3 日正式创办,校址在怀斯的第二故乡辛辛那提市的普拉姆街圣殿(Plum Street Temple)。怀斯当选为该校第一任校长,直到 1900 年逝世,他一直任此职务。对怀斯来说,这所大学的诞生标志着一场追求已久的梦想变成了现实。学校起初只有 13 名学生和 3 名教职工。学校全部课程设置为四年制初级班和四年制高级班。第一届 4 名拉比于 1883 年毕业。一开始,学校曾打算办成一个为几个宗教联盟培养拉比的普通学府,但这项计划没能贯彻实施。[①]

在学校创立之初的岁月里,财政问题摇摆不定,各个部分直到 1881 年才确立下来。但是,在怀斯逝世前,他成功地为这所高校打下了牢靠的基础。它对美国改革派运动产生了极为深刻的影响,也为各个组成公会提供了精神指导。这所大学不仅代表自由派犹太教所取得的巨大成就,而且起到了激励犹太教其他派别创办拉比神学院的作用。

美国拉比中央大会

怀斯的另一项计划即建立处理宗教事务的拉比机构,直到几届拉比从希伯来联合大学毕业后才得以实施。其时,怀斯如果不是所有拉比组织的核心人物,也至少可以说是改革派拉比的核心人物。大约有 30 位拉比出席了 1889 年召开的新团体的第一次大会。会议在底特律与美国希伯来公会联合会联办。这个自称为"美国拉比中央大会"(Central Conference of American Rabbis)的改革派拉比团体,推选怀斯为会议主席,他任此职务直至逝世。在他的领导下,中央大会的名声和势力与日俱增。

这家拉比组织采纳了一项旨在加强更早形成的德国和美国改革派大会之间联系的决议。在中央大会于 1890 年举行的首次年会的报告中,怀斯坚决主张:

> 毋庸置疑,联合起来的拉比们有权根据《塔木德》的学说宣布和决定……我们宗教的形式、组织、仪式、惯例、习俗、授职和教规,在我们的宗教、神学和文化生活中,哪些仍具有生命力,而哪些应该永远

---

① 这种结果部分地是由一个怪诞而且不幸的事件造成的。辛辛那提的一些商人提议在 1883 年 7 月 11 日在高地房宾馆举行一个宴会,借以纪念希伯来联合大学的第一批毕业生。这次宴会由一个犹太人经办,但上的第一道菜却是海虾。不少人被这道非犹太菜肴所激怒,并忿然拂袖而去以示抗议。这个事件使正统派深感需要有一个传统的拉比神学院。参见约翰·阿皮尔(John J. Appel)《非犹太宴会》,载《评论》第 41 卷第 2 号(1966 年 2 月),第 75 页。

被更有效的手段所替代，以便充分地表达犹太教的精神、展露它的普遍性宗教的特征……

传统主义者对这批拉比的所作所为深表不满，因为这些拉比自以为是地认为自己拥有干涉长期倍受尊敬的犹太教习俗的权利，而这些习俗早已根植于犹太教神圣不可侵犯的经文之中了。然而，改革派拉比们在建构改革派运动的意识形态时，却只遵从自己的原则，反对民族主义的立场。在这方面，他们主要受体现在《匹兹堡纲领》中的教理的指导，这份纲领早在这家拉比组织形成前四年就已公布于世了。

《匹兹堡纲领》

杰出的拉比和《塔木德》学者亚历山大·科乌特(Alexander Kohut，1842～1894)在其故乡匈牙利曾是温和的正统派的强有力的代言人。1853 年春，他来到纽约。他的来临激起了改革派的反应。他斥责改革派是一个“怪胎”，这成了 1885 年 11 月于匹兹堡召开的改革派拉比特别会议的先兆。该会由当时任纽约市“上帝之家圣殿”(Temple Beth El)拉比的考夫曼·科勒(Kaufmann Kohler)召集。包括一些领唱祭司(Cantor-minister)共 19 名拉比参加了这次由怀斯主持的会议，他们，采纳了主要由科勒提出的一系列原则。大会的纲领即众所周知的《匹兹堡纲领》，在基本问题上清楚地阐明了改革派的立场。纲领写道：

> 第一……我们承认，任何一种宗教都旨在把握无限的上帝；在任一宗教体系的形态、起源或启示书中，都有内在于人类对上帝的意识。我们坚信，正如《圣经》教导我们的，也正像犹太教导师们发展和升华了的犹太教表现了最高的上帝概念，它是与各个时代道德和哲学的进步相一致的。我们确信，在此起彼伏的斗争和考验中，在迫不得已的孤立情况下，犹太教为人类保存并捍卫了上帝观念，并奉之为宗教的核心真理。
>
> 第二……我们承认《圣经》有关犹太民族因其具有唯一上帝的祭司的使命而圣化的记载，并推崇其为宗教和道德教育的最有效的工具。我们坚信，在自然和科学领域中，现代科学研究的所有发现都不违背犹太教教义，因为《圣经》反映了那个时代的原始观念，而且不时地用神奇的叙述表现神意和人类正义的范畴。
>
> 第三……我们承认摩西律法是在巴勒斯坦犹太国存立期间训诫

犹太人完成其使命的体系。今天，我们仍尊之为具有道德约束力的法律，而且仅仅坚持那些升华和圣洁我们生活的各种仪式，同时抛弃所有那些与现代文明观点和习惯不适应的陈规陋习。

第四……我们认为，摩西律法和拉比律法中那些关于饮食、宗教洁净、服饰的规定，起源于不同的时代，而且受到了与我们的精神状态格格不入的观念的影响。它们不能给现代犹太人提供宗教的神圣性；在我们时代遵守这些规定，与其说进一步推动不如说妨碍了现代精神的升华。

第五……我们承认，在精神和智力文化普遍发展的现时代，仍有途径通向在人类中建立真理、公正和和平的王国，这也是救世主的伟大希望。我们不再将自己看成一个民族国家，而是当成一个宗教共同体，因此，我们既不务求重返巴勒斯坦，也不向往在亚伦子孙的管理下从事献祭崇拜，更不会恢复任何有关犹太国的律法。

第六……我们承认，犹太教是一个进步的宗教，她曾为获得与理性的一致性而苦心孤诣。我们相信，当务之急是和我们伟大的过去保持历史同一性。基督教和伊斯兰教是犹太教派生的宗教，但我们赞赏他们为推广一神教和道德真理所尽的努力。我们承认，我们时代博大的仁爱精神是实现我们的使命的同道，所以，我们向所有那些为人类建立真理和正义的王国而与我们通力合作的人，伸出友谊之手。

第七……我们重申犹太教中人的灵魂不朽的教义，因为这一信仰是以人的精神的神性为基础的，它永远会在正义中寻到极乐，在邪恶时感到痛楚。我们不信仰肉体复活，也不相信地狱（Gehenna）和天堂（Eden）是永久惩罚和回报的场所，这样的观念在犹太教中没有根基。

第八……为完全遵循摩西的立法精神，设法调节贫富差别，我们以积极投入现时代伟大任务为己任；现代社会组织造成各种等级差别和罪恶邪孽，我们以正义和公正为依据，解决由这些东西引致的种种问题。

上述八段简洁的文字为以后半个世纪的改革派提供了非官方的但又是标准的意识形态。《匹兹堡纲领》激起了一场抗议风暴，这表明在美国犹太人中改革派和传统主义之间的鸿沟已不可弥合。许多人批评纲领的立场消极，认为纲领不论在教理还是在实践上都没有制定出明确的、建设性的方针。[①] 一些温和的改革派公会投向费城罗戴夫·夏洛姆(Rodeph Shalom)的麾下,并退出了美国希伯来公会联合会。怀斯呼吁,匹兹堡会议上19名拉比所作的决议对联合会所属一百多个公会以及对希伯来联合大学不具约束力,但这样的呼吁无异于空谷回音。一个以亚历山大·科特博士为首的更传统的拉比集团,现在下定决心建立自己的派别。他们的第一个具体措施就是于1887年在纽约市创办了犹太神学院(Jewish Theological Seminary),这是一座沿袭传统方法培养拉比的学府。神学院的开办顺应了东欧正统派犹太移民的浪潮,这批移民很快改变了美国犹太人的结构和组成形式。

改革派和犹太复国主义

由犹太教改革派早期理论家用一般性而不是特殊性的语词界定的弥赛亚理想,除了删除了有关重建犹太人家园的祈祷文之外,几乎未加以实际应用。但是,到了19世纪80年代,形势有了转机,这是由于东欧发起了"热爱锡安者"(Lovers of Zion)运动。这个组织是由犹太复国主义团体组成的较松散的联盟,具体表现了民族主义的情感,并试图将这种思想转化为行动方案。在《匹兹堡纲领》中关于反民族主义的条目就是这种形势的特定反映。复国主义问题变得日益真实与紧迫。

---

① 与传统的决裂乃是极端理性主义的结果,其中的危险性早已由牵涉到改革派拉比的诸多事例所表明。例证之一是菲利克斯·阿德勒(Felix Adler,1851～1933),他是纽约伊曼纽尔圣堂的拉比撒母耳·阿德勒(Samuel Adler,1809～1891)的儿子。其父的公会把他派往德国,在世俗与拉比学院学习,目的是把他培养成父亲的助手,并最终接替父亲的职位。他于1873年回到美国家乡,不久,他拒绝接受拉比职位,并认为在现代社会中没有宗教的独立地位。他还宣称."摩西宗教"不过是"宗教的镶嵌物"而已。这无疑指的是那些圣经批评家和学者的所谓"纪实理论"。这种理论的意思是,《摩西五经》和《先知书》是不同时代的不同作者的叙述和典章的混合物。《摩西五经》因而亦不是什么单独启示的产物。菲利克斯·阿德勒坚持认为,不论犹太教还是其他宗教都不能充当道德律的最终仲裁者。他在1876年创立的伦理文化派体现了这一观点。

波士顿的另两位很有地位的拉比的经历颇为相似。所罗门·辛德勒(Solomon Schindler)是波士顿名望颇高的拉比,他在担任拉比近20年后的1893年放弃了拉比职位,从而变成了一位比拉梅(Bellamy)社会改革理论的鼓吹者。辛德勒的继承人查尔斯·弗莱舍(Charles Fleischer)约30年后离开波士顿犹太教的教职,并在那个城市建立了一个社区教会。这些事例也许是例外,但它们表明,宗教中过分夸大的理性主义会导致多么严重的后果,改革派试图改进圣堂礼拜式和仪礼是一回事,而用哲学或逻辑的尺子来决定传统中哪些是该保留的,哪些是该摒弃的,就难免产生"婴儿和澡盆一起扔掉"的结果。如果犹太教等同于伦理人道主义,那还要它或分支宗教作为独立的宗教干什么?如果改革派犹太教只是一套伦理规则,那么,如不考虑其宗教、教义、历史、传统、象征、仪礼、文学以及类似的一些个别因素,就与基督教没有什么区别,而且可以没有任何矛盾地合而为一了。

一小批改革派拉比拥护犹太复国主义事业。在他们当中有西奈的75岁老翁伯纳德·费尔森撒尔(1822～1908),他后来加入了芝加哥的锡安山公会(Zion Congregation);有较他年轻的同僚古斯塔夫·高特塞尔(Gustav Gottheil,1827～1903),他属于纽约的伊曼纽尔圣堂;还有后来成为改革派拉比大会主席的马克斯米兰·海勒(Maximalian Heller)。但是,大多数改革派成员反对犹太复国主义。以撒克·怀斯谴责犹太复国主义是"民族主义骗局",他认为"我们仅仅在宗教上是犹太人"。犹太复国主义与他关于犹太教是一个普遍性宗教的观点相冲突。怀斯认为,不能把犹太教与任何特定的政治民族主义联系起来。不仅如此,他还看到,弥赛亚理想的具体表现就是在美国开辟一个博爱和平等的时代。对于他和当时大多数改革派犹太人来说,美国就是锡安山,华盛顿就是耶路撒冷。

第一届犹太复国主义世界大会(World Zionist Congress),在西奥多·赫茨尔(Theodor Herzl)的召集下于1897年在瑞士的巴塞尔召开,它表明朝着实现复国主义的目标迈了一大步,同时,它也表明了改革派犹太教中激进的反民族主义分子的鲜明立场。在巴塞尔犹太复国主义世界大会召开的同一年,美国拉比中央大会在蒙特利尔召开大会,怀斯作为大会主席作了演讲。他猛烈抨击犹太复国主义,称其为"后来移民的癖好"。这后来的移民当然指的是刚到美国的东欧犹太移民。大会听从怀斯的领导,采取一项决议以捍卫《匹兹堡纲领》的反民族主义立场。决议作了如下详尽的阐述:

> 兹决定:我们决不赞同任何旨在建立犹太国家的企图。这些企图暴露出对以色列人使命的误解;以色列人使命已从一个狭小的政治和国家领域延展到整个人类,进而促进了犹太先知首先宣扬的博大精深的普世宗教思想的发展。这种种企图对我们犹太同胞非但无益,而且隐患无穷;我们的同胞在每个国家受到迫害,都被其敌人视为外来人,而他们却把这些国家视为自己的故土,是每一国家中最忠诚最爱国的公民。[①]

在随后的40年里,这条决议所表达的对犹太复国主义的感情一直是改革派的官方立场。

---

① 《CCAR年鉴》(1898年),第41页。

3. 美国改革派的变迁

诸种事件的影响

一种既定的意识形态是作为一系列特定条件和环境的反映而产生的，那么，一旦条件和环境发生变更，就可能给意识形态带来变化，甚至走向反面。这种变更在美国改革派犹太教中发生了。改革派思想模式之所以发生变化，可以归因于诸多历史和社会的因素，主要是反犹主义的兴起、解放运动的崩溃、犹太复国主义的成长以及美国改革派社会成分的改变。这些要素都值得考察和回顾。

欧洲的反犹主义

在普法战争(1870～1871)前不久，德国和中欧的犹太人获得了解放，但他们新争取到的社会地位却毫无保障。1873 年，由战争带来的虚假繁荣毁于一旦，犹太人为此而受到指责。到那时，以宗教为理由敌视犹太人的做法已不再流行。不过，那些孜孜不倦的敌对者在种族主义理论框架中为他们的憎恨找到了一根新的支柱。他们宣称，犹太人是与德国文明和血统格格不入的，因为他们是闪米特人。犹太人本身属于劣等民族，而又希求驾驭包括德国人在内的雅利安人种。在这种条件下，犹太人只能被看作弃儿，他们与欧洲人的生活是不相融的。犹太人再度遭受了中世纪的厄运，在欧洲被视为陌生人，尽管他们在此生活了大约 20 个世纪，比他们的大多数邻居的生活历史更为悠久。

首次使用"反犹主义"这个词的是一位名叫威尔海姆·马尔(Wilhelm Marr)的记者，据说他具有犹太血统。该词出现在 1879 年他所写的一本庸俗下流的反犹宣传小册子里。他警告说，犹太人已控制了德国人，现在正渴望统治全世界。马尔及其同党用其理论说服和拉拢了许多心怀不满的商人、心灰意冷的贵族和知识分子。在支持这种谬见的学者当中，有几位伪人类学家，他们狼狈为奸地试图"证明"种族论。德国历史学家海因里希·冯·特莱希克(Heinrich von Treitschke)是日耳曼和斯拉夫混血儿，诽谤犹太人是"我们的灾难"。据说德国作曲家理查德·瓦格纳(Richard Wagnar)也有犹太血统，竟然也鼓吹雅利安人种优越论。尽管他对犹太人的帮助"心安理得"，但却极力斥责犹太人对德国音乐的影响。

瓦格纳的女婿休斯顿·斯泰瓦特·张伯伦(Houston Stewart Chamberlain)在种族主义领域写了一本最流行的"科学"著作——《19世纪的基础》(The Foundations of Nineteenth Century)。张伯伦是英国海军上将的儿子,母亲是德国人。他是一名狂热的德国民族主义者。他宣称,犹太人没有对欧洲文明贡献过任何有价值的东西。即使犹太教有什么可取之处的话,那也是犹太人从其他民族搬借过来的,就连《圣经》也不是他们自己的作品。犹太人是体力、智力和道德上的堕落者。更有甚者,耶稣实际上是雅利安人,而非犹太人。为了保持雅利安人种的优越性,必须誓死保卫雅利安人的血统,防止受到犹太人种的玷染。雅利安人必须保持警惕,时时避开犹太人的影响,不要为他们诡计多端的阴谋吞噬。

人们很快发现,这些反犹主义集团的头目和成员都是些精神病态者、道德败坏之徒和形形色色的犯罪分子。如此人物、如此状况使这场运动的"哲学家"马尔以及其他受到蛊惑的人们不久就对这场运动避而远之了。但是,从总体上说,运动仍在蔓延,反犹主义社团纷纷成立。他们煽风点火,怂恿野蛮的反犹骚乱,给犹太人捏造种种罪名,包括中世纪祭神杀人的指控。尽管犹太人可以借助接受基督教洗礼的办法免于宗教迫害,但他们无力改变遗传基因,因此,无法逃避这股恶魔般的仇恨势力。反犹主义的冲击对犹太人产生了双重影响:一方面,他们中不少人激起了极大的犹太人自我意识、凝聚力和尊严感;另一方面,一些人产生了不健康的自我贬低和自我憎恨的情绪。

法国在一个世纪前是欧洲犹太解放运动的摇篮,在此,反犹主义恶浪因著名的德瑞福斯事件达到了顶峰。阿尔弗雷德·德瑞福斯(Alfred Dreyfus)上尉是一名已受法国文化同化的犹太人,原为法国总参谋部成员。1894年,他因别人捏造的出售军事秘密给德国这一罪名,被指控并上军事法庭受审,最后被判有罪而在魔鬼岛(Devil's Island)终生监禁。法国军事当局、皇室成员和教会反对任何刷洗其罪名的做法,他们展开了一场声势颇大的运动,证明犹太人不忠诚,不应信赖为诚实的公民。几年之后即1899年,经查证爱斯特哈兹(Esterhazy)少校和亨利(Henry)上校为真正的罪犯,但是军事当局仍然拒绝还给德瑞福斯清白。1899年第二次开庭受审,他再次被宣判有罪,但鉴于要求减刑的呼声,几日后,法国总统赦免了他。但是德瑞福斯依然坚持不懈地申辩其清白无罪,1906年即初审十多年之后,经法国最高法庭裁决,他无罪获释。德瑞福斯事件动摇了法国人根深蒂固的信仰基础,最终导致了法国的政教分离。

犹太复国主义运动

在犹太人中，德瑞福斯事件导致了一个重大后果：事件成为解放运动戏剧性地失败的象征，而这场解放运动曾被奉为改善犹太人地位的手段。愈演愈烈的反犹太主义在德国和中欧的成熟加之上述事件的发生，使维也纳杰出的犹太记者西奥多·赫茨尔坚信，不是通过同化而只有建设性的犹太民族主义才是清除反犹主义的解毒剂。1897年，他在巴塞尔召集了第一届犹太复国主义世界大会，并通过了犹太复国主义政治纲领。犹太复国主义旨在"在巴勒斯坦为犹太人民建设一个为世人认可且在法律上有保障的家园"。

犹太复国主义思想不久便传播到美国。它呼吁来自欧洲的正统派教徒团结起来。到1900年，美国犹太人口总数达100万，其中东欧正统派人数远远超过赴美较早的德国犹太人。1917年，早在1898年建立的美国犹太复国主义者联盟(Federation of American Zionists)改组为"美国犹太复国主义组织"(Zionist Organization of America)，承担起了广泛的责任和事务。

犹太复国主义在头20年里取得了相当大的进展。而一战则极大地改变了运动的命运。战争造成了欧洲民族主义精神的普遍高涨，而国际主义热情相应衰落。犹太国际主义者曾经认为，社会主义是送给世界上一切灾难包括少数民族受压迫的问题的万能良药；他们在别国的同志被民族主义情感裹挟，并满怀忠诚积极投入到战争中去时有了清醒的认识。一战协约国各方为赢得战争的胜利从而恢复少数民族集团的统治权，为他们提供了慷慨的援助，从而加剧了民族主义激情。犹太复国主义领导人迅速利用这种热情，谋求各种妥协以加快实现其目标的步伐。

法律制裁

在英国，富有才智的化学教授、犹太复国主义的领导人查姆·魏兹曼(Chaim Weizmann)利用一项有效地运用于军事行动的发明赢得英国政府的青睐。他成功地引起英国政府高级官员们的关注和对犹太复国主义事业的同情。由于坚持不懈的努力和其他犹太复国主义领导人的奋斗，具有历史意义的宣言诞生了。宣言以1917年11月2日英国外交大臣阿瑟·詹姆斯·贝尔福(Arthur James Balfour)爵士向英国犹太复国主义者联盟(English Zionist Federation)主席詹姆斯·罗斯查尔德(James Rothschild)爵士致信的方式发布。《贝尔福宣言》声明："英王陛下政府赞同犹太人民在巴勒斯坦建立一个民族之家。”全世界犹太人听到《贝尔福宣言》发布的消息，无不欢腾跳跃。公元前538年，波斯王居鲁士下诏准允沦为巴比伦之囚的犹太人重返家园，现在犹太人视宣言为波斯王古老诏书的现代回音。在犹太国毁灭（公元70年）1800年之后，犹太人第二次建国的梦想终于要瓜熟蒂落了。随后，“美国犹太复国主义组织”的成员山呼海啸般由1914年的2万人猛增到1917年的15万人。犹太复国主义宣言似乎能将美国犹太人生活中各派力量凝聚起来。

一系列戏剧性事件激发了亲犹太复国主义分子的情绪，并使之达到高潮。1917年12月11日即光明节（Hanukkah）的第一天，其时《贝尔福宣言》公布才几个星期，英国陆军元帅爱德蒙·爱伦比（Edmond H. H. Allenby）就作为远征军司令率军进驻了耶路撒冷，当时他光头赤脚地走在队伍前面。第二年春天，由魏兹曼博士率队的犹太复国主义委员会到达巴勒斯坦，负责当地犹太社团和英军之间的联络。几个月之后，甚至烽火狼烟还未熄灭之时，这个委员会在斯考普斯山（Mt. Scopus）为希伯来大学（Hebrew University）奠基，以示接受威尔逊（Wilson）总统和其他盟国政治家的关怀。在这些影响深远、戏剧性事件的诱发下，巴勒斯坦犹太人满腔热情地开展了一场震撼人心的新兵征召运动，在英军中建立儿支犹太作战部队。这些在巴勒斯坦服役的部队创建于1917年6月，是18个世纪以来第一支为保卫犹太人故乡而组建的犹太军事力量。

巴勒斯坦避难所

1920年4月24日，欧洲各国最高委员会（Supreme Council of European Powers）在意大利里维埃拉（Riviera）的圣·雷莫（San Remo）召开大会，将巴勒斯坦委任统治权交给英国。两年以后，经国际联盟最高委员会批准，《托管令》明确规定受令托管者应帮助在巴勒斯坦建立犹太人的民族家园。但是几乎从一开始，英政府就对建国横加干涉。托管当局限制移民，不是为了建国吸引力量，而为了抚慰犹太国的敌对分子阿拉伯人。此举当然违背委任统治权的初衷。实际上，犹太人不得不设法与英国当局和阿拉伯人双方进行抗争。尽管如此，他们设法使巴勒斯坦犹太人口，由1920年的5万人增加到1935年的大约40万人。19世纪30年代向巴勒斯坦移民具有双重重要意义：不仅带来大量人口，扩充了巴勒斯坦的犹太社区，而且每一位来自中欧和东欧的移民都意味着从日益嚣张的希特勒威胁下挽救了一条生命。英国政府受命帮助犹太人建立民族之家，但也是它拒绝承担接收被驱逐的犹太难民到巴勒斯坦安家这一责职，这真可谓自相矛盾!

巴勒斯坦在移民方面和经济领域所取得的令人瞩目的成就,成了全世界犹太人引以为荣、欢欣鼓舞的源泉。巴勒斯坦不仅成为犹太人的避风港,而且是繁荣犹太文化的中心。希伯来文劫后再生,在家庭、学校、街道、书刊亭和戏院随处可听可见。新的美术、舞蹈和歌曲纷纷涌现。巴勒斯坦当时作为犹太人生活的中心,在犹太人心目中获得了崇高地位,远远超过包括改革派在内任何一个美国犹太教派系的影响。

美国的恐犹风

欧洲炮制的种族主义理论和恶意宣传直到一次大战期间才传到美国。凡尔赛会议上协约国为权力和战争赃物尔虞我诈,让许多美国人深感失望,对战争带来的沉重负担也极为不满。此时,在美国掀起了一场关于种族隔离政策的大争论。战时甚嚣尘上的民族主义萌发了本土主义的热情,他们认定保存本土血统是天经地义的事。所谓北欧日耳曼民族具有神秘的优越性的种族理论,连同由休斯顿·张伯伦散播的论调,得到了一些作家的响应,如威廉姆·麦克都格(William McDougal)、马迪森·格兰特(Madison Grant)、罗斯罗普·斯图达德(Lothrop Stoddard)。仇视外国人的乌云笼罩了全美国。不久前,移民还当作国家的经济支柱受到重视,现在却被贴上了优生学危险物的标签。在相当大的程度上,这种愤怒之情导致了"1924 年洛奇—约翰森移民法"(Lodge-Johnson Immigration Bill of 1924)的颁布。该法规定根据地区差异分配南欧和东欧的移民数额,实际上,这主要是针对犹太人和意大利人的。

上述态度使许多美国人赞同恢复早已停止活动的三 K 党,该党成员一度人丁兴旺多达四百万人。他们主要袭击目标是天主教徒、黑人和犹太人。"红色恐怖"恶化了局势。俄国共产党领导人中一小批犹太人的存在给美国反犹主义集团找到了托辞,确认共产主义和犹太教以及令人可憎的国际主义者为一丘之貉。此时,一些俄国贵族逃亡者异想天开地散布一份所谓犹太人秘密计划的谣传。谣传说该计划写在国际犹太人秘密方案中,并编入了《锡安山长者议定书》,他们推测议定书已被俄国警方发现,并在本世纪初已出版发行。谣传捕风捉影,说"犹太人长者"就是全世界犹太复国主义者的领袖;还说他们拟定方案推翻现行政府,建立他们自己统治的统一的世界,让异教徒成为奴隶。议定书当时被译成多种文字,在世界上争相传阅。这份议定书在美国由汽车大王亨利·福特(Henry Ford)提供资金赞助刊印发行。关于议定书的真正原委于 1921 年 8 月由伦敦《时代》杂志披露于世[1]，但这仍然无碍于福特的行动，他继续发行成千上万本小册子，散布诽谤性的文字。[2] 他还在《第波恩独立杂志》(Dearborn Independent)上发表一系列有关"国际犹太人"的文章，旨在证明犹太人是世界上一切动乱之源。[3]

1927年，福特的诽谤戛然而止。亚伦·沙皮罗(Aaron Sapiro)是美国中西部一名年轻的犹太律师，他提交了一份公民自由诉案，虽然诉案卷文让人感到厌倦，却使福特转到亚伦的立场上来。在审问过程中，福特转到后来成为美国犹太人委员会(American Jewish Committee)主席的路易斯·马歇尔(Louis Marshall)一边，并公开道歉，承认自己曾噩梦般误入歧途，对他本人的杂志成为复制数目惊人的杜撰文字的工具深感羞耻。《第波恩独立杂志》停止刊印，但是它的流毒并不能一下子根除。几年以后，宾夕法尼亚州的议员麦可法丁(MacFadden)于1933年、蒙他拿州的狄奥可森(Thorkelson)于1939年还提出，在所谓"议定书"中载有犹太人企图反对基督教世界的阴谋。

还有另外的证据表明那时的恐犹迹象。1928年，哈佛大学校长洛威尔(A. L. Lowell)在致校监督部(Board of Overseers)的建议信上说，作为解决人口膨胀问题的方案，也基于"本校为数众多的犹太人注定形成一块既未开化又不能同化的赘疣"，须确定犹太学生的配额(numerus clausus)，虽然监督部否决了上述建议，但反犹的高校学生分配额改头换面地实施着，美国其他各高校也纷纷效仿。美国一流大学的校长竟然在光天化日之下提出这样的建议而毫无愧色，这件事使犹太人从自满自足中惊醒了。

---

① 在法国，化妆品制造商也如法炮制。

② 伦敦《泰晤士报》驻君士坦丁堡记者格里弗斯(Philip P. Graves)发现，这个议定书是从摩利斯·约利(Maurice Joly)的匿名著作《孟德斯鸠与马基雅弗利在地狱中的对话》中剽窃来的。此书于1864年在布鲁塞尔出版。这部书的作者是一个非犹太人，他在书中指控拿破仑三世企图破坏欧洲其他地区的安全。1865年，这位作者被拘捕、罚款并投入监狱(《泰晤士报》1921年8月16～21日)。这类旨在引起反抗某个集团的伪作并非完全不为人知。1890年，美国保护协会(APA)"发现"了《对天主教徒之教诲》一书，其中称红衣主教吉宾斯(Gibbons)反对传播教育，下令排斥异教徒的就业，并让天主教徒取代他们的工作。美国保护协会还广泛发行了伪造的教皇利奥十三世的通谕，其中号召天主教徒在1893年罗耀拉节(Feast of Loyola)时除掉美国所有的异教徒。参见戴斯蒙德(Humphrey J. Desmond)《美国保护协会运动》，华盛顿1912年，第19～25页。

③ 1935年，瑞士伯尔尼的法庭判处两名发行"议定书"的纳粹分子有罪，根据著名人士和专家的证词，他们乃是作假的惯犯。

1929 年的经济大萧条再度证明，在社会危机或动乱时期，让犹太人成为替罪羊简直易如反掌。心怀不满的政客和企业家反对罗斯福新政，贬之为"犹太人政策"。弗兰克林·罗斯福总统被嘲笑为"犹太人罗斯福"，他的智囊团成了一伙"激进分子、赤化分子和犹太人"。1933 年之后，反犹主义者在美国不再是本土主义者的伙伴，而主要成了纳粹煽动和资助的人士。大批反犹组织犹如雨后春笋相继冒出：德美同盟（German-American Bund）、白衫党（Silver Shirts）、黄衫党（Khaki Shirts）、基督教阵线（Christian Front）等等。在这些组织中，有许多煽动者，如查尔斯·考夫林神甫（Father Charles Coughlin）、简·麦克威廉姆斯（Joe McWilliams）以及威廉姆·皮雷（William Pelley）。在较富文化教养的人士当中也有散播反犹流毒分子，如作家西奥多·德莱塞（Theodore Dreiser）、当时的民族英雄查尔斯·林伯夫（Charles A. Lindbergh），以及议员伯顿·维勒（Burton K. Wheeler）。

尽管自由派分子、教会中有良心的个人和团体以及政府对此作了驳斥，但许多犹太人依然惊恐不安，他们问："那样的事会在这儿发生吗？"还要追问一句："会什么时候在这里爆发？"这当然是指纳粹灭绝犹太人的运动。那时从德国逃到美国的犹太难民是免于灾难的幸存者，他们不禁想到，即使一个政治开明的国家，一旦仿效反犹的歧视政策，将会发生什么。此情此景使那些游离开犹太教的人重新激起了犹太人意识。反犹主义是民族同化的巨大障碍，但它在犹太人中导致了平等和团结，因为反犹主义对犹太教中各个阶层和组织是一视同仁的。德国的反犹十字军的征伐是出于种族主义而不是宗教原因，这也证明了何以世人视犹太人为一个少数民族团体，而不单是有信仰的宗教共同体。曾经坚持犹太人为单纯宗教组织的大多数改革派分子现在改旗易帜，开始把他们自己看作是民族整体的一部分。

成员的变化

到了 20 年代，东欧移民的后代已在改革派圣堂中谋求到教职和会众的资格。新一代改革派拉比们逐渐从正统派家庭中产生出来，因为改革派已无力造就他们的精神领袖。改革派教会欢迎具有经济和社会地位的东欧人，他们需要这批人挽救教会摇摇欲坠的境况。改革派人数的减少既由于低出生率，也因为教会信徒背信弃义。低出生率主要发生在德裔改革派犹太教徒中，这些人属于经济地位的上等阶层。

改革派教会的新成员，包括拉比和非神职人士，怀有思旧情绪，对他们耳濡目染的家乡的传统和教会宗教仪式依依难舍。对于他们来说，没有礼仪的宗教是空洞无物的。他们还认为，他们的子孙后代仍会需要宗教礼仪带有风土民情，使之富有宗教色彩，更加生机勃勃。随着东欧犹太成员的增加和影响的扩大，他们成功地将为数众多的传统习俗引进改革派宗教仪式中。改革派犹太教中这部分日益壮大的力量已带有明显的民族主义倾向，在非教职人员和他们的精神领袖中已有不少人成为犹太复国主义者。他们对重建犹太人家园并将它作为文化中心和高压政治下的欧洲犹太人的避风港尤感兴趣。对这些人中的许多犹太人来说，犹太复国主义是各派联盟事业失败后的新事业。

《哥伦布纲领》

美国改革派运动的社会条件已日渐变化。在美国和欧洲的反犹浪潮日益高涨，犹太人的巴勒斯坦(Jewish Palestine)日显凝聚力，所有这些造成了改革派运动的基本立场和意识形态的革命性转变。这些年来，怨声怒言在美国拉比中央会议上不绝于耳，他们抱怨美国改革派过分执迷本派的激进主义，呼吁该派必须灵活机动地对待自己的教义和实践。1937年，改革派拉比大会在俄亥俄州哥伦布市召开。一个受命研究改革派纲领的委员会正式提出了一系列作了重大修改的指导原则，这标志着放弃半个世纪前《匹兹堡纲领》中体现的改革派基本原则。大卫·菲利普森(David Philipson)作为匹兹堡会议的唯一见证人，以令人难以置信的方式推动与会者接受新纲领，最后，新纲领以 101 比 9 的压倒多数通过。《哥伦布纲领》界定犹太教为“犹太人民历史上的宗教经验”，这就将犹太人的民族性概念注入改革派官方意识形态。其中的第五条原则重申了上述思想：“如果以色列人是一个躯体，那么犹太教则是其灵魂……以色列已经靠共同的历史，首先是共同的信仰遗产的纽带紧紧地团结在一起。”这种犹太民族性学说超越并抛弃了改革派早期有关犹太教理论，后者将犹太人仅仅看成“一个宗教社团”，前者则将不信教的或现世主义的犹太人统统视为犹太大家庭中的成员。

《哥伦布纲领》中最大的改动是关于巴勒斯坦的决议。几年之前，中央会议还对重建犹太人家园持中立立场，而 1937 年的指导原则对此采取肯定态度，敦促全体犹太人伸出援助之手，帮助“建设犹太人的家园——巴勒斯坦”，并努力将她建设成“不仅是受压迫难民的避风港，而且是犹太文化和精神生活的中心”。这种面目全新的观点既反映出改革派基本原则的变迁，也折射出它所推动的社会环境已今非昔比。

和《匹兹堡纲领》相比,《哥伦布纲领》对传统宗教仪式的态度肯定的更多。它号召"保留安息日、各种节日和圣日,像珍藏神灵的启示一样保留和发展相应的习俗、信条和仪式,开发新颖的宗教艺术和音乐形式,在祈祷和传道时兼用希伯来语和本国语"。

与《匹兹堡纲领》有所不同的另一点是纲领对《圣经》和《塔木德》的态度。以前的文献断定,《圣经》仅仅"是其自身时代原始观念的反映",而对《塔木德》中的律法只字未提;《哥伦布纲领》却坚持认为:"不论是成文的还是口头的《托拉》,都珍藏着犹太人曾不断丰富的对上帝和道德法的认识。它们保留了历史先例、法规和生活准则。"

除了上述变更之外,《哥伦布纲领》保留了《匹兹堡纲领》中关于犹太人的使命、犹太教和科学的和谐、心灵不朽以及犹太教渐进发展和进化的原则。《匹兹堡纲领》有关社会公正条目被重新写进《哥伦布纲领》,且阐述得更为详尽。

美国希伯来公会联合会代表改革派教会中的世俗成员,同年在新奥尔良会议上就巴勒斯坦问题采用了相应的决议,该决议要求恢复传统宗教象征和习惯,同时要求恢复宗教礼拜仪式上歌咏班领唱员的职位。这种宗教教职差不多已从改革派教会中消逝。在新年(Rosh Hashanah)吹羊角号的习俗也恢复了。这样,改革派犹太教中的世俗成员正式加入拉比的行列当中,一反改革派早期反民族主义和反传统主义的立场。与此同时,他们推动改革派运动向美国犹太教其他派系靠拢。

改革派领袖、希伯来联合大学的教授以色列·贝顿(Israel Betton)在他的一句格言里恰如其分地表达出上述对待传统的新观点。该格言说:"犹太人不为一种哲学而祈祷。"此时,许多传统仪式均按联合会的祈祷书行事,其中包括安息日点蜡烛的仪式。这是一种由母亲执行的家庭礼拜式,被安排在安息日仪式的开始部分。"克都什"(Kiddush,酒的圣化)传统上既是圣堂又是家庭中的一种礼拜仪式,在改革派祈祷书中也有介绍。美国希伯来公会联合会和美国拉比中央会议组成的联合礼仪委员会(Joint Commission on Ceremonies)为特定场合规定了祷词,其中包括两次世界大战停战纪念日[①]、最近的安息日、光明节的安息日。普珥节(Purim)也在改革派教会中重生,过节那天,人们用英文朗读节略的《以斯帖记》。逾越节的家宴(Community Seder)即逾越节的节日仪式和节日

① 即11月11日。——译者注

进餐，在节日的第二天举行，而第一天则在家中庆祝。

另一些仪式也被修改。托拉庆祝日(Simchat Torah)上采用了新的仪式。这种仪式象征《托拉》递传三代即依次从祖父到父辈再到孙子辈的历程。《圣经》诵读被引进星期五晚的仪式上，这比过去星期日早晨做祷告、用传统方法读《托拉》更为方便。为男孩举行的传统的成人礼(Bar Mitzvah)[①]在改革派圣堂中得到恢复。经过一番改造，女孩也有了成人礼(Bat Mitzvah)[②]。后一实践方式在犹太教的其他支派中得到了响应。

新规新矩涉及面广，在改革派教会中蔚然成风。妇女获得和男子平等的宗教地位。她们可以主持仪式，可以和男人一样算作公共仪式上法定的十人(minyan)中的成员。她们通常是圣堂会议的成员。至少可以在理论上说，她们甚至可以任命为拉比。能否接受女性拉比是美国拉比中央会议上经常讨论的问题。改革派官方认可的做法业已编进一本专著中，尽管没有得到遵守，具体的遵守则视情况而定，取决于个人或公会。[③]

另外，还有一些习俗上的变化。结婚仪式既不需要传统的成文婚约(Ketubah)，也无须戴头巾(Huppah)。以前，在各种悼念日期间不允许举行婚礼，这种禁令也被取缔，现今只限于安息日和一些圣日不许结婚。传统规定的在家守丧七日的习俗(Shiva)现减为三天。大多数改革派公会仍遵行一个节日仅为一天而非两天的习惯。

现状

目前，大约有650个教会组织隶属于美国希伯来公会联合会。这个数字包括近年组建的许多郊区公会。联合会的机关总部初设于改革派的摇篮辛辛那提，1952年迁到纽约市，原因是考虑到纽约市美国犹太人口拥有数最多。为了安排美国希伯来公会联合会的诸多部门和机构的办公室，一座巍峨的大厦“生机勃勃的犹太教之家”(House of Living Judaism)拔地而起，与第五大街豪华建筑“伊曼纽尔圣堂”遥遥相对。大厦之中容纳的单位如下：宗教教育委员会、犹太人会堂和学校活动部、联合会双月刊《美国犹太教》(American Judaism)、全国教会兄弟联谊会以及相对应

① 意为“诫命之子”，也是对于犹太男孩达到13岁时的庆贺，从这时起，这个男孩从宗教的观点看来就算是成熟了。

② 犹太教律法认为女孩比男孩早一年成熟，因而，女孩在12岁时就举行成年礼，即成为“诫命的女儿”。

③ 参见弗雷霍夫(Solomon Freehof)《改革派犹太人的礼仪》第1～2卷，辛辛那提希伯来联合大学，1944年、1952年。

的姐妹联谊会。联合会也扶持全国各地的宗教机构。美国拉比中央会议的主要办公地点也设立在纽约市。

1875 年，改革派拉比神学院希伯来联合大学在辛辛那提创立；1922 年，由斯蒂芬·怀斯博士（Dr. Stephen S. Wise，1874～1949）创建的犹太宗教学院（Jewish Institute of Religion）在纽约市落成；1950 年，这两家院校合并。后者在初建时曾抗议希伯来联合大学的脱教分子和反犹太复国主义分子的活动。实行《哥伦布纲领》之后，改革派这两处拉比神学院的独立存在已没有理由。合而为一的神学院易名为"希伯来联合会宗教学院"，简称为"大学—学院"（College-Institute），在辛辛那提和纽约市两处都有校园，另在洛杉矶还设有分校。颇有名望的考古学家尼尔森·哥拉克（Nelson Gluck）为总校的校长。

"大学—学院"在纽约市的分校名叫教育和圣乐学院（School of Education and Sacred Music），用以培养宗教学校教员和行政管理人员，还为教会输送唱诗班领唱和音乐人才。"大学—学院"除汇集了纽约和辛辛那提浩如烟海的图书，还拥有几座美国犹太人档案馆和一家美国犹太期刊中心（American Jewish Periodical Center），另外还有一座设在辛辛那提校园内的犹太博物馆。它还为基督教学者开设研究生科目。1959 年，该校创办"法兰克·威尔宗教和人文学高级研究所"（Frank L. Weil Institute of Advanced Studies in Religion and Humanities），旨在"对与宗教的核心问题相当的……历史、神学、文学、艺术等问题，进行客观和公正的研究"。1962 年，"大学—学院"在耶路撒冷设立了一个系。

美国犹太教理事会

1943 年，一小批难以合群的拉比和世俗犹太人反对《哥伦布纲领》中亲犹太复国主义的立场，组建了美国犹太教理事会（American Council for Judaism）。该理事会依然与古典改革派难舍难分，认为犹太复国主义是一场世俗的政治运动，与犹太教难以相容共存，而犹太教则纯粹是一种宗教。他们主张，犹太民族主义的任何形式必然涉及双重忠诚：一是忠诚本民族，二是忠诚本宗教。理事会的公开目的是抵制它所谓受"一种外在力量的利益"支配的宗教事务，这种外在力量当然指建立以色列国。理事会大多数初创者，特别是其中的拉比们，在 1948 年以色列国建立后放弃了上述观点，承认反对犹太复国主义已失去意义。而且，他们还认为该理事会从未有过什么确定的纲领，理事会的纲要纯粹是否定性的。

除了由一批富足的倡议者资助的气势逼人的宣传之外，美国犹太教理事会实际上在美国犹太人生活中无甚影响。但是，它在犹太教所有富有责任感的教徒中引起了对抗。理事会已为宗教初级学校和成人教育开设一套课程。尽管理事会全是由改革派教徒组成的，但它与改革派犹太教中央组织并无正式的联系。

第13章　保守派犹太教

1. 19世纪

以撒克·李瑟

一般来说，人们公认以撒克·李瑟(Issac Lesser，1806～1868)是美国保守派犹太教首屈一指的先驱者。作为威斯特伐利亚人，李瑟1824年来美国之前，已接受了宗教和世俗教育。他定居于弗吉尼亚州的里奇蒙德(Richmond)，受雇于叔父从商数年。同时，他还在当地的西班牙裔犹太教公会办的宗教学校中任牧师。在此期间，他在国内外杂志上发表了大量维护犹太教和犹太教徒的文章，因此声名远扬。虽然李瑟身为德裔犹太人，他仍于1830年被委派到费城，担任一家西班牙裔犹太公会“以色列人的希望”(Mikveh Israel)的“牧师”(hazzan)职务。

在李瑟加入“以色列人的希望”早期，他将实质性的改革措施——英文祷词和英文布道——引入日常性犹太教仪式。正是由于后一革新，李瑟成为美国第一个犹太布道士。因为大批教徒持反对意见，这些改革举措未得到教会的正式采纳，直到1845年即大约15年以后，情况才出现转机。1850年，他辞去了“以色列人的希望”中的职务，因为教会拒绝授予他终身教职。后来，他成了费城新成立的教会“真理之家”(Beth El Emeth)的拉比，直到1868年去世。

在美国犹太人生活中，李瑟的个性极富创造精神和生命力。在他之前的近两个世纪中，这个小小的美国犹太社团一直不太景气，从没有造就出值得一提的学者、出版物，也无犹太学院。李瑟向该教会注入了新的生命和活力。1843 年，充沛的精力和瑰丽的想象力推动他创办了美国第一家真正国家级犹太杂志《欧美与犹太拥护者》(The Occident and Jewish Advocate)，李瑟自任主编。该杂志直到他逝世，一直以月刊面世，只有很短一段时间为周刊。这份杂志卷卷都是正统派的护教檄文，成为他那个时代日益强大的美国犹太人生活的一个活窗口。

还有许多成就应归功于李瑟。经他提议，第一家美国犹太出版学会(American Jewish Publication Society)于 1845 年建立。令人遗憾的是，它在六年之后就夭折了，当时该学会所处的楼房连同厂房和股票都被烧成了灰土。[①] 为了对少儿和老年人进行宗教训练，他翻译、创作和出版了大量儿童读物。他还将西班牙裔和德裔犹太人的祈祷书翻译成英文，行文浅显易懂，更易于祷告者接受。然而，他的最伟大的作品是于 1853 年出版的希伯来文《圣经》的英文译本。这本为操英语的犹太人提供的《圣经》避免了詹姆士国王(King James)钦定版中大可怀疑的基督教说明和翻译。直至 1917 年，李瑟的英文版《圣经》被公认为犹太人用的标准版本；1917 年起，该书被犹太出版学会的 Masoretic 版替代，后者是由一批杰出的犹太学者联合翻译的。但是，直到今天，李瑟的英文版《圣经》依然被犹太教圣堂和犹太家庭使用。

李瑟在犹太教育上所显露的兴趣和远见卓识是多方面的。就在李瑟去世前的一年，他还在费城创办了迈蒙尼德学院(Maimonides College)，这是美国第一所培育拉比的高校。这所学校还承担起培训唱诗班领唱和教礼杀牲(Shochtim)的工作。它在运行仅六年之后，因资金短缺而关门停办，但在短暂的几年中培养出数名毕业生，他们成为新大陆的首批拉比。它为后来几十年中所建立的拉比神学院铺平了道路。

李瑟的传统主义

李瑟与当时思想僵化的西班牙裔犹太人的正统派有微小的分歧，一般来说，他的观点继承了由察哈利亚·弗兰克尔的实证历史学派(Positive Historical School)所提出的原则。[②] 他坚持认为，"正统派并不像反对者所描述的那样死板僵化、顽固地反对改进"。但是，他认为正统派决

---

① 目前的犹太人出版学会于 1888 年建立于费城。

② 参见本书第 8 章。

不屈从于“任何追求改革者的的要求，因为这些人使犹太教变成一个适应每一历史阶段的万花筒。这种宗教根本不配存在，因为它的根基动荡不定”。可他也认为，“在正统派界域之内，为取得和时代同步发展，采取所有那些业已证明卓有成效的改进措施也未尝不可”。但是，他抱怨说：“改革派并不满足于此。……他们希望变化、革命和改变……”①

尽管李瑟反对改革派的立场始终不懈，但他无意建立一个独立的宗教团体，因为他坚信必须发展团结一致的美国犹太人关系。1848 年，他呼吁建立一个统一组织以团结美国犹太教各教派。以撒克·梅耶·怀斯对他的呼吁深表同感，对此，李瑟表示热烈欢迎。直到 1859 年，美国犹太人代表委员会②成立，他的统一梦才成为现实。为了防止美国犹太人的分裂，李瑟呼吁建立一种美国本土的标准犹太教，这种宗教能容纳态度真诚的争论而不会导致分立派系。李瑟被认为是发明“普遍的以色列人”(Catholic Israel)这个术语的人，该术语后由所罗门·谢希特(Solomon Schechter)推广开来。这一用语暗示了历史学派的一条主要原则——通过连续不断的传统之线，把过去和当代的犹太教连接起来，并发现其内在的认同。

萨巴图·莫里斯

1850 年，李瑟离开了他在“以色列人的希望”中的教职，其位置由萨巴图·莫里斯(Sabbato Morais，1823～1897)继任。此人故乡在意大利里窝那，是意大利伟大的犹太学者塞缪尔·大卫·卢扎托的门徒。与李瑟不同，他是西班牙裔犹太人的后裔。他在旅居伦敦期间，曾在当地西班牙裔犹太人教会创办的孤儿院里担任过五年教师，并精通英语。他是才智和精神品质都卓然超群的人，极富热情和道德感召力。这些特征，连同潇洒的外貌，给他的会众留下了深刻的印象。这个教会在他的领导下兴旺起来。

莫里斯有坚决支持他所信仰的事业的勇气。作为一个坚定的废奴主义者，他不顾教友让他保持沉默的良言苦劝，公开发表自己的见解。有一次，总统布坎南(Buchanan)拒绝调解摩塔拉(Mortara)案件，莫里斯不顾教会领导人的反对，毅然打破惯例，取消了在安息日仪式上为这位政府首脑祈祷。

---

① 引自瓦克西曼(Mordecai Waxman)《传统与变革》，纽约 1958 年，第 53 页。

② 参见本书第 12 章第 2 节。——译者注

莫里斯和他的前任李瑟一样关注教育事业，他支持李瑟建立迈蒙尼德学院，并在该校任教直至学校关闭。后来，他帮助怀斯创立希伯来联合大学，像其他人一样，他希望把学校办成一所无党派性的大学，能为所有的美国犹太教徒服务。实际上，莫里斯直到1885年采纳《匹兹堡纲领》，一直是联合大学的官方审查人；1885年，他开始相信，犹太教中的传统派和改革派之间的协调一致是不可能的。将这两大集团协调一致的愿望曾促使他建议两派采纳同一礼拜仪式。此仪式以《塔木德》规定的祷词为基础，另加上经虔诚而著名的人士参加的特别会议通过的祷词构成。他的计划没有得到他相信应有的关注，对此他深感失望。

当莫里斯决心创办一所新的拉比学院之后，他千方百计寻求到12位同行的支持。这些人同情温和的正统派事业，反对《匹兹堡纲领》极端的激进主义思想，在不同程度上都赞成弗兰克尔实证历史学派的理论。他们所在的一些教会没有家庭聚会、混合唱诗班和风琴。到上世纪末，他们中有一半人已转入改革派阵营，这一事实或许可判明他们在意识形态上的变迁轨迹。这一阵营的核心人物包括本杰明·索尔德(Benjamin Szold，1829～1902)①，他是巴尔的摩海口奥赫·沙勒姆(Oheb Shalom)公会的一名资深拉比。此人曾出版过一本祈祷书，书中删去了有关献祭的段落，然后填补上其他祷文，因此大大背离了传统的仪式。该阵营中另一个著名的拉比是学识渊博的马库斯·雅斯特罗(Marcus Jastrow，1829～1903)，他是《塔木德词典》的编者。1866年，他从华沙来到费城，在鲁道夫·沙勒姆公会(Congregation Rodeph Shalom)任拉比。雅斯特罗于1898年担任刚建立不久的美国犹太复国主义者联盟(American Zionist Federation)的副主席。亚历山大·科乌特(1842～1894)是另一位《塔木德词典》的博学的作者，莫里斯的这位天然盟友曾一度是其祖国匈牙利历史学派的主要代表。导致该派与较激进的改革派分歧的主要问题是饮食法、安息日仪式、犹太民族主义以及希伯来语在犹太人生活中的作用。

犹太教神学院

莫里斯是精神领袖，而州议员约塞·布鲁门塔尔(Joseph Blumenthal，1834～1901)这位虔诚的犹太人则是犹太教神学院协会(Jewish Theological Seminary Association)的世俗校长。犹太教神学院1886年

---

① 他是妇女犹太复国主义组织哈达萨(Hadassah)的创始人，亨丽艾塔·索尔德(Henrietta Szold)的父亲。

组成。正如在原初所订的规章中所提出的那样，该协会的宗旨是：

> 通过建立和维持一所旨在培育拉比和教师的犹太神学院，按照《摩西律法》、《圣经》和《塔木德》中先知（Nebiim）与圣者们（Hakamim）的解释，在美国保存历史上犹太教的知识和习俗；（而且）这一目的的实现应被视为是恰当的……

1887 年，这所神学院①在纽约市的“幸存的以色列人圣堂”开学，当时只有一个由八名学生组成的班级。萨巴图·莫里斯是这所学院的奠基者，他直到逝世一直任该校教工主席之职。在管理学校期间，他是以炽热的西班牙裔犹太教正统派的精神来领导学校的。

神学院的组成

在上世纪末，神学院只有分布在纽约、费城和巴尔的摩的 12 家圣堂加入，规模相当小且不够稳定。这些圣堂在正统派和改革派之间动摇不定。他们区别于正统派，因为他们的祈祷书背离了传统准则；而且，他们拥有家庭座席，在某些场合也使用风琴。但是，他们比起改革派对传统的偏离程度要小得多。这些圣堂在思想或目的上不够团结一致，因此不能有效地支持拉比学院，会众的规模也不足以成立一个独立的拉比学校。

但是，此时美国犹太人的组成正在经历一场剧烈的变动。俄国 1882 年臭名昭著的“五月法”出台后②，一系列恐怖政策纷纷出笼，对犹太人的迫害蔓延到整个犹太人居住区。成千上万的俄国犹太人经受不了社会动荡和暴乱，被迫从俄国迁徙到美国。在东欧的其他国家，种种限制和迫害也迫使更多的人跑到美国。在 1880～1900 年的 20 年中，美国犹太人从 25 万增到 100 万。原先的美国犹太居民主要来自德国，改革派思潮占优势；大批的新来者则与东欧式正统派一脉相承。新移民的浪潮来势汹猛，很快压倒了美国土生土长的、规模小且稳定的正统派。这批人成了神学院潜在的人才资源。但是，不是这批移民的第一代，而是他们更有建树且更具文化适应性的后代，建立或加入了那些较少传统主义的保守派公会。这所神学院不久成为全美保守派公会的精神中心和联合枢纽。

---

①　这家美国学府取了弗兰克尔于 1854 年建立的学校的名字，表明了它与欧洲学校的血缘关系。

②　参见本书第 15 章第 2 节。

神学院的危机

莫里斯去世(1897)之后,学校为其自身利益,设法谋求东欧正统派分子的支持。直到那时,只有几个老牌正统派公会支持神学院。第二年,纽约西班牙裔"幸存的以色列人"公会传道士亨利·培莱拉·门德斯(Henry Pereira Mendes,1852～1937),为了给学校提供更广泛的会众基础,竭力创办了一个正统派公会中心集团,即正统派犹太教公会联合会(Union of Orthodox Jewish Congregations)。但是,在1898年联盟的第二次大会上,联盟投票表决,只承认一所学府即1896年建立的正统派学院,即以撒克·爱尔南哈拉比学校(Rabbi Issac Elchanan Yeshiva),因此,这也就否决了早先支持神学院的决议。这家正统派组织机构,由于受东欧宗教文化背景的支配,是不会认同一所具有现代主义知识的学校的,因为它在思想和观点上不容许这样的知识。结果,神学院的倡导人确信,这一学院的唯一选择就是开辟一条独立的路线。

此神学院从一开始就为财政问题而奋争,而莫里斯的去世使学校陷入了孤儿般的危机。学校一度濒临李瑟的迈蒙尼德学院约35年前遭受过的厄运。幸运的是,危机被莫里斯的一个忠实的学生化解,此人即费城的年轻人赛勒斯·阿德勒(Cyrus Adler,1863～1940),当时他在犹太教传统主义者圈子里颇有声望。[①] 阿德勒决心不让他敬爱的老师的心血付诸东流,他从一位犹太教领袖和慈善家雅可布·席夫(Jacob H. Schiff,1847～1920)那里为神学院拉到了经济援助。席夫属于改革派,出身于拉比家庭,在法兰克福萨姆森·拉菲尔·赫尔施的走读学校(day school)受过完整的犹太教教育。[②] 令其引以自豪的一点是,他的一位先辈马拉姆·席夫(Mahram Schiff,1605～1641)是一部塔木德评注的作者,该书流传甚广,学术价值颇高。

席夫得到了改革派友人的鼎力相助,他们是古根海夫妇(the Guggenheims)、利曼夫妇(the Lehmans)和路易斯·马歇尔(Louis Marshall,1856～1929)。席夫从他们那里筹集到50万美元,重建了神学院,

---

① 由莫里斯培养和启发而成为美国犹太人生活领袖人物的有:胡斯克(Issac Husik,1876～1939),他是著名的中世纪化犹太哲学权威;舒尔茨伯格(Mayer Julzberger,1843～1929),他是一位有名的希伯来语学者和法律学家;还有慈善家戈拉兹(Hyman Gratz,1776～1856)与多罗卜西(Moses Aaron Dropsie,1821～1905)。最后提到的这位曾捐资建立了费城的犹太学高等学院,该学院遂以他的名字命名。

② 参见本书第8章。

并把它奠定在牢固的经济根基之上。他们加入学校的董事会,减轻了教师对财政事务的考虑,让他们专心致力于学校教育政策。对于这些犹太教领袖来说,神学院成了一座桥梁,通过它,先来的美国犹太人将帮助来自东欧的教友们实现传统与现代化的综合,就像更早的定居者对他们所做的那样。他们很清楚,希伯来联合大学的毕业生在文化、社会、宗教知识方面远远不足以胜任东欧犹太人的精神指导工作。

还是这位赛勒斯·阿德勒,于1920年改组了神学院的董事会,引荐来自英国的所罗门·谢希特担任学校校长。谢希特非常胜任此职。他的东欧文化背景加上其所接受的西方教育使他很适合于担任调解正统派教员和改革派董事会成员之间的关系。谢希特担任校长13年,直至1915年去世。在他任职期间,这所神学院得到了茁壮成长和蓬勃发展,成为一座优秀的世界闻名的犹太教高等学府。谢希特也在塑造保守派运动的观念和组织机构方面发挥了主要作用。

2. 20世纪

所罗门·谢希特

所罗门·谢希特(1847～1915)曾是个神童(illuy),他在罗马尼亚和波兰兰堡(Lemberg)的犹太学校(Yeshivot)接受了完整的塔木德教育。他的家庭以虔诚和博学而闻名,家人都属于哈巴德派[①],该派是一个赞成哈西德派知识的组织。谢希特最早接触西方文化的时间可追溯到1871年,那年他24岁,在维也纳的“米德拉什之家”(Beth Hamidrash)深造。这所相当现代犹太高等学府为他初步提供了把握犹太教的科学的方法论,也使他获得了拉比的头衔。在维也纳的第四年里,谢希特为一家地方大学录取。他从那里又辗转到柏林,在几所犹太高等学府继续犹太教研究,同时还在柏林大学哲学系学习一般性课程。他在德国首都成了克劳德·蒙特菲奥家的拉比和家庭教师。蒙特菲奥是英国最重要的犹太家庭之一的后裔。在他的劝导下,谢希特陪同蒙特菲奥来到伦敦。

谢希特来到英国是他生涯的一个转折点。他迅速掌握了英语,并形成一种优雅的写作风格。他的学术论文在《犹太教研究》上发表,引起相

① 参见本书第6章。

当大的关注，1890 年，这些论文为他在剑桥大学赢得了一席之地。初入剑桥，他是一位拉比学讲师；几年之后，晋升到相当于教授的级别。1902 年春天，55 岁的谢希特接受了美国犹太教神学院的校长之职。

谢希特的书冢发现

谢希特是弗兰克尔历史学派的追随者。由于他在佛斯塔(Fostat，开罗旧区)书冢[①]的几项发现而博得巨大声誉。他在一篇论文中将书冢(Genizah)描绘成埋藏废弃书籍、文件的“墓地”，“在这块被遗弃的土地上埋葬着许多怕人损害的好书和一些可能有害于人的坏书”。[②] 谢希特专程来到开罗的圣堂旧地，仔细搜索了书冢，带回了 10 万册手稿，包括信件、律法记录和官方文件等。这批手稿中包括一项激动人心的发现——一卷旧希伯来文《便西拉》，这是他寻找已久的轶本。这卷书作为伪经[③]之一的希伯来原文已失传数世纪之久，人们主要通过《塔木德》的引文以及希腊文或其他语种译文知道此书。

在谢希特发现的珍贵资料中[④]，有许多载录了 8～14 世纪散居各地的犹太人的生活状况。鉴于谢希特对希伯来学术的伟大贡献，剑桥大学授予他名誉博士学位。后来，他于 1903 年当选为纽约大学评议会的荣誉会员和顾问。1911 年，哈佛大学授予他名誉博士学位。谢希特的卓越成就和声望极大地提高了犹太教神学院的知名度。

神学院的重组

谢希特来到神学院的第一项举措就是组建一支由富有前途的青年学者构成的教师队伍。他在给校董事会的首篇报告中痛惜地说，神学院已被设计成一所拉比培训学校，不是按欧洲的犹太学院传统培育犹太学术本身的学府。“如今我们生活在一个专门化的历史时期，”他诙谐地说，“精致艺术的高贵正在或已经被埋葬，祈祷已成为过时的事。”谢希特解释说，拉比传统上是一位学者而非教师，他总是同类中的佼佼者(Primus inter Pares)——在崇尚知识的社团中因其知识而出类拔萃的人。“我认

---

① 书冢(Genizah)一词是库房或储藏所的意思。在古代的犹太圣堂内，它是存放弃之不用的书籍和书稿的地方。

② 参见《希伯来书稿储藏库》，载谢希特《犹太教研究》第 2 辑，1908 年。

③ 伪经是没有收录希伯来法典中的古代文献选集。

④ 谢希特从废墟中发掘出来的另一卷在今天特别有意义的书，记载了前基督教时期的 Zadokites 的学说，这是一个严守类似于 1947 年发现的死海古卷中记载的“律典”的宗教派别。

为，培养出一个宗教贵族并不是没有危险的，因为他可能不久就会自称为王……而且将我们从他的上帝那里挤走。”在两年一次的报告中，他机智地写道：拉比（师傅或知识权威）的主要作用是讲授和解释法律，而不是担任教区牧师、传道士、教长或教士。谢希特宣称，拉比角色的这一转换反映出这样一个事实，即犹太人自己已不熟悉《托拉》，他们“像其他宗教派别一样需要人为的支持”。[①]

谢希特与他的同事亚历山大·马克斯（Alexander Marx）教授一道承担起建造一座占地宽阔的犹太图书馆的重任。法官梅耶·舒尔兹伯格（Mayer Sulzberger）是费城的一位经纶满腹的犹太学者，他将其大量的犹太教藏书捐赠出来。1909 年，在雅可布·席夫的捐助下，神学院创办了师范学院，由摩迪凯·开普兰出任校长。[②]

美国犹太人的状况（1900～1920）

概览本世纪初几十年美国犹太人的情景可以洞察出保守派运动赖以孕育形成的社会背景。通过移民和自然增长，美国犹太人口迅速增加，上世纪末大约为 100 万，本世纪第一个十年里就翻了一番。大批移民不断拥入，只是在一战期间中断了四年，但战后不久移民风潮再起。到 1920 年，美国犹太人口估计已达到 350 万，其中绝大多数人是作为移民进入新大陆的。新来的人分成若干团体，其中有世俗分子和宗教徒、犹太复国主义者和反犹太复国主义分子、正统派和形形色色的自由派信徒。他们倾向于加入主要由自己的同胞组成的公会，这些同胞常常来自同一城市或乡镇，因此特别注重背景差异。他们将自己看成是奥地利人、立陶宛人、罗马尼亚人、乌克兰人或其他各种归化为美国公民的犹太人，而极少想到整合成一个美国犹太人共同体。

美国犹太社团的社会、文化和经济结构其时变动不居。在政治和世俗事务以及犹太教慈善事业上颇有建树的犹太人是早期德国犹太移民的后裔，但是，东欧定居者的后代现在开始后来居上。他们充分利用美国自由空气和教育机会，迅速崛起，打进自由职业、商业、企业界圈子，一般说来已在美国经济生活中扎下了根。这些较年轻的一代放弃童年时代住过的拥挤不堪的城市贫民窟和犹太人居住地，搬进了条件较好的居民区。父辈之间在文化上的差异逐渐在他们共同赖以成长的美国环境中消失了。

---

① 参见《犹太教神学院两年一次的报告》，1902～1904 年，第 98～99 页。

② 参见本书第 14 章第 1 节。

这一代人为繁荣保守派犹太教提供了肥沃的土壤，因为他们热望能在现代风景线上保持他们父辈的宗教习惯，并符合美国的行为准则。在他们新居住地建立的圣堂越来越多地转向保守主义，现在这一思潮以其确定的形式成为美国犹太教中另一宗教派别。这场新运动不再因为领导权和经济赞助而依赖原有的正统派分子。现今，它有了自己的领袖人物，而且迅速成长为美国犹太人中的独立力量。

联合圣堂

神学院标志着保守主义运动形成的第一阶段。运动进程的下一步骤是于1913年即谢希特去世前两年建立保守派公会组织——联合圣堂(Union Synagogue)。16家圣堂响应谢希特博士的号召，共建新社团并采用了这个曾被英国犹太公会中心联盟[①]使用过的名字。与正统派犹太教公会联合会和改革派的美国希伯来公会联合会相对峙，联合圣堂成为保守派运动的世俗臂膀。谢希特被选为联合圣堂的主席。联合圣堂的目标在其章程的前言中作了概括：

> ……推进美国犹太教事业，维护犹太教传统及其历史连续性；
> 肯定和确立对《托拉》及其历史的忠诚；
> 加强对安息日和饮食律法的遵守；
> 在宗教仪式中保留与昔日以色列国的联系，坚信以色列复国的希望；
> 维护传统礼拜仪式的特征，用希伯来语作为祈祷语言；
> 按传统的宗教习俗培养犹太教家庭中的宗教生活；
> 鼓励兴办犹太教宗教学校，在学校课程设置上，希伯来语言和文学的学习应占主导地位，以期成为真正理解犹太教的钥匙和团结散居世界各地的犹太人社团的纽带；
> 美国联合圣堂的目标是团结本质上忠诚于传统犹太教和同情上述目的的人士，同时，反对任何加入的团体进行革新。

由神学院毕业生领导的其他公会也逐渐地加入到联合圣堂中。1918

---

① 尽管德裔犹太人"幸存的以色列人"公会颇有影响的主持者培莱拉·门德斯早在1912年就曾提出过创办这一组织，但他的公会并没有加入其中。这是因为，如他阐明的那样，对于加入一个其代表人物(不论是会众还是个人)献身于非正统犹太教的团体，受托人彷徨不决。

年,隶属它的妇女联合会(Women League)成立。

美国拉比大会

1901 年,神学院男校友协会(Seminary Alumni Association)成立,到 1919 年,该会成员增长到大约 100 人。为扩大规模,协会将自己改造成一般性的保守派拉比组织,这样一来,学院的非毕业生亦可拥有会员资格。因此,协会名称亦改为“犹太拉比大会”(Rabbinical Assembly),后来,它发展成了保守派运动第三支劲旅,与正统派拉比各组织和改革派运动的美国拉比中央大会相辉映。依照保守派观点解释犹太教的教义和习俗,乃是这一拉比大会的任务。

保守派的成长

谢希特为美国保守派犹太教奠定了思想基础和组织基础。在他逝世后的岁月里,保守派运动迅速发展,吸引了东欧犹太人的第一代和第二代,因为他们感到正统派过于僵化而改革派过于散慢,都不能很好地表达他们的宗教情趣。虽然在以后的 20 年代和 30 年代,逐年成长起来的大批东欧移民的年轻一代加入了改革派,但是仍有相当部分流入到保守派公会,因为这些人感到在社会各方面都不能与改革派志趣相投。保守主义的三个主要机构即神学院、联合圣堂和拉比大会,每一个都在各自的发展中体现出整个保守派运动的成长。

在随后的几十年里,保守主义得到了出人意料的发展。到 1960 年,美国犹太人口达到将近 550 万,他们大都是中产阶级和富有者。从总体上看,圣堂中的听众急剧增多,这 现象在雨后春笋般迅速形成的郊区尤为明显,以此为标志,美国处在被人描述为一场宗教复兴的阵痛中。和其他宗教一起,犹太教也经历了一段普遍发展时期。那时,犹太工人阶级以及反宗教者、世界主义者和世俗主义分子已明显减少。保守派联合圣堂的公会多达 700 多家,现已成为美国犹太教中最大的一个分支了。

像犹太教其他宗教团体一样,保守派各公会在其各自风俗习惯上不尽统一。在意识形态上,有的接近正统派的左翼,有的类似于右翼改革派。这些差异的存在主要归因于保守派几乎未规定基本的原则和教义。像改革派是在与正统派对立中形成的一样,保守派运动是作为改革派的反对者应运而生的。直到 1885 年,《匹兹堡纲领》才措辞明确地概括出改革派的立场,但是,保守派至今也未这样做。由于这一缘故,每一个公会都可决定从意识形态上看是否称得上是保守派的成员。或许恰巧是保守主义这种极大的弹性才赢得了广大的信徒吧！

扩大的规划

赛勒斯·阿德勒出生于美国，他继谢希特之后于1916年任神学院代理校长，后来于1924年正式任校长，并任此职直至1940年去世。阿德勒的继承人是路易斯·芬克尔斯坦(Louis Finkelstein)。他是一名杰出的犹太学者，曾任神学院的教师，现担任该校的第一校长。在他的管理之下，学校取得了巨大发展。除了一所拉比学校(Rabbinical School)之外，神学院还有一家师范学院，用以为宗教学校输送教师。神学院设置了一门犹太教研究课程，还开设一个歌咏队领唱班。学校还包括马克斯威尔·艾贝尔犹太拉比学研究院(Maxwell Abbell Research Institute in Rabbinic)、美国犹太历史中心(American Jewish History Center)和犹太博物馆(Jewish Museum)。它还为少年儿童举办有教育意义的夏令营活动。该校的宗教和社会研究所(Institute for Religious and Social Studies)超越宗教派别开展宗教问题的讨论。学校的无线电系制作了具有广泛的人文意蕴的犹太教论题节目。这个系制作的"永恒之光"节目在全国拥有广大的观众。1961年2月，神学院在耶路撒冷开办了邵肯犹太研究所(Schocken Institute for Jewish Research)，1969年又建立了高级人文学研究所(Institute for Advanced Studies in the Hamanities)，广泛从事犹太与人文学的一般性研究。

犹太教大学(University of Judaism)是神学院的分校，坐落在加利福尼亚州的洛杉矶，任务是为各犹太学校培养教师，而且还是研究生学习和研究的中心。它的目标在于给各地的犹太教社团机构培养宗教和非神学的领导，同时它还面向犹太知识分子和普通百姓，让这些人都认识和理解犹太教的信条和价值。犹太教大学急美国西部日益成长的犹太社区所需，为它们提供了必不可少的服务。

在近几十年，联合圣堂极大地拓展了它的计划。其所属的犹太教育委员会(Commission on Jewish Education)出版了大量的手册、教材和各种教学参考书。这个团体资助建立了许多机构，其中有全国成年犹太人研究院(National Academy for Adult Jewish Studies)和犹太男子俱乐部联盟(Federation of Jewish Men's Clubs)。神学院和联合圣堂这两大机构都围绕其工作并发行了大量出版物。

3. 谢希特的神学观

谢希特的理性主义

谢希特是保守派运动主要的理论家。从学术方法上看，谢希特是理性主义者，但似乎感到很难用赞同纯自然的语词来接受启示的观点。他指出，历史学派将启示和历史等量齐现，“而且，一旦《启示》或书写的成文还原到历史层面，从传统角度将历史提升到《圣经》的高度便没有内在困难了，因为那样两者就具备了相同的人或神的起源……都是从同一个权威衍化出来的”①。但他承认，他有时不得不“反叛这种故作历史状的启示的敌人”②。尽管这样，他一般还认为历史学派具有一定的科学作用，是“一种和保守主义联为一体的启蒙了的怀疑论，从整体上看，其中不乏神秘色彩”③。

颇有意义的是，谢希特甚至在“哈拉哈”中看出了神秘的弦外之音，发现“在《塔木德》的汪洋大海中也有神秘主义的溪流，它穿越犹太思想的广阔海洋，一面不断混合着律法主义刺骨的冰水，此起彼伏地冲刷着毫无意义的礼仪派的荒凉海岸线”④。谢希特认识到，正如历史学派方法所显明的，历史久远的理性主义并无神圣不可侵犯性可言。正像哲学沉思已描述过犹太教中其他时代的特征一样，理性主义或许也可成为这一代人的思想风尚。在此处以及别的例子表明，与其说谢希特是一个前后一贯的思想家，不如说他是一个神秘主义者。人们甚至可以说，他以其宗教方法竖立起了一堵墙，将他的宗教信仰和科学观点割裂开来了。

谢希特认为，犹太教并不是一种纯粹理性主义的宗教，这一点可以从他对教条所持的态度上得到进一步证明。在《耶路撒冷》(Jerusalem)一文中，认为犹太教应完全根植于理性，而且无任何教条可言。谢希特也承认犹太教并未将任何起死回生的力量赋予教条，但他仍然认为，犹太教的“教义不仅规范了我们的行为，而且规范了我们的思想”。而且，犹太教蕴含着生命，而“没有指导原则和指导思想的生命是不值得活的”。谢希特

---

① 参见谢希特《犹太教研究》第 1 辑，“序言”第 15 页。

② 《犹太教研究》第 1 辑，序言第 21 页。

③ 《犹太教研究》第 1 辑，序言第 17 页。

④ 《犹太教研究》第 1 辑，序言第 23 页。

还就《圣经》对信仰的态度问题和门德尔松展开争论。后者声称"十诫"中的第一条诫命无意指导我们去信仰；而谢希特却辩解说[①]，毋庸置疑的是，犹太学者们，包括迈蒙尼德、犹大·哈列维和纳曼尼德(Nachmanides)将"我是上主，你们的上帝……"解释成一条法令，要求我们信仰上帝的存在。[②]

普遍的以色列人

按谢希特的意见，历史学派并不是将神启的《圣经》而是将被传统诠释的《圣经》摆在首位。谢希特把这种由不断发展着的犹太教传统即《圣经》诠释的产物称为《圣经》的次生含义(secondary meaning)。次生含义体现在拉比著作、《塔木德》以及近来的权威性文本中。这样，历史学派把权威的中心转换为"普遍的以色列人(Catholic Israel)的集体意识，正如在普遍的圣堂(Universal Synagogue)中所体现的那种意识一样"[③]，在2300多年中，通过圣徒、学者、殉道士、圣哲、哲学家以及神秘主义者的种种活动，普遍的以色列人的集体意识不断追寻着上帝。在这方面，普遍的以色列人的所作所为对现在和将来都能发挥真正的指南作用。

由"普遍的以色列人"的作用所得出的结论必然是："既非《圣经》，亦非原始犹太教，而是一般习俗构成真正的实践准则。"[④]每一个时代的教师和圣哲践行着这一准则，结果，"准则以及犹太教的禁令就成了流行的习俗"。正如人们通常所认为的那样，流行的宗教习俗和礼仪被普遍的以色列人的躬行践履神圣化了，这样，以色列人便成为独一无二的神圣的民族，是他们承担了培育宗教传统的神圣使命，而不是相反。

正如谢希特所设想的那样，普遍的以色列人或普遍的圣堂超越了地域或时间的局限。它不仅适合某一社团，而且也适用于所有时空中的以色列人。基于这一理由，谢希特对当时身为希伯来联合大学的校长的考

---

① 参见谢希特《犹太教的教条》(The Dogmas of Judaism)，载《犹太教研究》第2辑，1911年，第180页。

② I·列文塔尔(Israel Levinthal)是拉比B·列文塔尔(Bernard L. Levinthal)的儿子，曾使用过经匣这一象征。年轻的列文塔尔引用其父的话来昭示犹太教重在实际活动。放在前额上的经匣分为四部分，其中放入了《圣经》的章节，而置于手臂上的经匣则只有一部分，这意味着：在关系到教义的个别条文上，可以有多种选择，而有关行为的法典则是统一的。参见I·列文塔尔《观点》，纽约1958年，第57页。

③ 谢希特借鉴了阿道夫·耶林里克(Adolph Jellinek)的Knessef Israel，即以色列人的教士(ecclesia)的原则，发展了"普遍的圣堂"概念。

④ 《犹太教研究》，脚注19，第19页。

夫曼·科勒(1843～1926)颇有微词,后者主张美国犹太教应该融合成为地方性的综合体,由它表现这一古老民族的精神创造,因为它受到了最年轻的美国文化氛围的影响。谢希特感到这种地域限制论违背了普遍的以色列人的基本原则。根据这一原则,过去是一种可被圣化的要素。相应地,从谢希特普遍的以色列人理论角度看,现在不过是连续发展的链条上的一个环节,是犹太教发展过程中的一个部分,因为"正是现在联结了两种永恒,这个现在既是过去祈祷的终结,也是未来祈祷的开始,若非如此,现在就无足轻重了。的确,在考察那些卑贱粗俗的人时(Sub Specie aeternitatis),所谓需要常常是乌合之众的胡思乱想或时髦的狂想,它成了那些好景不长的任性分子的癖好"[①]。

正是上述观点促使谢希特反对以撒克·梅耶·怀斯,因为后者主张建立一个宗教会议机关,借以努力"恢复和建构有继续存在的价值和活力的犹太教",换句话说,重新阐释犹太教的原理。这种论点一度鲜为人知,但在怀斯辞世之后复兴起来。然而,这一点与普遍的以色列人的原则不和谐,因为它认为普遍的以色列人才是改变犹太教的力量。谢希特解释,犹太教不存在祭司制度,也没有哪位"牧师"有权力使祭司制度的理论和诫命规范化,因为"宗教是一种心灵的事情","没有人能在精神事情上代表他人"。不是拉比,而唯有《托拉》才是权威的源泉。拉比仅是《托拉》的讲授者或解释者。谢希特担心宗教会议组织会带有等级制度的特点,而且它所传播的种种教义可能导致犹太教的分裂,因而破坏它的统一性、它的过去和未来间的连续性。[②]

犹太民族主义

一些历史学派领导人基于人道主义和民族主义原因支持巴勒斯坦的殖民化活动,这一殖民化是由19世纪80年代的"热爱锡安者"运动发动的。但是,其他历史学派成员对西奥多·赫茨尔的犹太复国主义政治观持保留态度。他们一方面认为犹太复国主义纯粹是一场罗曼蒂克之梦,另一方面,又担心它会发展成一种世俗的而非宗教的思想。他们感到,脱离宗教思想的犹太复国主义激情有可能演变成民族沙文主义,并最终会威胁到犹太教的生存。

---

① 参见谢希特《神学院演讲》(Seminary Addresses),纽约1959年,第45页。

② 保守派像其历史学派内的先驱者一样用实践性的词语把"普遍的以色列人"解释成献身上帝的犹太人,而不是指那些可能对于犹太教的价值一无所知或漠不关心的人。参见本书第8章。

谢希特和他的许多同事所设想的犹太人家园是一个精神中心，一个“造就以赛亚”的场所，而不像早期犹太复国主义所设计的那样，仅仅是受迫害犹太人的避难所。在这个问题上，谢希特与精神或文化犹太复国主义之父阿哈德·哈阿姆(1856～1927)不谋而合。但是，后者主张犹太教本质上是一种人道的伦理体系，谢希特不赞成这种观点。在他看来，犹太宗教与犹太民族主义是不可分割的统一体。1905年，谢希特正式加盟犹太复国主义运动。他之所以这么做，是因为他认为圣地巴勒斯坦在犹太教中占有至关重要的地位，而且，它与普遍的以色列人的核心思想，即犹太民族性的原则紧密相连。谢希特还认为，犹太复国主义运动设置了一道反同化壁垒，一种激起现世犹太人心中犹太意识的手段，他们可通过民族主义之途回归到犹太教信仰的怀抱中。

像许多其他知识型犹太复国主义者一样，谢希特是“散居犹太人的挚友”。像阿哈德·哈阿姆一样，他认为对周围各地的犹太人来说，一个在精神上获得新生的巴勒斯坦将成为犹太教的精神中心以及文化、宗教创造力和生命力的源泉。但他同时认为，各国犹太人也仍然应当是犹太人创造力的一股涌泉。谢希特在保守派和犹太复国主义之间制造了一条牢固的纽带，直至今日二者仍紧密相连，可以说，犹太复国主义运动是深深得益于保守派的大力支持和引导的。

希伯来语

历史学派的信徒们还认为希伯来语是犹太人生活所必不可少的。谢希特宣称“一个没有历史语言、没有神圣的文学的民族只能算是一座吉普赛人大营”。因此，他谴责从圣堂中逐步取消希伯来语的行径以及轻视希伯来语的作风，认为这些都是悲剧。“这或许不是让犹太人流放(Galuth)，但这是对犹太教的放逐，或者用某些神秘主义者的话说……是犹太人灵魂的放逐，我们眼睁睁看着这灵魂消失殆尽。”[①]1913年，希伯来文化大会(Congress of Hebrew Culture)在维也纳召开，谢希特当选为会议的名誉主席，同期召开的还有犹太复国主义世界大会。在他推动之下，对希伯来语的浓厚兴趣成为犹太教保守派所致力的一个重要目标，时至今日仍然如此。

---

① 参见《犹太教研究》，注释27，第97页。

对改革派的态度

历史学派反对正统派，认为它在现代世界环境中过于静止和拘泥于传统；同时，它亦反对改革派，因为改革派经常性地废除犹太教教义和风俗，谢希特把这种做法概括为"截肢"。谢希特把改革派将犹太教"非东方化"的目标描绘成"一种由一群无知之徒从基督教神学家那里抄袭来的反犹主义神学论，这是因为西欧世俗平民占主导，他们不曾显露出东欧犹太人那样的宗教天赋"①。正如"人类不能仅仅靠氧气生存"，犹太教表达了希伯来先知的道德理想，这一事实并不意味着它不需要仪礼和习俗。

谢希特进一步主张，犹太教只有被犹太教自身而非国外类似宗教才能得到最透彻的理解。这种思想使人联想起塞缪尔·大卫·卢扎托和萨姆森·拉菲尔·赫尔施。谢希特坚持认为，改革派若要取得立足之地，必须与《托拉》和犹太教义相契合，它们的灵活性很强，完全适用于任何合理的目的。如果改革派超越了犹太教传统的框架，或者受脱离摩西和拉比律法约束的拉比组织支配另制法规，那么它将必为人们所抛弃。"犹太教，"他在另一篇文章中写道，"绝不姑息抛弃《托拉》的行径。……那种认为律法的摧毁即是它的实现的论断不过是一个悖论，它使人联想起波义耳·罗克爵士(Sir Boyle Roche)的警言：为了保存剩余部分，他会放弃部分构造，如若必要，亦可全盘抛弃。"②

犹太教的法制

1901年，谢希特写了四封告别英国犹太人的《致犹太人的信》(Epistles to the Jews)。在第二封信中，他嘲笑改革派，说他们作为西方人赞成犹太教的道德理性，并使之与东欧犹太传统主义者的法制对立起来。就此问题，他和一名东欧犹太商人学者一再展开讨论。后者提醒他，犹太教最近出现的三位伟大领袖即巴尔·舍姆(Baal Shem)、维尔纳(Vilna)的拉比以利亚(Elijah)和科罗赫马尔(Krochmal)都是伟大的精神领袖，而不是纯粹的唯美主义者，而且，他们都是东欧人。东欧犹太人对道德精神性和法制作如是观：

> 你们喋喋不休地谈论什么精神性的宗教，我们则坚持精神性的

---

① 《犹太教研究》，第22页。

② 《犹太教研究》，第22页。

人。……你们责备宗教缺乏精神性。……与非难宗教相反,我们指责我们自身。我们指责的东西不是遭玷污的《托拉》。我们指责的对象源自人类自身,源自执行圣诫的思想态度和成就圣诫的目的。这些都可能在纯洁的圣物上留下污痕。……这样,人类必须给《律法书》(Law)插上爱和敬畏的翅膀,让它飞回到赐者上帝那里。而且,如果人类不这样做,人类便成了《律法书》的重轭,《律法书》就会被拖到尘世,和世俗的东西混在一起,脱离了它真正的本性,这都是人类的过错。……我们现已明白了非常重要的一点,即只有依靠人类本性才能恰如其分地遵行法规(Mitzvah),明白了只有人类才是《律法书》的负担而非相反,我们还是不要干扰宗教,致力于帮助人的工作吧。[①]

论传教

谢希特认为,无论从特殊的还是普遍的含义角度着眼,传统的救世主希望都是犹太教中的最高理想。在谢希特看来,这种渴望暗示要在锡安恢复以色列国,在那里唯一上帝的普遍王国是为普天下所有的人建立的。

像卢扎托和其他改革派的反对者一样,谢希特嘲弄改革派的传教论。他认为传教论是以一批热情的传教士的存在为前提的,他们天生具有炽热的信念,但这样的传教士在改革派中却几乎没有,因为改革派将适应环境、与环境妥协看成美德。传教士是由特殊材料制成的。"他们改变世界,却不容世界改变他们。""有知识的传教士"或"消极的传教士"常被改革派拿来描述他们对传教论的态度。在谢希特眼里,他们本身自相矛盾且无任何真实的意义可言。假使改革派能证明他们有遵守安息日一类的犹太典章制度的热忱,甚至甘冒物质损失的危险,那倒可以另当别论。[②]果真如此,他们就离传教士的精神不远了。

① 《犹太教研究》,注释23,第189~190页。

② 谢希特:《亚伯拉罕·盖革》(Abraham Geiger),载《犹太教研究》第3辑,美国犹太出版学会1924年,第79~80页。

4. 保守派的思想

保守派的方法

温和派将改革派贴上激进主义的标志，于是，改革派就给温和主义者冠以“保守派”之名。用“保守派”来描述这场运动的特征并不贴切。如前文所述，犹太教保守派是实证的历史学派犹太教在美国的产物。现代学者认为犹太教是长期发展与进化的结果，保守派接受了这一研究成果。但是，这一进程中不会出现发展断裂或不连续的现象。在生生不息的历史中犹太人民创造出了浩如烟海的文献，犹太教中的主流在其间奔流不息。正所谓“三岁看老”，在犹太教的不同发展阶段上，这条主流如同一根剪不断的红线清晰可见。德国犹太教科学运动领袖利奥波德·族恩茨也有上述看法，他说：“预言和圣诗在中世纪的赞美诗中再度复兴了。”①

但进化论与对神启的信仰格格不入：前者是一种自然主义的概念，后者则为超自然学说。那些执著于传统的历史学派成员用理性主义语词重新解释神启论以调和这两种思想。他们认为神启论是一种形而上学，一种主观体验，一种富有灵感的想法，甚至可以说是历史命运的指南。保守派尾随其后。② 保守派拉比基本上并不赞同不折不扣的神启论，而是用自然主义方法使之理性化。③

传统和变革

赞成西奈山神启论的传统主义者都坚持《圣经》和拉比文本中阐明的所有规则法令的约束力，认为这些律法规则都是启示中的本质环节。他们认为，只有在犹太法典（Shulchan Aruch）和类似的律法汇编中才可以

---

① 谢希特：《犹太教研究》第 1 辑，1911 年，绪论第 29 页。

② 1947 年，柴特林（Joseph Zeitlin）发表了一篇博士论文《智者的门徒》（Disciples of the Wise，哥伦比亚大学师范学院出版）。他在文中讲道，据他的抽样调查，1937 年，有 81％的保守派拉比和 80％的改革派拉比在宗教问题上主张自然主义而非超自然主义的观点。

③ 1947 年，摩迪凯·开普兰在概述保守派各阵线的信仰时认为，保守派核心集团已不再相信神启是历史事件，只认它为一种神学概念。他解释说，神启作为一个历史事件意味着超自然的联系须发生在特定时空中，而视之为一种神学概念，只表明它是“人类意识在通向新意义和新的神圣性的展望中所积聚的自然经验”。参见开普兰《保守派中的统一性和多样性》（Unity and Diversity in the Conservative Movement），载瓦克西曼（Mordecai Waxman）《传统和变革》，第 221 页。

找到犹太人行为的真正权威性的指南。这种思想便否定了任何人修改或革新宗教教义或习俗的权利。但这并不是历史学派和保守派运动的立场。他们既认可传统的权威力量,也赞成变化的观点,认为变化是任何有生命力的制度的本质特征,宗教也不例外。但是,唯有那些掌握了犹太知识的人才能变革犹太教,因为他们能适当地尊重群众对既定的改革或创新的态度,也尊重犹太历史和传统中既有的惯例或习俗的地位。[①]

因此,在保守派看来,与其把犹太教视为传家宝,一块为下一代珍藏的完璧,不如将其看成是一个富有活力的有机体,它为了生存必须适应其所处的时代的环境。保守派坚持认为此类调整必须限定在犹太传统观念内。1937 年,路易斯·芬克尔斯坦教授阐明了在这个问题上犹太教保守派的立场。值神学院建立五十周年之际,他在拉比大会上发表了讲演,其中说道:"犹太律法……不是凝固或僵死的,它富有弹性。《汉谟拉比法典》躺在卢浮宫中静止不变,而《托拉》要在人类生活中求得生存,它必须具备一切有机体所有的特征:生动性、适应性和流动性。"[②]

十年前,强调变革和调整之必要性的芬克尔斯坦坚定而又无可辩驳地说:

> 若在河堤上扒一道缺口,最好是审慎、周密、有计划、巧妙地去做,这样才能控制住水流。……到目前为止,这种有意识的缺口已在犹太教大墙上挖开了。……总而言之,莱西·拉基什(Resh Lakish)说过:"有时违背部分律法乃为了保住整个律法。"……至今我们也不能否认,每个公会和拉比允许变革以色列惯例的做法是非传统的而是革命性的。革命唯有取得成功方为合理。巴比伦的阿摩拉(Amoraim)没有巴勒斯坦传统的任命制(Semicha),他们自立法官和拉比,这便是一场革命。为制定新的典章制度,戈拉比肖姆(Gershom)召集了一次宗教会议,这也是一场革命。……在形势危难之秋,这些变革都帮助拯救了犹太教,所以它们都是合理的。凯拉尔·耶斯罗尔(Kelal Yisroel)认识到了变革的必要性。曾经是破坏传统的东西本身也变成了传统。美国人违背了原有的政治秩序颁布了《独立宣言》,但这并不妨碍宣言成为新秩序的基础,而且,在新秩序建构成的

① 参见本书第 8 章第 3 节。

② 路易斯·芬克尔斯坦:《塑造中的传统》(Tradition in the Making),载瓦克西曼《传统与变革》,第 194 页。

传统中,它成了最珍贵的文献。既然美国人民的意志能在本质上杂乱无章的东西中找出规律,犹太人的生命意志也就能经常使得起初本质上不恰当的东西变得恰当了。

如果转变价值观和引入新方法能让犹太人返回到上帝,重回到《托拉》和圣堂,那么,毫无疑问,新价值观和新方法将为人接受。因而,它们将比得上马伽比允许安息日进行自卫战争这一新举措,比得上《托萨非》(Tosafistic)宽容犹太人喝酒的心怀[①],比得上拉比以撒克·爱尔哈南(Issac Elhanan)允许丈夫死于海难的妇女再婚这一创举。[②]

思想上的模糊性

尽管上面的论述代表了保守派的观点,但保守派运动一直不能明确确定犹太习俗、礼仪和惯例的地位。在此方面,半世纪前联合圣堂采纳了一项建议。1917年,一个由神学院路易斯·金斯伯格(Louis Ginsberg)教授领导的委员会提议组建一个权威性宗教会议机构,以解释犹太律法和习俗、指导保守派会众。这一倡议以及随后的种种努力都无实际效果。一直有许多人不愿接受这一倡议,其中一个原因就是,在他们看来,这一倡议是有意修改或替代传统的犹太法典,他们对此心怀恐惧。结果,保守派的思想依然模糊不定。[③]

在宗教和世俗领导之间,上述保守派思想的模糊性经常造成他们在保守派基本原理和习俗上的极大分歧。许多人认为,保守派应该是"非从属性"的,也就是说,它不应以一个宗教派别的面目出现在彼此分歧的犹太人中,而应成为美国犹太教中新兴的、标准的、包容一切的一种形式,因此,他们认为没必要澄清犹太教的基本方向。他们辩解说,犹太教本质上

---

① 特尔瓦(Troyes)的拉比撒母耳·本·以撒克(Samuel ben Issac),人称拉什(Rashi,1040～1105),是著名的《圣经》注释家。他认为基督徒不是偶像崇拜者,因此,他们不受《塔木德》律法中那些只禁止拜偶像者从事生产和销售葡萄酒的禁令的约束。

② 芬克尔斯坦:《使我们联合起来的东西》(演讲,1927年),转引自瓦克西曼《传统与变革》,第313、318、319页。

③ 保守派倡导的这一模糊的纲领在其内部遭到了批评。这一纲领扼止从事变革的创造性,因为除非全体人民的同意任何事情都不能做。开普兰教授认为,"正如不能在既想站着不动又怕走向前去之间达到妥协",这种方法是不切实际的。参见开普兰《美国犹太人的未来》,第387页。

是一种强调行为的实践，其中的信仰和信条都是次要的；另一部分人则坚持认为“保守派”一词既贴切又富有意义，它能真实地描绘出美国犹太教的首要目标——保守派犹太人的价值观和传统。

保守派阵营中有一些人竭力反对保守派思想的不确定性，他们认为，面对日益变化的环境，明晰确定的立场有助于把握犹太教方向。其他人则赞成保持现状，肯定模糊性的价值，认为缺乏特定的基本理论反而有利于保守派发展，因为这样就会形成一种灵活性，允许某种折衷主义，也就是说，能考虑到从犹太教其他派系中汲取最佳营养。他们极力主张，保守派应该是实验性和实用主义的，而且能应付随时产生的情势。这种教义上的灵活性有助于形成一场包容一切的伞状运动，而思想确定的理论反倒有可能养成排他性。

当然，上述态度表现的是人们希望从错综复杂的困境中挣脱出来的企图。因此，正如上文所述，保守派的崛起主要应归功于其感受性心理学，而不是其模糊不清的哲学。

拉比的困境

由于所有保守派成员都认为犹太教是不断进化或变化着的宗教，所以现在的问题是决定可以达成什么样的变化。拉比大会面临的任务非常艰巨，它要解决美国犹太人如何让“哈拉哈”适应主导生活环境的问题。虽然保守派在“哈拉哈”的基本教规方面达到了某种程度的一致，但它发现要把这些教规付诸实践却相当困难。鉴于此，这个保守派拉比组织中有一批人倡导无为政策(Policy of inaction)。他们担心，与“哈拉哈”调和造成的问题可能比它所能解决的问题要多得多，有可能激起争议，导致论战，这些一触即发的论战将导致各阶层的分裂。他们相信，生活将给自己提供解决问题的钥匙。

反对上述观点的人坚持应采取措施具体解释“哈拉哈”。一些持这一观点的人倾向于解释“哈拉哈”要一丝不苟，防止过度的变化。另一方面，激进的犹太教重建派则要求广泛的解释，而且在必要时颁布新的法规(Takkanot)，以适应现代社会环境。但是，在某种程度上，持这种观点的人必须前要面对西拿(Scylla)岩礁——忠诚于传统的神学院全体教员，后要背对查瑞迪斯(Charybdis)大旋涡——保守派左翼，还要特别面对相对来说极少关心哈拉哈的俗众，他们必须在这一境况中划出一条航线。俗众中不少人批评保守派理论保守、实践自由。

以“哈拉哈”的阐释为依据修正宗教实践的责任由拉比大会的犹太律

法和准则委员会(Committee on Jewish Law and Standard of the Rabbinical Assembly)承担。[①] 值得一提的是,1948 年,这个委员会的规模得以扩大,更有资格代表拉比大会中存在的各种对立观点。它用拉比提问和应答的方式处理争议性问题。律法委员会一致通过的决议须呈交全体拉比大会通过方正式有效。然而在出现分歧时,多数派和少数派的结论都由律法委员会公布。由于律法委员会上意见分歧的观点只代表提出者个人的意见,所以拉比大会不作投票表决。但实际上两种类型观点之间没有多少差别,因为双方对保守派全体成员来说都无约束力。因而,拉比大会决议只具有道德影响力。[②]

拉比大会除了通过律法决议之外,还通过一些诸如保守派犹太教检查问题上的新举指,这些新举指不必诉诸哈拉哈式的分析和考察。这样的革新包括周五晚间的仪式、男女混合座席、男女成人礼仪式。同样,保守派已心照不宣地放弃了大量的《圣经》禁令,例如不准剃胡须(《利未记》19:27),严禁穿着棉毛混纺的长袍(《利未记》19:9、《申命记》22:11),禁止祭司的后代(Kohen)与离过婚的人结婚(《利未记》21:7),以及有关利未家族婚姻的律法(《申命记》25:5)。许多拉比法规也遭到了同样的命运,其中包括洁身礼即妇女每月的洗浴仪式。通常,保守派圣堂不反对乘车参加宗教仪式,传统仪式也作了修改。它虽基本上保留了希伯来结构,但已融进了英语成分。男子做祈祷须戴头巾。还有,保守派希望其成员遵守饮食法,在犹太社团活动时尤其如此。

阿戈娜

阿戈娜是"哈拉哈"中最令人困惑的问题之一,多年来它一直受到拉比大会的关注。根据犹太律法,离婚的主动权操在丈夫手里(《申命记》24:1)。一旦丈夫抛妻而又拒绝和她离婚,女方便成了不得再婚的、受束缚的妇女即阿戈娜(Agunah)。同样地,按照犹太律法,在丈夫失踪而且

---

① 近年提出的问题有两个:一是安息日用电灯是否违反圣日禁止烟火的诫命(《出埃及记》35:3),另一个是安息日乘车参加宗教仪式是否符合《圣经》的安息日律法(《出埃及记》31:12 以下)。

② 支持保持现状的程度可从律法委员会有关使用风琴的决定中看出来。1848 年,该委员会反对在圣堂仪式上使用风琴。1963 年,它认为"在现行条件下"使用风琴是合法的。但是该委员会呼吁注意因使用风琴所造成的某些"危险",似乎它又不鼓励使用风琴。参见帕尔岑(Herbert Parzen)《犹太教保守派的缔造者们》(Architects of Conservative Judaism),纽约 1964 年,第 217~218 页。

几年之后没有死亡证据的女人也是阿戈娜，这与民法并无区别。只有找到丈夫死亡的可靠证据之后，女方才被视为寡妇。阿戈娜的法律地位使得不道德的丈夫有机可乘，提出各种各样敲诈性的要求作为给予妻子宗教离婚书(Get)的条件。

几个世纪以来，对于那些丈夫由于战争或其他原因杳无音信的犹太妇女来说，这些法规给她们造成了深重的灾难。二战结束后，由于纳粹谋杀和乱世计划，这一问题变得尤为突出。如果新娘是一位阿戈娜，正统派和保守派拉比通常拒绝为其主持婚礼。由于改革派在这件事上遵奉民法，所以没有这种问题。

有关结婚和离婚主要范围的法规已由拉比大会委托该会和神学院组成的联合委员会处理。该委员会已被授权通过立法制定新法规。为了改善阿戈娜的悲惨处境，把她们从不利的法律困境中解放出来，1954 年，联合委员会采纳了一项不超越犹太律法界限的建议。联合委员会设计了一份书面婚约(Ketubah)表格，用传统的阿拉米语(原文)和英语(译文)写就如下协定：

> 男女双方一致赞成：如果本婚姻依据民法解除时，任何一方都有权向美国拉比大会和犹太教神学院的拉比法庭或其正式法定的代表提出恳求，以决定采取何种符合犹太婚姻法的行动；如果配偶一方不愿尊重另方所提要求，或者拒绝服从拉比法庭或其代表的决定，那么，另方可要求获得民法和平衡法所规定的部分或所有赔偿，迫使对方遵从拉比法庭的决定以及上述神圣的契约。[①]

根据这一条款，一旦男女双方依据民法解除婚姻并要求遵守其作出的裁决时，拉比法庭可按照另一方的要求传唤一方出庭，令其遵守决定。如一方拒不照办，另方可向民事法庭寻求判决。[②] 人们希望用上述办法避免阿戈娜问题，或者至少起到缓解作用。虽然上述协定还未得到民事法庭的检验，但法律主管当局认为它具有可行性。但即使真是如此，根据所有犹太团体一致承认的政教分离论，像此类投诉民事法庭的案件最后

① 只有证人而非新郎和新娘才能在传统的阿拉米语文本上签字，一对新人只能在书面婚约的英文译本上签字。

② 按照美茵茨的拉比戈肖姆(Rabbi Gershom of Mayence，约 1000 年)的说法，妻子必须接受离婚。

所得到的满意程度则大有问题。但是，上述条款产生出的道德压力大大有助于拉比法庭达到其目的，这一点大概不会有错。

正统派拉比提出几个理由强烈反对上述措施。他们认为，在结婚仪式上宣读的婚约中暗示婚姻结合的可能崩离，这是极不恰当、令人厌恶的。但最重要的一点是，正统派拉比以“哈拉哈”为其特有领域，竭力反对保守派拉比干预“哈拉哈”。他们指出，保守派拉比在技术上基本上还不能胜任处理“哈拉哈”的工作。这些人甚至还算不上是“货真价实的”拉比，因为他们通常拥有的仅仅是拉比学位，而没有接受传统的圣职授任或通过“哈拉哈”问题考试的证书(Hatarat Horaah)。正统派还谴责保守派拉比不是巩固建立在《塔木德》四周的围墙，而是“摧毁这些围墙”。正统派拉比的种种指责和非难已推动保守派着手自己回答犹太律法问题，而不和正统派同行合作。这一点恰恰让保守派领袖以及其他寻求在宗教事务上进一步加强团结的人士感到痛惜。但是，这个问题最好还是留给不定的未来去解决吧。

第 14 章　重建派犹太教

1. 历史和方法

重建派运动

保守派中颇有影响的一支主张该派应有清晰精确的意识形态。倡导这种观点最力的是摩迪凯·开普兰。他阐述了美国土生的犹太教教派即重建派的哲学思想，反映了美国犹太人生活的现代状况。

实际上，重建派代表了美国犹太教除正统派、改革派和保守派之外的第四大派别。但是，从表面看，开普兰及其保守派拉比中的主要信徒依然保留着与拉比大会的渊源关系。重建派分子自称是一个思想学派，它所关注的是一种拆除党派藩篱的哲学，而不是组建一个新的宗教派别。在拉比大会中，重建派人数不多，但其影响之大远远超出其人数，成为这个组织内外诸多拉比思想的催化剂。许多犹太教神职人员、犹太学校教师、社会和社团工作人员以及遍及全美的众多俗众，在不同程度上受到了开普兰思想理论的影响。

摩迪凯·开普兰

重建派的奠基人摩迪凯·开普兰教授被民众视为当代美国犹太人生活中最具创造力的哲学家。他出生于立陶宛，1889 年，八岁的他来到美国。他先后在纽约市立学院、哥伦比亚大学和犹太教神学院求学。从神学院毕业后，他在纽约市担任过数种教职。由于思想自由，他和所供职的几家公会中的极端正统派分子发生过冲突。1922年，为了创建犹太教促进会(Society force Advancement of Judaism)以传播他的思想，他辞去了位于第86道西大街的犹太人中心(Jewish Center)的拉比职务。他在宗教礼仪和礼拜仪式上有着自己的思想和灵感，促进会则成为他的实验室。在圣堂内的各种活动中，他强调并鼓励小组学习和讨论，视之为《托拉》理想在犹太人生活中的表现。这种想法以及其他观点被全美的犹太教公会竞相仿效。

在近40年的岁月中，开普兰身任神学院布道学和米德拉事(Midrash)教授，同时担任该院的师范学院院长。他还授课于哥伦比亚师范学院、(现已不存在的)犹太社会事务研究生院(Graduate School for Jewish Social Work)以及耶路撒冷的希伯来大学。开普兰不仅是一名多才多艺的学者，而且还是一名无畏的思想家，见解明晰而深刻；开普兰著作等身，其大量文章和书籍都阐释了他的重建派理论。1934年，《作为一种文明的犹太教》(Judaism as a Civilization)出版，该书第一次全面展示了他的哲学思想。同一年，他创办了双月刊《重建派》(The Reconstructionist)；1940年，他创建了重建派基金会(Reconsturctionist Foundation)，该基金会拥有自己的出版社。基金会的目标是促进和推动重建派理论的发展。

问题

开普兰所著《作为一种文明的犹太教》在犹太人圈子里引起过极大反响，该书认为，他的理论目的在于竭力解决美国人生活中犹太教的解体问题。犹太教面临着理性主义和现代主义的挑战，这两股思潮正在逐渐舍弃圣堂，背叛犹太教，由此，开普兰看到了重新解释犹太教的迫切需要。开普兰认为，除非现前的倾向得以遏止，美国犹太教的前途将一片黑暗。

依照开普兰的观点，美国犹太人中各种思想运动都未能给现代犹太人提供与犹太教相吻合的充足理由。它们也没有为那些真诚希望保留自身犹太性(Jewishness)的人提供确定性的统一根据。改革派，至少是古典的改革派，无力达到上述目的，因为它已抛弃了犹太民族性的思想，而且削弱了犹太律法的地位，将它看成是伦理说教的抽象。新正统派也不能满足上述要求，因为其超自然观与当代犹太人的理性主义观念相冲撞，而且它轻视或拒绝犹太民族主义的原则，甚至像改革派一样，用犹太传教论这一空洞学说取而代之。由于新正统派过于僵化、不允许变化，它无法在现代世界中形成为一支富有成效的力量。从本质上说，保守派是改革派和正统派之间的一种妥协;从思想上看,它对于不断求索的犹太人来说理论上过于模糊且不成体系。最后,世俗的民族主义忽略了犹太教的宗教方面,表现的是被扭曲的犹太教形象,为进圣堂的犹太人所不齿。开普兰断定,通过一个认真设计的行动纲领,而不是通过实用主义式的调整,答案就出来了,它就是有计划地重构和改造犹太教深层的哲学基础。

考虑到当今美国既存在信教犹太人也有世俗犹太人,同时鉴于犹太教的观念和范围必须充分扩展以将上述两者都包括进来,开普兰把犹太教界定为一种包容一切且不断进化的宗教文明,其中包含了各种宗教的和非宗教或世俗的文化因子。以一名统观全盘的领袖为代表的有组织的犹太社团为媒介,这种犹太教概念就可转换成切实可行的语词。这样,这种最具包容性的犹太社团机构就反映了犹太人生活的所有层面:宗教、文化、社会和美学。

重建派和正统派未发生过争执,或者说,它不曾与任何心悦诚服地赞成其理论与习俗的犹太教其他派系发生过冲突。开普兰本人是一位遵守教礼的犹太人;他为了帮助那些信念脆弱的人获得一根精神支柱而阐述了他的学说;对他们来说,他的重建派运动提供了一个"最适宜于改善犹太人生活的社会战略方案"。虽然他的思想遭到各宗教团体中不少人的反对,但他的观点仍吸引了众多的信徒,其中有的来自保守派和改革派的队伍,有的来自世俗的民族主义阵营,后者的精神旨趣已无法在犹太民族主义和文化中得到满足。

2. 作为一种文明的犹太教

一种宗教文明

开普兰认为,犹太教(Judaism)"是某种远比犹太人的宗教(Jewish Religion)宽泛的概念。它包括了历史、文学、语言、社会组织、民间约束、伦理观、社会和精神理想、审美情趣等等,所有这些方面的总体构成了一种文明"[①]。只有在犹太教中心和精神宝库——以色列,犹太人才是第一位的,在其他任何地方,它都是附属性的。只有在犹太文明占绝对优势的以色列,犹太人才能过彻底的犹太生活;在犹太国以外,犹太人分享所在

① 参见开普兰《作为一种文明的犹太教》,重建派出版社 1957 年,第 178 页。

国共有的文明。例如，在美国，犹太人与其美国同胞追求共同的思想、习俗和文化，并且忠诚于美国制度。不仅如此，犹太人还积极参与了犹太文明发展的各个阶段。尽管犹太文明在美国主导文化中处于从属地位，但它毕竟展示出犹太人的自我意识部分。尽管美国犹太人在美国文明中找到了自己的主要表达方式，但他们还应自身培养和推进某种具有犹太性的东西，这样做既是犹太民族生存所系，又可以说是获得最大的精神满足的途径。美国犹太人就这样倾心信仰犹太教和美国民主这两种崇高的理想，而且所幸的是，两者不仅可以相容共存，而且是协调一致的。

用重建派奠基人的话说，该派最主要的目标是"为所有那些想保留犹太人身份的人找到一个确定性的统一基础"。像重建派的轮状徽章所表示的那样，其纲领是以犹太人家园以色列为"犹太文明的核心，由此辐射出犹太教的所有能动力量"。以色列的疆土对犹太文明至关重要，因为"树儿活命离不开土壤，一个民族的文明离不开一方领土"[①]。重建派的原则已由开普兰教授作了如下概括：

(1)犹太教：一种不断进化的宗教文明

犹太教，或者说业已将香火未绝的数代犹太人凝聚成一个民族的犹太教，不单单是一种宗教，它是一种不断进化的宗教文明。在历史进化过程中，犹太教已经历了三个明显的发展阶段，每一个阶段都是它发挥作用时那些背景的反映。

(2)现状所提出的要求

在这三个发展阶段中，犹太人组成了一个分立的民族。现今，像其他民族一样，犹太民族必须学会在自身的历史文明和所处环境的文明中生存。这将宣告犹太教民主阶段的来临；在此阶段，犹太民族将得以重组，犹太教将得以复兴，犹太文化将得到丰富。

(3)差异中的统一

地理上的分散以及文化背景和世界观上的不同造成了犹太人之间的差异，犹太人的统一应超越这些差异。

(4)重立古代的盟约

世界各地的犹太人应该和以色列的犹太人团体一起复兴他们历史上的盟约，使自身联结成一个跨国界的民族，从今以后，这个民族就是"锡安"，并以"锡安山"为核心。

---

① 开普兰：《作为一种文明的犹太教》，第186页。

(5)以色列本土(Eretz Yisrael)即全世界犹太人的精神家园

以色列本土应该被视为历史上的犹太文明的家园。

(6)在以色列之外建立有组织的社团

在以色列之外,犹太人的民族性应导致有组织的社团的建立。所有为了犹太人并由犹太人发起的活动和组织都应协调运作,而且以培养犹太人的民族性、宗教和文化为首要任务。

(7)宗教新生的先决条件

用自由探索的精神研究宗教并且具备政教分离的条件,宗教的新生才会获得最大限度的成功。

(8)如何解释对上帝的信仰

复兴犹太教需要用整个人类的体验,特别是犹太人的体验来解释对上帝的信仰。

(9)维系宗教连续性的要素

一种宗教在不同的发展阶段中的连续性及其在多样化的信仰和习俗中的同一性是靠其圣物(Sancta)维系的,这就是英雄人物、各种事件、文本、地点和季节。正是由于这些因素,宗教作为推动实现人类命运的工具而凸显了出来。

(10)《托拉》与不断发展的犹太文化同义

传统的《托拉》概念应被理解为与犹太宗教文明同义,因此,它应包含犹太人所有不断发展的伦理、文化和精神方面的经验。[①]

犹太文明的构成

重建派徽章上的轮子可以说象征着能动的、不断进化和发展的犹太文明,它在整个历史进程中经历着不断的变革。犹太人不只是一个宗教派别,他们已创造出一种文明。根据开普兰的观点,"宗教是一种文明实体中固有的一个性质"。它无法与某种文明相分离,就像"白色离不开雪、红色离不开血一样"。但是,一种文明具有宗教成分,诸如法律、语言、文学、艺术、历史和民族传统——所有这些都有助于构成文明的独特性。由于犹太教中的宗教礼仪和显著的世俗因素具有象征作用,犹太人正是通过它们来表达与犹太社团和犹太文明的一致性的,因此,两者都是至关重要的。由于希伯来语言是一把打开犹太文献的钥匙,所以希伯来语的研

① 参见《重建派》第17卷(1964年12月25日),第32页。

究是犹太文明中必不可少的一环。今天，希伯来语已成了以色列的国语，它是连接全世界犹太人的重要纽带。

宗教礼仪和社会习俗

在开普兰理性主义的犹太教规划中，犹太教礼仪和惯例应该看成是习俗或民风(minhagin)，而不应视为神的诫命(Mitzvot)。开普兰解释说，这些社会习俗“就是各种社会风俗，它们将一个民族集体存在的实在性具体化了”[①]。它们作为让人欢悦的“动态的宗教诗”，表达出某种情感或思想，在个体与其民族之间拉起了连接的纽带。这些社会习俗并无神奇的力量，却能帮助个人与上帝进行交流。这些习俗将铭刻于实践者的心中，并且给他们的生活增添情趣、个性和热情。开普兰认为，在这样看待传统的宗教礼仪的地方，“即便有偶尔的疏忽，也不必心存罪恶感；即便严格操守，也不会自满自傲”[②]。例如，有关饮食的禁令业已赋予吃喝这一肉体行为以精神性，有助于加强家庭生活中的犹太特色。但是，由于这些法规只是社会习俗而不是不可更改的律法，所以在家庭之外是否遵循就无足轻重了，而且这些规定也不应该强使个人与社会脱离。那些希望严格遵循犹太法典和传统典制的正统派可以这么做，而其他认为这些律法并不具有神圣来源的犹太教派则可以采取步骤修改它们。后者理当确立一套准则，以决定哪些习俗有意义且必不可少而应予以保留，哪些习俗因缺少意义而应加以修改。如果必要，他们还可以引入反映新价值观的新的风俗和民风。

除了安息日、各种法定节日以及礼拜式一类的宗教习俗之外，还有一些习俗反映了犹太人的群体意识。在这点上，开普兰博士提出了几项有趣的建议。他提议用犹太姓名来标明某人的犹太身份。他提议说，散居犹太人的名字(first names)应有显著的犹太特色，而姓氏(family names)则可以与一般公众类似。这样做可以表明，犹太人生活于两种文明即美国主导性文明和希伯来附属性文明之中。开普兰建议改造宗教时节固定不变的传统犹太历法。根据当前的天文学和地理学知识，以创世为开端计算犹太纪元的做法已缺乏合理的根据，犹太纪元应从第二圣殿被毁(公

---

① 开普兰:《作为一种文明的犹太教》，第 432 页，注释 1。

② 开普兰:《作为一种文明的犹太教》，第 441 页。

历 70 年)[①]开始。这一历史事件是犹太史上的一个转折点,它提醒犹太人注意自己在目前世界中的处境。开普兰认为,这些以及其他新风俗[②]将有助于加强散居在外的犹太人的犹太情感和意识。他强调,不要像正统派所坚持的那样,坐等一个宗教权威组织的建立,用它来维系宗教传统、修正犹太教的礼仪和习俗。众位学者和拉比应通力合作,共同拟定宗教礼仪指南。开普兰推断,这个指南会马上扎根,而且成为效法的准则。还有,这项宏大计划应体现民主精神。现代派、传统派的支持者以及世俗犹太人都应在此项事业中得到体现。这样,现在和过去才会异口同声。作为一种文明的犹太教概念允许信仰和习俗上的多元化,它将为上述蓝图提供理论基础。[③]

各种思想的影响

开普兰对犹太教的一些基本看法是从阿哈德·哈阿姆(1856～1927)[④]——精神或文化民族主义理论发起人那里借鉴来的。"拯救以色列,"阿哈德·哈阿姆说,"靠的是先知而不是外交家。"他设想,在犹太人家园中自治的犹太社团是复兴犹太精神的工具和序幕,是指引全世界犹太人的灯塔。阿哈德·哈阿姆"首先肯定了犹太人的散居状态",他还想通过一个旨在唤醒犹太意识的民族主义教育过程让在犹太国家之外的犹太社团获得精神上的再生。开普兰相信,以重建派的纲领为手段,美国犹太人的生存能获得保障。开普兰给美国有组织的犹太社团绘制的蓝图还受到由著名的犹太历史学家西蒙·杜布诺夫(Simon Dubnow,1860～1941)传播的散居犹太人的民族主义(Diaspora Nationalism)理论的影响,杜布诺呼吁在犹太人众多的东欧建立犹太文化自治社团。

开普兰极力追随美国杰出的实用主义者约翰·杜威(1859～1952)。杜威认为现实是不断变化和发展着的,因此有必要重新审视和建构各种

---

① 犹太人并非总是以创世为纪元的开始,有时也以重要的事件为始,如诸王的统治(《列王纪上》15:1、16:8、22:41)以及其他主要事件(《列王纪上》6:1,《以西结书》1:2,《以斯拉记》3:8)。曾有几个世纪,拉比们以圣殿遭毁那一年为纪年开始,中世纪的文献也有这样的记载。参见《偶像崇拜》8b～9a。另参见拉什关于这一篇的注释(8b):"若有人数算圣哲的前继关系和年岁,或计算欠款的年岁,当从圣殿遭毁算起。"还可参见爱泼斯坦(I. Epstein)编《偶像崇拜篇》,伦敦1935 年英文版,第 42～43 页注释。

② 开普兰:《作为一种文明的犹太教》,第 454～455 页注释。

③ 开普兰:《作为一种文明的犹太教》,第 222 页。

④ 开普兰:《作为一种文明的犹太教》,第 381 页。

主导观点和看法。相应地，宗教的第一个任务就是让生活更有意义并将个人及其社团提高到一个更高的精神水准。开普兰宣称，在这个时代，通过启示论和超自然神性论还不能完成上述任务。与这些理论不同，他提出了体验上帝这种自然主义[①]的宗教观。这个概念具有多种社会内涵，正如"教师"一词相应地让人想起"学生"，开普兰的上帝概念与人类相关联。因此，他说："神性(Godness)是用真善美这些人类的理念以圣洁的方式编织起来的，除此之外，对我们来说别无他意。"[②]

开普兰的社会学观点在其思想中占据枢纽性的位置，可能主要得益于伟大的法国犹太社会学家爱弥儿·涂尔干(Emile Durkheim，1858～1917)。涂尔干通过对野蛮人部落这一相对静态社会的研究，发现野蛮民族受"部落集体意识"的支配。因此，他推断，个体的精神生活、宗教体验及其表达方式主要受社会环境的制约。相应地，宗教包括了部落社会中各种备受珍爱的价值观、兴趣、信仰和抱负。作为一种手段的宗教保守它认为非常重要的那些思想和制度并使之神圣化。所有这些东西便成为该团体的圣物(Sancta)，它们在历史进程和生活模式中得到发展，最终达到拯救这一概念——其精神成就中的最高目标。

开普兰特别指出，高级宗教中当然也有圣物，在犹太教中，《圣经》、各种节日和其他仪礼均以之为例阐述问题。实际上，不仅宗教有，而且其他组织健全的社团中也有圣物。美国政治联盟尊重宪法，向国旗敬礼，遵守诸如感恩节和国庆节一类的节日。因而，宗教主要是一种社会现象，它反映出一个既定社会的看法、历史和传统，而非像通常所认为的那样，宗教仅仅是由个体的恐惧感和敬畏感引起的心理需要。

不仅如此，孤单的自我几乎没有意义，个体只有作为团体的一分子才能在生活中得到表现，发现生活的目的。因此，团体成了主要的媒介，通过它个体可以得救或自我实现。几乎不存在一个脱离既定社会的规范和权威的个体宗教，只有赋予了较高的精神能力的人才能达到如此高的水准。这些人是一小批志同道合的特殊群体，他们天生赋有极强的宗教敏感性。这些人承认，从人种学上看，种族宗教是伦理上的自鸣得意或沙文

---

① 马修·阿诺尔德(Matthew Arnold)的自然主义观在宗教方面影响了开普兰。参见诺曼·弗林克(Norman Flinker)《马修·阿诺尔德和摩迪凯·开普兰》，载《重建派》第 31 期 14 号，1965 年 11 月 14 日。

② 参见开普兰《上帝在现代犹太教中的意义》(Meaning of God in Modern Jewish Religion)，纽约贝尔曼犹太书店 1937 年，第 26 页。

主义。那些富于道德远见的先知或者说那些受到理性驱使的哲学家,都是从他们中产生出来的。总而言之,开普兰眼中的宗教具有社会性,所以它会转化为社会行为。

犹太艺术

在一种文明中,艺术的地位至关重要。它是"用色彩、声音和图像对世界进行的个别阐释,是一种为那个文明的人民所熟悉又趣味盎然的解释"。因此,开普兰极力主张,艺术应该和犹太教中其他文化要素一样得到鼓励。他说,那种认为犹太教过去没有自己的艺术表达方式的论调是不正确的。从远古时代起,音乐就已成为犹太人公共生活中不可分割的一部分。它在礼拜和家庭生活中占据重要的地位,并表达出各种各样的宗教情绪。在近几个世纪,它产生出哈西德派歌曲和舞蹈。一开始在圣殿,后来在圣堂里,建筑装饰已司空见惯。《圣经》中"这是我的上帝,我要赞美他"(《出埃及记》15:2,《安息日》133b),可解释为对"宗教诫命的美"的升华的呼唤。因而,祭礼用品以各种各样的方式被修饰、美化或装点,其中有酒杯、蜡烛台(Menorah)、《托拉》卷轴、约柜、《以斯帖记》卷轴(Scroll of Esther)以及其他大量的宗教礼仪物品。[①] 至于文学方面,《圣经》、《伪经》以及后来的中世纪作品即是高度发达的希伯来文学传统的见证。开普兰看到,雕塑是唯一不带犹太教色彩的艺术表达方式,这主要是因为犹太教中明令禁止雕刻偶像(《出埃及记》20:4)。但是在今天,由于不再有偶像崇拜的恐惧,反对这种艺术的传统禁令便缺乏合理的根据了。

因为建筑设计是一种文明的标志,圣堂建筑以及其他犹太机构设施应体现出显著的犹太特色。犹太艺术以及犹太典籍可以给犹太人的家庭气氛增辉。在犹太礼拜仪式中,应运用诗歌、音乐、歌曲、戏剧和舞蹈以提高其审美水平。"如果以前的宗教是用艺术语言表达的话,那么当今的趋向就是将艺术升华为宗教。"[②]

有组织的社团

1908年的开普兰还是纽约市克开黑拉·耶舒兰(Kehilath Jeshurun)公会的一名拉比,远没有形成重建派观点。然而就在那时,他就提出了一份集宗教、文化、社会以及娱乐活动于一身的综合性圣堂纲要,旨在将犹

---

① 开普兰:《作为一种文明的犹太教》,第205页,注释1。

② 开普兰:《作为一种文明的犹太教》,第455页。

太人礼拜场所扩展成真正的集会厅(Bet Kuesset)。一批美国教堂先前曾发起建立过这类集会场所,后有几名改革派拉比步其后尘,但是只有开普兰给圣堂中心论提供了理论基础。1918年,他遵循他所倡导的路线在曼哈顿组建了犹太人中心。十年之后,由以色列·莱维塞尔(Israel H. Levinthal)博士领导的类似组织即布鲁克林犹太人中心(Brooklyn Jewish Center)也建立起来。开普兰的观点迅速传播开来,在保守派中影响尤甚。不久全国各派系都提出了类似的纲要。开普兰原来的打算是努力建立统一的犹太人生活结构,可现在,他走得比这更远了。

开普兰提出,最能代表和维系多面的犹太文明的社会统一体并不是主要用来处理犹太人生活中宗教事务的公会组织,而是一个囊括了犹太人整个生活领域如各种利益、活动和需要的民主性犹太社团组织。开普兰认为,这种犹太社团应通过一个协调机构即社团会议起作用,由它管理宗教、教育、慈善和社会机构。因为犹太宗教和教育机构在犹太人生活中居于核心地位,所以应予特别关注。这些犹太人机构和现今存在的机构一样,其职责是以总社团的名义并代表总社团提供社会福利、娱乐、社会以及指导性服务。这个组织的一大优势是能消除那些常常困扰犹太社团的无谓争斗。为谋求更好的效果,这种社团结构可在县市、地区和国家几个层次发挥作用。

所有赞成犹太社团且希望与犹太民族融为一体的犹太人均有资格参加这个综合性犹太共同体。从这个组织中,每个犹太人都会获得一种参与感,得到犹太统一体中的一定地位。中心社团将作为犹太人生活的主要机构取代圣堂,并对个人生活产生出比圣堂更为广泛的影响。它负责对结婚、离婚和死亡进行登记,关注犹太人经济福利,保护其公民权利,还有其他类似的职能。这样的社团组织才会具体表现犹太民族性的思想,而且有助于形成犹太团体生活的凝聚力。

这种团体在犹太历史上并非首创。欧洲的卡哈尔(Kahal)就是犹太人寄居的宗主国人民的种族隔离主义政策从外部对犹太人进行高压的结果,但是,开普兰倡导的这种社团则反映了犹太人集体存在和生活的自发兴趣。这种少数民族组织在美国历史上也不新奇。罗马天主教会就是可供犹太社团效仿的模式,只有一点与犹太社团不同。自发的犹太社团必须是民主型的,其构成不应是专制的或等级制的。这个犹太社团可以行使一定的控制权，但必须赋予各思想团体以充分表达思想的自由。[①] 总社团而非其各个机构或圣堂支付雇员的薪水，但人事任用权仍由各个工作机构掌握。结果，每个工作人员都能实实在在地对整个社团负责。

构成整个社团基础的思想在犹太教育领域中具有特别的意义。每个学校都成为社团的附属单位，而不再是单个的公会的一部分。相应地，学校将用忠诚于整个以色列民族(Kelal Isrcael)的思想感情鼓舞学生，而不再像今天通常看到的那样忠诚于某一特定的圣堂、宗派或思想派别。这个组织完好的社团从而成为一支团结犹太人的强有力的力量，集中体现了犹太人民族性概念。

统一的盟约

有组织的犹太社团以“全体以色列人”这一概念为思想基础；这种学说意味着，它不仅认同地方性甚或全国性的社团，而且与全体犹太人保持一致。解放运动和以色列国的建立使全世界犹太人之间的相应联系发生了巨大的变化。今天，在犹太故国的公民组建了一个民族国家。另一方面，在以色列以外的犹太人不再视自己为背井离乡者，他们已完全融合于其所在国的文化、政治、经济和社会等领域之中。建立在启示论根基之上的传统犹太教也不再是全世界犹太人的精神纽带，犹太人的统一性需要用新的“盟约”重新定义和规定。开普兰为了用一份正式的盟约开创犹太人生活的新纪元，已以犹太历史上诸多先例为根据构想出一种新的盟约观念即一种社会习俗。古以色列人在西奈缔结盟约(《出埃及记》24:8)；当他们在荒漠里的旅程结束之后，又缔结了盟约(《申命记》28:69)；当约西亚开创宗教复兴时代时，再度缔结了盟约(《列王纪下》23:2)；另外，还可在以斯拉(Ezra)和尼希米(Nehemiah)时代(《尼希米记》10:1)以及其他许多重大场合发生过类似情形。

开普兰认为，应该在耶路撒冷召开一次由世界各地犹太人的代表参加的盟约大会(Covenant Assembly)，在会上提出新盟约。大会应正式承认，随着犹太国的建立，犹太人的生活开始走上了一个新的历史阶段。盟约应成为一种消化剂，将依据“可变的”犹太社团概念将犹太复国主义理想转化成“更伟大的犹太复国主义思想”，这个犹太社团的核心在犹太文

---

① 现今的全体犹太人福利组织一般不是社团全体的代表，这些组织的董事会实行终身制，犹太公众对其事务几乎没有发言权。然而，根据开普兰的社团规划，社团机构在结构和行政上均采取民主制度。

明的诞生地和中心——以色列本土，但其各分支遍及全球。虽然犹太人遍及世界各地，作为所在国的公民，他们对其各自的国家怀有专一的政治忠诚，但是，“通过重新确定迄今为止让他们联成一体的盟约”，他们将和以色列犹太人以及其他各地犹太人保持着道德和精神上的联系。因此，尽管犹太教派别众多，但盟约将成为所有犹太团体的一条共同纽带。

作为犹太教富有创造性象征的新盟约，有可能在犹太社区中产生出一种新的礼仪。每一个犹太人，只要他业已成人，将通过一种仪式，宣扬“全体以色列人”理想以及以色列联合互助的观点。该仪式应在一个特定的日子举行，这一天就是一年一度的“犹太人团结日”(Jewish Unity Day)，“这是一个以色列人成为一个盟约民族(Am Berit)的日子”。开普兰相信，这样一种仪式将成为犹太人生活的一股强大动力。①

3. 对教义的诠释

上帝和启示

在很多方面，重建派的基本教义甚至比改革派的主要观点还要激进。或许，重建派极端理性主义的典型例子是它所提出的上帝观。开普兰把上帝概念界定为“有利于丰富人生或拯救的宇宙进程”②，或者是“我们的拯救意志(will-to-salvation)的源泉”③。他还从更为实用主义的角度将上帝设想为“一种既内存于自然又超越自然的、推动人寻找生活中的价值和意义的力(Power)”④。就是这一现实或实存的方面，“诱发出最有用的品质，这些品质能升华个人品质，促进社会团结”。在开普兰眼里，“拯救”一词意味着一个人在其文化背景中为成就人类命运而作的努力⑤——一种没有超自然或彼岸世界色彩的自然主义观。人类为了获得拯救所需要的知识，“不论它以何种方式传授给人类，都构成了神圣的启示”。不仅如此，重建派祈祷书还宣称：“不是上帝将《托拉》默示给以色列人，而是《托

---

① 开普兰在拉比大会上的讲演：《建立保守派运动指导原则》(Towards the Formulation of Guiding Principles for the Conservative Movement)，1949年，载瓦克西曼主编《传统与变革》，第304页以下。

② 《美国犹太人的未来》，麦克米兰公司，1948年，第183页以下。

③ 《安息日祈祷书》，重建派基金会1945年，“绪论”第20页，正文第173页。

④ 《安息日祈祷书》，“绪论”第19页。

⑤ 《美国犹太人的未来》注释16，第172页。

拉》将上帝默示给以色列人。"[①]这便意味着《托拉》是犹太人上帝概念的来源而不是上帝乃《托拉》的来源。这种观点与保守派的自由思想一致，重建派则用大胆而又明晰的语词详细阐述了这种思想。

禁令

由开普兰及其同仁编辑的《安息日祈祷书》(Sabbath Prayer Book)于1945年春出版。此后不久，正统派拉比联合会(Agudat Ha-Rabbanim)[②]召开大会，发布了一道正式反对该书编辑开普兰博士的禁令。这本祈祷书被当众烧毁。这一事件引发了一场激动人心的争论。就连许多反对这本重建派祈祷书的人也谴责正统派拉比联合会，说其行经是对神名的亵渎(Hillul Hashem)，它必然导致人们对犹太教以及正统派拉比的不尊重。

几个月之后，路易斯·金兹堡博士和开普兰教授及其神学院同事在美国希伯来语周报(Ha Doar)上发表了一封公开信。虽然他们对正统派拉比组织发布的禁令感到十分遗憾，但他们仍然激烈攻击开普兰在祈祷书中的各种观点。但这一切都未能阻止开普兰教授继续从事他的编写工作，1947年，《重大节日祈祷书》(High Holy Day Prayer Book)出版。1958年，《节日祈祷书》(Festival Prayer Book)问世。

祈祷和礼拜

在重建派思想中，祈祷有何作用？祈祷对于本质上非个人的那种进程、力量和趋势有何用处？一个人能从重建派思想模式里的神祈中引发或希望得到什么样的回应？开普兰试图给这些关键性的宗教问题提供一份自然主义的答卷。

开普兰坚持认为，礼拜从主观上看是必须的。祈祷本质上是个人情感的宣泄。我们通过它意识到，在我们中间，在我们的内在意识中，在我们人类关系以及所处环境中，有一种起作用的力，同时，我们所获得的这种意识也强化了这种力的作用。在祈祷中，个人还可表达出他的各种想法或其团体的精神目标——最终得救。当祈祷者面临危机时，用这种方式一定会获得信念和力量，而且能从紧张、悲悯和恐怖中解脱出来。因此，祈祷对祈祷者具有相当大的心理功效和疏导效果，从而强化了理想。这种对话式的境况还可以用"具体化"方法得到，所谓"具体化"就是一个

---

① 《安息日祈祷书》，"绪论"第25页。

② 参见本书第15章第2节。

视抽象为实在并将想像观念定形化的过程。诗歌运用隐喻法提出诸如美德或爱一类非形象化概念的地方就采用了这种理论。

但是，除了祈祷在重建派中的地位问题之外，还有一个礼仪问题，即请求恢复在正统派犹太教中深深扎根的祭礼。《摩西五经》和《塔木德》广泛地阐述了动物献祭仪式。由于圣殿遭毁，动物献祭就停止了。数个世纪内，犹太人一直为此而悲痛。当然，到了现代，这些祈祷文已显得陈旧且不适用了，但在正统派祈祷书中它们仍被完好地保留着，保守派对之作了修改而加以保留。① 在《匹兹堡纲领》(1885)中，改革派对此问题立场明确，宣称他们不期望"恢复由亚伦后代主持的献祭仪式"，因此，他们从祭礼中删掉了有关的段落。② 保守派为了保留对传统的忠诚，仅仅修改了祈祷文中的有关措词和动词时态，视之为对昔日的点滴回忆。而重建派采取了与改革派相类似的立场，因而比保守派显得更有勇气，态度更为明确。但是，重建派和保守派的祭礼都承袭了古代圣殿中的献祭仪式所蕴含的牺牲精神。

选民论

保守派的祈祷书提到了选民论，并把它解释为一种精神上的挑选，含有犹太民族献身于某种精神目的的意思。该书的编辑们强调，因为这种理论"在一些领域被庸俗化和误解"，所以不应该被简单地从祈祷书中抹掉。实际上，他们还警告说，从礼拜式中删掉它反而会造成论敌的误解。正统派和改革派的祭典也肯定了上述看法。但是，改革派和新正统派从传教论角度解释选民论，认为上帝挑选以色列人是为了传播伦理一神教的学说。③

在开普兰眼里，选民论是一种超自然观——一种关于"想象的优越性的一种徒劳的补偿机械论"，也就是说，它是历代犹太人在面对敌意时保持自我价值感的一种心理手段。重建派考虑到选民论会造成"以色列和其他民族之间的令人生厌的比较"，因而从其礼仪中删除了所有关于选民的言词。开普兰也承认选民论能提示犹太人献身于崇高的伦理目的即促

---

① 保守派的《安息日及节日祈祷书》(美国拉比大会和联合圣堂祈祷书联合委员会，"序言"第 IX 页，正文第 141 页，以及其他地方)这样写道："他们(我们的先祖)施行(动物)献祭。"传统的祈祷程序(Siddur)包括了恢复献祭仪式的请求。保守派祈祷书删除了《塔木德》中有关圣殿献祭仪式程序的段落，而在传统的祈祷仪式中这些段落作为上午仪式的序曲。

② 《安息日及节日祈祷书》，"绪论"第 27 页。

③ 《安息日祈祷书》注释 16，第 79、211 页以下及 228 页。

进人类道德进步的理想；但是他不能宽恕选民论中所固有的自我优越感的因素。重建派已用温和的使命感取而代之，强调所有的文明都用来“培养自由精神和责任感，借以充分发挥人的潜力，使之成为完人”。通过这种途径，各民族都会对人类进步作出自己的贡献，没有哪一个会因为其优越性而被挑选出来。

民主的宗教

开普兰既悲叹美国犹太教的分裂状况，又关注美国民主制的失败。至今，美国也未千方百计地去解决匮乏、教育和民众福利等问题。开普兰认为应该将民主提高到宗教高度。民主也有圣物，其基本思想已在宪法和权利法案的序言中确定下来了，有关民主的文献也是宗教典礼可资借鉴的材料。事实上，开普兰已与几个人合作出版了一部题为《美国的信仰》(The Faith of America)的书，其中包括了大量的文学素材、诗歌、读物和歌曲，这些都可拿来在美国各种节日以及类似场合上使用。

开普兰指出，宗教关注的不仅仅是神学，而且像民主一样，反映了一种推动人类进步的企图。而民主也像宗教一样，包含着一种对人类不断趋于完善的可能性的信仰。因此，这两个概念可以说都体现了拯救的体系，这些体系也内含着一种对拯救力量的信仰。因为民主的宗教没有有神论信条或教义，它可在公立学校里传播，从而解决了在国立学校教授宗教这一令人困惑的难题。开普兰看到，最好让美国民众了解到民主教育是“一种神启的工具”。民主给美国提供了一种共同的宗教，它有助于向美国民众灌输一种爱的精神以及对崇高原则的忠诚和满腔热忱。

宗教平等

重建派强调，民主也应在圣堂中有一席之地，特别是当民主与妇女地位问题相联系的时候，更应如此。在这一点上，重建派倾向于改革派，他们给女孩举行和男孩一样的成人礼仪式。仪式程序也相同，包括了阅读相同的先知书内容。但是，大多数保守派圣堂所采用的女孩成人礼仪式在程序上有所不同，从而与传统的男孩成人礼仪式区别开来。

重建派已百尺竿头更进一步了。他们按照男女平等原则像改革派一样给予妇女“阿利亚”(Aliyah)荣誉。[①] 实际上，“哈拉哈”也支持这一做法

---

① 关于召集妇女举行阿利亚(到圣堂中读经——译者)的习俗，《以斯帖古卷》23a 的同一段落不鼓励此举，理由是“为了社区的尊严”。显然，只召集男士更符合公会的尊严。

(《以斯帖古卷》23a)。保守派公会虽也没男女混合座席,但他们和重建派以及改革派一样,一般不支持妇女积极参与宗教事务。

像改革派一样,重建派也取消了给予祭司男性后代(Kohanim)谋求教职的优先权。正统派则照旧奉行原来的做法。保守派也是如此,只是程度上比正统派轻些而已。重建派和改革派强调,类似的习俗到今天已毫无价值,理当废除。

4. 批判和评价

自然主义的方法

重建派的理论遭到了来自各方面的指责,开普兰的自然主义方法则成了攻击的首选目标。重建派的批判者都认为,开普兰式的上帝思想根本没有犹太特性。他们说,由开普兰设想出来的抽象的神只可用来缓解一些知识分子的哲学疑虑,对普通的教徒却没有任何吸引力。即使有这种神的话,也几乎没有人会满腔热情地向那种不可企及和超然孤立的力量、进程或推动力祈祷,更不会希望从那里获得让生活更富意义且能克服重重障碍的忠诚、勇气和慰藉。

开普兰最热忱的信徒之一、已故的保守派杰出的拉比弥尔顿·斯腾堡(Milton Steinberg,1903～1950)也反对其恩师的神学基本理论。他挑战性地反问:"上帝是一种现实性抑或只是实在的一个方面——一种从杜威工具主义哲学中产生出来的功能性概念?"斯腾堡也认为,杜威哲学就其帮助人类适应自然环境、解决一些基本问题来说,无疑是有价值的。但是,他指出,它不能被允许取代人类精神生活中必不可少的忠诚的位置。斯腾堡感到,开普兰的上帝几乎不可能形成虔敬和奉献的精神,因为它缺乏依赖感,缺少诗意以及通常与上帝相联系的神秘感。必须承认,理性自身也有其适用的界限和局限性。

传统

重建派轻易离开传统的做法也成了受攻击的一个理由。在这方面,谢希特对改革派的讽刺——人单靠氧气是无法生存的——也可拿来用于重建派。开普兰试图回到早期的礼仪体验上,由此来证明传统在宗教意识中占有神圣的地位,不能蓄意否定。开普兰是纽约犹太教促进会圣堂的精神领袖,在这里他取消了人们在除夕夜仪式上开始吟唱的"弃诺词"

(Kol Nidre)。[①] 他之所以这么做是基于理性的考虑，即认为它是数世纪以来犹太人和非犹太人之间的误解的根源，而且，实际上它为实行中世纪犹太人誓约提供了借口。动人心弦的《诗篇》第130篇是这样开首的："耶和华啊，我从深处向你求告。"这篇诗原是在考尔尼德中的一段使人神往陶醉的赞美歌，开普兰用以取代了考尔尼德开始的套语。但是，这一创新举措导致了势不可挡的抗议浪潮，在教徒们的坚持下，重建派在其礼仪中恢复了考尔尼德套语，只作了极少的改动。人们对于考尔尼德这一庄严斋戒上的开篇词的仪式上的热切已远远超过对其内容的可能异议，即使在像开普兰的公会一样自由的派别中，这种情况也在所难免。

其他教义

重建派哲学被人们贬斥为无神论，因为它将犹太教世俗化，尊犹太人为犹太文明的基本要素。人们还指责该派取代了《托拉》和以色列人的上帝，指责它没有给传统犹太教和其他宗教传授的上帝和个人的关系留下应有的一席之地。人们还指责它对犹太教套用了社会学模式，因而取消了犹太教必不可少的宗教特性和动机。

有组织的社团思想也遭到批判，因为像这样一个无所不包的组织可能很容易成长为一个官僚机构，而且可能不会像如今这个规模较小的组织那样有效地对个人发挥作用。有人说，在犹太社团的总体框架中接受一位精神领袖，可能会忽略对犹太人生存不可或缺的基本的精神价值的重视。在有些人眼里，这个包容一切的社团就像是一个"隔都"或国中之国，毫无民主性可言。但是，开普兰引天主教会为例支持他的学说，宣称天主教对个人生活的控制比他所计划的民主的犹太社团要严厉得多。但是，虽然有许多人拒不接受开普兰的神学教义，可从主要方面看，他们还是赞同他有关协作性社团的构想的。

开普兰的影响

重建派的出现标志着保守派犹太教中理性主义潮流的急剧发展。开普兰业已将这般潮流推进到前人未曾达到的高度。批判他的人非常多，但是，尽管这些人不赞成他的治疗方案，但基本赞同他对美国犹太人所面临的隐患和问题所作的敏锐分析。开普兰的主要贡献在于他至少成功地

---

① 改革派公会更早引入了这一仪式上的改革。参见本书第8章第2节。

让神职或世俗的犹太领袖感到：他们对美国犹太教所面临的重大问题所采用的方法，需要重新思考和建构。1968 年，这场运动取得了最大的成就，其时，重建派拉比学院（Reconstructionist Rabbinical College）得以创办，其宗旨是培养拉比和犹太领袖，"他们将献身于不断发展的有组织的犹太社团思想，献身于重建一种能引导我们达到人类完善和社会拯救的犹太文明"。

第 15 章　美国的正统派

1. 1882 年之前

伊比利亚的难民

1492 年 8 月 2 日，在世界史和犹太史上都是一个重要的日子。正是这一天，哥伦布发现新大陆的重大航行挂帆启程。巧合得很，这一天是阿布月初九，按希伯来日历，这是一个哀悼日——哀悼圣殿和古犹太国毁灭的日子。正像哥伦布在其日记中所记述的那样，他那支规模不大的船队路遇过载有数以千计的背井离乡的犹太人的船只，船舱内光线昏暗。这些犹太人遭到了西班牙的费迪南(Ferdinan)和伊莎贝拉(Isabella)基督教王国的驱逐。这些人正在永远地离开他们的祖国西班牙。在这个国度，他们及其先辈已生活了大约 15 个世纪，并且曾为自由对该国的福利、财富和文化事业作出过贡献。那时，哥伦布几乎不可能预想到他将发现一块陆地，正是在这块土地上，这些犹太人的后裔最终找到了和平和自由。

驱逐出家园的西班牙犹太人究竟有多少尚无精确的统计。据估计，其人数为 15 万，乃至数倍于这个数。大约有 10 万人交付重金后在葡萄牙寻得了一处临时避难地。到 1497 年，犹太人又被葡萄牙驱逐出来——但是，在这以前，所有 25 岁以下的犹太人都被迫接收了基督教的洗礼。这样，伊比利亚半岛成了无犹区(Judenrein)，留下的都是先前皈依了基督教的犹太人。然而在这改宗者中有不少人成了马里诺，他们秘密地践行着犹太礼节，并伺机逃到其他能让他们生活得更自由的国家。后来一些西班牙马里诺发现西班牙殖民地墨西哥是一个好去处①，但是，令人胆战心惊的宗教法庭的魔掌依然可以控制他们。来自葡萄牙的马里诺定居于巴西，这是一块葡萄牙殖民地。

1631 年，荷兰从葡萄牙人手中强行夺去当时巴西的首都累西腓（Recife）。勒巴菲的马里诺在近四分之一的世纪中享有宗教自由，能不受限制地奉行犹太教教义。各地的犹太人，尤其是阿姆斯特丹的犹太人的到来，大大增强了这一犹太社区。他们建立了自己的公会，称之为神圣公会（Kahal Kodesh）。他们日渐繁荣兴旺，为自由而欢欣鼓舞。但是，所有这一切都在 1654 年蒙受了灭顶之灾，当时，葡萄牙人正连年进行反对荷兰的战争，他们围攻并占领了勒巴菲。犹太人被迫离开这座城镇，一些人返回荷兰，另一些人则逃亡到其他荷兰殖民地。

“幸存的以色列人”公会

一支由 23 名男子、妇女和儿童组成的船队冲破海洋上的种种风险，奋力驶回北美荷兰殖民地新阿姆斯特丹。经过一段险象环生的旅途之后，他们于 1654 年 9 月到达了目的地。殖民地总督彼得·斯图威桑特（Peter Stuyvesant）试图将他们拒之门外，但在阿姆斯特丹的荷兰西印度公司（Dutch West India Company）里的犹太教友为了他们的利益从中调解，最后他们被允许居住下来，但必须接受各种各样的限制。

来到这块殖民地的第二年，这一小批定居者被允许购置小块土地来建立“生命之家”（Bet Hayyin），在希伯来语中它是墓地的委婉说法。很明显，那时很需要它。但是，允许建立正规的圣堂却是直到英国统治达半个世纪以后的事。此前，犹太教徒们只能在临时或租借的场所做礼拜。到了 1728 年，这批定居者，在百老汇大街南部米尔街（Mill Street）建立了他们的圣堂，这是北美犹太人的第一个礼拜场地——他们命名为“幸存的以色列人”（Shearith Israel）。其成员主要是西葡裔犹太人，他们信守西葡裔犹太人的宗教礼仪。“幸存的以色列人”今天依然存在，是广为人知的西葡裔犹太人圣堂。

---

① 现在还存有一座印度犹太人的圣堂，据说这些印度犹太人是马里诺的后代。该圣堂坐落于墨西哥城郊区的 Calle Caruzo。参见芬德尔（Norman Fendell）《墨西哥的印度犹太人》（Mexico's Indian Jews），载波斯塔（Bernard Postal）和怀特（David H. White）编《十年中最好的一年》（The Best of Ten Years），第 113 页。

纽波特圣堂

1658年，来自荷兰的15家犹太人在美国罗得岛(Rhode Island)的纽波特(Newport)建立了第二个西葡裔犹太人公会，他们称之为“拯救以色列人”(Jeshuat Israel)。犹太人在罗得岛上安家落户是很自然的事，因为这块殖民地是罗吉尔·威廉(Roger William)建立的，他允许所有的人享有宗教自由。纽波特这家犹太社团不断壮大，到了1687年，它获得了一块墓地。在这家公会成立一个多世纪之后，即1763年，它修建了自己的大圣堂——一座为殖民地增光添彩的建筑。

那时，纽波特是一处繁荣的商业中心，这家据说拥有1200名教徒的社团也蒸蒸日上。但此后不久即1776年，纽波特被英国人和德国的赫斯人占据，犹太教会众也随之解散。独立战争胜利后，这家公会得以重建，但此时，纽波特在商业上的优势地位已被纽约以及其他港口所取代。犹太人离开了这座城市，圣堂也关闭了将近一个世纪。现在，它是美国最古老的圣堂建筑。① 1946年，它被宣布为国家的宗教圣地，为此，1947年8月31日举行了仪式。

纽波特这家犹太社团的历史上的奠基人无论如何是不会被人忘记的。亨利·朗费罗(Henry Wadsworth Longfellew，1807～1882)的长诗《纽波特的犹太人公墓》(The Jewish Cemetery in Newport)②珍藏着人们对他们的缅怀，并使之永不磨灭。这里援引数句供读者评品这首诗的韵味：

多么奇怪呀！这些坟墓中的希伯来人
靠近优雅港市的街道，
悄然静卧在永不平静的波涛旁，
伴随着起伏的波浪恬然安息。

他们何以到此？基督徒的什么怒火，

---

① 现在名叫图罗圣堂(Touro Synagogue)，为的是纪念以撒克·图罗(Isaac Touro)的儿子犹大·图罗(Judah Touro)和亚伯拉罕·图罗(Abraham Touro)，他们曾为保存这座圣堂捐资。以撒克·图罗于1790年由牙买加来到美国，任“拯救以色列人”公会的主持。

② 与朗费罗同时代但较之年轻的美国犹太诗人爱玛·拉扎罗斯(Emmaa Lazarus)也用诗作《纽波特的犹太圣堂》(The Jewish Synagogue of Newport)缅怀这家殖民地公会，其古老的诗句让人回忆起朗费罗对纽波特犹太人墓地表露出的思想感情。

多么无情，多么盲目的迫害，
把他们赶到这片海域——荒凉的沙滩，
他们成了人类中的以实玛利和夏甲①？

他们居住在陋街窄巷，
隔都与犹太区潮湿泥泞；
学校教导的是耐心忍受，
这痛苦的生，火刑般的死。

他们生之久长，吃的是无酵饼，
喝的是放逐和恐惧的苦药，
饥荒发生在他们的心田，
用以解渴的是苦涩的泪水。

他们无休无止地回首往事，
读的是神秘的世界之书，
倒着拼读，犹如希伯来的书文，
直到生命蜕变成死的传说。

再引述一节，以供欣赏：

这里，避开了闹市的喧嚣，
和海洋浪涛的吼叫，
我们伫立，怀着悲怆的恐怖凝视四周，
仔细端详着这块神圣的地方。

在这所圣庙中曾读过什么祷文？
那不知世上尚有欢乐的悲伤的心充满辛酸，
长达千年的孤寂的流放，
使他们离却了那生育他们的美丽的日出之邦。

---

① 夏甲是以色列人始祖亚伯拉罕之妻撒拉的使女，撒拉不育，遂使夏甲与亚伯拉罕同房，生子以实玛利。后来撒拉生子以撒，她唆使亚伯拉罕将夏甲和以实玛利赶出家门。这里把犹太人比作以实玛利和夏甲，有“被驱逐、被遗弃”的意思。——译者注

他们的神龛依旧圣洁，
那里面的寂静的地面上曾踏过虔敬的脚步，
面对死亡和上帝的神秘，
脱下你的鞋子吧，仿佛你就在野火旁。

殖民地的圣堂

1733年，犹太人来到塞芬拿(Savannah)，那是心地异常仁慈的英国富翁詹姆斯·奥格莱肖普(James Oglechorpe)来到佐治亚开始他的慈善事业不久以后的事，他的慈善事业是为了解救不幸的负债人的。虽然此处的托管人拒绝接收犹太人，但奥格莱塞普允许他们在此居住。同一年，这批犹太人组建了美国第三家圣堂——以色列人的希望(Mikveh Israel)。像其先驱们一样，他们遵奉的是西葡裔犹太人的宗教礼仪。第二年，一批德国犹太人到达塞芬拿，并加入了该公会。但几年之后他们离开这家公会而建立了自己的圣堂——北美第四家也是第一个波德裔犹太人建立的圣堂。

大约在1745年，美国土壤上的第五家犹太教公会在费城诞生了，它也取名"以色列人的希望"。宾夕法尼亚的气氛对这些殖民地犹太移民来说是相当适宜的，因为该州的宪章不仅保障各派基督徒的宗教自由，而且对任何"承认唯一全能永恒的上帝"的人一视同仁。1782年，一所圣堂建成，此时，费城的公会因为纽约和其他英国占领区的犹太爱国者的大量拥入而壮大起来。

1669年，由自由派英国哲学家约翰·洛克拟定的《卡罗来纳基本宪法》(The Fundamental Constitution of Carolina)对"犹太人、异教徒以及其他特异仪者"持宗教宽容态度。这部宪法后被废除了，但其宗教宽容原则被保存下来，而且吸引了众多的犹太人不断涌入这个地区。到了1750年，南卡罗来纳查尔斯顿的犹太社团达到了足够的人数，因而建立了美国殖民地的第六家圣堂。他们称之为"神圣公会、上帝之家和和平殿堂"(Kahah Kodesh Beth Elohim Unveh Shalom)。75年之后，美国改革派的第一次尝试就源起于这家公会。

美国的波德裔犹太人

除了规模较小集中在塞芬拿的波德裔犹太人之外，他们在殖民地美国其他地方也有分布。[①] 甚至早在第一批犹太人开始在新阿姆斯特丹定居之前，他们中有的已来到了美国。一些波兰犹太人在1648年哥萨克人起义期间已逃离家园来到美国。[②] 他们的逃亡路线是穿过德国、荷兰和英国[③]并秘密越过法国。法国从1394年起就拒不接受犹太人。在随后的一个世纪里，波兰犹太人的苦难有增无减，所以他们小规模地向西部的移民得以继续；来自中欧和德国的犹太人扩增了移民队伍。难以忍受的贫困、卑微的社会地位、宗教迫害、令人心惊胆战的驱逐、各种可能缴纳的赋税以及种种限制促动一些人更愿意冒险以求到新大陆寻找改变命运的机遇。流入美国的波德裔犹太人在17世纪还仅似涓涓细流，到18世纪则成了平缓流淌的河。在新大陆，犹太人口从1700年仅有的几百人增长到1800年的3000人左右。

到了独立战争末期，在美国的几个殖民地中波德裔犹太人可能已占多数，然而尽管如此，他们大概仍然满足于留在业已建成的西葡裔犹太人公会之中。毫无疑问，他们中有一部分人已被西葡裔犹太人所同化，因为后者较前者的社会地位要高得多。到了18世纪末的几十年里，几位颇有声名的波兰犹太人的名字被载进西葡裔犹太人公会的史册，其中著名的有费城的哈伊姆·萨洛蒙(Hayim Salomon，1740～1785)，他曾贷款给乔治·华盛顿用作军费开支。纽约的宗教学校"幸存的以色列人"还以"波洛尼塔木德托拉"(Polonies Talmud Torah)之名而为人熟知，这是用来纪念波兰犹太人梅耶·波洛尼(Meyer Polony)的，他在1801年临死前捐赠给该校800美元。在那个时代，这是一个不小的数目。以撒克·怀斯在他的回忆录中写道，当他于1846年来到纽约时，最古老的公会是西葡裔犹太人的，但其中最年长的成员却是一名波兰犹太人。

拿破仑时代之后，在德国犹太人和非犹太人移民不断增长的同时，俄国犹太人也开始了移民活动，其规模比前者要小，但却一直持续不断。这场移民活动受到1827年尼古拉一世的野蛮的军营制度(Cantonization)的推动。他所制定的全民兵役法要求公民从18岁开始服兵役25年，无一例外。但是犹太人却被强迫从12岁的童年就开始当"驻防士兵"，多服

① 另一家波德裔犹太人圣堂"和平之家"(Beth Shalom)据说于1790年就在弗吉尼亚州里奇蒙德(Richmond)建成，但毫无疑问这是在独立战争之后的事。

② 参本书第6章，第2节。

③ 1655年，在克伦威尔与梅纳斯·本·以色列会谈后，犹太人虽未被正式允许但被默许进入英格兰，直到17世纪的最后10年，法律上的障碍才得以最后清除。

六年的预备役。为了获得兵源,或者更准确地说,为了找到牺牲品,对犹太社区实行了配额制。为满足配额,犹太社区不得不雇用"打手"绑架男孩,这些男孩甚至不足12岁便远离父母了。他们被派遣到遥远的边陲。只有少数人能度过军营中那残忍、严酷、艰辛的生活而存活下来。这种合法化了的绑架方法的表面目的仿佛是为了俄罗斯化,实际上是精心设计的强迫性洗礼的一种手段。

在这个世纪中,犹太人陆陆续续地离开俄国。1845年,兵役法也强行施加到俄国统辖之下的波兰的犹太人,这也加速了犹太人的向外移民。这些犹太人对他们未获得作为服兵役回报的公民资格极为忿恨。罗马尼亚的犹太人同样也是残酷的宗教迫害的牺牲品,他们于19世纪60年代后期开始来到美国,其规模颇为可观。但是,并不是所有的波德裔犹太人跑到美国都是为了逃避压迫,有些人是为了改变他们的经济条件或为了找到发财之道才来到新大陆的。实际上,在卷入1849年以及随后一段时期的加利福尼亚淘金热的几千名犹太人中,有一批人是来自东欧的犹太移民。

早期的波德裔犹太人圣堂

西葡裔犹太人在费城建立"以色列人的希望"公会之后,时光流逝了半个多世纪,波德裔犹太人的圣堂"鲁道夫所罗门"(Rodeph Shalom)才在这座城市出现。尽管直到1802年才确定它为正式组织,但早在1795年它已作为非正式的宗教团体(Minyan)[①]开始活动了。与其他波德裔犹太教公会不同,它并不是从较早的公会中分裂而产生出来的,而是源起于波德裔犹太人的自然愿望,他们要按照自己的仪礼进行礼拜,而不愿随从"以色列人的希望"公会的礼仪。这家新圣堂的创立者是来自荷兰、德国和波兰的犹太人。

在纽约市,西葡裔犹太人建立"幸存的以色列人"两个世纪之后的1825年,第一家波德裔犹太人的圣堂"伯奈耶苏任"(Bnai Jeshurun)得以建立。这家新公会主要是由英国、德国和少数荷兰犹太人组建成的。他们由于反对并讨厌较早的西葡裔犹太人公会"幸存的以色列人"的各种政策和习俗,便脱离该公会而另立门户,分立之风从此一发而不可收。1828年,一批离开"伯奈耶苏任"的犹太人创建了"阿舍谢西德"(Anshe

---

① "Minyan"一词也可指一个集合起来举行祈祷仪式的非正式团体。

Chesed)公会；1839 年，一小批波兰犹太人从前者中脱离出来建立了“沙里察底克”(Sharey Zedek)公会。这一不断退出、不断组织新公会的现象原因有二：一方面是纽约市犹太人口的增加，另一方面是移民背景上的差异，他们感到生活在自己的同胞中更加舒心惬意。随后，在其他城市也出现了类似情况。

主要由俄国和波兰裔犹太人组成的纽约第一家圣堂是“研读之家”(Bet Hamidrash)，于 1852 年创立。它是至今依然坐落在曼哈顿东区的大圣堂(Bet Hamidrash Hagadol)①的前身。该公会 12 名创始人中有几位是拉比。其中一位叫亚伯拉罕·约瑟夫·阿希(Abraham Joseph Ash)，直到 1860 年他一直是一名拉比志愿者，每个星期只有两美元的报酬。直到临终，除了几次中断，他一直担任这一教职。在几次中断期间，阿希像任此教职最初八年那样，为了做一名无薪拉比，试图从商以获得经济上的独立，但始终未能如愿。

拉比阿希是新大陆东欧系公会中第一位合格的拉比，同时也是一位杰出的《塔木德》学者，他是从颇具名望的欧洲拉比那里接受圣职的。那时，有许多未经批准的宗教人员、自由作家和自封为“牧师”的人，他们没有受过适当的培训，便承担起拉比的工作，这令正统派苦恼不堪。② 拉比阿希受托将一所基督教新教的教堂改建成犹太圣堂，其理由是该教堂不像天主教教堂那样摆设圣像或偶像，因此，不违反第一诫的禁忌。他的这一举措开创了将基督教堂改为犹太圣堂的先例。这一决策至关重要，因为在这段时期以及随后的时间里，许多教堂建筑改建成了圣堂。大圣堂为后来东欧系犹太人创办的公会树立了楷模。

联合的尝试

随着正统派公会的增多，各公会之间采取某种方式共同合作、协调一致成了大势所趋，且日益明朗化。在东欧，圣堂受社团管理总委员会的控制；在美国，不存在类似的核心组织，而且，各圣堂自身具有独立性并自诩为至高无上的权威。在宗教生活的各个方面没有标准，甚至没有饮食法

① 严格地讲，Bet Hamidrash 是一个提供宗教学习文献的小教堂，但这个词也指圣堂，因此，Bet Hamidrash 指的是“大圣堂”。

② 阿希强烈反对改革派拉比在正统派圣堂中布道或演讲的企图。他在一份蓄意以《塔木德》术语为题的文件中提出了他的反对意见。这份文件的标题是：“为非作歹的牛有什么权力盗取受害人的房产？”

的监督，不遵守禁食律法，荒废了肉类生产者和经营者必须遵守的礼仪杀牲方面的习惯，这些都表明缺乏统一的组织性。正统派不能用体面的方式处理宗教事务以及随之而来的宗教功能的商业化，致使许多犹太人特别是具有较高教养的犹太人丧失了对犹太教尤其是对正统派的尊重。

为了挽回局面，纽约15家主要的正统派公会于1879年创建了正统派希伯来公会代表委员会(Board of Delegates of Orthodox Hebrew Congregation)，其首要目的是任命一名首席拉比来管理和协调日益成长的正统派犹太社团中的宗教事务。这一新的拉比职位所需费用通过征收洁净肉[①]税金(Karobaka)的办法获得，这也是东欧扶持犹太公共机构的做法。犹太教其他派系中的领导人发出警告，明确反对用这种办法给新机构提供资金，指出这种办法既非切合实际也非得当。但这些都是无用之举。经过与欧洲拉比们的九年的磋商，联合起来的正统派公会才劝使维尔纳的拉比雅各布·约瑟夫(Jacob Joseph，1848～1902)接受了首席拉比的教职。正如人们所料想的那样，上述计划流产了。其首要原因是“洁净肉”价格过高，民众不愿购买。另外，各圣堂的拉比们拒不承认新任命的首席拉比的权威，或者拒绝接受其管理。不久，这个机构解体了，首席拉比很不体面地被废除，重回到其原先所在的教派。随后在其他城市——较著名的有芝加哥——出现了类似的做法，也都失败了。这一时期，正统派陷入论争的旋涡之中，它还没有成熟到担负起联合协调各圣堂的重任的程度。

2. 1882年之后

东欧的迫害

由于沙皇亚历山大二世被谋杀，其子亚历山大三世(1881～1894年在位)继承王位并推行反动政策，从1882年起，东欧移民潮水般涌入美国。这位年轻的沙皇决定采用其首席顾问、希腊正统派教堂神圣宗教会议检查官(Procurator of the Holy Synod of the Greek Orthodox Church)波比多诺斯泽夫(Pobiedonostev)提出的解决俄国犹太问题的计划。这位顾问鼓吹说，俄国500万犹太人有三分之一应移民国外，另三分之一应

---

① 指按犹太教规屠杀后供应的肉。——译者注

施以洗礼，剩下的应活活饿死。

俄国当局毫不犹豫地采纳了上述残酷无情、荒唐无稽的计划。随后一系列集体性迫害事件拉开了这项新政策的序幕。愚昧的民众特别是农民被恶毒的反犹宣传鼓噪起来，袭击了 160 多个犹太社区，杀害了数百名犹太人，受伤者更多，同时还洗劫了成千上万个犹太家庭，使之片瓦无存。欧洲许多国家以及美国政府被这些暴行震惊了，它们抗议沙皇专横的寡头政治，最终，沙皇迫于公众舆论停止了野蛮的暴行。但沙俄当局不仅没有采取惩罚性措施处治那些暴徒，反而指责受害者自己造成了暴力事件的发生。当局推测说，可能是迫害者煽起了民众的暴行，但从未解释是如何煽起的。这场暴力风波过后，接踵而至的是所谓“五月法事件”，名为“五月法”，乃因为它颁布的月份是五月。

制定“五月法”的目的是为了从经济和文化上压制犹太人。原先准许犹太人居住的地区(Pale of Settlement)被大面积缩减了。成千上万的犹太人遭驱逐，他们通常必须在接到通知的 24 小时内被迫离开他们一直居住的农村或城市，来到业已拥挤不堪的犹太人定居地。这个犹太人居住地本来已不堪负担原先人数庞多杂乱的手艺人和店主，同行业的新来者的大量拥入更是加重了定居地区的经济负担，将它推到了崩溃的边缘。由此带来的痛苦和贫困罄竹难书。除了这种压迫之外，犹太人在中学和大学的配额也减少了。结果，俄国犹太人在政治和经济上受到沉重打击。

罗马尼亚的 25 万犹太人的处境也好不了多少。早在该国被罗马人征服(公元 107 年)之前，犹太人居住区就已存在了。罗马尼亚政府对犹太人施以种种伎俩和圈套。1878 年签署的《柏林协约》(Treaty of Berlin)曾允许保障犹太人的公民权，但罗马尼亚政府只赋予为数极少的犹太人以此项权利。政府根本无心解放犹太人，而是将他们从城镇和乡村中驱逐出去，拒绝他们进入高等学府，禁止他们从事多种职业。其他国家，包括美国在内的抗议都无济于事。在波兰的加利西亚省，反犹主义甚为猖獗，犹太人的状况同样令人失望。

最终，东欧犹太人除了饿死或移民之外别无出路。他们自然选择了后者。结果，这次有 60 万东欧犹太人在 1882～1900 年期间移居美国。直到一战爆发，移民一直未曾间断。1900～1920 年，又有 100 万犹太人涌入美国，使美国的犹太人猛增到约 300 万，这个数字比 1880 年的犹太人数增长了 12 倍。

调整

在背景上,东欧移民群和其美国教友之间存在着一道鸿沟。前者操意第绪语。他们生活贫困,举止粗鲁,缺乏修养,这些都是在其祖国的中世纪犹太人的"隔都"中养成的。他们发现,美国是一个只有400年的社会、政治和工业进步的产物。由于他们的故国在这些方面极端落后,他们被迫跨越几个世纪,从几乎是中世纪的社会跳到了一个现代化的社会。他们缺乏世俗知识。当他们来到美国时,他们聚集到大城市拥挤不堪的贫民窟,住进邋遢的出租房屋里,在这些地方,他们的亲属和同乡早已安家落户了。许多人在服装厂里做工,夜以继日地在非人的条件下如牛似马地为血汗工厂工作,赚得的收入却极其微薄。不久,雇主和雇工之间的关系问题明朗化,他们和先于他们来到美国而且业已获得一定的社会地位的德裔犹太人老板之间早就存在的巨大的社会和经济上的距离扩大了。

东欧犹太人在其故国已经知道的犹太教只有一种——正统派,因为在东欧,思想自由的宗教运动保守派、温和的历史学派,甚至连萨姆森·拉菲尔·赫尔施的新正统派都没能对他们施以任何影响。大多数新来者对犹太民族主义怀有温暖的情感。许多博学并虔奉宗教的人士浸淫于犹太知识和宗教礼仪,感到美国的世俗环境与他们的气质格格不入。他们怀着思慕的乡愁回首曾在故国所过的精神和宗教生活,这种生活以圣堂和研读之家为轴心,他们就围绕着这个轴心活动并且从安息日和各种节日中获取灵感。这些移民感到在美国环境里缺乏这种激情和热忱,他们发觉调整自己以适应美国生活也特别困难,但是这个时期的新来者并非都是正统派,甚至有人没有任何宗教倾向。也有为数不少的世俗主义者,他们讨厌甚至反对任何形式的宗教。这些人包括犹太社会主义者和同化论者,他们相信,只有当全世界人民特别是无产阶级的条件得到改善,世界各地的犹太人的处境才会好转。

以撒克·爱尔哈南拉比学校

由于正统派注重犹太人强烈的虔诚精神的培养和犹太礼仪的遵守,所以为了维持这一传统,这一派别往往依赖于训练有素的拉比和世俗领袖。在欧洲,培养这些人的传统途径是学校(Yeshiva)——研习《塔木德》

的高等学府。[①] 美国第一所类似水平的学校是 1896 年建于纽约东区南部的以撒克·爱尔哈南拉比学校(Yeshiva Rabbi Isaac Elchanan)。它是以学校落成前不久辞世的伟大的塔木德圣哲、立陶宛科夫诺(Kovno)的以撒克·爱尔哈南·斯拜克特(Isaac Elchanan Spector)命名的。像其欧洲的原型一样,该校本着为自身利益而办学的原则,担负着培养神职学员以及智慧的信徒(Talmidei Chachamim)或学者的职责。1908 年,该校学生坚持要求在校期间允许他们学习世俗科目。经过激烈的争议和磋商之后,他们的要求得到批准。这项新举措表明该校已脱离东欧同类学校的教育模式。和原先的模式相比,这项新举措将该校引上了一条更为自由的道路。同时,它还能够使那些热望将来从事文职或商务的人接受全面的《塔木德》基础知识。

1915 年,杰出的犹太学者与富商伯纳德·莱维尔(Bernard Revel, 1885～1940)博士接受了该校的邀请,出任校长之职。他增设一个预科部(Yeshiva Etz Chaim)和一所犹太走读中学,从而扩大了学校的规模。该中学设在纽约东区南部,讲授世俗和犹太教课程。后来即 1921 年,比以撒克·爱尔哈南拉比学校早几年建立的米兹拉奇师范学校(Mizrachi Teachers Training School)合入,成为该校的一部分。为了省去学生分别入两所学校学习的麻烦和紧张,同时也为了造成一种"将现代知识成果与悠久的信仰真理、理想和文化协调起来"的气氛,莱维尔博士于 1928 年创办了一所人文学院作为该校的分部,该学院有权授予学士学位。一年之后,扩大了的以撒克·爱尔哈南拉比学校从纽约东区搬到曼哈顿北部的新校园里。传统的拉比学校与世俗学院的联合既是美国教育也是犹太教育史上的一座里程碑,它表明萨姆森·拉菲尔·赫尔施新正统派的思想已化为现实。

1943 年即莱维尔博士逝世几年之后,原先担任拉比神学院学校(Yeshiva Rabbinical Seminary)院长的塞缪尔·贝尔金(Samuel Belkin)博士当选为总校校长。两年后,这所依士瓦学院 (Yeshiva College)被授命组成一所大学,有权授予新的学位,其中包括博士学位。依士瓦大学(Yeshiva University)从此得到了进一步的扩大,现今已拥有 17 个学院和分部,其中包括为数众多的坐落于纽约几个区的中学、一所教育学院、一所研究生院即斯特恩女子学院(Stern College for Women)、一所社会工作

① 有时,人们将这些塔木德高等学府用 Yeshivot Gdolot(高等学府)来区别于 Yeshivot Ktanot(初级学校)。美国的犹太走读学校设犹太教和世俗两种学习科目。

学院以及其他分支机构。1953 年,这所大学还创办了阿尔伯特·爱因斯坦医学院(Albert Einstein College of Medicine)。该大学还在洛杉矶拥有一个西部海岸中心(West Coast Center)。学校出版了一系列的学术期刊,其中有《数学史》(Scripta Mathematica)以及其他的刊物如《苏拉》(Sura)、《何烈山》(Horeb)、《塔尔匹斯》(Talpioth),另外还出版了一系列的犹太学术论著。该校的社区服务部(Community Service Division)给正统派各派系提供人事安置和教育方面的服务。1964 年,该部开展了正统派教育夏令营活动。学校良好的声誉和极高的学术水平不仅赢得了正统派而且赢得了广大美国犹太人民的支持。虽然这所大学体现的主要是现代正统派的立场,但它囊括了形形色色的正统派观点。

正统派犹太公会的统一

随着美国正统派犹太教的发展,越来越需要一个核心组织作代言人并指导其开展各项工作。但是,组建这种组织的努力受到几个因素的阻碍。正统派犹太移民来自俄国、波兰、罗马尼亚、立陶宛、奥地利、匈牙利、法语国家和西欧,其背景相差悬殊。覆盖他们的思想领域非常广泛,代表着各种形态的宗教虔诚精神。正统派圣堂比较贫穷,一直受财政问题困扰,而且,他们对合作和整齐划一也不习惯。尽管存在着诸多难以克服的困难,一批美国土生土长的正统派精英分子还是凭着不屈不挠的努力,成功地组建了一家正统派公会总机构。该项工作于 1898 年完成,与正统派公会代表委员会解散仅相隔十年,它是由西葡裔犹太人公会"幸存的以色列人"教长亨利·门德斯发起的。

这家公会联合的新组织名叫正统派公会联合会。它从诞生之日起就代表着现代正统派。最初的联合会章程的序言要求其成员有义务接受并坚信"我们的拉比对《塔木德》和《法典》(Codes)所作的权威性解释"。虽然到目前为止这个组织还未获得像犹太教其他各派公会的中央机构所具有的权威和声誉,但它所创立的业绩是难以磨灭的。

联合会的一项重要成就是它制定了洁净食物(Kashruth)法规,这是联合会同那些利用这种食物谋利的行为不轨分子进行执著斗争的结果。不久,联合会为大约由几百名制造商生产的 1700 种食品贴上 U 形标签,以证明其为洁净食品。它还出版了大量体现饮食法和其他传统习俗的文献。联合会的权力机关美国拉比理事会(Rabbinical Council of America)实际行使洁净食物的监督权。监督活动所需的全部费用由食品厂家负担,因此,消费者不必额外花钱就可购到获准的食品。

多年来，联合会一直资助犹太人安息日联盟(Jewish Sabbath Alliance)，以鼓励遵守安息日，同时兼作职业介绍所。这家服务机构随后被“青年以色列人”全国理事会(National Council of Young Isreal)接管。原先普遍实行一周六天工作制，现在则盛行一周五天工作制。联合会还在犹太教育领域发挥了作用。它一直与其教育中心以撒克·爱尔哈南拉比学校和依士瓦学院合作。联合会的妇女部(Women's Branch)于 1928 年创建了希伯来女子师范学校(Hebrew Teachers Training School for Girls)，1953 年与依士瓦大学合并。除了妇女部之外，联合会还拥有几个附属性组织，其中包括一个全国性青年组织“雅弗内全国信教犹太学生协会”(Yavne National Religion Jewish Students' Association)和正统派犹太科学家协会(Association of Orthodox Jewish Scientists)以及其他机构和委员会。联合会为这些组织出版了各种教育资料，发行了数种期刊杂志，其中有较畅销的双月刊《犹太生活》(Jewish Life)。尽管联合会正式接纳了规模较大、影响甚广的大约 1700 家正统派圣堂为其会员，但人们公认它为美国正统派发言人。① 从意识形态上看，其成员囊括了设有男女混合座位的自由派公会以及极端的传统派，也就是说，从近似保守派的人士到极端的正统派都有其成员。目前，它出现了某些右倾的迹象。

正统派拉比组织

美国犹太教的其他派系各有一个拉比核心组织，而美国正统派却拥有众多的类似组织。各种拉比组织在背景上互不相同，代表着形形色色的正统派拉比学校的数目也相当多，这些都说明各自独立的协会之所以存在的原因。其中最古老的要数 1902 年由 50 名曾在东欧接受圣职的拉比创办的“美国和加拿大正统派拉比联合会”(the Agudath Ha-Rabbanim)。多年以来，它一直由杰出的正统派拉比、以撒克·爱尔哈南拉比学校的奠基人以色列·罗森堡(Israel Rosenberg)领导。该组织拥有 600 名成员，其目标是强化犹太人传统生活的各个方面：洁净食品、安息日礼仪、宗教教育、极虔诚地遵循正统派结婚和离婚程序以及其他各种传统习俗。该联盟还致力于努力保持正统派拉比的尊严和地位。

在一战期间，这个拉比组织参与创建了至今仍由它赞助的“援助《托拉》基金会”(the Ezrath Torah Fund)。基金会想尽一切办法来帮助贫困

① 参见李曼(Charles S. Liebman)《美国犹太人生活中的正统派》，载《美国犹太年鉴》第 66 卷，第 55 页。

的拉比、学者和东欧的犹太学校。二战爆发后，这个正统派拉比联盟建立了“救援委员会”(the Vaad Hatzala)，帮助欧洲那些遭受战争蹂躏而落为难民的拉比和塔木德学者，对他们伸出救援之手，帮他们重新安家落户。救援委员会在将波兰和立陶宛的犹太学校迁到巴勒斯坦和美国的工作中发挥了积极作用。1964 年，联盟领导了一场要求采纳《纽约州安息日停工法》(New York State Sabbath Closing Law)的运动，要求允许过安息日的人在星期日而不是在安息日开门营业。这个组织在宗教倾向上偏于右翼。虽然其成员代表了《塔木德》研究的最高学术水平，但该组织的威望已经大大降低，在许多根本问题上已屈从于较年青的带有美国化的教徒并反映其观点的拉比组织。

以撒克·爱尔哈南拉比神学院(Rabbi Issac Elchanan Rabbinical Seminary)以及后来成立的几所高校的毕业生在接受教育和培养方式上都迥然有别于大多数正统派拉比联合会的成员。后者接受的是欧洲教育，一般操用意第绪语，而前者说一口地道的英语，通常取得了大学学位，这是接受欧洲教育的拉比们所缺乏的。由于倾向上存在差异，以撒克·爱尔哈南拉比学校于 1924 年创建了它自己的拉比校友联谊会(Rabbinical Alumni Association)。大约与此同时，正统派犹太教公会联合会拉比理事会(Rabbinical Council)组建成为这家公会核心组织的拉比权力机关。由于其中的绝大多数成员同时属于这两个拉比组织，他们于 1930 年着手将两者合并。这个新生的组织名叫美国拉比理事会(Rabbinical Conucil of America)。1942 年，理事会吸收了芝加哥的希伯来神学院拉比协会(Rabbinical Association of the Hebrew Theological College)①，随后还吸收了巴尔的摩的尼尔以色列人拉比学院(Ner Israel Rabbinical College)的毕业生。对于那些私自依照犹太传统接受圣职者，只要是合格的，理事会也承认其拉比资格。它成了正统派犹太教公会联合会的拉比权力机构。

美国拉比理事会拥有成员逾 800 人，是规模最大、最有影响的正统派拉比组织。它主办了一份学术水平很高的季刊《传统》(Tradition)、一种关于希伯来律法的杂志《南方》(Ha-Dorom)、一张新闻简报《美国拉比理事会(RCA)记事》，以及其他各种出版物。最近，它组建了宗教法庭，用以处理家庭问题，裁断涉及宗教法律的复杂案件。理事会的计划还包括

① 现在是新近创办的美国犹太大学(Jewish University of America)的组成部分。——作者注

有益于会员的福利活动以及在以色列的项目。[①]

美国正统派除了上述几家主要的拉比联合组织之外，还有几家规模更小的组织。美国拉比联盟(Rabbinical Alliance of America)是一个极右团体，拥有成员约 250 名，他们主要是一些能授予拉比证书的塔木德高等学府(Yeshivot Gdolot)的毕业生。“美国和加拿大拉比大会中心”(Hithachduth Ha-Rabbanim)主要由哈西德派拉比组成。

青年以色列人

1912 年，一群生活在曼哈顿东区南部的男女青年创建了一个文化组织，其宗旨是在美国的犹太青年中培养正统派成员。几年之后，这个名叫“青年以色列人”(Young Israel)的组织建立了一个模范圣堂，竭力让传统的礼拜仪式比通常在东欧圣堂里所遵循的礼拜仪式更有文化内涵和审美情趣。“青年以色列人”的发起人认为，一种既庄严又饶有趣味的礼拜会吸引美国犹太青年一代，使他们成长为正统派信徒。为了达到这个目标，他们推行公众歌咏，废除了出售荣誉头衔以及宗教活动中的其他各种商业性做法。不久，这个组织的影响扩展到大都市纽约的其他地区，还波及其他城市。到 1922 年，“青年以色列人”全国理事会宣告成立，其目的是协调蓬勃发展中的运动。

“青年以色列人”已经成为一场卷席全美国的运动。它在美国和加拿大拥有近百个分支机构，家庭会员近 2.3 万个。它实施了各种宗教、文化和社会活动计划，用来“唤醒美国犹太人青年心中对正统派犹太教和犹太人民的爱”。这个组织帮助美国军队中服役的犹太士兵遵守传统习俗。它还将青少年和大学生组织起来，支持大学生组建了“校际青年成人联谊会”(Intercollegiate Council of Young Adults)。“青年以色列人”职业介绍所还为犹太申请人提供帮助，使他们能找到一份可以过安息日和犹太节日的工作。以色列本土委员会(Eretz Israel Committee)自 1926 年开展工作以来，一直为了在以色列的犹太社区的利益激励该组织的成员参与实施各种非政治性的计划。“青年以色列人”犹太研究所(Young Israel Institute of Jewish Studies)自 1947 年成立以来，集中开设了多种课程，并鼓励地方性组织开设涉及犹太研究各个领域的成人班。它还出版了《青年以色列人瞭望》(Young Israel Viewpoint)杂志。

---

① 参见李曼《美国犹太人生活中的正统派》，注释 12，第 51 页以下。

“青年以色列人”的创立者最初曾受到保守派的犹太神学院两名教师的启发和指导,他们是已故的以色列·弗雷兰德尔(Israel Friedlander)教授和摩迪凯·开普兰教授,他们显然是想把“青年以色列人”建成一个保守派组织。但是,这个组织还是转向了正统派,尽管它在正统派中属于较自由的一翼。它也确实坚持让其工作人员过安息日,但在最近几十年里,它开始出现了某些右倾的迹象,这主要是由于其领导者品格发生了变化。二战前,“青年以色列人”由世俗领袖控制,从战后到现在,逐步受到其所属的“青年以色列人”拉比理事会(Council of Young Israel Rabbis)的影响,后者占据着“青年以色列人”公会的讲坛。这些拉比一般倾向于更为严肃的正统派。“青年以色列人”在美国正统派犹太教中占有非常重要的地位。

美国以色列人联盟

“青年以色列人”和正统派犹太教公会联合会认为犹太教是宗教和民族主义的综合体,与此不同,更为虔信的以色列人联盟(Agudath Israel)则是以纯宗教的眼光看待犹太教的。该联盟作为一场世界范围的正统派运动建于1912年,它在几十年中未能在美国组发展成一个成熟的分支。美国的以色列人联盟是从“青年以色列人”(Zeirei Agudath Israel)分化而来的,这是一个青年组织,于1923年由曼哈顿东区南部一小批严守教规的青年人创办起来的。他们不仅建有自己的圣堂,而且制定了教育和文化活动纲领。随后,在这座城市其他正统派地区,类似的组织相继面世,它们主要从第一代波兰、法国和匈牙利裔犹太移民中吸收成员。

本世纪第一个10年之末,全曼哈顿市的各种宗教机构自行组成一个松散的协调委员会。1929年,这个委员会筹建了一个全国性的办事处,由它负责组建全国性协会。当时,这一派别仅拥有成年人1500名,另外还包括儿童、青年和青少年社团,成员也只有1000名未成年人。1939年,这一运动的成年人美国分部得以组建。二战期间以及战后的岁月里,美国的以色列人联盟中央办事处开展了涉及海外救济、移民、教育工作和公共关系项目方面的活动。自1952年起,联盟出版了意第绪语月刊《伊地绪言词》(Das Yiddishe Vort)以及英文月刊《犹太观察家》(The Jewish Observer)。据报道,到本世纪中叶,该联盟各年龄段的成员数已达1万人,据说从那以后数目又有所增加。联盟近年来的成长主要归因于二战后移民中激进的宗教徒的拥入,他们将哈西德派更为严格的标准引入这一运动。“以色列人联盟”是美国传统犹太教中的分离主义团体。

分离主义

德国法兰克福正统派社区自 1849 年根据一项正统派分离(Trennungs Orthodoxie)政策脱离主要居住区以来,一直坚持其分离主义立场。[1] 1940 年,大批来自法兰克福和德国其他地区的正统派移民——他们于纳粹期间来到美国并定居在华盛顿高地(Washington Heights)地区,沿着法兰克福社区的路线建起K'hal Adath Yeshurun 公会。他们奉行法兰克福社区所追求的孤立主义倾向,根本不求助于较大的犹太社团而推行独立的教育制度,用极大的热忱监督其洁净食品店,坚持其独立的礼仪沐浴(Mikvah)以及其他宗教风俗习惯。他们是"以色列人联盟"的成员,共同信守反民族主义观点。与东欧的"以色列人联盟"成员不同的是,他们赞助世俗学问的研究。

认为严格的宗教性远比犹太人的统一重要,乃是分离政策的基础。分离主义者将犹太民族视为一个独一无二、超自然的统一体,其存在是为了一个主要目的——遵奉犹太律法。他们认为,这种神赐的信仰不允许他们有丝毫退却或妥协的余地。因此,他们认为没有理由加入其他任何不遵奉相同习俗的组织。

以色列人联盟拉比领袖最高集团通过了一项体现分离主义原则的宗教法令。1955 年,11 名颇具声望的、由东欧各地移居到美国的杰出的学校校长(Roshei Yeshivot)采取正式措施拥护分离主义。他们批准了一道禁令,禁止正统派拉比参与非正统派拉比组织及其各项活动。在此情况下,受攻击的目标显然是美国圣堂理事会(Synagogue Council of America)和纽约拉比委员会(New York Board of Rabbi),这是两个包括犹太教各派圣堂和拉比在内的协调性组织。这道禁令表明,他们不承认所有非正统派拉比及其习俗都是符合犹太律法的。

分离主义理论已破坏了美国正统派的团结。它是数个正统派拉比组织同时共存的主要原因。这种思想已植于拉比理事会和正统派希伯来公会联合会(Union of Orthodox Hebrew Congregations)及其各阶层之中。这些组织的绝大多数成员抵制分离主义者的要求,其理由是,他们从各协调组织中脱离出去,将会大大减弱正统派目前所产生的至关重要的调和作用和限制性影响。犹太正统派中的分离主义原则表明,在犹太教中有

---

[1] 参见李曼《美国犹太人生活中的正统派》,第 53 页。

产生教会分裂和宗派主义的危险。

正统派的思想和习俗

美国犹太教的另外两大派别各自拥有一所神学院，而正统派却有三十多所。[①] 在思想上，这些学校的区别主要体现在对待世俗教育的态度上。以撒克·爱尔哈南拉比神学院是拉比培训制度的楷模，它要求其毕业生除掌握犹太教知识之外还要接受一般大学的训练。一般说来，它拥护米兹拉奇(Mizrachi)民族主义宗教观，这种宗教观提出了新正统派和温和主义的一般文化论。一小部分高等学院(Yeshivot Gdolot)，主要是芝加哥的希伯来神学院和巴尔的摩的尼尔以色列人拉比神学院的教师，也认同这种自由思潮。

在美国，其他大多数犹太高等学校采取的是以撒克·爱尔哈南神学院中右翼的理论立场。后者的原型是布鲁克林的 Yeshiva and Mesivta Torah Uodaath 和 Yeshiva and Mesivta Chaim Berhim。这两所学校都设有多种分部，小到幼儿园大到神学院。实际上，这两所神学院都有研究生部(Kolel)，前者的研究生部设在纽约的蒙塞(Monsey)，后者的在纽约市区。大多数的学院教师来自东欧。[②] 像其他东欧的先辈一样，他们都对自由文艺感到不满，但考虑到其职业培训作用，还是让步了，因为这毕竟是一种谋生手段。但是，他们认为一般性大学教育对拉比并不是必不可少的。

解释正统派学院的观点要比解释正统派其他派系的观点要容易些。由于其他诸种原因，犹太人加入正统派圣堂或一直保留其资格，尽管在许多情况下他们并不严格遵奉犹太教规，所以传统的公会成员资格并不必然确证某人具有正统派知识。在一些正统派公会中，尽管组织的正式标志、宗旨、政策和会员接纳程序都是传统主义性质的，但除了拉比之外，很少有人严格遵奉正统派习俗。一些人基于情感因素，也就是说，因为他们的父辈曾是某公会成员或创立者，才加入这些公会的。在一些规模较小的社团中情况更是如此，有些人与正统派圣堂的联系往往并不积极主动，与此同时，他们在另一些自由派公会里却是活跃分子。

在规模较大的社区内，正统派的力量比较强大，尽管其中也有许多人仅仅在家庭遭遇不幸时才承认自己为正统派成员，而遇到婚礼或其他喜

---

① 参见李曼《美国犹太人生活中的正统派》注释12，第92页。

② 参见李曼《美国犹太人生活中的正统派》注释12，第92页。

庆的场合时却很少与正统派联系。似乎可以这么说,从现实角度看,在美国究竟谁是一名正统派犹太人的问题仍有商榷的余地。当然,从理论上说,这个问题的答案相当简单明了,因为正统派要求对传统的《犹太法典》确立的法规(Shulchan Aruch)保持忠诚[①],一个"不守教规的正统派犹太人"实际上是非正常的。[②] 这个说法其实也是自相矛盾的,因为这个提法意味着信仰和实践之间的不一致性。[③]

哈拉哈主义者的论点

约瑟夫·梭罗维契克(Joseph Soloveichik)博士承继父志,成为依士瓦大学以撒克·爱尔哈南拉比神学院塔木德和宗教哲学教授,是一名杰出的犹太学者和哈拉哈解释专家。十多年来,他一直担任最大的正统派拉比组织美国拉比理事会的哈拉哈委员会(Hallacha Commisim)主席。因为他是哈拉哈权威,1960 年以色列邀请他出任该国犹太社区的首席拉比,但他婉言谢绝了。梭罗维契克的信徒通常称他为"拉弗"(Rav),他从丰富的犹太教和世俗知识中提炼思想。他的博学多才、富有启发性的思想和对哈拉哈的精辟阐述,对学生和这所大学的拉比校友产生了难以磨灭的影响。

1903 年,梭罗维契克博士诞生于波兰,承继了谙熟塔木德学问的杰出的家庭传统。他从很小就踏上了犹太研究之路,同时也接受世俗教育,这为他成为柏林大学哲学系学生做了准备。在柏林大学,他深深着迷于新康德主义的思想。[④] 1931 年,他以一篇关于赫尔曼·柯亨(Hermann

---

① 参见美国犹太人委员会 1957 年出版的 The Riverton Study。它对拥有 8500 名犹太人口的东部工业区几百个家庭进行了抽样调查。结果显示:保守派占 43%,正统派占 16%,两者占抽样统计总数的 59%;在被调查的人员中,只有 31%的人遵守某些饮食律法,购买符合犹太教规的肉食品;只有 8%的人有两套餐具,31%的人在安息日夜晚点蜡烛;只有 22%的人在重大节日里到圣堂做祷告。这两派通常希望其成员严格遵守所有的风俗习惯,但实际上只有较少的人这么做。

② 很少有正统派圣堂设在郊区。第一座圣堂一般是保守派的,如果社区的规模足以支持再建一座圣堂的话,第二座通常是改革派的。参见戈尔登(Albert I. Gordon)《郊区犹太人》(Jews in Suburbia),波士顿 1959 年,第 97 页以下;同时可参见克雷默(Judith Kramer)和利文特曼(Seymour Leventman)《富有隔都中的孩子们》(Children of the Gilded Ghetto),耶鲁大学出版社 1963 年,第 153~161 页。

③ 参见李曼《美国犹太人生活中的正统派》,载《美国犹太年鉴》第 66 卷,注释 12,第 34 页以下。

④ 新康德主义学派认为纯粹数学和纯粹科学的法则是实在的基础。

Cohen)[①]哲学的学位论文获得博士学位。一年后，他来到美国，定居于波士顿并一直担任拉比。

梭罗维契克拉比以及其他犹太和基督教理论家都主张，真正的宗教既非一剂鸦片，也不会让人一下子获得心灵的宁静和满足。通向青春牧场和宁静的精神水域的道路并不平坦。尽管许多人业已受到"烈风"的摇撼——在以利亚(《列王纪上》19:11)的幻想中，这烈风可以"崩山碎石"，但几乎没有人听到上帝"平缓微弱的声音"。真正宗教的获得是内心精神世界冲突和紧张的产物，其中交织着与疑惑和矛盾的搏斗，以及像《诗篇》作者表达的状态："耶和华啊，我从深处向你求告。"(《诗篇》130)正如祈克果所指出的，只有当一个人面临绝望的孤独感时，他才真诚地唤求上帝并和他密切地联系在一起。

真正的宗教徒在观点上不同于以探求知识为业的人如科学家和研究人员，后者想方设法理解使宇宙井然有序的自然法则的运作方式，竭力揭开遮蔽这些法则的面纱。但真正的宗教徒基本上深深着迷于深不可测的奥秘(mysterium tremendum)[②]。实际上，人们澄清的自然进程越多，信教者对深深隐藏的宇宙奇迹及其背后的神圣力量的惊奇越大。他能做的只能和约伯一道(《约伯记》42:3)承认：宇宙之谜的最后答案是不可思议的。显然，迈蒙尼德认识到存在着两种洞察力，这可从他直觉上帝的双重途径中推断出来。在其所著《密释纳托拉》这部法典中，他宣称《托拉》的要旨是获得关于上帝的知识。但是，在其哲学著作《迷途指津》中，则阐述了否定性属性的学说[③]，其前提是上帝的本质不可知，人无法认识它。梭

---

① 赫尔曼·柯亨(1842～1918)，前马堡大学哲学教授，所谓的新康德主义马堡学派的奠基人。这个学派把康德的批判唯心主义的方法运用于宗教、科学和文化等领域。"理性的自律"乃是康德认为的一切伦理学的源泉。柯亨步康德的后尘，视哲学认知的独立性为离开经验的纯逻辑的思维过程。他认为，希伯来先知的正义理想是犹太教的核心，也是社会道德的基础。对柯亨而言，弥赛亚主义代表的是人类不断进步的目标，因此，我们渴望实现的乌托邦应该永远被当作未来的目标。柯亨强烈反对复国主义，因为他相信，如果犹太人建立了自己的政治国家，那他们就会摧毁自己普世的弥赛亚理想。因此，和古典的改革者不同，他把犹太人看作一个民族，即一个由历史、神圣的希伯来语言和别的联系纽带团结起来的民族，而不只是一个宗教共同体。

② 参见其希伯来语随笔《哈拉哈之人》(Ish Hahalacha)，载 Talpioth，1940 年，第 651 页以下；另参见《孤独的信仰者》(The Lonely Man of Faith)，载《传统》第 7 卷第 2 号，1965 年夏。

③ 这种理论认为，我们与其说能认识"上帝是什么"，不如说能认识"上帝不是什么"，因为人类感知能力是有限的，不像上帝那样无限和完满。这样，如生命力、智慧、善良一类的语词就太狭窄而不适用于上帝。我们表达上帝的属性概念最好用宽泛的否定性范畴——上帝不会死亡、不会没有智慧、不会无知，等等。迈蒙尼德宣称，上帝存在"而不具有存在的属性。"参见《迷途指津》第 1 篇，第 56 章以下。

罗维契克拉比不仅指出而且列举出上述两种说法的二分法则。宇宙的抽象的形而上学方面超出了人的认识范围，它们仅仅是宗教徒思考的领域，只有具有因果性的在时间和空间中的世界才是属于人的。后者也属于哈拉哈的范围。

宗教和哈拉哈

梭罗维契克博士接着说，真正的宗教是趋向于超验存在的。如果说宗教徒信守禁欲主义而逃避生活的话，哈拉哈主义者则置身于生活的内核之中。哈拉哈主义者以先验的手段解决认识和纯粹宗教之间的两难：上帝赐人以《托拉》，其中的规范、准则和诫命为他标明了在人世孜孜以求的可靠道路。他依靠指向精神生活的德行，达到神圣的境界。各种诫命弥漫于热忱的哈拉哈信徒生活的方方面面，而时间则为他们履行这些诫命提供了连续不断的线索，哈拉哈之根就扎在此时此地。我们还可以通过死是对宗教礼仪的玷污(《民数记》19:11)、坟墓是不洁的宗教仪式之源这条律法而明了这一点。这种规定与其他宗教之敬畏死亡并将坟墓神圣化为彼岸世界的开端形成了鲜明对照。这种观点还可在《密释纳》的格言中得到证明："人世间一小时的忏悔和德行胜过来世的一生。"(《先贤篇》4:22)对生命的类似态度产生出"宁可救命而不过安息日"这一原则以及其他类似性质的教诲。

由于哈拉哈主义者的目标是将天堂降临到尘世，将神的存在(Shechinah)植入时空之中，所以他们追求的道路与宗教徒恰好相反。这样，他们赋予自己所建造的圣堂以神圣性，进而将无限精神注入有限存在之中。宗教徒的企图正与其相反，他将有限转化成无限，希望将尘世提升为天堂。哈拉哈主义者还在其神授的超验律法中勾勒出一幅理想生活的蓝图，同时承认它代表着一种抽象的乌托邦式存在状态，人类的血肉之躯是达不到的。为了这一目的，他们不仅调查研究了那些在生活中发挥作用的律法，还对那些实际上不起作用而仅仅是描绘或叙述抽象的理想社会的律法也有所探究。他像数学家一样承认，理论上那种完美无缺的几何图形实际上根本不存在。但是他们也知道，物理学家和其他科学家正是从后者即纯粹的数学形式中推演出他们各自的学科所要求的法则的。

哈拉哈规定了具体、确定的行为准则和指导方针。哈拉哈的诫命之间几乎没有质的差异性，因为这些诫命都直接或间接地源于西奈山的神启，所以人们必须一视同仁地用尊重、敬畏和庄严之情去奉行它们。因此，在神圣的祈祷和忏悔日——犹太新年吹号角的礼仪活动和喜庆感恩的节日——丰收节(Succoth)上的欢庆仪式(Lulav)都会激起同样的敬畏感或激情。

对犹太人来说,礼拜和忏悔是最主要的宗教义务。意味深长的是,这些活动必定是精神紧张感和渴望接近上帝的需求感的结果。这些感受形成了自省和自悦感——一种新的心情和新的冲动。诚挚的忏悔不能仅仅和已逝的过去相联系,而应面对与将来融为一体的活生生的现在,在未来日子里高尚的德行将取代卑贱的行径。哈拉哈诫命始终不渝的终极目标是达到神的状态,由它引导人们走向犹太教设想的最高精神境界——先知所描述的目标。

人们不禁要问,梭罗维契克是否将哈拉哈过于理想化了?毫无疑问,他的目的是为严格的宗教礼仪辩护。但是,他忽视了一种危险,即过分自由地应用哈拉哈会破坏其内在的精神。例如,那种认为哈拉哈是先天的神启律法体系的观点促使梭罗维契克博士向一名犹太人(他所在城镇上的唯一一所圣堂已设有男女混合座位)提出建议:新年时最好在家中做祈祷而无须进圣堂,甚至也不必考虑吹号角的庄严时刻,更不用说参加整个仪式了。梭罗维契克显然未能认识到,不妥协会违背某些至关重要的犹太教原则、价值和精神,这些东西比保持与律法的一致性更为重要。有时,僵化性和墨守成规地奉行哈拉哈可能是一种值得怀疑的美德。

3. 新移民活动

纳粹肇始

1871年德国在法律上给予犹太人以公民权,这时德国的犹太移民活动实际上已停止了。然而他们的这种新的社会地位仅仅保持了60年,即至纳粹主义的兴起时就结束了。纳粹分子叫嚣犹太人是德国和全世界的敌人,并炮制出种种并非秘密的灭绝犹太人的计划。纳粹进行曲表明了他们碾碎犹太人的头颅的决心。他们宣称,一旦他们的利剑沾满犹太人的鲜血,最终的胜利就来到了。自由世界和德国犹太人都不相信上述喧嚣会在诞生了歌德和席勒的国家变为现实,然而却真的发生了!

1933年4月1日,即希特勒就任第三帝国总理后几个月的一天,德国政府倡仪发动了一场全国性的联合抵制犹太商人的活动,从此,纳粹反犹行动开始了。当纳粹冲锋队员守在犹太人商店门口阻拦顾客购物时,警察袖手旁观。联合抵制活动之后不久,将犹太人从政府机关以及其他公众事务领域驱逐出去的法令出笼了。1933 年 5 月 10 日，政府重新颁布了中世纪图书禁毁令。在柏林以及其他城市，熊熊烈火通宵地燃烧，大约有两万本“不符合纳粹精神”或由德国犹太人编著的书在烈火中化为灰烬；同时，纳粹还对犹太人进行肉体上的摧残。整个世界震惊了，但是屈从于纳粹独裁统治的德国人却泰然处之。大多数德国人未受到这些事件过分的纷扰，他们对于政治、宗教和文化自由的镇压活动无动于衷。“30 年代，真正激动德国人的东西，”威廉·夏伊勒(William L. Shirer)写道，“是希特勒许诺的辉煌灿烂的成就：提供就业机会、创造繁荣、重振德国军事力量，以及在其外交政策上从胜利走向胜利。”①

逃离恐怖

现在，德国犹太人胆战心惊了。成千上万的犹太人仓皇出逃。大多数人在欧洲寻求避难，希望不久之后能重返家园。在逃亡海外的人中，大约有 3500 人在 1933～1935 年间来到美国，更多的人则克服艰难险阻去了巴勒斯坦。随后几年里相对平安无事，这使许多人包括德国犹太人在内认为，第一次大屠杀不过是一场短暂的暴风雨。但是到了 1935 年 9 月，纳粹党在纽伦堡召开大会，颁布了所谓的《纽伦堡法》(Nuremberg Laws)，这成了暴力运动的信号，镇压德国犹太人的新一轮暴行开始了。

这部新法剥夺了德国犹太人的公民权，强迫他们参加劳动，强逼他们佩戴中世纪曾戴过的黄色徽章。这部新法不仅适用于纯粹的犹太人，甚至适用于那些祖父母中只有一方为犹太人而自己已接受基督教洗礼的犹太人。新的反犹措施再度激起了移民浪潮。这次，他们改变了目的地，极少数人留在欧洲，大多数人去了巴勒斯坦。在随后的三年内，大约有 22000 人踏上了美国海岸。1938 年 3 月，纳粹征服了奥地利，并发起了迫害该国犹太人的恐怖活动，这时，来自中欧的移民潮进一步扩大了。

随后，在 1938 年 11 月 10 日，卷席全德国的“水晶夜”(Crystal Night)大屠杀降临了。两百家圣堂遭毁，成千上万个犹太人商店和家庭被洗劫一空。暗杀和殴打、抢劫和纵火成了家常便饭，大约有 2 万名犹太

① 参见威廉姆·夏伊勒《第三帝国的兴亡》(The Rise and Fall of the Third Reich)，西蒙·舒斯特出版公司 1960 年，第 333 页。

人被关进集中营。[1] 现在,德国犹太人终于意识到他们身临绝境了。

1938年3月,希特勒通过威慑策略,成功地吞并了奥地利。10月,他举兵进犯捷克斯洛伐克所属苏台德地区(Sudetenland)。结果,臭名昭著的《慕尼黑协定》(Munich Pact)签署了,这块捷克领土割让给了德国。英国的莱维尔·张伯伦(Neville Chamberlain)和法国的爱德华·达拉第(Edouard Daladier)通过这份协定无耻地出卖了捷克。这份被张伯伦假惺惺地称为"令人尊敬的和平"协定震动了整个自由世界。捷克总统爱德华·伯尼斯(Eduard Benes)被迫辞职离开捷克。苏台德地区2.5万名犹太人逃离捷克。但是,陶醉于胜利之中的希特勒并不就此罢休。第二年3月,他命令新任捷克总统来到柏林,强迫他同意把捷克划为第三帝国的保护领地。在17.7万名捷克犹太人中,只有3.5万人在1939年9月二战爆发前设法逃离了捷克。

据估计,在1933～1942年间,大约有58万名移民前往美国,但"最多有16万名犹太难民被接受……而且所有的这些都是符合当时移民法的难民"[2]。这些难民包括了许多犹太专业人员和知识分子:科学家、作家、内科医生、大学教授,其中有些人是世界知名人士。新移民中以热忱的正统派犹太人居多,他们在随后的十年里极大地推动了美国犹太走读学校运动的空前发展。这种宗教和世俗学术一体化的犹太学校是由萨姆森·拉菲尔·赫尔施在正统派中推广开来的。随着这一移民潮来美的还有一批东欧正统派拉比和学者,他们将自己的高等教育学校带到了新大陆。

在伟大的反纳粹胜利日(1945年5月9日)之后,战后移民由于"多余的人"(Displaced Persons)问题而复杂化了。为了促使这些无国无家的人进入美国,美国政府颁布了一些特别政令和法律。现估计有5.4万多名犹太人在二战后的三年中来到美国。[3] 这批以及随后的移民队伍包括了纳粹集中营的幸存者,其中有许多人是正统派和哈西德派犹太人,他

---

① 这次暴乱的导火线是一名波兰裔犹太青年赫舍尔·格林斯潘(Hershel Grynspan)刺杀德国驻巴黎大使馆的一名副官。这名刺客的父亲是成千上万名被德国驱赶出来的波兰裔犹太人中的一个,他们被流放到波德边界荒无人烟的地区,处境险恶、饥寒交迫。他知道这一切之后,便陷入绝望的情绪之中。年轻的格林斯巴行刺的目的是唤起世人对德国反犹暴行的注意,然而只有一名外国政治家即弗兰克林·罗斯福总统作出了强烈反对德国暴行的姿态,即从柏林召回了美国大使。

② 参见迪约尔(Ilya M. Dijour)《难民问题》(The Refagee Problem),载《美国犹太年鉴》第46卷(194～1945),第307页。

③ 没有精确的数字可考,因为各移民局自1943年以后不再依据宗教信仰给移民分类。

们增强了美国正统派的力量。

哈西德正统派

一战末期，一位评论哈西德派的作家说，那时在美国，“哈西德派处在一种奇怪的境况之中：四个圣者中没有一名哈西德派教徒，三万名哈西德派成员中没有一名圣者”[①]。这位作家认为，哈西德派能在美国环境中取得立足之地令人怀疑。他解释说，真正的哈西德派留在了欧洲，那些来到美国的哈西德派信徒很快就与美国的环境妥协了，因而不能保持自己的传统和生活方式。但是，这位作家却没有考虑到历史的复杂多变性。

威廉伯格的哈西德派

1918 年，布鲁克林南区威廉伯格(Williamsburg)的一批波兰裔哈西德派教徒创建了一所极端哈西德派的学校，他们称之为“《托拉》和学问”(Torah Vodaath)。这所学校将一群哈西德派分子吸引在周围，他们是早已定居此地的几名来比(即圣徒)的追随者。在本世纪二三十年代，另外还有一小批志同道合的哈西德派圣者从波兰和欧洲法语国家迁移到美国。和他们的先辈一样，他们的影响仅局限于自己的小圈子之内。

二战之后，纳粹集中营中那些年轻的幸存者来到美国，满怀希望能复兴并恢复他们在其故国曾过的哈西德派生活，他们壮大了这个位于威廉伯格的哈西德派社区。[②] 他们得到该派一些著名圣者的支持。这些圣者在这个地区宽敞的宅地上修建起数座圣堂和居民楼。这样，几年之后，威廉伯格成了哈西德正统派的中心。

路巴维切哈西德派

路巴维切哈西德派(Lubavitcher Hassidim)的总部距威廉伯格的哈西德派中心只有数英里之遥。该运动肇始于 1940 年。在这一年，已故的拉比约瑟夫·以撒克·施尼尔森(Joseph Isaac Schneerson)(他更多地被称为拉比路巴维切)带着他的信徒来到这里。他从其故国俄国来到美国

---

① 参见伊文(Isaac Even)《新大陆的哈西德派》(Hassidism in the New World)，载《犹太社区名册》(Jewish Communal Register)(1917～1918)，纽约 1918 年，第 341 页。

② 参见克兰斯勒(George Kranzler)《威廉伯格：变迁中的犹太社区》(Williamsberg, A Jewish Community in Transition)，纽约 1961 年。另参见波尔(Solomon Poll)《哈西德派社区》(The Hassidic Community)，纽约 1962 年。

是为了逃避共产主义的迫害。不久,他那强有力的宣传和教育活动对美国犹太社区产生了影响。斯切赖俄森拉比及其追随者代表着哈西德派的知识分子一族,即哈巴德。他的组织在整个美国所有社区中建立了小学和高级学校网络。根据哈西德的纲领,这些学校传授传统知识和哈西德派理论。拉比约瑟夫·施尼尔森的继承人拉比麦纳希姆·门德尔(Menachem Mendel)像该组织中其他几位领袖人物一样,除接受了拉比和哈西德派训练之外,还通晓世俗知识。

路巴维切哈西德派与其他哈西德派组织的不同之处在于其热忱超出了自身的范围。在他们眼里,每个犹太人都值得培养,因为每个人心中都有星星之火(Nitzotz),能燃烧成犹太虔诚精神的燎原大火。他们的这种态度推动了路巴维切哈西德派去寻求整个犹太社区的支持并在其中吸纳成员。正是在上述思想的促动下,他们赞助由纽约市认可的宗教教育课程班(Program for religious instruction)以及其他公立学校的事业。路巴维切哈西德派还为上小学的犹太儿童设立了宗教课程班,希望借此感染孩子,使他们遵守宗教习俗,从事宗教研究,最终成长为该派的一分子。他们还拥有出版机构,出版各种宗教和教育性的文献。

哈西德派的虔诚

哈西德派的传统、习俗、服饰和风俗渗透进该派日常生活的方方面面。在宗教领袖的指引下,他们过着与世隔绝的隐居生活,这一点在很大程度上可比得上阿米施(Amish)和类似的基督教教派。与大多数较早来到美国的犹太移民不同,哈西德派从来不想抛弃他们带来的特有的风俗、价值和规范。实际上,他们决心在新环境中更为认真地培育它们。他们十分珍爱自己的美国公民权,因为正是它为他们提供了保留一方净土的自由。

哈西德派教徒一般留有胡须。较年轻的男子蓄有长长的耳鬓,已婚妇女则要剃光头发,戴上假发(sheitels)。在安息日,许多男子不管在哪个季节都身穿长袍,头戴皮帽,脚穿便鞋和齐膝的白色长统袜子。[①] 他们的孩子从早到晚都在他们自己的走读学校中读书,他们还实行男女生分校制。尽管许多父母认为世俗文化是旁门左道,但还是根据国家的需要让其子女接受一些世俗教育。在哈西德派中用来保持宗教礼仪纯洁性的

① 这原是两个世纪前即哈西德派建立时波兰贵族的节日装束。哈西德派已确定这些装束(Malbush)为其传统的一部分。

沐浴(Mikvah)是一种极为重要的风俗。哈西德派不跳男女混合舞蹈,不听收音机,不看电视,不读世俗文学。保持喜悦的精神乃是哈西德派的一条最为重要的原则,他们正是以这种精神努力履行其宗教义务的。

哈西德派在美国正统派中推广了一种彻底洁净的(glatt kosher)肉食,它是由虔诚无瑕、最值得信赖的教礼杀牲人员屠宰并制作的肉食。凡有疑问的食品,纵然主管当局认可为洁净的,都不属此类。几家哈西德派学校还专门开办了自己的彻底洁净肉食店,所得利润用来办学。哈西德派还利用一种实验设备(Shatnez)来检测其服装是否是由《圣经》律法所禁止的羊毛和亚麻混合织成的(《利未记》19:19,《申命记》22:11)。这种用科学解决宗教礼仪传统问题的例子实在让人感到费解。

尽管大批的哈西德派组织开始在以色列安家落户,但有些人仍认为这个犹太世俗国家及其政府是有罪的。在哈西德派中,圣徒萨特马尔(Satmar)是反以色列派的领袖。他们认为,希伯来语是极为神圣的一种语言,不能像在以色列那样用来作为日常语言。他们自己的交流工具是意第绪语。他们与耶路撒冷的"城市卫士"(Neturei Karta)志同道合,后者是一个规模不大但旗帜鲜明的反以色列的极端宗教性团体。他们坚持不懈、大张旗鼓地抗议在以色列的宗教迫害和种族歧视,据说在以色列政府的控制下,"城市卫士"及其在以色列的盟友遭到了种种不公待遇。这些反民族主义的少数派在美国犹太人的舞台上几乎没产生任何影响。

郊区的中心

一般说来,哈西德派的核心作用是发展成为正统派中的一支生机勃勃的力量。尽管威廉伯格是美国哈西德派的首要中心,但这一派别已在其他犹太社区中开辟了地盘。许多原来定居于威廉伯格的哈西德派教徒现已取得较高的社会经济地位,搬迁到了条件更优越的地方,随后的新来者取代了他们原来的位置。威廉伯格的哈西德派人数估计有 1.2 万～1.5 万。有一个称为 Skeverer 的哈西德团体已离开威廉伯格,在距纽约约 20 英里以外的罗克兰县(Rockland County)开辟了一处自给自足的郊外定居地,名曰广场镇(Squaretown)。一辆宗教事务专用车日间将工人带进城里工作,晚上再将他们接回家。像其他哈西德派组织一样,萨特马尔哈西德派(Satmar Hassidim)正计划在新泽西建成一处类似的村落。这种半农村半城市的郊区新环境与威廉伯格形成了鲜明对比。几家地方性学校正反复酝酿迁移到纽约更为时髦的地区。其中最大的"《托拉》和学问学校"(Yeshiva Torah Vodaath)已在希鲁克林的弗莱布什(Flatbush)地区购置了一块土地，正在建造新的校园。这一趋势可能不久会导致威廉伯格的哈西德派居民的四处分散。

正统派的前景

最近从中欧来到美国的移民虽在规模上不能和较早的移民潮相比，但已对美国正统派产生了清晰可见的影响，而且也间接地影响了美国犹太人的生活。这些移民极大地鼓舞了美国传统派的士气。他们成了正统派拉比和世俗人士极为需要的领袖的源泉。而且，他们的新鲜血液已渗入进美国正统派脉管之中，起到了为日渐式微的正统派补充能量、恢复生机的作用。

最近的移民风仅仅是先前东欧移民浪潮的第一代，最多也只是第二代。先来的移民后代已在文化上发生了变异。仅在几十年内，他们从正统派游离到保守派，又变为改革派。尽管这批新移民仍保留着严肃的虔诚精神，他们能不像早先的欧洲犹太移民一样屈从于世俗的现代主义的环境吗？一个人虽不能精确地预言各种社会力量的发展道路，但确定某一潮流的走向仍是有可能的。从过去来推断，除非发生难以料及的发展，这批新来的犹太定居者将步他们先辈的后尘似乎是在所难免的了。就哈西德派的核心来说，流向思想自由且教规宽松的犹太教派系是大势所趋，但是这种流动可能要日渐减慢。只要他们仍自囿于社区内部亲密的关系而与世隔绝，他们可能像阿米施派以及相似的派系一样长期过着隐居的社区生活，但是，这样他们就不可能对大多数犹太人产生大的影响了。

人们对美国中小学犹太学校中的五万或更多的学生寄予厚望，希望他们成长为正统派的接班人，或是成为世俗和神职领袖的后备军。这一特殊力量中绝大多数人将不会单单服务于正统派，而是服务于整个美国犹太教。从数量上说，长大成人并依然留在正统派阵营中的犹太学校学生几乎不可能补偿该派流向其他宗教派别所造成的损失。从各方面看，正统派似乎注定要进一步丧失地盘而让位于美国犹太教保守派和改革派运动。

4. 结束语

美国犹太人生活中现存的各宗教派别的前景如何呢？

在试图回答这个问题时，我们应切记一点：美国犹太教的主要宗教思想并不是美国土生土长的产物。他们是在风云变幻的欧洲诞生并成熟起来，在 19 世纪由国外土壤移植到这里的。改革派、新正统派和保守派是为回应欧洲解放运动的挑战应运而生的。甚至重建派这一在美国得到发展并适应了美国环境的思想学派也已受到散居犹太人的民族主义这一具有创新精神的哲学的影响。这种民族主义是由东欧犹太人的处境决定的，体现出业已解散的卡哈尔体系的痕迹：团体的孤立性和整个犹太共同体的整体性之间的折衷。

在美国，解放运动的挑战几乎没有以在欧洲相同的方式发生。早在美国独立战争之前，犹太人已扎根于斯地。美国这个新生国家没有继承老牌国家的反犹偏见。尽管当初批准联邦宪法的时候(1789 年)，美国 13 个州中只有 3 个赋予犹太人以政治权利①，其时普遍的倾向是将宗教少数民族——政治无能儿驱逐出去。到 19 世纪 40 年代，德国犹太移民羽翼丰满，其时只有少数几个州的犹太人未获得选举权；到了 1885 年，这种没有选举权的现象就杜绝了。尽管环境如此，改革派领导人还是在其《匹兹堡纲领》(1885)中拒绝了各种形式的犹太民族主义，坚持认为犹太教是关于宗教共同体和犹太使命的理论。这些信念或许适合当时德国盛行的坚如磐石的民族主义，但不适合多元化的美国背景。

但是，在半个世纪之内，美国改革派运动的立场完全改变了。1937 年的《哥伦布纲领》完全改变了前些年反民族主义和反传统主义的立场。实际上，从此以后，美国犹太教中民族主义和传统主义倾向都得到了强化。这一发展的结果是改革派和保守派之间的分歧大大缩小了。这两大派现在拥有共同的兴趣，都为以色列国家的建立这一成就而自豪。实际上，这个犹太人民族国家成了美国犹太教各派系之间强大的凝聚点，这当然不包括极端主义的美国犹太教理事会以及正统派中思想偏激的极端哈西德派教徒，因为这些人数目微少，可不作考虑。

今天，美国犹太人共同背景和环境很可能是缔造各宗教阵营之间友好关系的另一个因素。早期犹太移民之间因为文化和社会因素而加深的对抗，现今虽还未彻底根除但已大大减少。而且，当今这代美国犹太人的大多数对待犹太教的态度是实用主义的。他们寻求某种形式和某一宗教

---

① 根据美国宪法，联邦政府依据各州赋予的权力行使职能。宪法废除了对联邦政府官员资格的宗教审查，但各州可以拥有这类审查权。另外，根据联邦宪法，只有那些有资格参加大多数州立法机构的选举的人才可以投票选举议员，后来这样的规定被取消了。1780 年，南卡罗来纳州和宾夕法尼亚州率先取消；1792 年特拉华州，1825 年马里兰州，1842 年罗得岛州，1868 年北卡罗来纳州，1876 年新罕布什尔州也先后取消。根据 1787 年法令，新加入联邦的各州都须赋予全体民众平等的公民权和宗教权利。

体制保持一致，或是要求其子女进入某一宗教学校学习，但是他们并不为神学问题所困扰，通常把这些问题留给精神领袖去解决。他们几乎都毫无例外地不具备丰富的犹太文化知识，所以不可能在众多神学理论中作出鉴别性的选择。[①] 因此，通常是社会或情感因素而非教义上的考虑决定他们加入哪一派公会。

犹太教的主要派别存在着相同的宗教问题。它们都面临着如何深化教徒的宗教感情和奉献精神这一任务。保守派和正统派认为，各阶层必须遵守安息日和饮食律法。所谓的“第七日旷工”(Seventh day absenteeism)问题困扰着美国犹太教各派系的领导人。对各阶层的宗教教育问题也是如此。有人说得好，美国犹太教面临的主要宗教问题不在于是否信守传统的犹太人应一个节日过两天而自由派人士只庆祝一天——这是一个原则问题，而是事实上前者并没有过两天的节日，而后者的一个节日却不是过一天。

由上述可见，美国犹太教的核心已发生了转换，即转变成了一个相对同质的宗教共同体。这并不意味着极端主义团体将放弃其立场。在很大程度上，他们将受到各种社会事业性组织以及各个党派中既得利益者的鼓励，仍会继续信奉其固有的原则，但是他们不能控制并影响犹太教中的各种思想潮流。因此，以撒克·怀斯曾希望通过其美国式教礼(Minhag America)[②]来实现他的目标，即形成一个团结的美国犹太民族；李瑟在其倡导的“无属性的犹太教”中也表达了相同的目标。这个目标可能化为实现，但这不是思想决定的结果，而是美国犹太人生活中的其他力量主要是社会力量的产物。

---

① 最近对中西城(明尼阿波利斯城)犹太人的抽样调查显示：只有5%的人依据宗教信仰选择某一特定的圣堂；16%的人因为社会原因这么做；“余下的”则是为了让他们的孩子就学。

② 参见本书第12章第1节。

参考文献

一般性著作(仅限英文原作)

Agus, J. B. — *Evolution of Jewish Thought*, New York: Abelard Shuman 1959

American Jewish Yearbook—66 vols, 1899—1971 JPS(Jewish Publication Society of America), issued annually since 1899 by the American Jewish Committee, vol. 50 (1948—1949), p. 867ff, contains index of special articles and statistics in vols. 1—50

Baeck, Leo—*Essence of Judaism* (《犹太教的本质》), New York: Schocken 1948(已出中文版)

—*This People Israel*, JPS 1965

Bamberger, Bernard O. — *Story of Judaism*, New York: Union of American Hebrew Congregations 1957

Baron, Salo W. — *A Social and Religious History of the Jews*, 10 vols., JPS 1960 and subsequent years

Davis, Moshe—"Jewish Religious Life and Institutions in America", in Louis Finkelstein, ed. *The Jews, Their History, Culture and Religion*, 4 vols. JPS 1949

Epstein, Isidore— *Faith of Judaism*, London: Sonicno Press 1960

—*Judaism*, Baltimore: Penguin 1960

Grayzel, Solomon— *A History of the Jews*, JPS 1965 (16th reprint)

—*A History of the Contemporary Jews*, JPS and Meridian 1960

Graetz, Heinrich—*History of the Jews*, 6 vols. JPS 1926

Guttmann, Julius—*Philosophy of Judaism*, tr. David W. Silverman, New York: Holt, Rinehart and Winston 1964

The Jewish People, Past and Present, 4 vols. Central Yiddish Cultural Organization, New York: Martin Press 1946 and subsequent years

Janowsky, Oscar, ed. —*The American Jew*, New York: Harper & Brothers 1942

Kaplan, Mordecai M. —*The Great Judaism in the Making*, New York: Reconstructionist Press 1960

Landman, I. ed. —*Universal Jewish Encyclopedia*, 10 vols. New York: Universal Jewish Encyclopedia Publishing Co., 1939—1943

Learsi, Rufus—*Israel: A History of the Jewish People*, Cleveland: World Publishing Co., 1949

Margolis, Max and Alexander Marx—*History of the Jewish People*, JPS 1927 and Meridian 1960

Millgram, Abraham E. —*Great Jewish Ideas*, Washington, D. C.: B'nai B'rith Department of Adult Jewish Education, 1964

Publications of the American Jewish Historical Society, 1893—1966

Roth, Cecil—*A Short History of the Jewish People*(《简明犹太民族史》), London: East and West Library 1959(已出中文版)

Sachar, Howard—*The Course of Modern Jewish History*, Cleveland: World Publishing Co., 1958

Schechter, S. —*Studies in Judaism*, 3 vols. JPS 1896, 1908, 1924

Schwartz, Leo, ed. —*Great Ages and Ideas of Jewish People*, New York: Random House 1956

Simon, Maurice—*Jewish Religious Conflicts*, London: Hutchinson's University Library 1950

Singer, I., ed. —*Jewish Encyclopedia*, 12 vols., Funk & Wagnalls 1902—1905

Waxman, M. —*A History of Jewish Literature*, New York and London: Thomas Yoseloff (second edition) 1960

第1章

Abraham, Israel—*Jewish Life in the Middle Ages*, JPS 1920

Baron, Salo W. —*The Jewish Community*, 3 vols. JPS 1942

Elbogen, Ismar—*A History of the Jews*, New York: Union of American Hebrew Congregations 1926

Engelman, Uriah—*The Rise of the Jew in the Western World*, New York: Behrman's 1944

Finkelstein, Louis—*Jewish Self Government in the Middle Ages*, New York: The Jewish Theological Seminary of America, 1924

Hay, John—*Foot of Pride*, Boston: Beacon Press 1950

Lestchinsky, Jacob—*Encyclopedia of the Social Sciences*, vol. 6, pp. 640—650

Lowenthal, Marvin—*Jews of Germany*, JPS 1938

—*A World Passed by*, New York: Behrman's 1938

Neuman, Abraham A. —*Jews in Spain*, 2 vols. JPS 1948

Oelsner, Toni—"The Jewish Ghetto of the Past", *YIVO Annual of Jewish Social Science*, vol. 1, 1946

Parks, James—*Conflict of Church and Synagogue*, Cleveland: World Publishing Co. and JPS, Meridian 1961

—*The Jew in the Medieval Community*, London: 1938

Philipson, David—*Old European Jewries*, JPS 1943

Roth, Cecil—*Jews in Italy*, JPS 1946

Samuel, Maurice—*Blood Accusation*: The Strange History of the Beilis Case, JPS 1966

Shohet, D. M. —*The Jewish Court in the Middle Ages*, New York: 1931

Wirth, Louis—*The Ghetto*, Chicago: University of Chicago Press (Phoenix Books) 1958

第2章

Baron, Salo W. —"Ghetto and Emancipation", *Menorah Journal*, June 1928

Box, D. G. H. —"*Hebrew Studies in the Reformation Period and After*", in Edwyn R. Bevan and Charles Singer, eds., *The Legacy of Israel*, Oxford: Clarendon Press 1927

Carsten, F. L. —"*The Court of Jews, A Prelude to Emancipation*", in *Yearbook* III, Leo Baeck Institute, London, East and West Library 1958

Engelman, Uriah Zevi—*The Rise of the Jew in the Western World*, New York: Behrman's 1944

Lowenthal, Marvin—*The Jews of Germany*, JPS 1938

Morton, Frederic—*The Rothschilds*, New York: Atheneum 1962

Patinkin, Don—"Mercantilism and the Renaissance of Jews in England", *Jewish Social Studies*, July 1946

Reich, Nathan "Capitalism and the Jews", *Menorah Journal*, January 1930

Roth, Cecil— *A Life of Menasseh ben Israel*, JPS 1945

—*A History of the Jews in England*, Oxford: Clarendon Press 1941

—*The Magnificent Rothschilds*, London: 1939

—*The Jews in the Renaissance*, JPS 1959

Rudavsky, David—"Hebraic Studies in Colleges and Universities", *Religious*

Education, July—Aug. 1964

Strauss, Raphael—"The Jews in the Economic Evolution of Central Europe", *Jewish Social Studies*, January 1941

第3章

Arendt, Hannah—"Privileged Jews", *Jewish Social Studies*, January 1946

Bieber, Hugo and Hadas, Moses—*Heinrich Heine*, JPS 1956

Herz, Henrietta—"A Salonist Remembers", in Leo W. Schwartz, ed. *Memoirs of My People*, JPS 1943

Husik, Issac—*A History of Medieval Jewish Philosophy*, New York: Macmillan 1918

Jospe, Alfred—"Moses Mendelssohn", in Simon Noveck, ed. *Great Jewish Personalities in Modern Times*, Washington, D. C.: B'nai B'rith, Department of Adult Jewish Education 1960

Karpeles, Gustav—"Jewish Society in the Time of Mendelssohn", in *Jewish Literature and Other Essays*, JPS 1895

Kopald, J. —"Friendship of Lessing and Mendelssohn", *Yearbook of the Central Conference of American Rabbis*, vol. 39, New York: 1929

Lessing, Gotthold E. —*Nathan the Wise*, tr. Partrick Maxwell, New York: Bloch Publishing Co. 1917

Levy, Felix A. —"Moses Mendelssohn's Ideals of Religion and Their Relation to Reform Judaism", *Yearbook of the Central Conference of American Rabbis*, vol. 39, 1929

Lowenthal, Marvin—*The Jews of Germany*, JPS 1938

Minkin, Jacob S. —*The World of Moses Maimonides*, New York: Thomas Yoseloff 1957

Rothman, Walter—"Mendelssohn's Character and Philosophgy of Religion", *Yearbook of the Central Conference of American Rabbis*, vol. 39, 1929

Schechter, Solomon—"The Dogmas of Judaism", in *Studies in Judaism*, First Series, JPS 1911

Stern, Selma—"The Jews in the Economic Policy of Frederick the Great", *Jewish Social Studies*, April 1949

第4章

Kober, Adolph—"The French Revolution and the Jews in Germany", *Jewish Social Studies*, October 1945

Liptzin, Solomon—*Germany's Stepchildren*, JPS 1944

Lowenthal, Marvin—*The Jews of Germany* JPS 1938

Pipe, Samuel Z. —"Napoleon in Jewish Folklore", *YIVO Annual* vol. 1, 1946

Posener, S. —"The Immediate Economic and Social Effect of the Emancipation of the Jews in France", *Jewish Social Studies*, July, 1939

—"The Social Life of the Jewish Communities in France in the Eighteenth Century", *Jewish Social Studies*, July 1945

Schimidt, H. D. —"The Terms of the Emancipation, 1781—82" in *Yearbook* I, Leo Baeck Institute, London: East and West Library 1956

Szajkowski, Zosa—*The Economic Status of the Jews in Alsace, Metz and Lorraine* 1648—1789, New York: 1954

Waldman, Mark—*Goethe and the Jews*, New York: Putnam's 1934

第5章

Albo, Joseph—*Sefer Ha-Ikkarim*, tr. Issac Husik, 4 vols., JPS 1946

Belkin, Samuel—*Essays in Traditional Jewish Thought*, New York: Philosophical Library 1950

Bokser, Ben Zion—*Wisdom of the Talmud*, New York: Philosophical Library 1951

Cohen, A., ed. —*The Soncino Books of the Bible*, 14 vols., London 1947 and subsequent years

—*Everyman's Talmud*(《大众塔木德》), London: Dent 1932(已出中文版)

Daiches, Salis—"Dogma in Judaism", in Leo Jung, ed. *The Jewish Library* Series II, New York: Bloch 1930

Danby, H. —*The Mishnah*(《密释纳》), tr. from the Hebrew with introduction and brief explanatory notes. London. Oxford University Press, 1933(第1部已出中文版)

—*The Faith of Judaism*, London: Soncino Press, 1960

Epstin, Isidore, ed. —*The Babylonian Talmud with Introduction and Commentary*, London: Soncino Press, vol. 1—36, 1935—1952

—ed. *Maimonides*, VIII *Centenary Memorial Volume*, London: Soncino Press 1935—1952

Freedman, H. and Maurice Simon, ed. —*Midrashah*, translated with brief notes, vols. 1—10, London: Soncino Press, 1939

Freehof, Solomon B. —*Responsa Literature* , JPS 1955

—*A Treasury of Responsa*, JPS 1963

Friedlander, M. —*The Jewish Religion*(7th edition), London: Shapiro Valentine & Co. 1937

Ginzberg, L. —*On Jewish Law and Lore*(Essay: "Introduction to the Babylonian Talmud"), JPS 1955

—*Geonica I: The Geonim and their Halachic Writings*, New York: Jewish Theological Seminary of America 1902

Ganzfried, Solomon — *Code of Jewish Law*, tr. Herman Golden, New York: Hebrew Publishing Co. 1927

Halevi, Judah—*Book of Kuzari*, tr. Hartwig Hirschfeld, New York: Pardes 1946

—*The Kuzari*, ed. by I. Heinemann, London: East and West Library 1947

Hertz, Joseph—*Authorized Daily Prayer Book*, New York: Bloch Publishing Co. 1948

—*Pentateuch and Haftorahs*, New York: Metzudah Publishing Co. 1941

Jung, Leo, ed. —*Judaism in a Changing World*, New York: Oxford University Press 1939

Lauterbach, J. Z. —*Mekilta*, 3 vols. JPS 1941

—*Midrash and Mishnah*, JPS 1941

Maimonides—*Guide of the Perplexed* (《迷途指津》), tr. Michael Friedlander, New York: Hebrew Publishing Co. 1881(已出中文版)

—*Guide of the Perplexed*, tr. Chaim Rabin(abridged), London, East and West Library, 1952

Julius Obermann—*The Code of Maimonides*(various translators for different volumes), New Haven: Yale University Press 1949 and subsequently

Montefiore, Claude G. and Herbert J. Loewe—*A Rabbinic Anthology*, *Selected and Arranged with Comments and Introduction*, London: JPS 1960

Pool, David de Sola—"Judaism and the Synagogue", in Oscar Janowsky, ed., *The American Jew*, New York: Harpers 1942

Strack, H. L. —*Introduction to the Talmud and Midrash*, JPS 1931

Waxman, Meyer—*Judaism*, *Religion and Ethics*, New York: Thomas Yoseloff 1958

Wouk, Herman—*This Is My God*, New York: Doubleday and Co. (paperback) 1960

Zimmels, H. J. —*Ashkenazim and Sephardim*, New York, Oxford University Press 1958

第 6 章

Abelson, J. —*Jewish Mysticism*, London: Bell Press 1931

Bokser, Ben Zion—*From the World of the Cabbalah*, New York: Philosophical

Library 1954

Buber, Martin—*The Tales of Rabbi Nachman*, tr. Maurice Friedman, New York: Horizon Press 1958

—*Hasidism and Modern Man*, ed. and tr. by Maurice Friedman, New York: Horizon Press 1958

—*For the Sake of Heaven*, tr. from the German by Ludwig Lewisohn, JPS 1945; Second edition with new foreword(New York: Harper & Bros. 1953, Meridian), JPS(paperback) 1958

—*Hasidism*, tr. by Dr. Greta Hort and others, New York: Philosophical Library 1948

—*I and Thou*, tr. by Ronald Gregor Smith, Second edition, New York: Charles Scribner's Sons 1958

—*Israel and The World*, New York: Schocken Books 1948

—*Tales of the Hasidim, The Early Masters*, tr. by Olga Marx, New York: Schocken Books 1947

—*Tales of the Hasidim, The Later Masters*, tr. by Olga Marx, New York: Schocken Books 1948

—*Ten Rungs: Hasidic Sayings*, tr. by Olga Marx, New York: Schocken Books 1947

—*Jewish Mysticism and the Legends of the Baal Shem*, tr. by Lucy Cohen, London: Dent 1931

Diamond, Malcolm L. —*Martin Buber: Jewish Existentialist*, New York: Oxford Press 1960

Dresner, Samuel H. —*The Zaddik*, New York: Abelard Schuman 1960

Dubnow, Simon—*History of the Jews in Russia and Poland*, vols. 1 and 2, JPS 1946(reprinted)

Friedman, Maurice S. —*Martin Buber: The Life of Dialogue*, Chicago: University of Chicago Press 1955

—"Martin Buber", in Simon Noveck ed. *Great Jewish Thiners of the Twenktieth Century*, Washington, D. C. : B'nai B'rith Department of Adult Education 1963

Ginzberg, Louis—*The Cabbala in Jewish Law and Lore*, JPS 1955

Greenstone, Jelius H. —*The Messiah Idea in Jewish History*, JPS 1943

Grossman, Mordecai—"A Mystical Approach to Judaism", *Menorah Journal*, vol. 16, p. 97ff, February 1929

Herberg, Will—*The Writings of Martin Buber*, New York: Meridian Press 1956

—*Judaism*—A Quarterly Journal, New York: vol. 9, Summer 1960 (Issue devoted to Hassidism)

Klausner, Joseph—*Messianic Idea in Israel from Its Beginning to the Completion of the Mishna*, tr. William F. Stinespring, New York: Macmillan Co. 1955

Levin, Meyer—*The Golden Mountain*, New York: Jonathan Cape and Robert Ballou 1932

Minkin, Jacob S. —*The Romance of Hassidim*, New York: Thomas Yoseloff (new edition)1955

Muller, Ernest—*History of Jewish Mysticism*, Oxford: East and West Library 1946

Newman Louis I. —*Hasidic Anthology*, New York: Bloch Publishing Co. 1944

—and Samuel Spitz —*Maggidim and Hasidim*(anthology), New York: Bloch Publishing Co. 1962

Raisin, M. —*The Haskallah Movement in Russia*, JPS 1913

Schechter, Solomon—"The Chassidim", in *Studies in Judaism*(First Series), JPS 1911

Scholem, Gershon—*Major Trends in Jewish Mysticism* (paperback edition), New York: Schocken Books 1961

Schneerson, Joseph I. —*Some Aspects of Chabad Chassidism*, Brooklyn, New York: Machne Israel(770 Eastern Parkway)1961

Simon, Ernest—"Martin Buber and German Judaism", in *Leo Baeck Institute Yearbook III*, London: East and West Library 1958

Silver, Abba Hillel—*A History of Messianic Speculation in Israel*, Boston: Beacon Press 1959

Sperling, Henry and Maurice Simon, and P. Levertoff tr. —*The Zohar*, 5 vols. London: Soncino Press 1931—1934

Schneur Zalman of Liadi —*Tanva*, tr. Misan Mindel, Brooklyn, New York: Kehot Publication Society 1962

Zangwill, Israel— "The Master of the Name", in *Dreamers of the Ghetto*(fictionalized account), JPS 1898

第7章

Katsh, Abraham I. —"Nachman Krochmal and the German Idealists", *Jewish Social Studies*, April 1946

Landsberg, Max—"The Reform Movement after Abraham Geiger", *Yearbook of the Central Conference of American Rabbis*, vol. 20, 1910

Lowenthal, Marvin—*The Jews of Germany*, JPS 1938

Morgenstern, Julian—*As a Mighty Stream*, JPS 1949

Nussbaum, Max—"Nachman Krochmal", *American Jewish Yearbook*, vol. 44, JPS 1942

Philipson, David—*Reform Movement in Judaism*, New York: Macmillan 1931

Plaut, W. Gunther—*The Rise of Reform Judaism*, New York: 1963

—*Growth of Reform Judaism*, New York: 1965

Raisin, Jacob S. —"The Reform Movement before Geiger", *Yearbook of the Central Conference of American Rabbis*, vol. 20, 191

Schechter, Solomon—"Abraham Geiger", in *Studies in Judaism* (third series), JPS 1924

Schwartzman, Sylvan—*The Story of Reform Judaism*, New York: Union of American Hebrew Congregations 1953

Schorsch, Ismar—"The Philosophy of History of Nachman Krochmal", *Judaism*, vol. 10, no. 3(Summer)1961

Weiner, Max—"Abraham Geiger and the Science of Judaism", *Judaism*, vol. 2, no. 1. January 1953

—*Abraham Geiger and Liberal Judaism*, tr. Ernest J. Schlochauer, JPS 1962

第8章

Bamberger, Bernard—"Beginnings of Modern Jewish Scholarship", *Yearbook of the Central Conference of American Rabbis*, vol. 42, 1932

Bamberger, F. —"Zunz's Conception of History", in *Proceedings of the American Academy for Jewish Research*, vol. 12, 1941

Frankel, Zacharia—"On Changes in Judaism", in Mordecai Waxman, ed. *Tradition amd Change*, New York: Burning Bush Press 1958

Ginsberg, Louis—"Zechariah Frankel", in *Students, Scholars and Saints* (reprinted), JPS 1945

Karpeles, G. —"Leopold Zunz", in *Studies in Jewish History and Literature*, JPS 1895

Reissner, H. G. —"Rebellious Dilemma—The Case Histories of Eduard Gans and Some of His Partisans", in *Yearbook* II, *Leo Baeck Institute*, London: East and West Library 1957

Schechter, Solomon—"Leopold Zunz", in *Studies in Judaism*, Third Series, JPS 1924

—"Historical Judaism", in Mordecai Waxman, ed. *Tradition and Change*, New York: Burning Bush Press 1958

Wallech, L. —"Beginnings of Science of Judaism", *Historia Judaica*, April 1946

Wolf, Immanuel—"On the Concept of a Science of Judaism"(1822), in *Yearbook* II, *Leo Baeck Institute*, London: East and West Library 1957

第9章

Breuer, Jacob, ed. —*Fundamentals of Judaism*, New York: Phillip Feldheim 1949

Heller, Max—"Samson Raphael Hirsch", *Yearbook of the Central Conference of American Rabbis*, vol. 18, 1908

Hirsch, Samson R. —*Introduction to Commentary on Torah*, tr. Joseph Breuer, New York: Phillip Feldheim 1948

—*Nineteen Letters of Ben Uziel*, tr. Bernard Drachman, New York: Funk and Wagnalls 1899

—*Judaism Eternal*(selected essays), tr. I. Grunfeld, 2 vols. London: Soncino Press 1956

—*Horeb*, tr. I. Grunfeld, 2 vols, London: Soncino Press 1962

—*The Pentateuch*, commentary tr. by Isaac Levy, New York: Bloch Publishing Co. 1956—1962

—*The Psalms*, commentary tr. by Gertrude Hirschler, New York: Phillip Feldheim 1960

Jelenko, Edward W. —"Samson Raphael Hirsch", in Simon Noveck, ed. *Great Jewish Personalities in Modern Times*, Washington, D. C.: B'nai B'rith Department of Adult Education 1960

Jung, Leo—"Samson Raphael Hirsch", in *Guardians of Our Heritage*, New York: Bloch Publishing Co. 1958

Schwab, Herman—*History of Orthodox Jewry in Germany*, tr. Irene R. Birnbaum, London: Mitre Press 1950

Wolfsberg, Y. —"Popular Orthodoxy", in *Yearbook* I, *Leo Baeck Institute*, London: East and West Library 1956

第10章

Kaplan, Mordecai M. —*The Greater Judaism in the Making*, New York: Reconstructionist Press 1960

Newman, Aryeh—"Luzzatto—Centenary of a Modern Traditionalist", *American Zionist*, vol. 56, No. 3, December 1965

Rudavsky, David—"S. D. Luzzatto's Jewish Nationalism", *Herzl Yearbook*, vol. 6, New York: Herzl Press 1964—1965

Stitskin, Leonard D. —"Samuel David Luzzatto—Ethics and Feelings"(Selections from Ysodei Hatorah), in *Tradition*, vol. 7, No. 2, Summer 1965

第11章

Baron, Salo W. —"The Impact of the Revolution of 1848 on Jewish Emancipation", *Jewish Social Studies*, July 1949

Glanz, Rudolph—"The Immigration of German Jews up to 1880", *YIVO Annual of Jewish Social Science*, vol. 2—3, 1947—1948

—"Source Materials on the History of Jewish Immigration to the U. S. 1800—1880", *YIVO Annual of Jewish Social Science*, vol. 6, 1951

Glanz, Rudolf—"German Jews in New York City in the Nineteenth Century", in *YIVO Annual of Jewish Social Science*, vol. 11, 1956—1957

Kisch, Guido—*In Search of Freedom*, London: Edward Goldson and Son 1949

—"A Voyage to America Ninety Years Ago", *Publications of the American Jewish Historical Society*, vol. 35, 1939

Kober, Adolph—"Jews in the Revolution of 1848 in Germany", *Jewish Social Studies*, April 1948

Kohler, Max—"Jewish Rights at the Congress of Vienna(1814—1815)and Aix-la-chapelle", *Publications of the American Jewish Historical Society*, vol. 21, 1918

—"The German-Jewish Migration to America", *Publications of the American Jewish Historical Society*, vol. 9, 1901

第12章

Cohon, Samuel M. —"Kaufmann Kohler, the Reformer", in *Mordecai Kaplan Jubilee Volume*, Jewish Theological Seminary, New York: 1953

—"Reform Judaism in America", *Judaism*, vol. 3, no. 4, Fall 1954

—"Kaufman Kohler", in Simon Noveck, ed. *Great Jewish Thinkers of the Twentieth Century*, Washington D. C.: B'nai B'rith Department of Adult Education 1963

Egelson, Louis I. —*Reform Judaism*, New York: Union of American Hebrew Congregations 1949

Freehof, Solomon —*Reform Responsa*, Cincinnati: Hebrew Union College Press 1960

Freedman, I. M. —*Jewish Pioneers and Patriots*, JPS 1943

Glatzer, Nathan—*American Judaism*, Chicago: University of Chicago Press 1959

Grinstein, Hyman M. —*The Rise of the Jewish Community of New York*, 1654—1860, JPS 1945

Halasz, Nicholas—*Captain Dreyfus*, New York: 1955

Heller, Joseph—*The Zionist Idea*, New York: Schocken 1949

Hirschler, Eric E. ed. —*Jews from Germany in the U. S.* , New York: 1955

Hyamson, A. M. —*Palestine under the Mandate* 1920—1948, London: 1950

Kohler, Kaufmann—*Jewish Theology*, New York: Macmillan 1928

Knox, Israel—"Isaac Mayer Wise", in Simon Noveck ed., *Great Jewish Personalities in Modern Times*, Washington, D. C.: B'nai B'rith Department of Adult Education, 1960

Knox, Israel—*Rabbi in America* (Story of Isaac M. Wise), Boston: Little Brown and Co. 1959

Learsi, Rufus —*Jews in America* , Cleveland: World Publishing Co. 1954

Lebeson, Anita —*Jewish Pioneers in America* , New York: 1931

—"The American Jewish Chronicle", in Louis Finkelstein ed. *The Jews*. vol. 1, JPS 1949

Levy, Beryl—*Reform Judaism in America* , New York: 1933

Levy, Felix A. —"Reform Judaism in America", in *Judaism* vol. 1, no. 4, October 1952

Masserman, Paul and Max Baker —*The Jews Come to America* , New York: Bloch 1932

Marcus, Jacob Rader—*American Jewry: Documents, Eighteenth Century*, Cincinnati: Hebrew Union College Press 1959

May, Max B. —*Isaac Mayer Wise*, New York: G. p. Putnam 1916

Morgenstern, Julian—*As a Mighty Stream*, JPS 1949

Neuman, J. H. —"Jewish Battalion and the Palestine Campaign", *American Jewish Yearbook*, vol. 21, 1919

Pinson, Koppel, ed. —*The Economic and Social Background of Modern Antisemitism*, New York: 1942

Philipson, David—*Max Lilienthal, American Rabbi*, New York: Bloch 1915

—and Louis Grossman—*Selected Writings of Isaac M. Wise*, Cincinnati: Robert Clarke Co. 1900

—*My Life as an American and a Jew*, Cincinnati: J. G. Kidd & San 1941

—*The Reform Movement in Judaism* , New York: Macmillan Co. 1931

Reform Judaism-Essays by Alumni of Hebrew Union College, Cincinnati: Hebrew Union College Press 1949

Schappes, Morris U. —*Documentary History of the Jews in the United States* (revised ed.), New York: Citadel Press 1952

Schwartz, Jacob D., ed. —*Responsa of the Central Conference of American Rabbis*, contained in *Yearbooks* 1—50, New York: Union of American Hebrew Congregations 1954(mimeographed)

Schwartzman, Sylvan D. —*The Story of Reform Judaism* , New York: Union of American Hebrew Congregations 1953

Stein, Leo—*The Racial Thinking of Richard Wagner*, New York: Philosophical Library 1950

Weitzman, Chaim—*Trial and Error*, JPS 1949

Wiernick, Peter—*History of the Jews in America*, New York: Jewish History Publishing Co. 1931

Wilansky, Dena—*Sinai to Cincinnati*, New York: Renaissance Book Co. 1939

Wise, Isaac M. —*Reminiscences*, Cincinnati: Leo Wise & Co. 1931

Yearbook of the Central Conference of American Rabbis (from 1890 to date)

第 13 章

Adler, Cyrus—*I Have Considered the Days*, JPS 1945

—*Jacob Henry Schiff, His Life and Letters*, 2 vols., New York: 1928

—"Jacob Henry Schiff", *American Jewish Yearbook* vol. 23, JPS 1921

—"Louis Marshall", *American Jewish Yearbook*, vol. 32, JPS 1930

—ed. Semi-centennial Volume, The Jewish Theological Seminary of America 1939

Bentwich, Norman—*Solomon Schechter*, JPS 1948

Cowen, Philip—*Memoirs of an American Jew*, New York: 1932

Davis, Moshe—*The Emergence of Conservative Judaism*, JPS 1962

Drachman, Bernard—*The Unfailing Light*, New York: 1948

Englander, Henry—*Isaac Leeser* 1806—1868, *Yearbook of Central Conference of American Rabbis*, vol. 28, 1918

Friedman, Theodore—"Jewish Tradition in Twentieth Century America: The Conservative Approach", in *Judaism*, vol. 3, no. 4 (Fall) 1954

Ginzberg, Louis—"Solomon Schechter", in *Students, Scholars and Saints*, Jewish Theological Seminary Association Proceedings(Biennial 1888—1902)

Leeser, Isaac—*Discourses in the Jewish Religion*, 10 vols., Philadelphia: 1844—1867

Marx, Alexander—*Essays in Jewish Biography*, JPS 1947

—"George Alexander Kohut", *American Jewish Yearbook*, vol. 36, JPS 1934

Neuman, Abraham A. —"Cyrus Adler", *American Jewish Yearbook*, vol. 42, JPS 1940

Parzen, Herbert—*Architects of Conservative Judaism*, New York: Jonathan David 1964

Reznikoff, Charles, ed. —*Louis Marshall, Champion of Freedom*, 2 vols. JPS 1957

Schechter, Solomon—*Seminary Address and Other Papers*, New York: Burning Bush Press(paperback edition)1959

—*Some Aspects of Rabbinic Theology*, New York: Schocken Press(paperback edition)1961

—*Studies in Judaism*, JPS First Series(1896), Second Series (1908), Third Series (1924)

Silverman, Morris, ed. —Joint Prayer Book Commission, *Sabbath and Festival Prayer Book*, New York: Rabbinical Assembly of America and United Synagogue of America 1946

Sklare, Marshall—*Conservative Judaism*, Glencoe, Illinois: Glencoe Free Press 1955

Waxman, Mordecai, ed. —*Tradition and Change*, New York: Burning Bush Press 1958

Zeitlin, Joseph—*Disciples of the Wise* , New York: Teachers College Press, Columbia University 1945

第 14 章

Agus, Jacob—"Law as Standards", *Conservative Judaism*, vol. 6. no. 4(May 1950)

Cohen, Jack J. —*The Case for Religious Naturalism*, New York: Reconstructionist Press 1958

Einsenstein, Ira and Eugene Kohn, ed. —*Mordecai Kaplan*, *An Evaluation*, New York: Reconstructionist Press 1952

Eisenstein, Ira—*Creative Judaism*, New York: Behrman's 1936

—*Judaism without supernaturalism*, New York: Reconstructionist Press 1958

—"Mordecai M. Kaplan", in Simon Noveck, ed. *Great Jewish Thinkers of the Twentieth Century*, Washington, D. C.: B'nai B'rith Department of Adult Education 1963

Jewish Reconstructionist Foundation—*Sabbath Prayer Book*, New York: 1945

—*High Holy Day Prayer Book*, 1947

—*Festival Prayer Book*, 1958

Kaplan, Mordecai M. —*The Greater Judaism in the Making*, New York: Reconstructionist Press 1960

—*The Purpose and Meaning of Jewish Existence*, JPS 1964

—*Judaism as a Civilization* (《犹太教：一种文明》), New York: Reconstructionist Press (reprint) 1957(已出中文版)

—*Future of the American Jew*, New York: Macmillan 1948

—*The Meaning of God in Modern Jewish Religion*, New York: Behrman's 1937

—*Judaism in Transition*, New York: 1936

—"Unity in Diversity in the Conservative Movement", in Mordecai Waxman, ed. *Tradition and Change*, New York: Burning Bush Press 1958

—"Toward the Formation of Guiding Principles for the Conservative Movement", in Mordecai Waxman, ed. *Tradition and Change*, New York: Burning Bush Press 1958

Steinberg, Milton—"Reconstructionism: A Creative Program", in Mordecai Waxman, ed. *Tradition and Change*, New York: Burning Bush Press 1958

第15章

Dubnow—*History of the Jews in Russia and Poland*, vol. 3, JPS 1946

Friedman, Lee M. —*Jewish Pioneers and Patriots*, JPS 1943

Goodman, Abraham Vasser—*American Overture*, JPS 1947

Greenberg, Louis—*The Jews in Russia*, 2 vols., Yale University Press 1944

Grinstein, Herman—*The Rise of the Jewish Community of New York*, 1654—1860, JPS 1945

Hartstein, Jacob J. —"Yeshivah University", *American Jewish Yearbook*, vol. 48, JPS 1946

Jung, Leo—"Bernard Revel", *American Jewish Yearbook*, vol. 43, JPS 1941

Karp, Abraham J. —"New York Chooses a Chief Rabbi", *Publications of the American Jewish Historical Society*, vol. 44, March 1955

Kranzler, George—*Williamsburg: A Jewish Community in Transition*, New York: Phillip Feldheim 1961

Learsi. Rufus—*The Jews in America*, Cleveland: World Publishing Co. 1954

Lichtenstein, Ahron—"Joseph Soloveitchik", in Simon Noveck, *Great Jewish Thinkers of the Twentieth Century*, Washington, D. C.: B'nai B'rith 1963

Liebman, Charles S. —"Orthodoxy in American Jewish Life", in *American Jewish Yearbook*, vol. 66, JPS 1965

Lestchinsky, Jacob—"*The Anti-Jewish Program: Tsarist Russia, The Third Reich and Independent Poland*", *Jewish Social Studies*, April 1941

Lowenthal, Marvin—*The Jews of Germany*, JPS 1938

Mahler, Raphael—"The Economic Background of Jewish Emigration from Galicia to the United States", in *YIVO Annual*, vol. 7, 1952

Marcus, Jacob R. —*Early American Jewry*, 2 vols., JPS 1951

Poll, Solomon—*The Hassidic Community of Williamsburg*, Glencoe, Ill.: Glencoe Free Press 1961

Rackman, Emanuel—"American Orthodoxy, Retrospect and Prospect", in *Ju-*

daism, vol. 3, no. 4(Fall 1954)

Reznikoff, Charles and Uriah Z. Engelman—*The Jews of Charleston*, JPS 1950

Rosenstock, W. —"Exodus 1933—1939—A Survey of Jewish Emigration from Germany", in *Yearbook I*, *Leo Baeck Instiute*, London: East and West Library 1956

Samuels, Maurice—*The Great Hatred*, New York: Knopf 1940

Schappes, Morris—*A Documentary History of the Jews in the United States 1654—1875*, New York : Citadel Press 1952

Schwartzfeld, E. —"Jews of Roumania", in *American Jewish Yearbook*, vol. 3, JPS 1901

Shirer, William L. —*Rise and Fall of the Third Reich*, Greenwich, Conn. : Fawcett Publications 1959

Starr, Joshua—"Jewish Citizenship in Roumania 1878—1940", *Jewish Social Studies*, January 1941

Tscherikower, E. —"Jewish Immigrants to the United States 1881—1900", *YIVO Annual*, vol. 6, 1951

Whiteman, Maxwell—*A History of the Jews in Philadelphia*, JPS 1957

Wiernick, Peter—*A History of the Jews in America*, New York: Jewish Press Publishing Co. 1912

Wischnitzer, Mark—*To Dwell in Safety*, JPS 1948

图书在版编目(CIP)数据

近现代犹太宗教运动:解放与调整的历史/(美)大卫·鲁达夫斯基著;傅有德,李伟,刘平译.—3版.—济南:山东大学出版社,2014.11
(汉译犹太文化名著丛书/傅有德主编)
书名原文:Modern Jewish Religious Movements
ISBN 7-5607-1747-0

Ⅰ.近…
Ⅱ.①大…②傅…③李…④刘…
Ⅲ.①犹太教—宗教史—研究—近代 ②—犹太教—宗教史—研究—现代
Ⅳ.B985

中国版本图书馆CIP数据核字(2000)第39578号

出版发行:山东大学出版社
地址:山东省济南市山大南路27号(250100)
经销:山东省新华书店
印刷:东港股份有限公司
规格:720毫米×1000毫米(1/16)
印张:24.5
字数:430千字
版次:2014年11月第3版第4次印刷
定价:50.00元

版权所有,盗印必究
凡购本书,如有缺页、倒页、脱页,由本社营销部负责调换